SERMÕES

X

Antonio Vieira

SERMÕES

X

de acordo com as regras do novo *acordo ortográfico*
da língua portuguesa

Edições Loyola

Direção: † Pe. Gabriel C. Galache, SJ
Ryad Adib Bonduki
Editor: Joaquim Pereira
Assistente: Eliane da Costa Nunes Brito
Capa e Projeto gráfico: Maurélio Barbosa
Diagramação: Ronaldo Hideo Inoue
Revisão: Iranildo B. Lopes

Edições Loyola Jesuítas
Rua 1822, 341 – Ipiranga
04216-000 São Paulo, SP
T 55 11 3385 8500
F 55 11 2063 4275
editorial@loyola.com.br
vendas@loyola.com.br
www.loyola.com.br

ISBN 978-85-15-04122-0

XAVIER DORMINDO

E

XAVIER ACORDADO

Dormindo

Em três Orações Panegíricas no Tríduo de sua Festa,
DEDICADAS
AOS TRÊS PRÍNCIPES QUE
A RAINHA
NOSSA SENHORA

confessa dever à intercessão do mesmo Santo.

Acordado

Em doze Sermões Panegíricos, Morais e Ascéticos:
os nove da sua Novena, o décimo da sua Canonização,
o undécimo do seu dia, o último do seu Patrocínio.

AUTOR O PADRE
ANTÔNIO VIEIRA
Da Companhia de Jesus
Pregador de Sua Majestade

ADVERTÊNCIA NECESSÁRIA

Porque, sendo o autor tão conhecido em todo o mundo, ainda anda em opinião donde é natural, e de presente saiu um livro impresso que o faz natural da Cidade da Bahia, é bem se saiba que o Padre Antônio Vieira nasceu em Lisboa, e foi batizado aos quinze de fevereiro do ano de mil e seiscentos e oito na Sé da mesma cidade, sendo Cura dela o Padre Jorge Perdigão, e foi seu padrinho o Conde de Unham, D. Fernando Teles de Menezes.

SUMÁRIO

Notícia Prévia 9

Apresentação do Padre Baltasar Duarte 11

Xavier Dormindo

Em três Orações Panegíricas no Tríduo da sua Festa,
dedicadas aos três Príncipes que a Rainha Nossa Senhora
confessa dever à intercessão do mesmo Santo.

[*Vieira preparou este tomo dedicado a São Francisco Xavier a pedido de D. Maria Sofia Isabel de Neuburgo (1666-1699), que era filha do eleitor palatino do Reino, conde Filipe Guilherme (1615-1690). Ela foi a segunda mulher de D. Pedro II (1648-1706), que sucedeu, no ano de 1683, o irmão Afonso VI (1643-1683).*]

Proposta 19

Prefação aos Três Sonhos 23

Sonho Primeiro — Primeira Oração Panegírica 27

Sonho Segundo — Segunda Oração Panegírica 45

Sonho Terceiro — Terceira Oração Panegírica 67

Conclusão aos Sonhos de Xavier Dormindo 91

Xavier Acordado

Em doze Sermões Panegíricos, Morais e Ascéticos,
os nove da sua Novena, o décimo da sua Canonização,
o undécimo do seu dia, o último do seu Patrocínio.

Prefação aos Desvelos de Xavier Acordado 95

Sermão Primeiro — Anjo 99

Sermão Segundo — Nada 115
Sermão Terceiro — Confiança 129
Sermão Quarto — Pretendentes 143
Sermão Quinto — Jogo 155
Sermão Sexto — Assegurador 167
Sermão Sétimo — Doidices 177
Sermão Oitavo — Finezas 191
Sermão Nono — Braço 207
Sermão Décimo — Da Sua Canonização 227
Sermão Undécimo — Do Seu Dia 245
Sermão Duodécimo — Da Sua Proteção 265

Notas 281
Censuras 291
Licenças 293

NOTÍCIA PRÉVIA

É o oráculo de Cristo, Mestre e Senhor nosso, que o escritor douto da sua Igreja há de ser semelhante ao pai de famílias "que tira do seu tesouro o novo e o velho" (Mt 13,53). — O autor deste tomo, que é o décimo, nem se tem por escritor, posto que escreva, nem por douto, posto que tenha estudado e visto tanto, que o pudera ser. E porque não é tão cego que não veja, como Jeremias, a sua pobreza: "Eu sou o homem que viu a minha pobreza" (Jr-Lm 3,1) — da mesma pobreza, e não do tesouro, que não tem, tirou o novo e o velho, que verá nos quartos de papel que a este se seguem quem tiver tanta devoção como paciência para os ler.

O velho são os três primeiros panegíricos, debaixo do título de Xavier Dormindo, que em um tríduo da festa do mesmo santo se haviam de pregar, há mais de quarenta anos, e por doença se não pregaram, sendo ela tão antecipada, que ainda não tinha riscado a pena mais que as primeiras linhas da ideia e divisão dos assuntos.

O novo são os outros doze sermões com o título de Xavier Acordado, efeito e obediência forçosa, e não forçada, pela significação de um desejo, que dos reis para os vassalos são os mais rigorosos preceitos.

Tal é o vestido novo e velho em que S. Francisco Xavier, depois de estar glorioso no céu, aparecerá nestas duas estampas, tão pobre e remendado como quando vivia na terra. Nem deve parecer ao leitor escrupuloso, ou crítico, que se viola aqui o documento de Cristo: "Que se não há de remendar o vestido velho com pano novo" (Mt 9,16) — porque na primeira e segunda parte desta escritura tudo é velho sobre velho. A primeira, velha na urdidura, pela antiguidade da ideia, e a segunda mais que velha na tecedura, pela velhice do autor. Se quem ler qualquer delas chegar a outros tantos anos, entenderá a razão que tem agora de não estranhar nem lhe parecerem muitos os erros que descobrir, e lhe dará perdão.

APRESENTAÇÃO DO

Padre Baltasar Duarte

Da Companhia de Jesus,
Procurador-Geral em corte pela Província do Brasil.

Senhora.

Foi V. Majestade servida mandar-me significasse ao Padre Antônio Vieira o desejo que tinha de ver elogiado por sua mão, em algum dos tomos dos seus Sermões, ao grande apóstolo do Oriente, S. Francisco de Xavier. Foi acertada, como em tudo, a eleição de V. Majestade, porque se só Apeles com o pincel pudera retratar dignamente a Xavier, com a pena só pode descrever a Xavier dignamente o Padre Antônio Vieira. Obedecemos ambos, eu avisando, ele obrando, que para o Padre Antônio Vieira é preceito qualquer significação e mínimo aceno da vontade e gosto de V. Majestade. E ainda que houve demora na execução, originada dos anos de seus achaques, ou dos achaques de seus anos, recompensou o autor a dilação com o número, pois quando a devoção de V. Majestade se contentava só com um sermão, a sua pena sempre fecunda, e fecunda para os obséquios de seus reis, não se deu por contente com menos de quinze: multiplicou sem dúvida os elogios, para dar a V. Majestade a Xavier multiplicado, ou multiplicado gosto na lição dos louvores de Xavier. Como eu fui o internúncio da vontade de V. Majestade, quis o mesmo autor que fosse eu também o que apresentasse a sua obra nas reais mãos de V. Majestade, para que não só pelo sujeito que a compôs, senão também pelo sujeito que a oferece, que é o Procurador-Geral da Província do Brasil, conste a V. Majestade que a Companhia, espalhada por aqueles matos, não é menos pronta para o serviço de V. Majestade do que a Companhia junta nesta corte, e que ainda que tem a V. Majestade ausente de seus olhos, tem a V. Majestade muito presente em seus afetos. Pelo menos terá Portugal sempre que invejar esta glória ao Brasil, que entre os engenhos, com que se enriquece, tenha um tanto do gosto e agrado de V. Majestade, que não fazendo caso dos mais, só os frutos deste solicita.

Receba, pois, V. Majestade ao seu Xavier, já dormindo, já acordado, já sonhando, já vigiando, mas, ou vigiando ou sonhando, ou acordado ou dormindo, todo sempre seu, porque V. Majestade é toda sempre sua, com tão nova e admirável transmigração da alma de Xavier em V. Majestade, e da alma de V. Majestade em Xavier que até a mesma confusão dos nomes faz duvidar aos que ouvem nomear a Xavier, se exprime este nome ao apóstolo do Oriente, se a Rainha de Portugal. O certo é que as mesmas espécies excitam mutuamente a memória de ambos os nomes, com conexão tão infalível, que já ninguém se pode lembrar de V. Majestade, que se não lembre juntamente de Xavier. Daqui nasceu que, querendo, não há muitos meses, a mão pública de um tabelião escrever o Augustíssimo nome de V. Majestade com erro ditoso e agradável, em lugar de Isabel pôs Xavier. Perigaria certamente na estimação dos vindouros a fé deste Instrumento público, se não constara ao mundo todo a amorosa transformação de V. Majestade em Xavier, que não deixará duvidar em algum tempo ser a mesma, e não outra, Maria Sofia Isabel, e Maria Sofia Xavier, pois quis V. Majestade lhe ficasse confirmado, por escritura pública, o nome já dantes usurpado com todo o direito e legítima posse de Usucapião, e não contra vontade de seu antigo possuidor.

Mas não se contenta V. Majestade com a glória de tão ilustre nome: também o enche com a semelhança de condignas ações. Assim o prova a imagem de Xavier, que entre outras, sagradas todas, como sol entre planetas, doura e esmalta os braceletes de V. Majestade que, não satisfeita de o ter esculpido em seu coração, à imitação da Esposa, o imprimiu em seu braço, ou como sinete e nota de seu amor, ou como caráter indelével, donde se deriva não sei que força superior e celestial a todas as ações de V. Majestade. Ninguém pode duvidar que Xavier obra no nome e no braço de V. Majestade, ou que V. Majestade obra com o braço e com o nome de Xavier. E donde podem nascer aqueles exercícios heroicos da mais perfeita caridade, em que V. Majestade exercita suas reais mãos, todas as vezes — que são muitas — que socorre compassiva as misérias alheias, senão do seu divino sobrenome Xavier, ou de Xavier, que é o seu sobrenome, de cujo exemplo aprendeu V. Majestade quanto estima Deus os benefícios feitos aos miseráveis. Diga a Real Família de V. Majestade quantas vezes a viu recolher no interior de seu palácio os pobres mais desamparados e desconhecidos, e assistir-lhes como ama cuidadosa, ou amorosa Mãe, lavando-os, temperando e metendo-lhes na boca o comer com suas próprias mãos, com tal gosto interior da alma, e tal alegria exterior de rosto, que não podia dissimular as delícias em que se via. Efeitos são estes daquele sinete xaveriano, que, impresso dentro no coração, abre a V. Majestade as entranhas de caridade, e por fora, aplicado ao braço, estende suas reais mãos para socorro dos necessitados.

Nem só aprendeu V. Majestade do seu Xavier socorrer aos corpos, senão principalmente às almas. Que ocasião houve em algum tempo, e em algum lugar, ou de escândalo, ou de outra qualquer ofensa de Deus, que V. Majestade com todas suas forças não procurasse logo arrancar e extirpar totalmente, incitando-a o desejo da salvação das almas que em tudo faz a V. Majestade semelhante ao seu amado Xavier? Não digo mais nesta matéria por não ofender a modéstia de V. Majestade, pois conheço, quer V. Majestade mais obrar o que é digno de louvor do que ouvir louvado o que obra, ainda que, calando eu, falarão certamente as paredes e recâmeras de palácio, sabedoras da caridade de V. Majestade.

Que direi agora do culto tão vário e multiplicado de V. Majestade para com Xavier? Em nenhuma coisa se mostra mais engenhoso o amor de V. Majestade que nas novas traças que inventa para o venerar. Não consentiu a imensa distância de terras e mares que V. Majestade se presentasse a seu sepulcro real peregrina, ainda que o deseja com tanta ânsia, que, se lhe fora lícito, o fizera, ainda com perigo de vida; mas donde não pode chegar o corpo chegou a real munificência de V. Majestade, mandando ao seu Xavier, por prenda de seu amor, riquíssimas vestes sacerdotais, com as quais, ainda agora vivo, depois de morto se vestisse mais augustamente, como triunfador das leis da morte, por incorrupto, vestes, digo, sacerdotais, brancas como a confessor, bordadas de vermelho, como a mártir do amor e, para que não faltassem nelas símbolos do fervor e afeto puro de V. Majestade, resplandecentes com o fogo do ouro e com a neve das pérolas. Não bastou isto a um amor que não sabe dizer basta: competidora V. Majestade ao príncipe Jônatas, se despiu de seus reais vestidos, para vestir com eles, nos templos e nos altares, ao seu querido Davi. Creio que naquele dia se mostrou Xavier ornado desta gala a toda a corte do céu, sagradamente vaidoso, dizendo de V. Majestade a todos os santos o que Cristo antigamente disse aos anjos todos de Martinho: "Vestiu-me com estas vestes a minha protegida, a Rainha de Portugal". — E para que V. Majestade não só vestisse ao seu santo de várias cores, senão também se vestisse a si com as cores do seu santo, sabemos se obrigou com voto de não admitir, por espaço de um ano, nas sedas que traja, outra cor alguma mais que aquela com que o sol do Oriente, enquanto padeceu o eclipse do corpo mortal, mortificou e ocultou os raios de suas virtudes, para se acomodar à tristeza desta miserável vida, consentindo só de mistura a cor branca, como claro sinal da alma virginal de Xavier e de V. Majestade.

Conte já a corte de Lisboa — se pode — as sagradas peregrinações de V. Majestade, com que no discurso e recurso de todos os anos, humilde e devota venera os templos e altares do seu santo. Oh! com quanta suavidade costuma mover à piedade — oxalá movera também à imitação — o ver que uma Rainha, Senhora de todos, não tem por menos autoridade pôr-se no dia de festa deste Taumaturgo à Mesa da Sagrada Comunhão, com toda a Casa Real, em templo público, para com este banquete, verdadeiramente real e divino, fazer mais célebre a solenidade do seu santo benfeitor, para ornato de cuja imagem consagra todas suas joias como melhores despojos orientais do Apóstolo do Oriente, devendo as joias, a ventura do lugar e o artifício do lavor e disposição às reais mãos de V. Majestade. Deixo as dez sextas-feiras, que a devoção de V. Majestade, ou pública ou particular, dedica todos os anos a Xavier, nas quais não sofre V. Majestade falte sua real presença, sem lhe servir de impedimento o que a qualquer outro pudera servir de escusa. Dia houve destes, em que V. Majestade, cansada com o incômodo do caminho e ardor da calma, contradizendo todos, foi assistir a seu santo, e na última sexta-feira deste ano presente, terminando V. Majestade a novena no colégio novo de Xavier, o foi também buscar ao de Santo Antão. E quando a ausência da cidade ou os achaques não permitiam alguma vez esta piedade pública, V. Majestade recompensou com a particular, de tal sorte que, dentro de seu oratório real, no asseio, no esplendor e no aparato, lucrou com vantagens o culto de Xavier o que se lhe tirava no público.

E que direi daquele ternissimo e amorosíssimo afeto, que a todos se descobre, todas as vezes que V. Majestade fala de Xavier? Sabem todos aqueles a quem V. Majestade tem admitido ao soberano favor de mais íntimo trato, quantas vezes, com destreza e suavidade, mete a prática de seu Xavier, ao qual, tanto que nomeia, não só a língua, senão o rosto com as chamas, os olhos com a viveza, o peito com a veemência, o coração com os saltos falam com tal fervor, que parece o expõe V. Majestade, não tanto aos ouvidos, quanto aos olhos dos que a ouvem, aos quais com amável simpatia e recíproca comunicação de afetos, faz frequentemente desatar em copiosas lágrimas. De um destes colóquios, em que eram interlocutores dois religiosos, foi a matéria costumada Xavier, quando V. Majestade, acabando de ler a prodigiosa saúde, que poucos anos há, na cabeça do mundo, recebeu em um momento da mão do Taumaturgo do Oriente, Ana Maria Zambrina, matrona romana, cheia de interior gosto e consolação, e desejosa de a comunicar, repetindo, sem enfado, a lição, continuou o milagre do princípio até o fim, por espaço de uma hora inteira, não só sem fastio, mas sem mais pausas que aquelas que de quando em quando faziam os amorosos suspiros de V. Majestade, que, acendendo os ouvintes no mesmo fogo, escassamente podiam conter as lágrimas. Entendo que essa foi a primeira vez que os seus louvores contentaram à humildade de Xavier, só porque saíam da boca de V. Majestade.

Este mesmo amor, com a imposição de nome tão amado, tem V. Majestade instilado, como terníssima mãe, a um e outro filho, nossos Sereníssimos Príncipes, a quem imitam ambos nesta parte com tanta felicidade, que apenas saíram em outra voz, primeiro que soubessem, ainda que com língua balbuciante, chamar, com vulgar antonomásia a Xavier o seu santo, distinguindo já de então sua imagem entre as dos mais e costumando-se a venerá-la com mil inocentes ósculos. Não falo no cuidado da mais Casa e Família de V. Majestade, que só com a emulação e imitação desta real piedade procura merecer o agrado e favor de sua Senhora. Antes, é já fama constante nesta corte que, para negociar com V. Majestade, não há outro intercessor senão Xavier.

Um amor tão grande mal podia caber em uma só cidade, já passou além do Tejo, aonde V. Majestade escolheu a de Beja para teatro de sua liberalidade, na qual, movida parte de seu zelo, parte dos piedosos desejos de seus moradores, levanta suntuosa Casa à honra do seu santo, edificada e dotada à custa de sua Fazenda Real, para morada daqueles que, por obrigação de seu Instituto, e à imitação do grande Apóstolo do Oriente, criem a menoridade nas boas letras e costumes, dirijam a maior no caminho da salvação, e estendam seus gloriosos trabalhos ao vastíssimo campo de Ourique, fértil de lavouras e falto de obreiros, os quais ali, sem o custo de passarem mares, acharão certamente a sua Índia. Mas que muito pareça curta ao amor que V. Majestade tem a Xavier uma cidade, quando um reino inteiro lhe parece limitado? Ou que palácio há dos principais da Cristandade, em que V. Majestade — falo com as suas mesmas palavras — não tenha introduzido o nome suave e poderoso patrocínio deste amável santo? Testemunhas são Viena em Áustria, Madri em Espanha, Varsóvia em Polônia, Parma em Itália, e, finalmente, Alemanha toda, gloriosa e soberba com o berço de V. Majestade, e rica com a numerosa descendência de sua Sereníssima Casa, nas quais todas ateou V. Majestade tal fogo do amor de Xavier, que poucas são as cartas daquelas partes que não venham cheias de seus encômios, escritos por aqueles que agradecem e contam os favores recebidos de sua benéfica mão.

V. Majestade é a primeira que, com sua confissão e repetidas experiências, pode e deve testemunhar não ser menor o amor de Xavier para com V. Majestade que o amor de V. Majestade para com Xavier. E se os benefícios são a prova mais evidente do amor, tem Xavier feito tantos a V. Majestade que, se os quisesse contar todos, seria necessário um grande livro. Mas não me consente passar tudo em silêncio o ânimo de V. Majestade, não menos agradecido que devoto, principalmente sendo também glória de Xavier o saber-se que se mostra benfeitor dos que o servem, e retribui os mútuos obséquios com recíprocos benefícios. É, pois, benefício de Xavier o felicíssimo e continuado parto de três filhos varões, assim o confessam, não só eu e o Reino todo, senão também V. Majestade, que se lembra muito bem do que lhe adivinhou o ânimo, pressago do futuro, quando, cheia de fé, entre suavíssimos júbilos de seu coração, recebeu a primeira vez em sua real cabeça o sagrado barrete de Xavier, trazido havia pouco de Goa, porque, lançadas as contas com toda a exação, dali a nove meses saiu V. Majestade à luz com o primeiro e desejado Herdeiro desta coroa, confirmando a fé do presságio a infalibilidade do sucesso. É verdade que o céu, com seu direito, tomou para si estas primícias do real sangue de V. Majestade, mas foi para recompensar a tenra planta, cortada em flor, com novos frutos.

Assim foi: sucedeu o segundo, dado por Xavier, seguiu-se o terceiro, devido também a Xavier, por especiais títulos. O dito de V. Majestade é bastante a nos persuadir que o seu santo, com palavra dada lá em oculto, lho prometeu, pois, ainda muito antes de tempo, afirmou, sem sinal de dúvida, que se não haviam de acabar as dez semanas, cujas sextas-feiras, consagradas a Xavier, tinha já principiado a piedade de V. Majestade, sem terceira vez conceber filho. Também o sucesso provou a verdade deste vaticínio, se bem padeceu não pequenas dificuldades, para que ficasse mais patente o autor de tão grande benefício. Oh! quanto teve de semelhante a prodígio, que, acometida V. Majestade de um repentino sintoma, que ameaçava perigo à mãe e ao filho, se lhe não devessem aplicar remédios humanos! Porque, enquanto disputavam entre si, com pareceres contrários, os mais experimentados médicos, depois de várias consultas, não só de muitas horas senão de muitos dias, impedidos de força oculta mas superior, nenhuma coisa souberam nem puderam determinar para medicina do mal presente. O deixar então remédios cá da terra se julgou por saudável a mãe e filho, pois lá do céu tratava da cura de ambos o mais sábio e poderoso Macaonte[1]. Desta sorte, livre V. Majestade, por seu celestial salvador, deste e outros perigos, que ocorreram um dia depois daquele, em que alegre recebeu as graças pela nova fundação do Colégio de Xavier, confirmada já e estabelecida, também em uma sexta-feira, dia sempre fausto para V. Majestade, nos deu finalmente, com feliz parto, aquele seu Xavier, a quem hoje vemos, com inexplicável gosto nosso, para que pelo dia do nascimento acabasse V. Majestade totalmente de entender que o filho nascido era prêmio indubitável com que Xavier remunerava a liberalidade e munificência de V. Majestade para com ele.

Outros muitos semelhantes esperamos lhe há de dar daqui por diante, porque é justo que os seus benefícios continuados correspondam à continuada piedade de V. Majestade, como na verdade correspondem e se viu manifestamente há pouco tempo, no cuidado singular que teve da vida e saúde de V. Majestade. Verdadeiramente, Senhora, tenho horror de me lembrar daquele tristíssimo tempo, em que éramos obrigados a desconfiar de uma vida que desejávamos imortal e temer que o céu invejoso nos tirasse cedo o que tarde nos tinha dado. Mas como vemos, lançado já fora o medo, nascerem novas esperanças, não só da incolumidade e vida de V. Majestade — que é a honra deste nosso Reino — para compridos anos, senão também de lograr de sua fecundidade hereditária, numerosa posteridade do sangue real, e uma e outra coisa por patrocínio de Xavier, a quem devemos a V. Majestade, ou renascida, ou ressuscitada, mandam-nos os alegres fins, que se seguiram de princípios tão tristes, repetir ações de graças ao seu médico Xavier, e ao céu ofertas pela total convalescência de V. Majestade.

Aqui determinava parar com a pena, se a não desafiaram ainda aqueles, que, publicando os benefícios de Xavier, apregoam juntamente os de V. Majestade, porque confessam não poucos moradores desta cidade, de um e outro sexo, dever a V. Majestade o acharem no céu a medicina certa de seus males, depois de tentados, mas debalde, os remédios todos da terra. V. Majestade, igualmente desejosa de socorrer aos afligidos, e de aumentar a glória de Xavier, mandando as relíquias sagradas de seu santo aos que estão em mortal perigo, costuma excitar seus ânimos devotos à esperança não duvidosa de seu patrocínio, com tal confiança que merecem receber o fruto desejado do poder de V. Majestade para com Xavier, e da potência de Xavier sobre a morte. Enfim, são já tantas e tão frequentes as mercês deste taumaturgo, despendidas a V. Majestade e a todos aqueles que V. Majestade tem alistado debaixo da bandeira de seu patrocínio que, podendo parecer milagres se foram mais raros, com a frequência têm perdido a admiração.

Acabo — que já é tempo — e quero que esta dedicatória tenha o fim aonde teve o princípio. Receba V. Majestade ao seu Xavier todo seu, porque, assim como V. Majestade se consagra toda ao serviço de Xavier, assim ele se aplica todo aos cômodos de V. Majestade. Há batalha amorosa entre Xavier e V. Majestade: V. Majestade peleja com obséquios, Xavier, peleja com benefícios, mas sempre com fortuna próspera de uma e outra parte, assim vencedora como vencida, porque em uma e outra triunfa sempre o amor. Este laureado combatente de tal modo acende a guerra e alterna as batalhas entre Xavier e V. Majestade que ata a V. Majestade a Xavier, e a Xavier a V. Majestade com vínculos indissolúveis no centro do divino Amor, como venturosos prisioneiros.

Ultimamente pagos já, do modo que podemos, os favores que o nosso agradecimento deve a Xavier e deve a V. Majestade, seja V. Majestade servida dar licença à Província Brasílica da Companhia de Jesus para apresentar diante de seu real trono uma pequena petição, e é que, assim como ela, no herdeiro e sucessor da monarquia portuguesa — o qual o céu nos guarde por dilatados séculos — com o joelho no chão venera juntamente ao seu Príncipe do Brasil, e agradecida confessa o que deve a Xavier, assim também deva a V. Majestade e ao seu real sangue, nos anos vindouros, contínuos e continuados favores, e uma proteção maternal de sua Rainha e Senhora, para a consecução de cujo despacho nada podia interpor mais poderoso solicitador que este mesmo Xavier, cujo amplíssimo zelo, abraçando igualmente ao Oriente e Ocidente, verdadeiramente dispersit cum sole manus[2]. V. Majestade, imitadora deste zelo, não cesse de fomentar, com os raios de sua benignidade, um e outro termo do mundo, para que um e outro espaçoso campo produza a seara unicamente desejada de Xavier e de V. Majestade, que são tantas almas convertidas e levadas a Deus.

Baltasar Duarte

XAVIER DORMINDO

Em três Orações Panegíricas no Tríduo da sua Festa, dedicadas aos três Príncipes que a Rainha Nossa Senhora confessa dever à intercessão do mesmo Santo.

[*Vieira preparou este tomo dedicado a São Francisco Xavier a pedido de D. Maria Sofia Isabel de Neuburgo (1666-1699), que era filha do eleitor palatino do Reino, conde Filipe Guilherme (1615-1690). Ela foi a segunda mulher de D. Pedro II (1648-1706), que sucedeu, no ano de 1683, o irmão Afonso VI (1643-1683).*]

PROPOSTA

"Bem-aventurados aqueles servos,
a quem o Senhor achar vigiando quando vier."
(Lc 12,37)

Com os olhos primeiro fechados, e depois abertos, promete o tosco desenho desta pintura mostrar em diferentes estampas ao mundo dois retratos ao natural do grande Xavier.

De Alexandre, também o Grande, se disse que ninguém o pôde vencer vivo e, depois de retratado por Apeles, nem vencer pintado. Que Francisco Xavier vencesse a Alexandre vivo, o Ganges o viu e todo o mundo o sabe; e também para que o vença pintado o temos pintado hoje por outro pintor melhor que Apeles, S. Lucas. Mas não param aqui as vitórias com que Xavier venceu ao vencedor do mundo. Não invejou Alexandre nem o valor nem as façanhas de Aquiles, senão a pena de Homero, com que foram escritas; e também no motivo de uma tão honrada ou soberba inveja o temos nesta ocasião vencido, porque o mesmo S. Lucas, que nos retratou a Xavier, enquanto pintor, com melhor pincel que o de Apeles, no-lo descreveu, enquanto evangelista com melhor pena que a de Homero.

As cores do retrato e as letras da escritura igualmente se empregam em formar no meio das sombras da noite uma perfeita imagem da vigilância armada contra o sono: "Bem-aventurados aqueles servos, a quem o Senhor achar vigiando quando vier". — Sendo a vida humana, como Jó a definiu, milícia, não há coisa nela mais arriscada que o dormir. Dormindo perdeu a vida Holofernes (Jt, 2,14ss), dormindo Sísara (Jz 4,7ss) dormindo Isboset (2Sm 2,8ss); se buscarmos a primeira origem de todas as desgraças do gênero humano, acharemos que todas tiveram princípio em um homem dormindo. As armas com que a vigilância fiel e constante, tendo sempre os olhos apertados: "Estejam cingidos os vossos lombos" (Ibid. 35) — tochas acesas: "Nas vossas mãos tochas acesas" (Ibid.) — expectação cuidadosa: "Esperando a seu Senhor ao voltar das bodas" (Ibid.). — Cintos apertados porque mal se deixam atar os sentidos se não está desatado o corpo. Assim dormia S. Pedro naquela noite fatal, quando o anjo o espertou dizendo: "Põe sobre ti a tua capa" (At 12,8). Tochas acesas, por que quem há que possa dormir com a luz vizinha aos olhos? Por isso o autor da natureza, o tempo que destinou para o descanso dos animais ordenou que se ausentasse o sol, e os antigos puseram a casa do sono nas covas cimérias: "Nas quais jamais, nem quando surge, nem ao meio-dia, nem quando se deita, Febus pode ali entrar com seus raios"[1]. — Finalmente, expectação cuidadosa, porque, bastando qualquer "cuidado para inquietar o sossego do sono"[2] —, o mais importuno de todos é aquele que por horas ou momentos espera um: "Quando vier" (Lc 12,37).

Esta é a imagem da perfeita vigilância com que S. Lucas, como pintor, nos retrata, e como evangelista, nos descreve a do grande Xavier com os olhos sempre abertos. E como para prêmio dos olhos abertos nenhum tem Deus mais proporcionado que pagar vista com vista, a sua, em que consiste a bem-aventurança, promete a todos os que assim vigiarem: "Bem-aventurados aqueles servos, a quem o Senhor achar vigiando quando vier".

A primeira diligência dos pregadores, depois de acharem no Evangelho o sujeito ou herói de que hão de falar, é torná-lo a buscar na sua vida. Ao menos eu assim o fiz sempre, e alguma vez com ventura. Mas que seria se hoje, depois de achar a Xavier no Evangelho vigiando, na sua vida o achasse dormindo? Muitos e insignes autores escreveram a vida deste grande apóstolo. E tomando eu nas mãos o livro do mais diligente, abri, e o primeiro passo com que encontrei foi este: Antes de partir o santo para a Índia, sonhou por muitas vezes que andava lutando com um índio agigantado e robustíssimo, o qual o apertava entre os braços e oprimia com tanta violência que, tomadas as vias da respiração, quase o trazia a termos de expirar; outras vezes se lhe passava dos braços aos ombros, e parecia-lhe a Xavier que trazia às costas o mesmo índio estranhamente pesadíssimo, gemendo e anelando debaixo da carga, tão fatigada e ansiosamente, que muitos dias depois de acordar sentia os ossos moídos e quebrantados. A luta e o peso era sonhado, mas os efeitos verdadeiros. Grandemente me contentou este passo, por campear nele o fervoroso, o animoso, o forte, o grande, o desvelado e o perfeito do espírito de Xavier, porque não há dúvida que tudo isto foram profecias do muito que o santo havia de cansar e trabalhar na conversão daquele grande gigante da Ásia e vastíssimo império do Oriente, com quem tanto lutou em vida para o converter, e a quem ainda hoje traz às costas para o conservar. Por isto, como digo, me contentava grandemente o passo; mas, voltando os olhos para o Evangelho, como nele tudo são vigilâncias, e o santo neste lugar estava dormindo, não me serviu: passei a outra folha.

Li ali, e dizia a história que, dormindo o santo em um hospital de Roma, onde tinha por cama uma tábua aos pés do enfermo mais perigoso, foi ouvido uma noite exclamar subitamente e repetir a altas vozes: Mais, mais, mais. Não se soube então, nem se pôde entender a causa daquelas vozes; mas qual vos parece que seria? Três "*mais*" há neste mundo pelos quais suspiram, pelos quais anelam, pelos quais morrem, pelos quais se matam os homens: mais fazenda, mais honra, mais vida. Seria alguma coisa destas, ou todas três as que Xavier desejava com tantas ânsias, as que pedia com tantas vozes? Vede que diferentes eram, aquela noite em uma visão as fomes, as sedes, os perigos, os caminhos, os naufrágios, os ódios, as perseguições, os falsos testemunhos, e todos os outros trabalhos e afrontas que havia de padecer por seu amor, e com serem tão grandes, tão excessivos, tão inumeráveis, era tão generoso o ânimo de Xavier e a sede de padecer por Cristo tão fervorosa, tão ardente, tão insaciável, que nada o intimidava, nada o satisfazia, nada o fartava, tudo lhe parecia pouco, e assim pedia mais. A vossa cobiça pede mais fazenda, e a sua mortificação pedia mais pobreza, mais necessidades, mais desamparo. A vossa ambição pede mais honras, e a sua humildade pedia mais desprezos, mais injúrias, mais abatimentos. O vosso amor-próprio pede mais vida, e o seu amor de Deus, e o seu zelo, pedia mais perigos, mais naufrágios, mais dores, mais martírios, mais mortes. Oh! se o dia do Juízo tivera oitavas, como eu havia agora de tirar aqui a balança de Baltasar! "Tu foste pesado na balança, e achou-se que tinhas menos do peso" (Dn 5,27). Ponde em uma parte da balança o vosso menos, e eu porei da outra estes três mais, e vereis que conta vos há de pedir Deus e que conta lhe haveis de dar. Por este ponto de doutrina, e muito mais pela singularidade do caso, me agradou muito este; mas estava o santo também dormindo quando lhe aconteceu, ainda que o espírito não dormia, e bem vedes que não diz com as vigilâncias do Evangelho.

Aqui comecei a reparar; torno ao livro com mais cuidado, passei muitas folhas e muitos capítulos, leio, e dizia desta maneira: Estando o santo em Lisboa para partir para a Índia, ofereceu-se-lhe em sonhos uma representação menos decente do que sua virginal pureza permitia, e foi tanto o horror, tanta a aversão e tão extraordinária a força do espírito com que o valoroso soldado de Cristo rebateu e lançou de si aquele pensamento, que se lhe abriram as veias violentamente de puro resistir e acordou com o rosto todo banhado em sangue! Raro caso! Estranha e inaudita maravilha! Mas também aqui sonhava Xavier, também aqui terceira vez estava dormindo. Que vos parece, senhores, que faria neste passo tão repetidamente apurada, senão a paciência, a diligência? Por uma parte o Evangelho a pedir vigilâncias em cada regra; por outra o santo a mostrar-se dormindo em cada página: que é o que havia de fazer? Resolvi-me enfim em seguir a aventura, fosse caso ou fosse mistério, e a fazer da dificuldade resolução, respondendo a um acinte com outro acinte. Já que o Evangelho manda vigiar, e Xavier se nos representa sempre dormindo, o sono e os sonhos de Xavier sejam a prova da sua vigilância. Querendo, pois, reduzir toda esta grande matéria a uma só proposição, como costumo, a empresa ou o assunto que se me ofereceu era este: que S. Francisco Xavier foi tão grande santo dormindo como os maiores santos acordados. Tão grande, disse, e ainda me vinha ao pensamento dizer maior. Os outros santos, para serem santos, é-lhes necessário que vigiem; S. Francisco Xavier, para ser maior que os maiores, basta-lhe que durma. Esta é a proposta que se me oferecia à fantasia, como se eu também sonhasse; mas nem a minha devoção se atreve a tanto, nem se contenta com menos. Direi o que puder provar, e então saberei eu, e julgarão os que me ouvirem, o que hei de dizer.

PREFAÇÃO AOS

Três Sonhos

Temos a S. Francisco Xavier dormindo, e não só dormindo, mas sonhando. E se o sono é imagem da morte, os sonhos de que serão imagem? Agora e amanhã o veremos, e também ao outro dia, e no mesmo santo de que havemos de falar. O sono é imagem da morte, e os sonhos são imagem da vida. Cada um sonha como vive: "Nós sonhamos principalmente aquelas coisas que fizemos, ou que faremos, ou que queremos"[1] — disse Aristóteles: Os sonhos são uma pintura muda em que a imaginação, a portas fechadas e às escuras, retrata a vida e a alma de cada um com as cores das suas ações, dos seus propósitos e dos seus desejos. — Faraó, como providente príncipe, sonhava com a fome e com a fartura do povo: o seu copeiro mor, e o outro ministro da mesa real — que não tem nome nem ofício nas nossas cortes — um sonhava com a taça, outro com as iguarias; o soldado madianita sonhava com a espada de Gedeão (Jz 7,14); Nabucodonosor sonhava com impérios e monarquias; cada um, enfim, sonhava de noite com o que exercitava de dia. Galeno, para conhecer os humores do enfermo, manda observar os sonhos; e também se podem observar para conhecer os afetos, que são os humores da alma. O melancólico sonha coisas tristes e trágicas, o sanguinho sonha felicidade e festas, o colérico sonha guerras e batalhas, o flegmático creio que não sonha, porque não vive. Até no estado da inocência reconheceu Santo Agostinho que havia sonhos, mas logo advertiu que eram semelhantes à vida: "Eram tão felizes os sonhos do que dormia, como era feliz a vida do que vigiava"[2]. — Porque o dormir é consequência do viver, e o sonhar, do modo com que se vive. O vicioso sonha como vicioso, o santo como santo. Bem, seguro vai logo o nosso discurso sobre o Evangelho e as vigias que ele pede sobre os sonhos de Xavier, pois veremos que "Tão felizes eram os sonhos do que dormia, como era feliz a vida do que vigiava".

A razão desta filosofia é porque os sonhos são filhos dos cuidados, como muitos cuidados filhos dos sonhos: "Portanto, dos sonhos" — conclui o Estagirita — "provêm principalmente os pensamentos e as imaginações. E aqueles que são instruídos nas virtudes veem os sonhos melhores, o que também percebem como melhores os que vigiam". Quando Nabucodonosor sonhou toda a história famosa e sucessos daquela prodigiosa estátua, antes de Daniel declarar o mistério, começou a contar o sonho desta maneira: "Vós, rei, começastes a cuidar no vosso leito" (Dn 2,29). — Tende mão, Daniel: El-rei não vos pergunta o que fazia quando estava acordado, pergunta-vos o que sonhou, quando dormia. — Assim é, diz Daniel, mas eu quero e devo contar o caso desde sua primeira origem, e a origem do sonho de Nabuco foram os seus cuidados: "Vós, rei, começastes a pensar". — Cuidava no que seria, e por isso sonhou o que havia de ser. Cuidou desperto e sonhou dormindo, e não sonhou outra coisa senão aquela mesma que tinha cuidado, porque aquilo em que cada um cuida e lhe dá maior cuidado quando vigia, isso é o em que sonha quando dorme. Se Nabuco se lembrara do que cuidava, ele se lembraria também do que sonhou; mas o esquecimento que lhe roubou a memória do cuidado, esse lhe levou também a lembrança do sonho, pela grande conexão que têm os sonhos e os cuidados. Enfim, sonhou em reinos e monarquias futuras, porque os reinos, as monarquias e os futuros era a matéria — digna verdadeiramente de um rei — em que ele estava cuidando: "Tu, ó rei, começaste a pensar no que havia de acontecer depois destes tempos" (Dn 2,29).

É verdade que o sonho de Nabuco teve muito de profecia, mas os cuidados são como as cordas da cítara, que mandou tocar Samuel quando quis profetizar. Ainda para os sonhos divinos são disposição natural os cuidados. Sonhou o rei com os seus cuidados, porque adormeceu ao som de seus pensamentos. Sonho divino foi aquele em que o anjo revelou a S. José o segredo da Encarnação do Verbo nas entranhas de sua Esposa. E quando teve esse sonho José? Quando estava cuidando na mesma matéria: "Mas, andando ele com isto no pensamento, eis que lhe apareceu em sonhos um anjo do Senhor" (Mt 1,20). — Mas, se José "estava dormindo" como estava juntamente cuidando: "Andando ele com isso no pensamento"? — Porque dormia José, mas não dormia o seu cuidado. Entre o cuidado e o sonho de José só havia esta diferença: que o cuidado era cuidado de José desperto, o sonho era cuidado de José dormindo. Por isso José e Nabuco sonharam e tiveram a revelação do que lhes dava cuidado, não antes nem depois, senão quando cuidavam: "Tu, ó rei, começaste a pensar; andando ele com isso no pensamento".

Tais foram os sonhos de Xavier: sonhos divinos, sonhos e revelações juntamente. E não é pouco que me atreva a discorrer em três dias o que Xavier sonhou em três noites, nem é empresa menos grande e menos digna de tamanha solenidade, antes mais própria e mais natural deste tríduo, porque aqueles três sonhos de Xavier, convertendo as noites em dias, fizeram três dias de festa a Deus. Não sou eu o que o digo: "Os cuidados do homem" — diz Davi — "louvam a Deus, e as relíquias dos cuidados fazem-lhe dias de festa" (Sl 75,11). — Este é um lugar dos mais dificultosos que se leem nos salmos. Que os cuidados e os pensamentos dos homens louvem a Deus é coisa bem clara, porque Deus satisfaz-se muito dos nossos cuidados e todos os quer para si. Nas obras e nas palavras tem parte o corpo, nos cuidados, e nos pensamentos tudo é alma. São os cuidados os espíritos do espírito: que muito é logo que louvem a Deus os cuidados dos homens, e que estes louvores sejam a Deus muito agradáveis? O dificultoso de entender é quais sejam as relíquias dos cuidados: "E as relíquias dos cuidados fazem-lhe dias de festa". — As exposições que dão os intérpretes são muitas e diversas, e isso mesmo é sinal que ainda se não tem achado a verdadeira. Eu digo que as relíquias dos cuidados são os sonhos. Não tenho menos autor que o príncipe dos filósofos. Aristóteles, explicando como se formam os sonhos, diz assim: "Os sonhos são relíquias daqueles atos que pelas espécies recebidas dos sentidos se formaram na imaginação". — Estes atos deixam impressas na imaginação umas relíquias muito sutis, representadoras dos seus objetos; e quando estas relíquias se movem e aparecem, elas são as que representam, compõem e fabricam os sonhos. De maneira que os sonhos não são outra coisa, senão "as relíquias dos cuidados" — e estas relíquias dos cuidados diz Davi que fazem dias de festa a Deus, porque assim como os cuidados racionais e santos "louvam e honram a Deus" — assim as relíquias destes mesmos cuidados o honram e louvam, "e lhe fazem de noite dias de festa". — E por que fazem mais os dias de festa as relíquias dos cuidados que os mesmos cuidados? Porque os cuidados são exercício de homens acordados, os sonhos são atenções de homens dormindo; os cuidados são os desvelos da atenção, os sonhos são as desatenções do descuido. E quando um homem dormindo está como fora e apartado de si mesmo, que esteja tão em si e tão unido a Deus, que assim dormindo o louve, e assim dormindo o ame, assim dormindo o sirva, não há dúvida que é uma representação tão nobre e tão gloriosa que merece ser festejada no céu, e que ou a corte do céu desça de noite à terra a lográ-la, ou que ela seja levada ao céu, para lá fazer a Deus "um dia de festa". — Estas serão as festas destes três dias, tomando cada sonho de Xavier por sua conta o seu dia para o festejar. Em todos veneraremos e colocaremos sobre aquele altar outra nova e melhor imagem e outras novas e maiores relíquias de S. Francisco Xavier. As que ali vemos são a imagem do seu corpo, e as relíquias dos seus ossos; as que eu vos hei de mostrar são a imagem da sua vida, e as relíquias dos seus cuidados: "E as relíquias dos cuidados fazem-lhe dias de festa".

SONHO PRIMEIRO

Primeira Oração Panegírica

"Se vier na segunda vigília."
(Lc 12,38)

§ I

O mesmo Evangelho, que tão encontradas nos mostrou as suas vigilâncias com os sonhos de S. Francisco Xavier, agora que entramos neles nos descobre que dentro em si continha distintamente o número dos sonhos, a ordem dos sonhos e o autor ou autores dos sonhos. O número: "Se vier na segunda vigília" (Ibid.) — um; "Se vier na terceira vigília" (Ibid.) — dois; "A hora em que viria o ladrão" (Ibid. 39) — três. A ordem: "Se vier na segunda vigília" — o primeiro; "Se vier na terceira vigília" — o segundo; "A hora em que viria o ladrão" — o terceiro. — O autor, ou autores, porque no primeiro e no segundo o autor foi o Senhor: "Que esperam a seu Senhor" (Ibid. 36) — e no terceiro foi o autor o ladrão: "A hora em que viria o ladrão". — No primeiro e no segundo o Senhor, o qual duas vezes falou em sonhos a Xavier, revelando-lhe no primeiro a luta e no segundo os trabalhos. No terceiro o ladrão, que é o demônio, o qual também o tentou em sonhos, presumindo de o achar descuidado ou menos vigilante.

Começando, como pede a mesma ordem, pelo primeiro, grandes eram os cuidados de Xavier, e grandes e vastíssimos os seus pensamentos, pois, de uma só relíquia deles se levantou aquele tão avultado e poderoso gigante negro e medonho, de cuja luta entre os braços, e de cujo imenso peso sobre os ombros, foram tão duros os efeitos que depois sentia acordado quanto tinham sido fortes os combates que experimentara dormindo. Discretamente disse Sêneca que também em Roma havia antípodas. Chamava assim aos que dormiam de dia, porque tinham vigiado em seus passatempos à noite: "Como, segundo se diz, os povos colocados em um ponto do globo diametralmente oposto ao nosso, os homens dos quais falo contrastam com todos, senão pelo país em que habitam, ao menos pelo gênero de vida, antípodas de Roma dentro da própria Roma"[1]. — Era Xavier um novo sol, que no mesmo tempo e lugar tinha dois hemisférios, e, quando acordado, e de dia, alumiava os de cima; de noite, e dormindo, vigiava e rondava os antípodas, ensaiando, a furto dos olhos e dos outros sentidos, as lutas e as batalhas que havia de ter com eles. Estes antípodas eram todos aqueles que, unidos em um só corpo, por isso agigantado, tão fortemente o apertavam lutando.

Mas, antes que vejamos a luta em que veremos o que não viu Roma nem Grécia nos seus mais celebrados atletas, será bem que descubramos o campo e tomemos as medidas ao teatro. Como Deus escolheu a Xavier para apóstolo do Oriente, tudo o que compreende o mesmo oriente de mar e de terra, foi a praça ou terreiro imenso desta sonhada luta. Quando à Índia chegaram os nossos primeiros argonautas, para que a majestade do rei de Portugal, representada na pessoa do seu capitão, em nenhuma coisa cedesse à dos naturais da terra, fabricava-se um teatro em tal forma que parte dele ficasse na terra e parte no mar, onde, assentados ambos de igual a igual, um ouvisse, outro dissesse as causas de sua vinda. Tal era — se as coisas pequenas se podem comparar com as grandes — o teatro da luta de Xavier, fundado nos dois elementos do mar e da terra. A baliza de uma parte era do mar Eritreu, onde acaba a terra da África; a baliza, ou termo da oposta, era o mar Eôo, além do qual ainda se não conhece terra; de dentro deste meio círculo do mundo se compreende aquela grande parte dele, que foi a campanha, depois vista, desta agora sonhada batalha.

Em suma, que o teatro do primeiro sonho de Xavier, em uma palavra, foi toda a Ásia. Mas quem poderá descrever a grandeza, e grandezas, que o autor da natureza e da graça encerrou desde seu princípio no que a nossa cosmografia significa com tão pequeno nome? Ásia — diz Plínio — é aquela região composta de muitas, da qual nunca saíram seus habitadores, nem deram entrada a outros, porque para a vida e para o regalo têm dentro em si tudo o que podem desejar, sem o receber de fora — exceta, porém, a fé do verdadeiro Deus, que é a que pelas suas portas tão cerradas lhe havia de introduzir Xavier. — Ásia é aquela primeira fonte ou mãe de todas as ciências, onde não só as professaram e ensinaram os caldeus, mas contra as injúrias de ambos os dilúvios, que conheceram, as deixaram escritas e imortais em duas colunas, uma invencível à água, outra ao fogo. Ásia são aqueles vastíssimos e poderosíssimos impérios, onde reinaram os Ninos, as Semíramis, os Xerxes, os Senaqueribes, os Arfaxades, os Assueros, os Darios, os Baltasares, os Nabucodonosores, e os mais altos e ricos membros da sua famosa estátua. Ásia são aquelas terras populosíssimas nas quais, com fábricas monstruosas e inimitáveis, se edificaram as Nínives e Babilônias, e depois delas as Susas e as Ecbatanes que, se na grandeza as não igualaram, na riqueza, na opulência e na arquitetura as venceram com excesso ostentoso quase incrível. Ásia é a pátria que o foi do primeiro pai do gênero humano, onde o mesmo autor do universo foi o agricultor que plantou o paraíso, de que são testemunhas maiores que toda a exceção os dois rios Tigres e Eufrates, que da mesma fonte nasceram, que longamente cortam e regam seus campos, e que aos seus, e não a outros mares, vão pagar o tributo. E para que, à vista da grandeza que agora direi sejam pequenas todas as outras, Ásia é aquela terra que para nascer, viver e morrer, escolheu o Filho de Deus feito homem, com ordem e preceito de seu Pai, que só a ela santificasse com seus passos e não pusesse os pés em outra. Finalmente, é a mesma Ásia, como bem notou e ponderou Ortélio, o mapa particular e comum, dentro do qual se contém quanto nas Sagradas Escrituras lemos, assim no Velho como no Novo Testamento: "Lemos toda a história completa escrita nos dois Testamentos"[2]. — De sorte que de tudo o que Deus obrou no passado e prometeu para o futuro, não partiu o mesmo Deus com Xavier o teatro que tomou para si, mas deu-lho todo inteiro.

§ II

Uma das coisas mais notáveis que os Japões arguiram e perguntaram a S. Francisco Xavier foi: se o Deus que ele pregava era tão bom como dizia, por que não lhes mandou a notícia de si muitos anos e séculos antes, senão naquele tempo? A resposta que o santo deu aos Japões, direi logo; a que eu lhes dou a eles, e a todos, é porque tinha Deus reservado toda a Ásia, até o último fim dela, que é o Japão, para o apostolado de Xavier, e para teatro de suas maravilhas. A primeira prova desta verdade temos nas nossas mesmas histórias, se bem as considerarmos. Todos os historiadores, nossos e estranhos, notam que nasceu S. Francisco Xavier em Navarra, no mesmo ano em que Vasco da Gama partiu de Lisboa ao descobrimento da Índia. Mas, debaixo desta observação geral, está ainda em silêncio, e não observada, uma circunstância digna de todo o reparo. E qual é? Que o portentoso cabo da Boa Esperança, que era o terror daquela navegação, e o nó gordiano daquele descobrimento, havia já onze anos que estava reconhecido e descoberto. Por que esperou logo a providência divina pelo nascimento de Xavier para o descobrimento da Ásia? Sem dúvida porque a tinha guardado para ele. Naquele descobrimento tinha Deus determinado duas conquistas ou duas missões, ambas por seu modo apostólicas: a primeira das almas, e a segunda das armas; a das almas como fim, e a das armas, como meio que lhe abrissem o caminho. E como à primeira havia de servir a segunda, por isso os passos ou compassos da providência divina pararam e dilataram onze anos a viagem do conquistador das armas, para que estivesse já nascido o que havia de conquistar as almas. Este foi o horóscopo do seu nascimento, ou do seu oriente, debaixo dos aspectos de todas as estrelas que alumiam o do mundo.

Vamos agora à Escritura Sagrada, e acharemos a conformação desta providência com a propriedade, não só de missão a missão, senão de Ásia a Ásia. Andando S. Paulo, como próprio apóstolo da gentilidade, alumiando com a luz do Evangelho outras partes da Europa, determinou com seu companheiro, o apóstolo S. Barnabé, ir pregar à Ásia menor. Mas diz o evangelista S. Lucas que o Espírito Santo lhes proibiu esta missão, mandando-lhes que não fossem: "Foram proibidos pelo Espírito Santo de anunciarem a palavra de Deus na Ásia" (At 16,6). — E qual seria a razão divina desta proibição tão notável? Quer o Apóstolo das Gentes ir pregar àquelas gentes, e Deus não quer? Sim, diz S. Gregório Papa, porque os asianos naquele tempo não tinham as disposições necessárias para receber a fé, e se o apóstolo lha pregasse, e eles a não recebessem, seria para sua maior condenação: "Para que não merecessem ser julgados como maus ouvintes de uma pregação desprezada"[3]. — Em conclusão, que não querer Deus que S. Paulo pregasse então na Ásia, não foi desatenção de sua providência, senão mercê, indulgência e misericórdia de sua bondade. E isto mesmo é o que respondeu Xavier aos Japões. — Arguis ao Deus, que eu vos prego, de que, sendo tão bom, vos não desse em tantos anos o conhecimento de si mesmo que agora vos dá? Antes havíeis de arguir o contrário, e que então, e mais agora, se mostrou convosco duas vezes bom. Bom quando vos não deu o conhecimento de si no tempo em que não estáveis dispostos para o receber, porque seria para maior condenação vossa, e bom agora, que estais dispostos, porque é para vossa salvação.

Mas esta razão, que no caso dos Japões, foi tão cabal e adequada, no caso dos asianos, diz S. João Crisóstomo que não tem lugar, e se prova claramente, porque no mesmo tempo foi outro apóstolo pregar à Ásia menor; logo, dispostos estavam os asianos para receber a fé, como a receberam. Qual foi, pois, o motivo da diversão, ou motivo por que negou Deus a S. Paulo a missão da Ásia? O mesmo S. Crisóstomo[4] o diz: "Porque a Ásia a tinha Deus reservado para S. João". — Assim o mostrou o efeito, porque S. João foi o que nela pregou e a converteu. E isto é o que eu digo de Xavier no Japão. Ele foi o seu próprio apóstolo, e o primeiro que lá pregou a fé e, sendo o mesmo Japão de mar a mar o último termo de toda a Ásia maior, toda a mesma Ásia maior foi a campanha do seu sonho e o teatro do seu Apostolado, bem assim como a Ásia menor o de S. João, o discípulo amado de Cristo.

§ III

É quase tremenda a consequência que daqui se tira, mas tal que se não deve calar. De maneira que nega Deus a S. Paulo a missão da Ásia menor, porque a tem reservado para S. João, e, quando reservou a Ásia menor para S. João, reserva a Ásia maior para Xavier. Que comparação tem a Ásia menor com a maior? A menor é uma pequena parte da Europa, e a maior é maior que toda a Europa e toda a África. Apertemos agora a consequência. É regra certa no amor de Deus medir-se o que ama pelo que dá. Ele mesmo o disse: "Assim amou Deus ao mundo, que lhe deu seu Filho unigênito" (Jo 3,16). — Logo, se o amor de Cristo se houver de medir em João e em Xavier pelo que deu a um e outro, bem pode pôr demanda Xavier a S. João sobre o título de amado. Deus me ajude neste caso e nesta consequência, que por isso lhe chamei tremenda. A demanda ou a causa não pode ser mais grave nem mais bem fundada. Mais grave não, porque abaixo de Deus a maior coisa é ser mais amado dele; mais bem fundada não, porque o direito de uma e outra parte se funda em texto expresso e autoridade divina. Onde iremos logo buscar o juiz e a decisão? Sigamos o que dispõem em semelhante dúvida as nossas leis, e vamos ao reino mais vizinho.

O reino mais vizinho a uma e outra Ásia é o Egito, e o oráculo do Egito. Estando, pois, José à mesa com seus irmãos no Egito, diz a História Sagrada que ele por sua própria pessoa lhes fazia e repartia os pratos, mas com tanta diferença que, sendo as porções de todos os outros irmãos iguais, a de Benjamin era avantajada, e maior não menos que em cinco partes: "E se admiravam sobremaneira, tomados os quinhões que dele receberam; e a Benjamim veio maior quinhão, de modo que excedia em cinco partes" (Gn 43,33s). — Muito é que os irmãos de José se admirassem desta diferença, a qual é mais admirável para o nosso caso que para o seu. Eles muito bem sabiam que José amava mais a Benjamim que aos outros irmãos e também sabiam que a causa deste amor era serem José e Benjamim irmãos de pai e de mãe. O mesmo texto o nota ali: "Viu a Benjamim, seu irmão uterino" (Ibid. 29). — Todos eram irmãos por parte do pai, porque todos eram filhos de Jacó, mas só José e Benjamim eram irmãos de pai e de mãe, porque só José e Benjamim eram filhos de Jacó e Raquel; e como o maior amor, fundado no maior parentesco, era o que trinchava e fazia os pratos, que muito é que a porção de Benjamim fosse maior que a dos outros? E que essa mesma porção fosse a prova de ser ele o amado?

Uma coisa é ser amado, outra ser o amado. Para os outros irmãos conhecerem que eram amados de José, bastava que, depois de tão ofendido, os pusesse à sua mesa; mas para prova de Benjamim ser o amado foi necessário que a sua porção fosse maior: "A Benjamin veio a maior parte" — e com tal vantagem maior que excedesse às outras em tantas partes: "De modo que excedia em cinco partes". — Daqui se segue a decisão do nosso pleito e que a sentença de José está por parte de Xavier. Por quê? Porque, se para Benjamim ser o amado sem contradição, bastou por prova que a porção do seu prato "excedesse às outras em cinco partes" — quanto mais a de Xavier, que não só excedia à de S. João em cinco partes, senão em mais de cinquenta? A porção de Xavier era uma Ásia, e a de S. João outra Ásia, e ambas por seu próprio nome confessam e provam esta maioria: a de João com o nome de menor, e a de Xavier com o de maior: "A Benjamin veio a maior parte".

Contudo, porque S. João pode ter embargos a esta sentença, ou ao entendimento dela, ouçamo-lo de sua justiça, para que demos a cada um o seu. Dissemos que a causa do amor de José a Benjamim era por ser ele seu irmão de pai e de mãe: "Seu irmão uterino" — e esta prerrogativa ou exceção para o título de amado pertence a S. João, e de nenhum modo a Xavier. Nem é necessário apelar para outra mesa, senão para a do mesmo José. A mesa de José com os doze irmãos representava a de Cristo com os doze apóstolos, e entre os doze apóstolos só S. João era o irmão de Cristo de pai e de mãe. Todos eram irmãos de Cristo, como o mesmo Senhor lhes chamou, dizendo-lhes: "Ide, dai as novas a meus irmãos" (Mt 28,10) — e só João era irmão de pai e mãe, porque só a João disse: "Eis aí tua Mãe" (Jo 19,27). — Logo, a João, e não a outrem, pertence o título de amado. Distingo: em comparação dos apóstolos de Cristo, concedo; em comparação do apóstolo do Oriente, nego. S. João foi o apóstolo "a quem Cristo amava" (Jo 13,23). Xavier foi o que o mesmo

Cristo havia de amar. E o amor que era, pelo que era, não se podia comparar nem preferir ao que havia de ser, porque não constava qual fosse, ou qual seria. Em Benjamim concorreram juntas duas prerrogativas, as quais se repartiram entre os dois apóstolos: a da maioria do parentesco pertencia a João, e a da maioria do prato havia de pertencer a Xavier; na primeira se continha a causa de amar, na segunda a prova do amor; e esta é a que deve preferir sem controvérsia.

Quanto à causa de amar, já S. Bernardo[5] definiu que o amor se não governa por ela: "O amor não busca uma causa". "Isac amava a Esaú com causa, porque comia do que ele caçava" (Gn 25,28). — Rebeca, que era a mãe, amava a Jacó sem causa: "Rebeca amava Jacó" (Ibid.) — e o amor sem causa foi o que prevaleceu, porque a bênção não a alcançou Esaú, senão Jacó. Que importa que Esaú tivesse por si a causa, se Jacó teve o efeito, que é a prova do amor? Os mesmos irmãos de Benjamim o entenderam, tanto assim que de nenhum outro favor, dos muitos em que José lhes mostrou o seu particular amor, se admiraram ou fizeram reparo, senão da vantagem e excesso do seu prato em tantas partes: "E, tomadas as partes, admiravam-se sobremaneira" (Gn 43,33s). — E sendo o prato de Xavier, isto é, a sua Ásia, com tão excessivas vantagens maior que a de S. João, bem provado parece que fica, ou quando menos, bem provável, estar por parte de Xavier a decisão da mesa de José, a qual não só era a mesa do paço do Egito, senão também a da consciência.

§ IV

Só resta satisfazer ao escrúpulo de algum juízo ou gosto crítico, o qual pode ser que não achasse sabor no prato de Benjamim para o nosso caso. A grande região da Ásia foi o campo que Deus repartiu a Xavier para a cultura e lavoura do seu apostolado. O ofício, a obrigação e o fim do mesmo apostolado era semear o Evangelho, pregar a fé e converter as gentilidades daquelas nações. Que semelhança tem logo a seara com a mesa, o campo com o prato, o converter gentios com o comer? Agora se verá se é própria. O primeiro gentio que se fez cristão neste mundo foi Cornélio Romano, capitão da infantaria do terço ou coorte itálica, o qual, estando em Cesareia, mandou pedir a S. Pedro, que estava em Jope, o quisesse instruir na fé de Cristo. Não tinha o santo notícia desta embaixada, subiu ao mais alto da casa onde vivia, para orar mais livremente, e no meio da oração lhe sobreveio tal fome que pediu de comer: "Como tivesse fome, quis comer" (At 10,10). — Mas "enquanto se lhe punha a mesa" — adiantou-se o céu com a toalha e o prato: "E viu o céu aberto, e que descendo um vaso, como uma grande toalha" (At 10,11). — Em lugar de "um vaso", lê Santo Agostinho, e outros intérpretes, "disco". De maneira que "um vaso" era o prato, e "uma grande toalha"; e qual seria a iguaria, sendo o prato um só e descido do céu?

Primeiramente era composta a iguaria de todo o gênero de animais, feras, aves, serpentes: "Nele estavam muitos animais, serpentes da terra e aves do céu" (At 10,12) — e estes animais, não mortos, senão vivos, porque S. Pedro os havia de matar e comer. Assim lho mandou logo a voz do céu: "E ouviu-se uma voz: Levanta-te, Pedro, matai e comei" (Ibid. 13). — Admirado o apóstolo do que via e ouvia, e muito mais de que Deus lhe mandasse comer os animais proibidos na lei e que se chamavam imundos, não acabava de entender o mistério da visão, senão quando lhe batem à porta os enviados, que eram três, com a petição de Cornélio, e então conheceu que a vontade de Deus era que admitisse ao grêmio da Igreja todo o gênero de gentios e tratasse da sua conversão. Os animais terrestres significavam os gentios mais bárbaros, as aves os mais entendidos, as serpentes os mais inimigos. Mas por que lhos põe Deus na mesa e o convida com eles em um prato, e lhe manda que os coma, quando quer que os converta? Por isso mesmo; e agora se verá a sabedoria do sabor e a propriedade da semelhança. Pergunto: como pode um animal naturalmente converter-se em homem? Não há dúvida que comendo-o o mesmo homem. E por quê? Porque, sendo comido do homem, a substância do animal, por bruta e feia que seja, se converte na substância humana, e em tal substância humana qual for o homem que o comer. Por isso a voz do céu disse a S. Pedro, não só que comesse aqueles animais, senão que os matasse primeiro: "Matai e comei" — porque mortos perdiam uma vida, e comidos adquiriam outra; mortos deixavam de ser o que eram, e comidos começavam a ser o que não eram; mortos acabavam de ser o que tinham sido em si, isto é, gentios, e comidos, e incorporados em Pedro, começavam a ser o que era Pedro, isto é, cristãos. Admiravelmente S. Gregório Papa[6]: "Matai e comei: o que se mata morre, aquilo que se come muda-se no corpo de quem come. Portanto, diz-se matai e comei, isto é, mata os pecados em que vive e os converte nos seus membros".

Nem é necessário buscar outros exemplos deste modo de converter e comer, pois, no mesmo Cristo o temos. Assentado o Senhor sobre a fonte de Sicar, cansado do caminho, porque era a hora do meio-dia, mandou aos discípulos que fossem à cidade buscar de comer. Tornaram, e pedindo-lhe que comesse, não o aceitou o divino Mestre, antes lhes deu a entender que tinha comido, e de outros manjares que eles não conheciam: "Eu me alimento de um manjar que vós não conheceis" (Jo 4,32). — Ouvida com admiração a resposta, começaram os discípulos a duvidar entre si: "Por acaso alguém lhe trouxe algo para comer?" (Ibid. 33). Porventura, enquanto nós estivemos ausentes, viria alguém que trouxesse de comer ao nosso Mestre? — Eles o duvidaram e verdadeiramente assim era, porque no mesmo tempo veio a Samaritana, a quem o Senhor tinha convertido e incorporado em si, fazendo-a de gentia cristã, e aquela grande alma, naquela hora própria de comer, era a que tinha comido. Logo, chamados por ela, vieram muitos da cidade, os quais, bebendo da fonte que tira a sede para sempre, se converteram também, e todos naquele dia fizeram ao Senhor um esplendidíssimo banquete.

O que agora se segue no texto é uma cláusula não menos que milagrosa de todo este discurso. Por ocasião de ter dito o divino Mestre que o seu comer era de outro gênero que eles não sabiam, continuou assim: "O que vos digo agora, discípulos meus, é que levanteis os olhos, e os estendais por estas regiões do mundo, cujas searas estão já maduras, esperando por vós para que as recolhais" (Jo 4,35). — De maneira que até agora era mesa, prato e comer, e agora são regiões, searas e colheita, porque uma metáfora é declaração da outra, e ambas significam a conversão dos gentios. A Região de Xavier não a podiam ver os discípulos, porque estava muito longe, e ainda não descoberta. Mas o que ele havia de comer era conforme à grandeza do prato, tamanho como toda a Ásia. Os discípulos comeram o que trouxeram da cidade, o Mestre comeu toda a cidade, porque converteu todos os que vieram dela, e aqui se descobriu então o grande mistério do prato de Benjamim. Se a sua porção excedia em tantas partes às outras, como era possível que ele a comesse? E se a não havia de comer, por que lhe coube na repartição? Porque representava, como já dissemos, ao segundo Benjamim de Cristo, S. Francisco Xavier, o qual era tão faminto, tão insaciável e tão grande comedor de almas, como se viu depois que Deus o pôs à mesa. Em dez anos que Xavier cultivou a Ásia, converteu um milhão e duzentas mil almas. Reparti esta soma pelos anos e pelos dias: pelos anos são cento e vinte mil almas cada ano, e pelos dias são trezentas e vinte e nove almas cada dia. Já me não espanto que Xavier passasse tantos dias sem outro mantimento, pois o seu pão de cada dia era tanto, e tão substancial, como são as almas. Isto foi o que achou e o aguardava na sua imensa região da Ásia, tão abundante no prato para a mesa como vasta no campo para a luta.

§ V

Até agora não fizemos mais que medir a grandeza da campanha em cuja medição nos detiveram os embargos do discípulo amado, com forçado, mas não ocioso encontro, pela comparação e excesso de uma e outra Ásia. Entrando, pois, Xavier na sua, o recebeu todo o Oriente entre os braços, mas não com a benevolência de hóspede, senão com o aperto que vimos e violência de inimigo. Era sonhando, e a mesma representação, posto que sonhada, segundo o que Deus costuma, parece que não devia ser belicosa, senão pacífica, antes muito comedida e cortês, e de nenhum modo violenta. Quis Deus que fosse S. Paulo pregar à Macedônia, e apareceu-lhe em sonhos um varão autorizado, que no trajo e linguagem mostrava ser macedônio. E diz o texto sagrado que com muito comedimento rogava ao apóstolo quisesse tomar o trabalho de passar à sua pátria, para promover e ajudar sua conversão: "De noite, Paulo teve uma visão: um macedônio, em pé, diante dele, lhe rogava: Passa à Macedônia e vem em nosso auxílio" (At 16,9). — Ao mesmo modo se pudera representar a Xavier naquele sonho a Ásia, e sem perder nada de sua majestade e grandeza, assim no trajo como no requerimento. Apareça-lhe assentada sobre um elefante real de Ceilão ricamente acobertado. Apareça-lhe vestida de uma cabaia ligeira, faixada de prata sobre verde: o verde pelo fértil da terra, e a prata pelos rios que a cortam e regam. Apareça com o peito descoberto ao uso oriental, mas cruzado de colares de diamantes, e os braços apertados a espaços com manilhas de rubis. Apareça-lhe com a garganta, não afogada, como cá se diz, mas torneada com um grosso fio de pérolas, na grandeza e igualdade escolhidas entre milhares, e de uma e outra orelha pendentes somente duas maiores e de maior preço que as de Cleópatra. Apareça finalmente com turbante entretecido de branco, encarnado e ouro, que são as cores de que se arreia a aurora, e por remate, entre garçotas de aljôfar, coroa imperial de safiras. Representada ou sonhada assim a Ásia, que então se ajoelhasse o elefante, para que ela se pudesse apear, e, chegando-se mais de perto à presença de Xavier, em sinal de já vir disposta a receber a fé e culto do Deus verdadeiro que, depois de lhe fazer a zumbaia, ou profunda reverência, com as mãos cruzadas sobre a terra, como a pregador e sacerdote do mesmo Deus, lhe oferecesse dos seus aromas, não âmbar, nem almíscar, ou benjoim de boninas, mas, em uma naveta de ouro, o incenso da Arábia também sua.

Nem deve parecer demasiada a alguém a fábrica deste sonho, porque todo ele não é mais que a metade do que viu Nabucodonosor no da sua estátua, em que o ouro da cabeça e a prata do peito e dos braços não significava outra coisa senão a mesma Ásia nos seus dois maiores e mais antigos impérios, o assírio, ou caldeu, e o pérsico. Mas, quando a Ásia, no nosso caso, se não houvesse de oferecer por si mesma ao seu apóstolo, senão por meio de um embaixador, como a Macedônia a S. Paulo, esse embaixador, por que não seria um índio pacífico, benévolo, comedido e cortês, senão aquele monstro medonho e fero, tão agigantado nas forças como na estatura, e tão impaciente, arrebatado e furioso, que de súbito se achou Xavier lutando com ele, e, primeiro apertado de seus braços que acometido? Não sonhou assim Jacó em Betel, não sonhou assim José em Canaã, não sonhou assim Mardoqueu em Susa (Est A4-10) lugares todos dentro da mesma Ásia. E se Deus foi o autor de uns e outros sonhos, por que trata a Xavier tão diversa e tão violentamente, e com tão descobertas hostilidades? A resposta deste grande reparo pertence ao segundo sonho, que foi declaração do primeiro. E porque é matéria que amanhã havemos de ouvir com assombro, agora só devemos examinar por que, havendo de ser o sonho guerreiro e belicoso, não foi o mesmo Xavier o agressor, senão o acometido, nem ele o que rompeu a guerra e deu a batalha ao Oriente, senão o Oriente a ele, com todo o poder e forças de ambos os braços?

Os dois braços mais poderosos do Oriente são os dois impérios do Mogor e China, e tão presumidos ambos de suas forças, que têm por desprezo e afronta fazer guerra ou admitir a batalha qualquer outra potência, posto que grande. Rebelando-se contra o Mogor um rei vizinho, com condições de sujeito, mas com cem mil cavalos em campo, posto em conselho o modo com que se devia proceder no tal caso, a primeira resolução foi que era contra a autoridade e crédito do império fazer-lhe guerra; a segunda, que fosse o imperador à caça, e com parte dos seus monteiros e caçadores, mandasse castigar aquele rebelde. Assim se fez, e para que o efeito não pareça admirável, conta o autor fidedigno, como testemunha de vista, que só dos vivandeiros que seguiam o trem do imperador, para provimento dos que o serviam na caça, foram quinhentos mil carros. Tanto é o poder do braço esquerdo do Oriente. O do direito, que é a China, sendo muito mais numeroso na multidão da gente, é tão igual na presunção e soberba — pois não pode ser maior — que, havendo de tomar satisfação de certo menos respeito com que os japões o tinham desgostado, o que se resolveu também em conselho foi que, sendo sessenta e seis os reinos do Japão, não era competente inimigo para se lhe fazer guerra pelo modo ordinário mandando lá armadas, mas que se tomasse outro novo gênero de os dominar, em que aquele império lhes mostrasse a eles, e ao mundo, a superioridade sem igual da sua potência. Assentaram, pois, os engenheiros o novo modo, com pensamento maior que toda a imaginação, e era que sobre as trinta léguas de mar — que é o menos que dista o Japão da China — se lançasse uma ponte por onde marchassem a pé, e como por terra continente, os que fossem vingar aquele agravo. Havia-se de fundar a ponte sobre navios unidos de costado a costado com grossas cadeias de ferro, e outros instrumentos de bronze, e diz o mesmo autor que por causa da fúria dos tufões, que não admite resistência humana, se deixou de efetuar a obra, e não pelo número dos navios, porque, sem se fabricarem outros de novo, havia muitos mais do que eram necessários para encher unidos aquela distância. Eu mais me admiro da arrogância que da temeridade do pensamento, pois sabemos que em nossos dias um só corsário levantado da mesma China se pôs no mar com quatro mil baixéis.

§ VI

E sendo tal a soberba, arrogância e potência do Oriente, que ele, não a olhos fechados — porque não era o que sonhava — senão movido por impulsos divinos, fosse o que rompeu a guerra, e sem presentar a batalha acometesse a Xavier de improviso, e com todo o poder e força de ambos os braços? É certo que já começa a ser vencido neste mesmo respeito, e Xavier, sem batalha, vencedor antes da vitória. A soberba não se governa por razão, mas vejamos as muitas que encerra em si o pundonor e altiveza deste pensamento; e para que seja em dois grandes exemplos, também gentios, ouçamos o de Alexandre Magno em Macedônia, e o de Ajax Telamônio em Troia. Demandando Ajax, por morte de Aquiles, ser ele o herdeiro de suas armas, opôs-se-lhe Ulisses, em quem era maior a força da língua que a facúndia das mãos. E que diria Ajax? Como soldado bizarro e afrontado de tal competidor, declamou assim:

"Confesso ter pretendido grandes prêmios, mas me tirou a honra
o competidor. Ajax não pode manter-se arrogante.
Aquilo que Ulisses esperou, por mais importante que isso seja,
ele já agora levou o prêmio dessa batalha,
ele que será vencido, dele será dito que competiu comigo"[7].

O prêmio desta demanda confesso — diz Ajax — que é grande, pois são as armas de Aquiles; mas a desigualdade do competidor já antes da sentença me tirou a honra: "Ajax, o competidor, me tirou a honra". — Quem compete, espera vencer, e, posto que eu de tal competidor não possa temer a sua vitória, já me tem afrontado a sua esperança. Que honra pode ser a minha alcançar Ajax "o que esperou Ulisses"? — Ele nunca pode ser vencedor; mas que maior vitória e glória para ele que poder-se "dizer no mundo que competiu comigo"? — Até aqui Ajax, tão forte como honradamente. Ouçamos agora a Alexandre. Entre as outras habilidades com que o tinha feito grande a natureza e a fortuna, era singular a velocidade no correr. A mesma reconhecia em si Davi, e por ela dava graças a Deus, quando dizia: "Que fez os meus pés como de cervos" (Sl 17,34). — Por esta vantagem, sendo Alexandre de doze anos, e já naquela idade com ardentíssimos desejos de fama, lhe disseram os palacianos da sua criação por que não ia aos jogos Olímpicos, onde sem dúvida alcançaria aquela coroa tão estimada e celebrada em todo o mundo. E que diria o grande, que já era maior na generosidade que nos anos? "De mui boa vontade iria correr nos jogos olímpicos, se os que houvesse de ter por competidores fossem reis."[8] — Vencer é avantajar-se, competir é medir-se, e que glória será a minha vencer correndo, quando eu me deva correr dos mesmos que venci por competirem comigo? Ainda que seja a vitória dos pés, não devem ser os vencidos por mim outros, senão pés de cabeças coroadas: "Se os que houvesse de ter por competidores fossem reis".

Ah! Xavier, sempre e de todos os modos glorioso! Dormi, dormi descansado, que por mais forte e mais gigante que seja o vosso competidor, já tendes a primeira vitória na mesma competência. Aquela sua soberba e arrogância que se afronta de competir com tão poderosos contrários, essa mesma se honra de contender convosco. E quando a nenhuma outra potência concede batalha, nem só com o braço direito, nem só com o esquerdo, a vós provoca, desafia e acomete com ambos! Mas diga-nos o mesmo autor do vosso sonho quanto vos quis honrar com este. Aquele atleta mais que gigante que lutou com Jacó, posto que não dormindo, toda a noite, pediu-lhe no fim dela que o soltasse dos braços, e a razão que deu para isso foi notável: "Apartemonos, e baste, que já vem saindo a aurora" (Gn 32,26). E que importava que saísse a aurora? — Muito — diz por parte do anjo o doutor Angélico[9]: "Fala como uma pessoa grave, que enrubesce se é visto por outros fazendo algo pouco digno". — O anjo que lutou com Jacó vinha incógnito, e com disfarce de homem: "E eis que um homem lutava com ele" (Gn 32,24) — e falou conforme os brios humanos, envergonhando-se de que visse nele a luz do dia uma ação menos digna de sua pessoa. — Enquanto encobriu a luta a escuridade da noite, lutou; mas tanto que assomou a aurora, afrontou-se da competência. E quando um homem que por dentro era anjo, e não tinha nada de soberbo, se afronta de que a aurora o veja lutar com Jacó, a mesma aurora, que é o Oriente, não se afronta, antes se preza e honra de lutar com Xavier.

Mas, suposto que o sonho de Xavier, chamado para a conversão da Ásia, não foi pacífico e benévolo, como o de S. Paulo para a de Macedônia, senão violento e guerreiro, não deve passar sem ponderação e reparo o gênero da guerra. Os modos de guerrear são tantos quantos tem inventado o amor para a defensa própria, e o ódio para a ruína do inimigo. E contudo Deus, que dispôs o sonho ou a batalha para este conflito de Xavier, entre todos os modos de pelejar escolheu a luta. E por quê? Não pode ser sem mistério, sendo disposição divina. E foi sem dúvida para que melhor conhecêssemos o valor do capitão que, desarmado, sem guardas nem sentinela, dormia. A luta é o mais forte modo de pelejar, e o mais glorioso de vencer. Nos outros gêneros de guerra, ou peleja o soldado, de longe ou de perto, ou a pé ou a cavalo, ou com a lança ou com a espada. Se de longe, parte da vitória pertence à bala ou à seta; se de perto, parte à espada ou à lança; se a cavalo, parte ao cavalo, e talvez maior que ao cavaleiro; porém, na luta, que é combate sem armas e de corpo a corpo, toda a vitória inteiramente é do homem, porque peleja com os braços, peleja com as mãos, peleja com os pés, e quando derruba e mete debaixo deles o inimigo, então acaba de vencer. Assim, nem mais nem menos, descreveu a luta Davi. Os braços: "Formaste os meus braços como arco de bronze" (Sl 17,35); — as mãos: "Que adestra as minhas mãos para a peleja" (Ibid.); — os pés: "Alargaste os meus passos debaixo de mim, e não se enfraqueceram os meus pés" (Ibid. 37); — e, finalmente, o inimigo derrubado a eles: "E abateste debaixo de mim aos que se levantaram contra mim"

(Ibid. 40). — Mas nesta mesma descrição, com todas as cláusulas dela, se deve muito notar que fala Davi sempre de si: "Os meus braços, as minhas mãos, os meus passos, e debaixo de mim". — Constando, pelo contrário, da História Sagrada que nenhuma das suas vitórias alcançou Davi lutando. Pois, se as suas batalhas não foram luta, por que lhes chama luta Davi? Porventura porque as quis escrever mais gloriosamente do que as vencera? Não, que Davi era santo, e não queria a glória para si, senão para Deus, cuja fortaleza pretendia engrandecer e agradecer, como se vê no exórdio do mesmo salmo: "Eu te amarei, Senhor, que és a minha Fortaleza" (Ibid. 2) — e porque o mais forte modo de pelejar, e o mais glorioso de vencer, é o da luta, por ser vitória sem armas, por isso às vitórias que Davi canta e atribui à fortaleza de Deus, e não à sua, dá o nome de luta. De luta outra vez, e não de outro gênero de batalha, como louvor e soberania própria da fortaleza divina pelejar e vencer desarmado. Assim concedeu Deus parte desta mesma glória a Xavier, querendo que lutasse e vencesse dormindo, o que nem por sonhos fez nunca Davi, ainda quando mais acordado.

A maior e mais celebrada vitória de Davi foi a do gigante. Mas como? Porventura lutou com ele a braço partido? Assaz faria se lhe chegasse aos joelhos. Porventura atreveu-se a medir o seu cajado com a lança do filisteu? Bem advertiu ele que não era feito o cajado para lobo de tamanhos dentes. Pois, que fez? Pôs-se de longe, fez-lhe tiro com a funda e derrubou-o com a pedra. Grande vitória! Mas que diremos dela sem lisonja? É certo que teve mais de destreza que de valor. De valor digo, e não sem mistura de fraqueza, a qual o mesmo Davi reconheceu e não negou. Matar ou vencer de longe não é valentia. E se não, pergunto: quando Davi dedicou a Deus o troféu da sua vitória, por que pendurou no Templo a espada, e não a funda? Porque com a funda derrubou o gigante de longe, e com a espada cortou-lhe a cabeça de perto. Mas os pertos da espada — ainda que seja de espada a espada, o que aqui não foi — não são como os da luta. Nos da espada tem muita parte o ferro e a ventura; nos da luta toda a vitória inteiramente é da força: "Pois o valor se apoia mais nos músculos que nas armaduras"[10] — disse judiciosamente Santo Ambrósio.

§ VII

Reconhecido, pois, e sentenciado à luta o primeiro e mais glorioso lugar entre as batalhas, tempo é já que entremos aos combates. O primeiro combate de Xavier — agora sonhado, e depois verdadeiro — foi em Goa, onde o seu robusto e agigantado antagonista o recebeu com multiplicadas forças de gigante. Se buscarmos a verdadeira e não fabulosa origem dos gigantes, acharemos que, casando os filhos de Deus com as filhas dos homens, antes do dilúvio, da convenção ou união deste matrimônio nasceram aqueles homens portentosamente maiores que os outros, os quais, pela grandeza da sua estatura e pela força e violência com que oprimiam os demais, se chamaram gigantes, que essa é a etimologia do nome: "Ora, naquele tempo havia gigantes sobre a terra" — diz a Escritura Sagrada — "depois que os filhos de Deus tiveram comércio com as filhas dos homens, geraram estas filhos, que foram uns homens possantes e afamados no século" (Gn 6,4). — Os que aqui se chamam filhos de Deus eram os descendentes de Set, bons, virtuosos e varonis, que por isso se significam com o nome masculino. As que se chamam filhas dos homens eram os descendentes de Caim, maus, viciosos, afeminados, que por isso se significam com o nome feminino. E é coisa muito digna de se notar que aqueles monstros da natureza nem nasceram dos bons, antes de se ajuntarem com os maus, nem os produziram os maus, antes de se ajuntarem com os bons, mas depois que uns e outros casaram e se uniram entre si, então gerou a natureza e saíram ao mundo tão monstruosos partos.

E por que não antes, senão depois desta união? A razão é porque, assim como do concurso e congresso de duas espécies diferentes nasce outra terceira espécie, que segue a pior parte, assim no concurso de diversos costumes, dentro na mesma espécie — cuja diferença é ainda maior — se produzem não os mesmos efeitos que cada uma destas coisas pudera por si só, senão outros, sempre piores. A filosofia moral do nosso caso é manifesta, porque aos filhos de Deus, isto é, aos bons, sem a união dos maus, faltavam-lhes os impulsos para a maldade; e aos filhos dos homens, isto é, aos maus, sem a união dos bons, faltava-lhes a autoridade para o atrevimento. E como os maus se viam autorizados com a união e exemplos dos bons, e sem a resistência dos mesmos exemplos que lhes serviam de freio, chegado o mundo ao estado de corrupção, que declara o texto: "Porque toda a carne tinha corrompido o seu caminho" (Ibid. 12) — do racional corrupto nasceu o brutal monstruoso, e da corrupção dos homens a geração dos gigantes.

Tal era a corrupção de Goa, e tais os monstros que da mesma corrupção tinham nascido e com ela crescido enormemente, quando lá chegou o enorme Hércules que os havia de domar e vencer. Compunha-se aquele grande empório do Oriente como de quatro humores, de quatro diferentes seitas: judeus, mouros, gentios e cristãos. Os judeus seguiam obstinadamente a lei de Moisés, os mouros o Alcorão de Mafamede, os gentios o culto e ritos dos pagodes e ídolos, e, posto que os cristãos professavam a fé e verdade do Evangelho, a fé estava neles tão morta, e a verdade tão casada com o apetite, e tão sujeita a ele, que pelo trato, comunicação e costume, o judeu, o mouro, o gentio e o cristão, tirada a diferença dos nomes, nenhuma se lhes via nos costumes. Todos seguiam uma lei, que era a da natureza corrupta; todos adoravam dois ídolos, que eram o da cobiça e da torpeza; e todos lhes sacrificavam as miseráveis almas e vidas, ardendo nas abominações e maldades que furiosamente rebentam daquelas mesmas raízes, servindo-lhes de branda matéria ao fogo as riquezas e delícias naturais da terra, tanto mais inimiga do céu quanto mais deliciosa e rica. Tão forte por todos os quatro lados se apresentou a Xavier em Goa o seu gigante, não só bárbaro, mas ímpio. Porém ele, bem advertido que todas as forças destes monstros eram partos daquele matrimônio em que os filhos de Deus se casaram com as filhas dos homens, o seu primeiro cuidado foi introduzir o divórcio deste casamento, procurando separar os filhos de Deus, que eram os cristãos, da comunicação e trato das filhas dos homens, que eram as outras três seitas.

Usou Xavier do meio que Deus tinha ensinado ao profeta Jeremias em semelhante dificuldade. — Para que te ouçam os que te não quiserem ouvir, e se convertam os que se não querem converter, o que hás de fazer, ó Jeremias, primeiro que tudo

— diz Deus — é separar o precioso do vil: "Se separares o precioso do vil, as palavras da tua boca serão como se saíssem da minha" (Jr 15,19) — e os que podem cuidar que te hão de converter a ti, como têm convertido a outros, e os têm feito semelhantes a si, tu os converterás a eles: "Eles serão convertidos a ti e não te converterás a eles". — Admirável e tremendo modo de dizer é o desta última cláusula, a qual não poucas vezes se tem experimentado na Índia, pelas influências e intemperanças do clima e suas delícias. Quantos passaram lá com ânimo de converter e emendar os abusos da terra; e a terra e os abusos os converteram a eles, ficando, em vez de converterem, pervertidos? Tais eram geralmente os cristãos que lá achou Xavier, sem mais fé que a do nome e no demais como os outros, com quem estavam misturados e verdadeiramente casados. "Os que casou Deus não os pode separar o homem" (Mt 19,6) — porém, os que casou o demônio bem os pode o homem separar, mas tão ordenadamente que comece a separação pelo mais precioso: "Se separares o precioso do vil". — O precioso aqui eram os que ao menos tinham fé, posto que a não concordassem com a vida, e o vil eram todos os outros, na vida e na crença totalmente infiéis e por tão diferentes erros. Começando, pois, o novo pregador pelos cristãos separadamente, exortava-os a que se lembrassem do que eram e tornassem em si, e que pusessem os olhos no fim para que de tão longe, e por meio de tantos perigos, tinham passado àquelas terras; que não desdissessem da eleição tão particular com que Deus os tinha escolhido entre todas as nações católicas, para propagadores do seu nome nas estranhas, que reparassem em si e fora de si; que eram ramos daquele tronco e parte daquela gente, à qual a mesma voz divina tinha honrado com o nome, não só de "fidelidade" [*fide puram*], senão igualmente de "piedade" [*pietate dilectam*]. Em suma, que considerassem o abismo da sua miséria e cegueira, tão esquecidos da salvação própria os que tinham obrigação de procurar a alheia. Finalmente foram tão poderosas e eficazes as razões e palavras de Xavier, como se a boca de que saíram fora a boca do mesmo Deus: "Serás igual a minha boca".

E tanto que as três seitas vis com os novos exemplos da súbita mudança dos cristãos se viram desautorizadas e enfraquecidas, que lhes havia de suceder? O que sucede aos brutos, que, faltando-lhes um dos quatro pés em que se sustentam, com os três que lhes ficam não podem dar passo, e caem. Caiu o judeu, caiu o mouro, caiu o gentio, e foi tão universal o triunfo da fé naquela pouco antes Babilônia — por lhe não dar outro pior nome — a que os historiadores a comparam, que os que de fora vinham a Goa não a conheciam, nem ela se conhecia a si mesma. E como dizem as fábulas que na guerra que os gigantes fizeram ao céu foi sepultado Encelado debaixo da ilha de Sicília, assim ficou o nosso não fabuloso, posto que sonhado, debaixo da ilha de Goa neste primeiro conflito.

§ VIII

O segundo combate — no qual, como no primeiro, posto que em sonhos, porque eram sonhos proféticos, se lhe representava a Xavier tão vivamente o que havia de ser como se já fora — foi no Japão, e mui semelhante ao do gigante Golias com Davi. Estavam à vista, em dois montes opostos, o exército dos filisteus e o de Israel, e, confiados os filisteus na grandeza do seu gigante, com pretexto de evitar sangue no desafio singular de um só combatente, todos comprometeram nas forças de Golias as suas e de todo o exército e nação filisteia, com condição que, se o filisteu vencesse ao israelita, ficariam os israelitas sujeitos aos filisteus, e se o israelita vencesse ao filisteu, ficariam sujeitos os filisteus aos israelitas. Assim o propôs e repetiu por espaço de quarenta dias o mesmo Golias, quando no meio de um e outro exército, se ofereceu ao duelo por estas palavras: "Escolhei dentre vós um homem, e venha bater-se comigo só por só. Se ele puder pelejar comigo, e me tirar a vida, seremos nós vossos escravos; mas se eu o levar debaixo, e o matar, vós sereis nossos escravos, e ficar-nos-eis sujeitos" (1Rs 17,8s). — O mesmo passou no Japão. Afrontados os bonzos, que são os seus religiosos e sacerdotes, de que um estrangeiro pobre, só e mal vestido pregasse no Japão uma nova lei, contra as estabelecidas nele por tantos anos, e uma nova divindade contra as adoradas em tantos reinos, e cridas pelos reis seus antepassados, para atalhar a opinião com que era ouvido o pregador e pôr silêncio à doutrina que ensinava, assim como os filisteus escolheram um Golias entre os seus soldados, assim eles entre os seus sábios: de todas suas universidades fizeram eleição do letrado mais eminente de todos, o qual em pública disputa defendesse a religião e leis antigas, e convencesse a falsidade da nova.

Chamava-se este gigante das letras Fucarandono — nome que, pelo estrondoso e arrogante em qualquer livro de cavalarias pudera fazer bem a figura. — A disputa havia de ser em presença do rei, no mesmo paço onde o pregador da fé cristã já se achava só, e para onde o grande doutor e defensor da sua caminhava ou marchava, não com menor acompanhamento que de três mil bonzos. Não consentiu o rei que entrassem mais que quatro para testemunha do ato; e para maior clareza e segurança do que se propusesse e respondesse, pediu Xavier que tudo se tomasse por escrito e se nomeassem também juízes que sobre cada um dos pontos sentenciassem logo por qual das partes prevalecia a razão. Fez-se assim, e como a verdade é muito confiada, não recusou o padre, antes foi contente que os juízes, como não fossem bonzos, fossem embora gentios. Sobre estas suposições — que da parte contrária se houveram de consentir por força — saiu ao campo Fucarandono, mais armado e apercebido que o gigante de Davi, porque este, coberto todo de ferro, só a testa trazia descoberta e desarmada, e por isso sem resistência foi penetrado da pedra. Mas como o presente conflito era de entendimento a entendimento, de saber a saber, de razão a razão e, finalmente, de testa a testa, ele a trazia fortalecida com uma viseira forjada na oficina de Vulcano e temperada na lagoa Estígia, composta de todos os erros que o inferno introduziu na especulação cega e sem fé de todos os antigos filósofos.

Defendia a eternidade do mundo, a multidão dos deuses e transmigração das almas. Negava a imortalidade delas, a liberdade do alvedrio, a salvação dos pobres e das mulheres, e atribuía ao sol e à lua os poderes da primeira causa. Em todos estes erros — exceto o dos pobres e mulheres, invenção particular da cobiça dos bonzos — reconhecia Xavier a Aristóteles, a Platão, a Pitágoras, a Zeno, a Epicuro e aos outros autores deles. E posto que para os confundir e convencer, como tão insigne filósofo e teólogo, lhe sobejava cabedal da própria ciência, eram tais os raios da luz mais que natural que acompanhavam as palavras que saíam da sua boca que, alumiados extraordinariamente o rei, os juízes e todos os circunstantes, não podiam deixar de aclamar a uma voz, e em altas vozes, a verdade da nova lei e a vitória do mestre que a ensinava. Este foi o sucesso daquele dia, e também dos cinco seguintes, em que duraram as disputas públicas, no fim das quais o mesmo rei, tomando pela mão ao vitorioso capitão da cristandade, o levava em pessoa pelas ruas até sua casa — ou até à casa não sua — sendo este acompanhamento real maior pompa por uma só pessoa que a dos três mil que acompanhavam o bonzo.

Só faltou neste triunfo o coro das filhas de Jerusalém que cantaram o de Davi. Mas nem elas souberam contar o número dos vencidos, nem medir a grandeza do vencedor. Não souberam contar o número dos vencidos, porque disseram que "Davi vencera dez mil" (1Rs 18,7) — sendo assim que os vencidos foram mais de cem mil, que de tantos constava o exército dos filisteus, os quais, vendo a cair Golias, se puseram todos em vergonhosa fugida. E também não souberam medir a grandeza do vencedor, porque não haviam de fazer a comparação entre Davi e Saul, o qual nenhuma parte teve na vitória, senão a que o mesmo Saul tinha feito entre Davi e o filisteu, quando a Davi chamou menino, e ao Filisteu gigante. E aludindo a esta comparação ou diferença, então devia a cantiga trocar os termos e dizer que o gigante fora o menino que caíra de uma pedrada, e Davi o gigante que com a sua própria espada lhe cortou a cabeça.

§ IX

Mas, se o elogio e glória deste nome faltou a Davi na sua vitória, não faltou a Xavier nas suas. Navegava Xavier, e, tendo restituído vivo a um mouro com promessa de se fazer cristão, um filho, seis dias antes afogado e sepultado no mar, chegou a fama do milagre à terra primeiro que o santo desembarcasse, e vieram sessenta maometanos ao navio certificar-se do caso. Sobre a evidência deste motivo o tomou Xavier para lhes mostrar a falsidade de sua lei e a verdade da de Cristo, com tal eficácia que todos a conheceram, e não quiseram sair do navio sem que o santo os batizasse. Fê-lo assim, depois de bem instruídos, e na solenidade daquele ato se provou, como eu dizia, que o título de gigante, que as filhas de Jerusalém não souberam dar a Davi na sua vitória, o alcançou Xavier nas suas, porque a estatura ordinária do santo se viu no mesmo ato tão crescida, que não só parecia, mas verdadeiramente era de gigante. Assim o viram de longe os que estavam em terra, e também de perto os que vieram a bordo, e acharam que se não enganavam os olhos, e era certo o que viam. Agora pergunto: E por que razão, quando Xavier converteu tantos maometanos e os batizou, então apareceu com estatura de gigante? Outros darão outra melhor, mas eu digo que a razão foi porque a sua estatura crescia e se aumentava à medida das suas vitórias. Tenho em prova, não só a Escritura, senão o mais próprio comento dela, porque este mesmo caso de Xavier a comentou com maior propriedade que nenhum outro expositor até agora.

Medindo Salomão, ou ensinando a medir a estatura do homem interior, que sempre cresce, e buscando-lhe a semelhança entre as árvores, não diz que é semelhante aos ciprestes do Monte Sião, nem aos cedros do Líbano, senão à palmeira: "A tua estatura é assemelhada a uma palmeira" (Ct 7,7).

— E por que não semelhante a alguma das outras árvores grandes e altas, senão à palmeira? Porque só ela cresce à medida das suas palmas; por isso as outras árvores tomam o nome do fruto, e a palmeira não o toma do fruto, senão dos ramos. O tronco da palmeira, com singularidade única entre todas, vai subindo e crescendo como uma escada de degrau em degrau, e cada degrau destes o vai adquirindo de palma em palma, pelo nascimento de cada uma. Vão-lhe nascendo sucessivamente as palmas e surgindo de dentro pelo cume, primeiro direitas e fechadas, depois abertas, dobradas e estendidas, lhe formam a copa até que, apartando-se do tronco, o deixam tão aumentado de altura quanto era o espaço de que recebia o nutrimento. E esta é a razão e propriedade admirável pela qual a estatura de Xavier é comparada à palmeira: "A tua estatura é assemelhada a uma palmeira". — Crescia Xavier e subia como a palmeira, porque tanto se levantavam os graus ou degraus da sua estatura quantas eram as suas palmas, isto é, as suas vitórias. E como as vitórias de Xavier contra Mafamede naquela ocasião foram sessenta, por isso subitamente foi visto com estatura de gigante. Donde se infere que se naquele dia, ou naquela hora cresceu sessenta degraus, qual seria o seu aumento em todos os anos que trabalhou na Ásia, em que tantas foram as suas vitórias quanto o número sem-número das almas adultas e não adultas que, batizando ou pregando, tirou do cativeiro do demônio?

Mas antes que pelas mesmas vitórias tomemos a verdadeira medida à sua agigantada estatura, vejamos primeiro qual foi ou se fingiu neste mundo a do maior gigante. No capítulo terceiro do Deuteronômio conta Moisés que na cidade de Rabat, que depois se chamou Filadélfia, "se via em seu tempo um leito de ferro, que havia sido do rei Og, o último de todos os gigantes, o qual tinha nove côvados de comprido e quatro de largo" (Dt 3,11). — E acrescenta a tradição dos Hebreus, referida por Lirano e Abulense, que este leito era do mesmo gigante Og, enquanto criança, porque depois cresceu a tanta grandeza que tinha uma légua de alto e os braços de tantas forças que arrancou e levantou neles um monte de duas léguas, e o pôs sobre a cabeça, com intenção de que assentando seus arraiais os filhos de Israel, que então marchavam para a Terra de Promissão, lançasse sobre eles o monte e os sepultasse de um golpe a todos. Isto diz a tradição; mas assim o gigante de uma légua como o monte de duas são fábulas dos hebreus. A cuja vista, porém, tomadas as medidas do nosso gigante da Índia, lhe podemos bem cantar com o poeta, também indiático:

"As verdadeiras vossas são tamanhas,
Que excedem as sonhadas fabulosas"[11].

Porque, se o gigante sonhado e fabuloso tinha uma légua de altura, fique à curiosidade dos aritméticos medir e somar a do nosso, e acharão que o excede em muitas léguas. A Escritura Sagrada mediu a altura do gigante de Davi a côvados e palmos: "Seis côvados e um palmo" (1Rs 17,4) — e para tirar à nossa conta toda a sombra de encarecimento, não quero que os degraus que acrescentam as palmas à estatura do nosso se meçam a côvados nem a palmos, senão pela suposição mais estreita, que é a largura de um só dedo por palma. E sendo as palmas de Xavier um milhão — como dissemos — e duzentas mil, bem se segue que sairá a soma tão multiplicada em alturas que, quando o nosso gigante não chegue a topar com a cabeça nas estrelas, ao menos as nuvens mais remontadas lhe ficarão muito abaixo dos ombros.

Tão largos, tão fornidos e tão robustos lhe eram necessários para não ficar vencido ou oprimido das forças e arte do seu antagonista, o qual, vendo-se tão fortemente, não só resistido, mas derrubado e prostrado em todos os combates da luta, se desenvolveu destramente dos braços de Xavier, e de um salto, como diz a história, se lhe pôs sobre os ombros, para oprimir com o peso o que não podia vencer com a força. Qual fosse o peso imenso de uma corpulência, composta de todos os membros da Ásia, não há juízo tão vasto que o possa compreender. Manifestou-o, porém, o efeito, porque Xavier, em muitos dias depois, se não pôde descarregar nem aliviar das dores e quebramentos daquela opressão; mas aos primeiros impulsos dela, quase sufocadas as vias da respiração, espertou, e com o fim arrebatado do sono parou o sonho. Amanhã se segue o segundo, muito mais admirável e enquanto o santo respira de tamanho trabalho, respiremos nós também para o ver entrar e sair de outros maiores.

SONHO SEGUNDO

Segunda Oração Panegírica

"E se vier na terceira vigília."
(Lc 12,38)

§ I

Um dos maiores mistérios e mais delicados segredos da natureza na arquitetura humana é a fábrica dos sonhos. Sendo o sono uma prisão universal dos sentidos, com que os olhos não veem nem os ouvidos ouvem e assim dos demais; como pode ser que sonhando vemos sem ver, e ouvimos sem ouvir, e exercitamos os atos dos outros sentidos como se estiveram espertos? A razão ou filosofia deste artifício natural é porque na memória — não a espiritual, que é potência da alma, senão a corporal e sensitiva — estão depositadas as espécies de todos os objetos ou as imagens de todas as coisas que entram pelos sentidos. Estas imagens, enquanto os sentidos dormem, estão encobertas e escondidas debaixo dos vapores grossos e espessos que sobem ao cérebro, e, ao passo que os mesmos vapores se vão adelgaçando e desfazendo, as imagens aliviadas deles se vão também descobrindo e representando à fantasia, que por outro nome se chama imaginativa, e é a potência com que imaginamos.

O modo deste artifício oculto declara o Príncipe dos filósofos com uma semelhança digna do seu engenho. Fazei, ou lavrai de cortiça — diz Aristóteles — uma quantidade de rãs maiores e menores, e com esta forma ou sem ela — que só é necessária para maior primor da comparação — ponde-as todas sem ordem nem concerto no fundo de um grande vaso. Assim postas, lançai sobre elas uma cama de sal, de modo que fiquem cobertas todas e não apareçam; e logo, enchendo de água até cima o mesmo vaso esperai um pouco e vede o que vedes[1]. Coisa verdadeiramente curiosa e ao nosso intento admirável! Assim como se vai desfazendo o sal com a água, assim vão surgindo e se vão aboiando as cortiças pouco a pouco, aqui uma, acolá outra, umas antes, outras depois, até que aparecem todas. Isto mesmo é o que acontece nos sonhos, porque as imagens escondidas das coisas que entraram pelos sentidos, desafogadas dos vapores que as oprimiam, se vão descobrindo e aparecendo à fantasia, ou sem nenhuma ordem, se os sonhos são naturais ou, se são sobrenaturais e divinos, com aquela ordem e disposição que é necessária para mostrarem e darem a entender o que significam.

Desta sorte se descobriu e representou distintamente a Xavier no sonho de hoje o que no de ontem só supôs ou pisou confusamente, porque o mesmo terreiro da sua luta foi o anfiteatro dos seus trabalhos, cuja imensa campanha agora viu repartida em terras e mares; e para que nem essa propriedade faltasse à semelhança, também foi em água salgada. Passado, pois, o Cabo de Boa Esperança, e penetrado já o nosso apóstolo do Oriente aquele primeiro lago em que o mar etiópico e o índico confundem as águas, como se do meio delas fossem surgindo de mergulho as terras em que havia de semear o céu, assim se lhe iam descobrindo e aparecendo umas depois das outras. A primeira, como a maior ilha do mundo, se deixou ver ao longe, a grande Gadamascar[2]: logo à mão esquerda, a dourada Sofala e a foz das correntes que a fazem rica; e daí a poucas sangraduras, o comum cemitério de Portugal com o nome de Moçambique. Daqui fugindo, e nos mares já da menos negra Mombaça se mostraram ao princípio como uma, e depois duas, e divididas, Zinzibar e Pemba, com outras de menor nome. E, deixada atrás Quiloa e adiante Melinde, com a infausta Pate, depois de um largo intervalo, se viu levantar a monstruosa cabeça o grosso cabo de Guardafu, abrindo a grande boca da estreita garganta do Mar Roxo, da qual, como temendo ser comida, apareceu retirada a juntamente cristã e moura, ou nem moura, nem cristã, Socotorá. Este é o ponto donde Xavier começou a cortar as ondas já propriamente da Ásia; mas tanto ao largo, que alagada a Arábia, só se divisaram no fim dela as torres da famosa Ormuz, presumida de que, se o globo do mundo se reduzira ao círculo de um anel, ela seria a pedra. Daqui, mais por fé que de vista, veneraram as bandeiras Portuguesas a sempre inexpugnável Diu. E, voltada a proa para a terra piramidal — a quem os naturais chamaram Indostão, e os nossos, pela figura, Lisonja — depois de muitos dias e léguas de mar se avistou a desejada Índia, e dentro do circuito de uma não grande ilha — habitada porém de trinta povos — apareceu com a cabeça coroada como metrópole de todo o Oriente, e foi festejada com salvas a real e imperial Goa. Não se detém neste grande empório o nosso discurso, porque com o vento nas velas vai correndo em demanda do Cabo de Comorim. Neste caminho pareceu que também subiam do fundo do mar as inumeráveis Maldivas — mais semelhantes a formigas que a rãs — e ao dobrar do cabo, quase sentida primeiro pelo cheiro que pela vista, se descobria a odorífera Taprobana, hoje chamada Ceilão. Daqui se continua longamente a celebrada Costa da Pescaria pelas pérolas que se pescam nas suas praias, as quais reconheceu mais lentamente Xavier até chegar à foz do famosíssimo Ganges, que, trazendo seu nascimento desde o monte Imão, e tão cansado do caminho como de ser rio, para se graduar de mar no Oceano, descarrega suas correntes no golfo de Bengala.

§ II

Até aqui tendes chegado felizmente, glorioso Xavier, e parece que, segundo as obrigações do ofício e as leis do Evangelho, não deveis passar daqui. Se sois um dos apóstolos, aos maiores disse o seu e vosso divino Mestre que seriam pescadores de homens: e vós tendes chegado à costa da Pescaria, onde as vossas redes podem pescar mais homens que as de Pedro peixes no mar de Tiberíades. Também sois aquele mercador evangélico que buscava pérolas e por uma deu quanto tinha, e as que podeis granjear nestas praias, mais preciosas que as que lhe deram o nome, são mais que as mesmas areias. Parai, pois, nem passeis daqui. E para que a grandeza do vosso sonho não pareça que espera mais de vossas peregrinações, quero-vos alegar um exemplo, também sonhado e não natural, senão divino. Quando Alexandre Magno, cujas vitórias descreveu o profeta Daniel (Dan 11,3-4), foi ao Templo de Jerusalém, admirados os que o acompanhavam da grande reverência com que tratou ao sumo sacerdote Jado, coisa tão alheia da sua soberania e arrogância, respondeu que naquele mesmo trajo lhe aparecera Deus em sonhos, quando lhe mandou que fosse conquistar o Oriente. Foi, pois, Alexandre com poderoso exército, atravessou o mar Eritreu, entrou na Índia, alcançou muitas vitórias, conquistou muitas terras, dominou muitas nações, e entre elas ao grande rei Poro, mais gigante que homem; mas, chegando às margens do Ganges, com pensamento de passar adiante, nem lho consentiram seus soldados, nem ele insistiu no intento que todos julgaram temerário. Mandou voltar as bandeiras, sem se afrontar de dar as costas ao sol, e contente com os troféus de que deixou semeados os caminhos e de que colheu os frutos da fama e memória imortal, entrou triunfante em Macedônia. E se esta resolução em Alexandre, com um exército de quarenta mil combatentes tão costumados a vencer, foi de prudente capitão, e a contrária seria temeridade, por que não seguirá o mesmo conselho Xavier só e desarmado, e por que se não contentará de pôr o *non plus ultra*[3] das suas colunas, não nas ribeiras por onde corria, senão na foz onde morre o mesmo Ganges? Pois, ainda que o seu espírito seja maior que os grandes espíritos de Alexandre, donde ele tornou atrás, antes é crédito que valor não querer passar adiante.

Nem tem que recear Xavier que a Roma, que o mandou ao Oriente, não aprove esta resolução, pois em um congresso de todos os oradores romanos, como escreveu Sêneca[4], se pôs em controvérsia no seu tempo se devia Alexandre intentar a passagem do Ganges, e todos, com diversas razões panegíricas, concordaram que obrara como devia a quem era. Dos que falaram com maior aplauso, uns disseram que se não devia empreender a tal conquista, pois nela se não podia ganhar tanto quanto na pessoa do mesmo

Alexandre se arriscava; e outros, que a grandeza do seu ânimo se devia contentar do que tinha obrado na empresa da Índia, pois Baco, havendo feito muito menos, tinha alcançado por ela as honras de divino, e estava adorado entre os deuses.

Todas estas razões tinham maior e mais verdadeiro lugar em Xavier que em Alexandre. Mas a generosidade do seu imenso coração tão fora estava de se medir e aquietar com elas que torna ou continua a se engolfar com maior ousadia em novos mares. Com a proa primeiro no austral, e depois no Eôo, se começaram a ver pelo continente ao longe os cumes dos montes mais altos e as pontas dos cabos mais bojantes, e ao perto do mesmo pego que cortava — como se do fundo fosse subindo e surgindo sobre a água todo o cardume das rãs — assim ia aparecendo, já confusa, já distintamente, o número sem número das ilhas, de que está lajeado sem ordem nem igualdade aquele intrincadíssimo arquipélago. A áurea Quersoneso, hoje chamada Samatra, as Javas, maior e menor, Bornéu, Celebes, Geilolo, Mindanau, Tandaia, Timor, Paloon, Carmã, Cuba, Malucas, Lequios, e as que já tinham batizado os portugueses, Santa Maria, S. João, Santa Clara, S. Miguel, os Reis Magos, e, finalmente, com largo e perigosíssimo intervalo, a grandíssima do Japão, povoada ou coroada de sessenta e seis reinos, cujos horizontes, segundo a etimologia do nome, são os berços onde nasce o dia.

Aqui se deve muito notar que, assim como Xavier nasceu no ano em que se descobriu a Índia, assim no ano em que ele chegou à Índia se descobriu o Japão aos portugueses, levados lá de uma tempestade fora da sua derrota. E assim como aquelas eram as últimas raias que a natureza pôs ao Oriente nos seus horizontes, assim eram também as últimas e remotíssimas a que a divina providência tinha estendido e mostrado a Xavier a campanha das suas vitórias, mas não com nome de vitória, senão de trabalhos, porque não devia Deus variar o nome de tão heroicas façanhas ao Hércules das suas conquistas. Que Daniel, porém, haverá de tão aguda vista, de tão sábia e copiosa eloquência, que possa declarar, ou como Baltasar o escuro das letras, ou como Nabucodonosor o terrível das estátuas, que naquele imenso painel de horrores pintou mudamente a fantasia a Xavier dormindo, onde o menos que ele estava vendo com os olhos fechados eram dois mundos, um o próprio e natural, que deixava, outro o novo e estranho, que havia de conquistar.

§ III

Os que tendes lido os trabalhos deste grande Hércules da Igreja, desencadernando o livro da sua vida e fazendo de cada folha uma cena, podereis conceber alguma parte desta temerosa representação, e digo parte, e não tudo, porque o menos é o que se sabe e o que se escreveu; do demais foram só testemunhas Deus e os anjos. Ali se viam os mares, pouco dantes descobertos e ainda mal conhecidos e nunca domados; as tempestades furiosas e tremendas, os ventos implacáveis, as ondas em montes, os mareantes sem cor, sem força, sem tino; as gáveas no mar, a quilha fora dele, as vidas morrendo e ressuscitando a cada balanço, os dias medonhos, sem sol, as noites horrendas, sem estrela, os relâmpagos, os trovões, os raios, a derrota e o leme perdido, os baixios roncando ao perto, soando temerosamente ao longe por toda a parte. Oh! que horror! E isto não um dia, senão muitos continuados, nem em uma, senão muitas vezes em tantas costas, em tantos cabos, em tantos estreitos, em tantos golfos. Muitos dos que me ouvis, como tão experimentados, entendeis o que digo, que eu sobre tantas repetidas experiências ainda não sei exprimir o que só quando se sente se conhece. Viam-se ali os climas e os céus tão diversos, os ares pestilentes, as enfermidades terríveis, sem médico, sem remédio, sem alívio; no mar o convés, na terra a mesma terra por cama; os calores, os frios, as fomes, as sedes; o navegar tão dificultoso, o chegar incerto, o desembarcar e aparecer cheio de perigos; as gentes bárbaras, feras, e de Cristo todas inimigas; as seitas infinitas, a pertinácia maior que a cegueira, a idolatria estabelecida na antiguidade, na crença, na natureza, defendida da soberba e cobiça dos sacerdotes, e da licença dos costumes armados todos e tudo contra o pregador da nova fé, só, pobre, aborrecido, perseguido, acusado, condenado. Sobretudo, o demônio e todo o inferno posto em campo contra um só homem, invisivelmente com máquinas e visivelmente com figuras horrendas, não matando, porque não tinham licença para matar, mas dando-lhe tais combates e tormentos que muitas vezes o deixaram moído e pisado a duros golpes, ferido e quase morto. Tudo isto se via ali em vários tempos e em muitos modos repetido, representando-se vivamente em suas próprias e feíssimas figuras as crueldades, os ódios, as iras, as invejas, as perseguições, os desprezos, as injúrias, as afrontas, as traições, as ciladas, os venenos, as setas, as catanas, os assaltos, as guerras, e infinitos outros gêneros e formas horríveis de trabalhos, de perigos, ou da natureza ou da malícia, que havia de padecer quem os estava vendo, com a morte sempre presente e não escapando de uma sem novo risco de outras.

Finalmente o que fazia mais admirável e quase incrível esta representação era uma perspectiva que se abria no meio dela, com uns longes tão seguidos e remontados a perder de vista que o fio e comprimento deles podia quatro vezes dar volta a toda a redondeza da terra. E tais eram as peregrinações e caminhos de trinta e cinco mil léguas que por mar e terra havia de fazer Xavier. No mar bastava dizer que se via no mar para dizer muito, mas via-se sem gasalhado, sem mantimento, sem provisão alguma humana, sustentando-se de esmola, servindo de dia e de noite aos enfermos, e dormindo aos pés e velando à cabeceira do mais aflito. Na terra, via-se caminhando a pé, muitas vezes descalço e vertendo sangue, por serranias, por bosques, por espinhos, por pedras agudas, por neves, por areias ardentes, com a trouxa dos ornamentos sagrados às costas, disfarçado em marinheiro, em escravo, em lacaio, podendo mal andar e correndo atropelado diante dos cavalos, suando, anelando, espirando, ao sol, à chuva, a todos os rigores do tempo; sem descanso, sem casa, sem abrigo, sem segurança; conservando a vida só no disfarce, e não havendo entre a vida e a morte mais distância que o ser ou não ser conhecido. Assim estava vendo Xavier representado dentro em si mesmo o espetáculo formidável de seus trabalhos, bastantes a causar lástima e horror, quando fossem alheios ou fingidos, e não fora o que os havia de padecer o mesmo que os via. Enfim, no fim do último ato se descobriu também a última aparência. E que viu nela Xavier? Viu Xavier a Xavier despedindo-se do mundo e de si mesmo, não já lutando, mas rendido, enfermo, prostrado, desfalecido, morrendo, morto em uma ilha deserta, sobre a terra nua, só e no extremo desamparo: religioso sem companhia, cristão sem os auxílios da Igreja, homem sem nenhum socorro humano, porque, ainda que os anjos e todo o céu o assistia e esperava com palmas e coroas, tudo isto se lhe encobriu naquela representação pavorosa, para maior horror da tragédia.

§ IV

Mas quais vos parece que seriam os afetos que excitou toda esta vista no coração de um homem que assim velava, ou assim dormia? Não acordou ao estrondo de tamanha bateria. Porém antes que ouçamos o que fez ou o que disse, quero me admirar e ponderar primeiro a novidade e estranheza desta representação. Tanto me admiro do que Deus mostrou a Xavier neste sonho como do que lhe encobriu. Antes de José ir ao Egito, sonhou profeticamente, não uma, senão duas vezes, o sucesso desta sua peregrinação. E que foi o que Deus lhe manifestou? Os sinais foram diversos, um no céu, outro na terra, um nas espigas, outro nas estrelas, mas em ambos nenhuma outra coisa lhe mostrou Deus senão a grandeza, o trono, a majestade a que havia de ser sublimado e em que não só os estranhos, mas seus próprios pais e irmãos o haviam de adorar. Caso notável, e mais notável à vista do nosso! José, antes de chegar a estas felicidades, padeceu as invejas, os ódios, as ferezas e as tiranias de seus irmãos, que o despiram, que o ataram, que o meteram no fundo da cisterna, que lhe quiseram tirar a vida, que o venderam. Perdeu a pátria, perdeu a casa de seu pai, perdeu o mesmo pai, que tão singularmente o amava. Foi levado escravo, e, como escravo, a Egito, e lá outra vez vendido; depois perseguido e acusado inocentemente; preso, carregado de ferros, e mais carregado de um falso testemunho tão feio e tão enorme; afrontado, desonrado e chegado enfim a um tal extremo de miséria e desamparo, que se Deus milagrosamente lhe não acudira, sem dúvida acabava a vida em um suplício infame. Pois, se José havia de padecer tantos e tão desusados trabalhos, por que lhe esconde Deus os trabalhos e lhe revela somente as glórias? Os trabalhos foram primeiro, as glórias depois: siga Deus a mesma ordem, e se não, mostre-lhe as glórias, e os trabalhos juntamente: mas as glórias sim, e os trabalhos não? Ah! Xavier meu, que singular homem sois! Vede quanto vai de sonho a sonho, e de homem a homem. A José mostra-lhe Deus as glórias, e esconde-lhe os trabalhos: a Xavier mostra-lhe os trabalhos, e esconde-lhe as glórias.

Por certo que depois de Deus mostrar a Xavier aquele grande teatro de trabalhos, de perigos, de assombros, pudera facilmente correr outra cortina, e mostrar-lhe um Monte Tabor de glórias muito maiores que as de José, não adorado de onze lavradores nas espigas, nem de uma só família nas estrelas, nem de um só reino no Egito, mas de príncipes, de reis, de imperadores, de pontífices, e de todo o mundo. Pudera contrapor à dureza dos climas e das gentes o rendimento e obediência delas, às perseguições os obséquios, ao ódio o amor, às injúrias os aplausos, às enfermidades as saúdes milagrosas, às mortes as vidas e ressurreições de tantos mortos, aos sóis o sol parado a seu império, aos caminhos e peregrinações as peregrinações sem caminhos, quando no mesmo tempo, sem dar passo, se achava presente em tão distantes lugares; às pestes as mesmas pestes exterminadas de cidades, de reinos, só com a invocação sempre eficaz de seu patrocínio; às tempestades e furores do mar o mesmo mar humilhado, manso, reverente, e o oceano doce, só com meter, nele, um pé; aos perigos da natureza e da malícia a sujeição da mesma natureza nos elementos e da mesma malícia nos homens; às guerras e batalhas do inferno o mesmo inferno vencido, sopeado, despojado, triunfado; enfim, os templos, os altares, as estátuas, os mausoléus, os incensos, os votos, os sacrifícios e a imortalidade gloriosa do nome de Xavier, com a memória sempre viva, com a devoção sempre crescendo, com as maravilhas sempre novas, reconhecido no Oriente por luz da Ásia, no Ocidente por escudo firmíssimo da Europa, e em toda a parte por propiciatório universal da Igreja, como se Deus derrubara e desfizera por ele tantos ídolos, para levantar no mundo um só oráculo.

Mas todas estas glórias — não falando nas do céu — encobriu Deus a Xavier naquele sonho porque, ainda que estava dormindo, era Xavier o que dormia. A José mostra-lhe glórias, para depois o animar aos trabalhos; a Xavier mostra-lhe trabalhos, porque essas eram as suas glórias. A um e outro cortou Deus a visão pelas medidas do seu espírito, mostrando a cada um o que podia obrigar, e encobrindo-lhe o que o podia ofender. A José só glórias, para que a mistura dos trabalhos lhe não dessazonasse o gosto; a Xavier só trabalhos, para que a companhia das glórias lhe não diminuísse a fineza. O desejo e espírito de Xavier não era padecer para gozar, senão padecer por padecer, porque era amar por amar, e mereciam os quilates desta fineza que o convidasse Deus com os trabalhos puros e secos, sem liga nem mistura de interesse. Desconfiaria Xavier, e duvidaria da verdade do que via, se Deus lhe mostrasse outra coisa que não fossem trabalhos. José, quando viu tantas glórias, creu que o sonho era revelação; Xavier, se não vira trabalhos, cuidaria que a revelação era sonho. Enfim, a José tratou-o Deus como homem, a Xavier como exceção dos homens.

A missão para que Deus prevenia a Xavier naquele sonho era a maior que nunca houve no mundo, porque também o mundo então era o maior que nunca havia sido. E quando vejo os termos com que Deus o convida para tamanha empresa, não posso deixar de conhecer a grande diferença que Deus fez deste grande homem a todos os homens. A Abraão mandou Deus sair e deixar a pátria e os parentes: "Sai da tua terra e da tua parentela" (Gn 12,1) — e promete-lhe que, pela pouca terra que deixa, lhe dará muitas e melhores terras, e pelos poucos parentes de que se aparta, o fará pai e cabeça de uma nação inumerável, nova e nobilíssima: "E eu te farei pai de um grande povo" (Ibid. 2). — A Jonas manda-o pregar aos Ninivitas, e como a maior lisonja de um Pregador é a magnificência do teatro, condescende Deus com este afeto humano e representa-lhe a grandeza da imensa cidade e corte, onde o manda, a maior que então havia e nunca houve no mundo, e por antonomásia a grande: "Vai à grande cidade de Nínive, e prega nela" (Jn 1,2). — A Moisés manda-o ao Egito a libertar da servidão o povo hebreu cativo, e sobre lhe dar na vara uma amplíssima delegação de sua onipotência, honra-o não menos que com o título de Deus de Faraó: "Eis aí te constituí Deus de Faraó" (Ex 7,1). — Finalmente elege a Jeremias profeta das gentes, e, posto que não gentes bárbaras nem remotas, promete-lhe Deus a imunidade de todos os perigos no seguro de sua própria assistência: "Eu sou contigo, para te livrar" (Jr 1,8) — e dá-lhe jurisdição e poder absoluto de fazer e desfazer reis e reinos: "Eis aí te constituí eu hoje sobre as gentes e sobre os reinos, para arrancares e arruinares, para edificares e plantares" (Ibid. 10). — Esta é a forma com que Deus despachou e preveniu sempre aos maiores homens para as maiores empresas. E sendo a de Xavier igual a todas estas juntas e maior que todas, vede a diferença inaudita com que Deus o trata. Quer que se desterre da pátria, como Abraão, e muito melhor pátria; quer que vá pregar a terras estranhas, como Jonas, e muito mais estranhas; quer que vá libertar, não um povo, como Moisés, senão infinitos povos; quer que se meta nos perigos, como Jeremias, e muito mais presentes e formidáveis perigos e com que prêmios o convida, com que esperanças o anima, com que promessas o alenta, com que assistências o assegura? Para que se desterre, convida-o com os desterros; para que se embarque, anima-o com as tempestades; para que prossiga, assegura-lhe os trabalhos; para que não desista, amontoa-lhe as dificuldades; para que não tema, afeia-lhe os perigos; enfim, para que padeça e mais padeça, o que lhe promete, o que lhe assegura, o que lhe mostra é tudo o que há de padecer, e nada mais. Houve homem algum no mundo a quem Deus tratasse com esta singularidade?

§ V

Dir-me-eis que só S. Paulo, ao qual ou do qual disse Cristo: "Eu lhe mostrarei quanto há de padecer por mim" (At 9,16). — Primeiramente, quando assim fora, não era pequena glória que fiasse Deus tanto de Xavier dormindo como de S. Paulo acordado. Mas não é assim, nem foi assim, nem querem dizer isso aquelas palavras. Não quis dizer Cristo que havia de mostrar antecedentemente a S. Paulo quantos trabalhos havia de padecer por seu nome, senão que lhe daria muitas ocasiões de padecer e que padeceria muito. Assim explicam o texto todos os comentadores, e essa é a força e significação da palavra "eu lhe mostrarei" — como consta de muitos lugares da Escritura. No Salmo 59: "Mostraste ao teu povo coisas duras, deste-nos a beber vinho de compunção" (Sl 59,5); no salmo 70: "Quantas tribulações me tens feito provar a mim, muitas e penosas, e voltando a mim me tens dado vida" (Sl 70,20)! — e o mesmo Cristo, no capítulo 10 de S. João: "Eu tenho-vos mostrado muitas obras boas" (Jo 10,32). — E que de fato não mostrasse Cristo antecedentemente a S. Paulo, como a Xavier, todos os trabalhos que por seu nome havia de padecer, prova-se claramente no capítulo 20 e 21 dos Atos dos Apóstolos, onde, revelando o Espírito Santo a Agabo, e outros profetas daquele tempo as perseguições que em Jerusalém estavam aparelhadas a S. Paulo, o mesmo apóstolo confessou aos cristãos de Mileto que ignorava o que ali havia de suceder: "E agora eis aqui estou eu, que, ligado pelo Espírito Santo, vou para Jerusalém, não sabendo as coisas que ali me hão de acontecer" (At 20,22). — De maneira que o exemplo de S. Paulo de nenhum modo diminui esta gloriosa singularidade, verdadeiramente única de S. Francisco Xavier. Antes acrescento que as mesmas revelações de S. Paulo a qualificam muito mais. E se não, pergunto: Que é o que Cristo mostrou a S. Paulo antes de o mandar à sua missão, e lhe encarregar o apostolado das gentes? O que Cristo lhe mostrou não foram os trabalhos, não, senão as glórias e a coroa que no céu lhe tinha aparelhado, e para isso o levou arrebatado ao céu empíreo. Santo Tomás, a quem muitos seguem, tem para si que essa revelação sucedeu logo no princípio da conversão de S. Paulo, naqueles três dias em que teve os olhos fechados. Porém, o mesmo S. Paulo na segunda Epístola aos Coríntios, que foi escrita no segundo ano do imperador Nero, expressamente afirma que teve este rapto "catorze anos antes" (2Cor 12,2). — E, conforme a verdadeira cronologia dos tempos, vem a cair no ano segundo de Cláudio, e quarenta e quatro de Cristo, que foi o ano em que S. Paulo foi ordenado Apóstolo das Gentes, pouco antes de partir e tomar posse da missão, como diligentíssimamente notou Cornélio: "Paulo teve esse rapto no ano segundo do imperador Cláudio, neste ano pelo Espírito Santo foi ordenado com Barnabé Apóstolo e Doutor das Gentes, um pouco antes que se ordenasse este apostolado". — Vede agora a diferença com que Deus tratou os dois apóstolos das gentes: a Paulo, que tirou a Xavier o ser o primeiro, e a Xavier, que tirou a Paulo o ser o único, sendo porém Xavier o primeiro e o único nesta singularidade. A Paulo, antes de entrar na carreira, arrebata-o Cristo ao céu, e mostra-lhe as coroas que havia de merecer; a Xavier, antes de entrar na batalha, leva-o à campanha e mostra-lhe os exércitos com que havia de pelejar. A Paulo diz: Estas são as glórias que hás de gozar — e a Xavier: estes são os trabalhos que hás de padecer. — Assim enche Cristo estes dois vasos de eleição com tão diferentes licores, assim anima estes dois valentes soldados, para que, do diferente modo com que os anima, se veja a diferença do ânimo de cada um. A diferença, digo, naquele tempo. Eu não nego a S. Paulo que trabalhou mais que todos os apóstolos: "Tenho trabalhado mais que todos" (1Cor 15,10) — nem também posso negar ou afirmar de Xavier que trabalhou mais que S. Paulo. O que sei de certo é que no catálogo que S. Paulo escreveu de seus trabalhos e perigos, apenas se lê algum que não padecesse Xavier outros semelhantes, padecendo muitos outros que ali se não acham: "Em trabalho e fadiga, em muitas vigílias, com fome e sede, em muitos jejuns, em frio e desnudez, em açoites sem medida, em perigos de morte muitas vezes, em jornadas frequentemente, em perigos de rios, em perigos de ladrões, em perigos dos da minha nação, em perigos dos gentios, em perigos na cidade, em perigos no deserto, em perigos no mar, em perigos entre falsos irmãos" (2Cor 11,27.23.26). — Tudo isto padeceu Paulo, tudo isto padeceu Xavier, mas, antes de o padecerem, com grande diferença. A Xavier mostrou-lhe Deus só os perigos e os trabalhos, a Paulo mostrou-lhe as glórias e os prêmios. A ambos quis satisfazer Cristo, mas com diferente satisfação: a Paulo mostrou-lhe os prêmios com que lhe havia de satisfazer os trabalhos, a Xavier mostrou-lhe os trabalhos com que lhe havia de satisfazer os desejos.

Dizia o mesmo S. Paulo que para um homem servir a Deus era necessário crer primeiro duas coisas: uma, que é Deus; outra, que é remunerador: "É necessário que o que se chega a Deus creia que há Deus, e que é remunerador" (Hb 11,6). — E este estilo guardou Cristo com S. Paulo: primeiro lhe mostrou "porque é", quando o derrubou e lhe disse: "Eu sou Jesus, a quem tu persegues" (At 9,5); depois lhe mostrou que era remunerador, "porque é remunerador" — quando o arrebatou ao céu, e lhe mostrou a glória. A Xavier não assim. Quando quer que o sirva tanto, mostra-lhe os trabalhos e não lhe mostra os prêmios. A Paulo trata-o como remunerador, a Xavier como Deus. Ainda que Deus não fora remunerador, nem tivera prêmios, basta que possa dar trabalhos para que Xavier o sirva. Esta é aquela altíssima filosofia e aquela sutilíssima lição que Davi pedia a Deus lhe ensinasse: "Ensina-me a fazer a tua vontade, porque tu és o meu Deus" (Sl 142,10). — Este verso não anda comumente bem entendido nem bem construído. Aquele "porque tu és o meu Deus" não se há de construir com o "ensina-me", senão como o "fazer a tua vontade"; não quer dizer: Ensinai-me, porque sois meu Deus, a fazer vossa vontade — senão: Ensinai-me a fazer a vossa vontade, porque sois meu Deus. — E esta é a lição que Davi, sendo tão douto e tão santo, pedia a Deus lhe ensinasse: fazer a vontade de Deus, sem outro motivo, sem outro interesse, sem outro prêmio, sem outro porquê, senão porque Deus é Deus; não porque é remunerador, senão "porque é". E porque este era o modo puro, desinteressado e finíssimo com que Xavier servia e queria servir a Deus, por isso Deus lhe não mostra as glórias, como a Paulo, senão os trabalhos. Trabalhe Paulo, padeça Paulo, sirva a Deus Paulo, mas a Deus como remunerador; trabalhe também Xavier, padeça Xavier, sirva a Deus Xavier, mas a Deus como Deus: "porque é: porque és meu Deus".

§ VI

E como se houve cada um dos dois apóstolos à vista de duas representações tão diversas? S. Paulo à vista das glórias, estando acordado, não soube se estava em si ou fora de si: "Se foi no corpo não o sei, ou se fora do corpo" (2Cor 12,2); Xavier à vista dos trabalhos, estando dormindo, esteve tanto em si que começou a bradar: Mais, mais, mais. Eu cuidava que as vozes de Xavier neste caso haviam de ser ais, e não foram ais, senão mais. Parece que haviam de ser ais, porque estas são as vozes próprias dos trabalhos, das penas, dos tormentos. Mas não foram ais, senão mais. Por quê? Porque a dor e o desejo fazem muito diferentes ecos no coração humano e têm muito diversos gemidos: os gemidos da dor são ais, os ais do desejo são mais. E como os desejos em que Xavier ardia de padecer por Cristo eram excessivamente muito maiores que os trabalhos que lhe representava, apertavam-lhe o coração os desejos, e não os tormentos; e por isso os gemidos que se lhe ouviam não eram os ais da dor, senão os ais do desejo: mais, mais, mais. Cristo na cruz quando já se lhe acabavam os tormentos, bradou dizendo: "Tenho sede" (Jo 19,28). — E como assim, Senhor? Repara agudamente Gualberto[5]: "A cruz sofreis-la com silêncio, e a sede faz-vos dar vozes?". — Sim, porque a sede era sede de mais padecer por amor dos homens. E, ainda que o atormentava muito a cruz que padecia, muito mais o atormentava o desejo que tinha de padecer mais. Por isso os brados e os gemidos não eram da cruz, senão da sede: "Tenho sede, tenho sede". — Tais foram as vozes de Xavier naquele temeroso espetáculo de si mesmo. Via-se estender e cravar naquela grande cruz e em tantas cruzes quantas Deus lhe representava; mas, ainda que as penas e os tormentos eram tão multiplicados e tão imensos, como o desejo e a sede de padecer por Cristo era muito maior: "Cala-se da cruz, clama da sede" — não se lhe ouvem vozes de dor, e só se ouviam os brados do desejo: mais, mais. Estes eram os ais daquele coração verdadeiramente angustiado, não angustiado pela grandeza das penas, senão angustiado pela estreiteza delas, porque eram muito estreitos os trabalhos sendo tão largo o coração; eram água pouca para tanta sede, e pouco padecer para tanto desejar. Os trabalhos são grandes ou pequenos pela medida e proporção do desejo ou do temor. Se aqueles trabalhos fossem iguais ao desejo de Xavier, recebê-los-ia com silêncio, com resignação, com igualdade de ânimo; se os trabalhos fossem maiores que o desejo, ouvir-se-lhe-iam as vozes da dor, e diria soçobrado e aflito: Ai, ai, ai; mas como os desejos eram tanto maiores que os trabalhos, e a sede tanto mais ardente, rebentava o coração naquela estreiteza e bradava ansiado e pedia mais, mais, mais.

Oh! quem pudera declarar dignamente a harmonia destas três vozes, e o eco que fizeram no céu quando lá foram ouvidas! No capítulo 4 do Apocalipse viu S. João aqueles quatro querubins de quatro rostos e seis asas, que continuamente sem cessar estavam entoando diante do trono de Deus: "Santo, Santo, Santo" (Ap 4,8). — Porém, no capítulo 8 diz que cessavam subitamente estas vozes, e que "por espaço de meia hora se fez no céu um grande silêncio" (Ibid. 8,1) — e que um anjo neste tempo tomou um incensário "para oferecer nele das orações de todos os santos" (Ibid. 3). — O que neste passo se deve muito notar é que naquele silêncio não ofereceu o anjo todas as orações de todos os santos, senão que de todas elas tirou e escolheu o que pôs no incensário para apresentar a Deus, como se de todos os memoriais apartasse um: "Para oferecer das orações". — Agora pergunto: e que memorial, ou que oração particular foi esta, por uma parte de tanto preço e estimação que foi escolhida entre todas as orações de todos os santos, e por outra parte de tanta harmonia e de tanto aplauso no céu, que se pôs silêncio às vozes dos querubins, para que só ela fosse ouvida? Cessam no céu aquelas três vozes: "Santo, Santo, Santo" — para que se ouçam vozes da terra? Que vozes seriam estas? Cuide cada um o que lhe parecer, que eu, entre todas as orações de todos os santos, não acho três vozes que pudessem pôr silêncio às vozes dos querubins senão aqueles três mais de Xavier. No tempo em que Xavier na terra se lhe estava representando aquela Ilíade de trabalhos, aquele labirinto de perigos, aquele caos de horrores que ouvistes, estavam os querubins no céu, como sempre, continuando com a sua música e cantando a Deus: "Santo, Santo, Santo"; mas, quando no meio desta harmonia, com outra nunca jamais ouvida, soaram no céu as vozes de Xavier, mandou Deus que parassem as vozes do céu: "Fez-se o silêncio no céu" — porque queria ouvir aquelas vozes da terra. Os querubins, à vista da glória, diziam a Deus: "Santo, Santo, Santo"; Xavier, à vista dos trabalhos, dizia a Deus: mais, mais, mais. E estas vozes tão acordadas — e mais ditas por um homem dormindo — quem duvida que eram muito mais admiráveis aos ouvidos de toda a corte do céu?

E senão, comparai visão com visão, pessoas com pessoas, e vozes com vozes. Na visão beatífica, em uma visão de glória, espíritos celestiais e impassíveis que digam a Deus: "Santo, Santo, Santo" — é afeto natural, não é maravilha; mas na visão de Xavier, em uma visão tão medonha e tão terrível, em que se representava, não o sumo bem, senão o sumo dos males da natureza, que um homem de carne diga mais, mais, mais, estas são as vozes admiráveis, e que fazem mais admirável a Deus e mais glorioso, e por isso mais merecedoras de serem ouvidas no céu. Digam-no as mesmas vozes no céu e do mesmo Senhor do céu nas suas maiores glórias. No dia da transfiguração trasladou-se a glória do céu à terra e apareceu visível no Tabor. E que vozes se ouviram ali? Cristo, Moisés e Elias, o que falavam e celebravam "eram os excessos que o Redentor do mundo havia de padecer em Jerusalém" (Lc 9,31). Pois estas eram as vozes, esta era a música celestial que em tal dia e tal ato se ouvia naquele monte da glória? Sim, estas eram. Três vozes, uma de Cristo, outra de Moisés, outra de Elias, que publicavam os excessos que o mesmo Senhor havia de padecer, por que não há vozes mais dignas de se ouvirem na glória que vozes de padecer, e padecer com excesso. Vede se se pareciam estas três vozes com as três de Xavier. Mas que ouço? Ouviu-se ali no mesmo tempo "uma voz do céu" (Mt 17,5). — E que dizia essa voz? "Ouvi-o". — Notai duas coisas. Não disse vede-o, senão ouvi-o, porque, estando Cristo tanto para ver, estava muito mais para ouvir. E não disse a mesma voz: ouvi-me — senão: ouvi-o, porque no mesmo lugar da glória, qual então era o Tabor, não são tanto para ouvir as vozes do céu como as vozes do padecer, e padecer com excesso: "Falavam dos excessos". E que excessos de padecer, como os daquela oração de Xavier? Que excessos de padecer, como os que Xavier pedia? Mais padecer, mais padecer, mais, mais, mais. Que muito logo que para se ouvir este triságio de Xavier cale o triságio dos anjos, e que para se ouvirem estas vozes da terra se ponha silêncio às do céu: "Fez-se o silêncio no céu".

§ VII

O afinado destas vozes é o que eu sobretudo quisera saber ponderar. Mas, antes de o fazer, quero vos aquietar o pensamento. Vejo que estais dizendo convosco que pedir mais em trabalhos sonhados não parece grande coisa; mas que, se Xavier dissera isto mesmo no tempo em que depois os padeceu, então seria uma grande façanha de seu espírito e de seus espíritos. Primeiramente, o que S. Francisco Xavier disse esta vez dormindo repetiu e ratificou depois muitas vezes acordado, e mais nos maiores trabalhos e perigos. Mas digo que muito maior excesso de valor foi pedir mais trabalhos quando se lhe representavam em sonhos que quando os padecia vigiando, por duas razões: primeira, porque os trabalhos em sonhos causam muito maior horror. Em matéria de trabalhos não pode haver mais qualificada testemunha, nem mais experimentada, que Jó. Vede o que dizia: "Se dormir, direi: Quando me levantarei?" (Jó 7,4). Se durmo, desejo não dormir, e estou dizendo dentro em mim: quando há de chegar a hora em que hei de despertar? — Notável dizer, e mais notável desejar de um homem que estava coberto de chagas, e todo o dia martirizado de dores, como ele confessa no mesmo verso: "E fartar-me-ei de dores até a noite" (Jó 7,4)! — Pois, se Jó se queixa das suas dores, e só a noite e o sono podiam pôr tréguas a esta dura batalha, por que deseja não dormir? E se o demônio o queria tentar e vencer a pura bataria de tormentos, por que não lhe tira ou lhe impede o sono? Porque o queria atormentar mais com os trabalhos sonhados que com os trabalhos padecidos, e por isso Jó escolhia antes padecer velando que penar dormindo. A resposta é de Orígenes, de S. Crisóstomo e de S. Gregório, mas eu não quero outro intérprete, senão o mesmo Jó, que logo declarou o porquê deste seu desejo: "Se eu disser: Consolar-me-á o meu leito — tu me assustarás com sonhos, e me horrorizarás com espantosas visões. Por isso escolheu a minha alma o suplício da forca, e os meus ossos a morte" (Ibid. 13ss). Tenho medo ao sono — diz Jó — porque os sonhos e as visões que nele se me representam me causam maior tormento e me fazem maior horror que as penas que, velando, padeço; tanto assim que, para se livrar a minha alma de tal gênero de penar, me desejo tirar a vida com minhas próprias mãos: "Por isso escolheu a minha alma o suplício da forca". — Assim temia e tremia Jó dos seus sonhos, e tal é a aflição e horror com que combatem, penetram e assombram uma alma os trabalhos e perigos sonhados.

A razão natural desta diferença é porque os perigos, os temores e quaisquer trabalhos e tormentos mais se padecem na apreensão que nos sentidos, e a apreensão no homem é muito mais viva, muito mais intensa e muito mais penetrante quando dorme que quando vigia. Quando o corpo vigia, está a alma divertida e como espalhada pelos sentidos e potências exteriores; quando dorme, está toda unida e recolhida dentro em si, e por isso padece toda e totalmente, e quanto mais atenta à sua dor, tanto a mesma dor é mais intensa. É o sono uma morte breve, por onde Sêneca sabiamente chamou à morte, morte longa, para a distinguir do sono. E assim como na morte fica a alma separada do corpo e, por ficar separada, conhece melhor e padece mais — como se vê na ausência de Deus, que então é o maior tormento da alma, sendo que na vida, quase a não sente — assim no sono, pelo que tem de morte, posto que a alma esteja unida ao corpo, fica por aquele breve espaço com propriedades de alma separada, e assim conhece e apreende mais vivamente, e ou goza ou padece com maior eficácia. Por isso Jó temia tanto os seus sonhos e padecia mais insofrivelmente quando dormia que quando velava. E por isso os trabalhos, os perigos, as aflições, e todo aquele tropel de penas e calamidades que Deus mostrou a Xavier em sonhos, naturalmente causavam maior horror e eram mais temerosas e formidáveis quando se lhe representavam dormindo que quando depois as padeceu vigiando.

Acrescenta-se — e é a segunda razão — que os trabalhos e perigos de Xavier, quando depois os padeceu, foram padecidos sucessivamente e por partes, agora uns e depois outros; mas naquele sonho representaram-se-lhe todos juntos, e aquele exército de calamidades, todo unido de um assalto e de uma bataria, não há dúvida que causava muito maior terror; e assim foi muito maior excesso de valor, e constância de ânimo, atrever-se então contra todos e parecerem-lhe poucos que quando depois os venceu e padeceu um por um. Cristo no Horto, deixando obrar os afetos da natureza, temeu tanto os tormentos em que havia de entrar que chegou a suar sangue e pedir ao Padre o aliviasse do cálix, e parece que foi necessário que viesse um anjo a confortá-lo. Tudo isto antes da batalha; mas depois de entrar nela, nem temeu, nem suou, nem pediu que parassem ou se diminuíssem os tormentos; antes, lembrou a seus atormentadores o fel de que se esqueciam, e nem antes da cruz, nem na mesma cruz houve anjo que o viesse confortar. Pois, se Cristo sofreu todas as penas e dores de sua Paixão com tanto silêncio, com tanta fortaleza, com tanta constância, como no Horto, quando ainda as não padecia, lhe causaram tanto temor e aflição que o obrigaram a tais extremos? Os tormentos que temeu no Horto, e os que padeceu no discurso da Paixão não eram os mesmos? Sim, eram. Mas no discurso da Paixão padece-os nos sentidos, no Horto padece-os na apreensão; no discurso da Paixão padece-os por partes, e uns depois dos outros, no Horto representaram-se-lhe todos juntos. E aquela multidão e tumulto de trabalhos unidos, postos juntamente à vista e como assentados em uma bataria ao mesmo tempo, claro está que naturalmente haviam de fazer maior golpe no coração e produzir maiores e mais terríveis efeitos de horror e assombro do que depois, divididos por partes, e padecidos cada um por si em diversos tempos. Tanta é a diferença que vai de se padecerem os tormentos por partes e se beberem gota a gota, ou se representarem todos com toda a sua amargura dentro em um só cálix.

Tal foi a representação e a apreensão de Cristo no Horto, e tal a de Xavier no seu sonho. E sendo os trabalhos e perigos que Deus ali mostrou a Xavier tantos, tão feios, tão temerosos e tão vivamente representados que, vendo-os decretados e armados todos contra si, e cair e descarregar todos sobre um corpo de carne e não de bronze, como dizia Jó, não temesse, não desmaiasse, não assombrasse, antes lhe parecessem poucos e bradasse mais, mais, mais? Não há dúvida que foi uma voz nunca ouvida no mundo, e um extremo de fortaleza e valor sem exemplo entre os homens.

§ VIII

O gigante Golias era um homem que valia por dez mil: "Porém Davi dez mil" (1Rs 18,7) — e aquele exército de homens em um homem, aquele monstro vastíssimo da natureza, aquela torre armada de ferro, como lhe chama Crisóstomo, plantada e soberba diante dos exércitos de Israel, que é o que fez ou o que disse com toda a sua arrogância? — "Escolhei" — dizia — "um de vós, e saia comigo a desafio" (1Rs 17,8). — Um de vós? E que valentia é essa para um filisteu, para um gigante, para um Golias tamanho como a sua soberba? Isso é desafiar um monte a um torrão, um cedro a um junco, um elefante a uma formiga. Contudo, não desafiou Golias, nem a todos, nem a muitos, nem a dois, "senão a um só corpo a corpo". — Podia-se escusar com Hércules, famoso pelas vitórias de seus trabalhos, o qual ainda que matou dragões, venceu Anteus, prendeu Cérberos e descabeçou Hidras, deixou contudo em provérbio ao mundo que "Nem Hércules luta contra dois". — Porém Xavier, do mundo maior gigante que o gigante, e maior Hércules que Hércules, com o exército imenso de seus trabalhos e com os monstros feríssimos de seus perigos à vista, não só desafia a todos, mas diz que são poucos, e que venham mais; e, se vierem mais, que cresçam mais ainda, e se mais, mais.

Eu não quero desfazer no valor dos maiores atletas da fortaleza humana e sagrada. Mas não posso deixar de conhecer uma notável diferença entre aqueles grandes heróis e este mais que grande. Elias, cuja espada ardente não teve igual, cansado de fugir às perseguições de Jesabel, "pede a morte por partido" (3Rs 19,4) — e Xavier pede mais perseguições. Moisés, armado da onipotência, teme a Faraó e resiste uma e outra vez a entrar no Egito: "Rogo-te que envies aquele que deves enviar" (Ex 4,13) — e Xavier pede mais Faraós e mais Egitos. José, com um peito feito à prova de ódios, de invejas, de calúnias, de cativeiros, aflito de Putifar, busca terceiros para sair do cárcere: "Lembra-te de mim, sugerindo a Faraó" (Gn

40,14) — e Xavier pede mais calúnias e mais cadeias. Jeremias, santificado antes de nascido, fortalecido com a graça, e ainda confirmado nela, geme, chora, lamenta-se dos rigores com que o trata Fassur, e chega a amaldiçoar o dia em que nasceu: "Maldito seja o dia em que nasci! Por que saí eu do seio materno, para ver trabalho e dor?" (Jr 20,14.18). — e Xavier pede mais dores e mais trabalhos. Davi, forte no nome, e entre os três fortes de Israel o fortíssimo, perseguido de Saul, desterrado e fugitivo, não fazia fim de pedir a Deus o livrasse: "Livra-me, meu Deus, de meus inimigos, e livra-me dos que se levantam contra mim" (Sl 58,2) — e Xavier pede mais inimigos e mais perseguidores. Finalmente, Jó, o valente do céu, o terror do inferno, a coluna da constância, não lhe bastando a largueza de ânimo para os trabalhos nem a paciência para as dores, rogava lastimado a Deus que parasse nos tormentos e afrouxasse um pouco os cordéis com que o apertava: "Retira-te um pouco dele, para que descanse. Até quando me não perdoarás, e não permitirás que eu trague a minha saliva?" (Jó 14,6; 7,19). — Porém Xavier, jazendo no seu leito, como posto a tormento em um ecúleo, que vozes eram as suas? Oh! valor, oh! constância incomparável! Dava Deus uma volta ao torcedor com os trabalhos, pobrezas, misérias, fomes, sedes, enfermidades, penas, dores, aflições, angústias; e Xavier respondia: mais. Dava outra volta com perseguições, ódios, invejas, iras, traições, afrontas, injúrias, desprezos, calúnias, com tantas acusações falsas, públicas, horrendas, contra a inocência, contra a virtude e contra o zelo da honra de Deus e salvação das almas, e Xavier: mais e mais. Dava outra volta com os perigos, tempestades, naufrágios, com todos os elementos e a mesma natureza conjurados contra uma vida, com a fereza dos bárbaros, com a crueldade dos tiranos, com a pertinácia dos demônios, com venenos, serpentes, feras, armas, cruzes, mortes, e mil gêneros de mortes, e Xavier, mais, mais, mais. "Ó varão inefável, ao qual não venceu o trabalho nem vencerá a morte!"

Com este excesso de admiração canta e apregoa a Igreja o valor daquele grande homem que com a metade da capa cobriu a todo Cristo. Mas que vozes foram as de Martinho, que mereceram e deram no mundo tal eco? "Se sou necessário, Senhor, a vosso povo, não recuso o trabalho." — Vede, medi e comparai esta voz com aquelas vozes, este trabalho com aqueles trabalhos. Martinho; Não recuso — Xavier, mais, mais, mais; Martinho ao trabalho de uma igreja e povo de Turon, católico e sujeito, Xavier, aos trabalhos de uma diocese imensa de novos mundos, incógnitos, inimigos, belicosos, bárbaros, feros e que se haviam de conquistar a pura força de padecer.

Mas dê-me licença Xavier, que tão animoso, tão intrépido e tão bravo se mostra, dê-me licença que neste leito ou ecúleo onde está posto a tormentos, seja eu o que lhe faça a questão. Quem diz mais, mais, mais, nenhuma coisa excetua. — É assim Xavier? — Assim é. — E se os executores desse mais, e mais, que pedis, forem Neros, Dioclecianos, e os instrumentos das penas a que vos ofereceis forem os de todos os mártires, que direis a cada um? Mais a cada um, e mais a todos; às pedras de Estêvão, mais pedras; às setas de Sebastião, mais setas; às grelhas de Lourenço, mais grelhas; às rodas e navalhas de Catarina, mais rodas e mais navalhas; aos cárceres, às cadeias, aos leões, aos tigres, ao chumbo derretido, às sertãs e lâminas ardentes, às unhas e garfos de ferro, às cruzes, às catastas, às garruchas, às fogueiras, mais, mais, mais. Tudo isto significa, e tudo isto abraçava aquela animosa resolução de Xavier. Mas vamos adiante. — Todos esses tormentos, Xavier, que vos representei, são os dos mártires já passados; porém no mundo ainda há de haver outros mártires; aqueles martírios horrendíssimos que estão reservados para Enoc e Elias, aqueles que hão de ser executados nos que então defenderem as partes de Cristo, aqueles que se hão de inventar na última tribulação e perseguição da Igreja, que será — como disse Cristo — a mais cruel e a mais terrível "que nunca se viu nem ouviu" (Mt 24,21). — E se vos vísseis presentado diante do anticristo, armado de todo o poder, de toda a tirania, de todo o terror do inferno, que diríeis no meio de todos estes horrores? Que diríeis condenado a todos estes tormentos? Que diríeis metido neles? Mais, mais, mais. Mais? Já não há mais, porque se acabou o mundo. Acabou-se o mundo, mas não se acabou o poder de Deus. Ainda restam todos os trabalhos, e todas as penas, e todos os tormentos possíveis. E aos possíveis, que diria Xavier? Diria e diz o que tem dito, porque tudo abraça, tudo compreende, a tudo se estende aquele mais, sem limite nem fim: mais, mais, mais; um mais para o presente, outro mais para o futuro, outro mais para o possível. Seja fiador de Xavier dormindo Paulo acordado.

O maior desafio que nunca se fez no mundo foi aquele em que S. Paulo, por um cartel firmado da sua mão, reptou a todas as criaturas: "Quem haverá que nos aparte do amor de Cristo? Porventura a tribulação, a angústia, a fome, a desnudez, o perigo, a perseguição, a espada?" (Rm 8,35) — Parece que tinha dito assaz o apóstolo, mas ainda passa adiante: "Estou certo que nem a morte, nem a vida, nem os anjos, nem os principados e potestades, nem o presente, nem o futuro, nem tudo o que é forte no mundo, nem o mais alto, nem o mais profundo, nem alguma outra criatura nos poderá separar da caridade de Deus" (Ibid. 38.39). — Até aqui o famosíssimo desafio de S. Paulo, animoso, forte, grande e não fácil de compreender. Só reparo naquela última cláusula: "nem alguma outra criatura" — ou como lê, com maior expressão, o texto original: "nem alguma criatura outra". E que criatura é esta que Paulo não assina nem nomeia, havendo nomeado e desafiado a todas? Se desafiou as atribulações, as angústias, as fomes, as sedes, os perigos, as perseguições, as espadas; se desafiou o céu, a terra e o inferno; os anjos, os homens, e os demônios; a vida e a morte, o alto e o profundo, o temporal e o eterno, o presente e o futuro, tudo o que é e tudo o que há de ser; que criatura ou criaturas outras são estas sem nome, que depois de todas, e sobre todas, ainda provoca? São os possíveis. O possível, como tal, nem é, nem há de ser, mas pode ser; e este possível, isto é, todo o possível, é aquela criatura outra que Paulo reptou no último lugar: "Nem alguma criatura outra". — Teodoreto: "Como visse que faltava ainda alguma coisa, procura acrescentar alguma outra; e como não encontrasse uma criatura tão grande e tão múltipla, apoia-se na oração e nem esta mesma percebe que não se iguala à caridade em Deus"[6]. Quis Paulo, como se tocara arma a todas as criaturas, formar e unir em um corpo uma tal multidão e como exército de trabalhos, perigos, adversidades e tormentos que fosse igual à grandeza da sua caridade, e ao ânimo e resolução em que estava firme de padecer por Cristo; e depois de convocar e provocar contra si a todas as criaturas que foram, são e serão desde a terra até o céu e desde o céu até o inferno, como se achasse que todas juntas ainda não igualavam a sua caridade, acrescentou no fim aquela universal, "Nem alguma criatura outra" — para compreender tudo o que Deus pode criar, todos os possíveis. Dividiu Paulo tudo o que é e há de ser, e pode ser, em três partes: "Tantas e tão grandes coisas, em duas ou três partes" — diz o mesmo Teodoreto. Na primeira parte, ou no primeiro esquadrão deste formidável exército de adversidades, pôs em campo contra si todo o presente: "A tribulação ou a angústia"; no segundo, todo o futuro: "Nem presentes ou futuras"; no terceiro, todo o possível: "Nem alguma criatura outra" — Assim Paulo, para não se apartar de Cristo: "Quem nos separará da caridade de Cristo?". E assim, também, e mais finamente, Xavier, não para não se apartar, senão para mais servir, e mais servir e mais padecer por Cristo: "Tantas e tão grandes coisas, em duas ou três partes"; mais — diz — mais, e mais, uma, duas e três vezes: um mais para os trabalhos presentes, outro mais para os futuros, outro mais para os possíveis. Porque toda esta imensidade ou infinidade de padecer abraçava aquele mais, mais, mais, sem exceção, sem limite, sem fim.

§ IX

Parece que competiu neste passo a resolução, o valor e a paciência de Xavier com a onipotência divina. De uma parte a onipotência de Deus, e de outra a onipotência de Xavier. Não estranheis o vocábulo, que isso quer dizer "A caridade tudo tolera" (1Cor 13,7). — É questão ainda não decidida se Deus pode criar o infinito. O em que concordam filósofos e teólogos é que pode criar o infinito, a que eles chamam sincategoremático, que vem a ser, produzir, em qualquer gênero de criaturas, sempre mais, mais e mais. Assim definiu Aristóteles[7] o infinito: "É aquilo do qual sempre se pode acrescentar algo a mais". — Vede se concorda com o termo de S. Paulo: "Nem alguma criatura outra"; e monta tanto — dizem os intérpretes do mesmo filósofo — "que se estende além e sempre além"; não pode Deus criar alguma coisa que em espécie, número, intensão ou extensão seja atualmente infinita; mas nessa mesma espécie, nesse número, nessa extensão e intensão pode sempre produzir mais, e "mais, e mais". E isto é o que Xavier desejou, pediu e instou, em gênero de trabalhos e tormentos. Como se dissera aquele ânimo invicto: Vós, Senhor, quereis que eu padeça por vós estes trabalhos que me representais, mas vós podeis fazer que sejam mais, e mais, e mais. Pois venham mais, e mais, e mais: querei tudo o que podeis, que eu estou pronto, não só a padecer tudo o que quereis, senão o que podeis também.

Assim o dissestes, meu santo, mas a mim parece-me demasiado dizer, e a alguém parecerá que é muito presumir. Jó dizia que era menos crédito da onipotência empregar as suas lanças em combater e afligir um homem, que em respeito daquele braço é uma palha seca: "Contra uma folha, que é arrebatada do vento, ostentas o teu poder, e persegues a uma palha seca" (Jó 13,25) — e vós que não sois de melhor nem de mais duro metal, dizeis que para cada mais da onipotência tendes um mais de constância: logo, parece que imaginais que sereis tão onipotentes em padecer trabalhos como Deus em os fabricar. Sim — diz Xavier — sim; e não é temeridade, porque ele pode tudo em si, e eu posso tudo nele:

"Tudo posso naquele que me conforta" (Fl 4,13). — Para o homem competir com Deus, um em fazer, e outro em sofrer trabalhos, é necessário que seja tão onipotente o homem no padecer como Deus no obrar; e este correr parelhas com Deus não cabe na desigualdade do poder ou da fraqueza humana, nua, desacompanhada e só consigo; mas se a mesma onipotência se puser também da parte do homem, confortando-o — "Naquele que me conforta" — então será tão onipotente o homem no mais e mais do padecer as penas, como Deus no mais e mais de as multiplicar porque, se Deus pode tudo, o homem também pode tudo: "Tudo posso". — Ouvi a S. Bernardo[8]: "De grande confiança é a palavra: Tudo posso naquele que me conforta? Nada torna mais clara a onipotência da palavra do que aquilo que faz onipotentes". Parece demasiada confiança um tudo posso na boca de um homem; mas esta é a maior glória do Onipotente, fazer onipotentes. — "Nenhum poder pode apoiado na palavra e revestido da virtude do alto nem derrubar o que está de pé, nem subjugar o que domina". O homem que está em Deus, e Deus nele, nenhuma força, ainda que seja do mesmo Deus, o pode derrubar, nem vencer, porque combate uma onipotência com outra ou, para melhor dizer, a mesma onipotência consigo. — Esta era a confiança onipotente, ou a onipotência confiada com que Xavier dizia mais, mais, mais, metendo em campo um infinito contra outro infinito, porque estava certo que os mesmos braços onipotentes que Deus empenhasse em o combater se empenhariam também em o confortar: "Tudo posso" — sim, mas "Naquele que me conforta".

Grande caso foi que lutasse Deus com Jacó, e que Jacó se atrevesse a lutar com Deus arca por arca. Mas o que excede toda a maravilha e toda admiração é que estivesse sempre tão forte Jacó que nunca Deus o pudesse derrubar nem vencer: "Contra Deus foste forte" (Gn 32,28). — Pois, se os competidores eram tão desiguais, um Deus, outro homem; se as forças de uma parte eram onipotentes e imensas, e da outra limitadas e fracas, como pode resistir e prevalecer Jacó? Porque a batalha era luta, e os braços de Deus que apertavam a Jacó, esses mesmos o sustentavam e fortaleciam. Quanto Deus mais apertava Jacó, tanto mais o unia consigo; quanto Jacó ficava mais unido a Deus, tanto ficava mais forte; e assim era impossível que Deus o vencesse, por mais e mais que o apertasse, porque quanto mais forças aplicava o combatente, tanto mais forças recebia o combatido. Hércules não podia derrubar nem vencer a Anteu, porque, quando o ia botando em terra, a mesma terra, pelo contato, lhe dava novas forças; suspendeu-o no ar, e como o teve apartado da terra, então prevaleceu contra ele. Isto diz e fingiu a fábula. Mas, se Anteu recebera a força do peito e dos braços do mesmo Hércules, fora invencível contra ele, porque quanto mais o apertasse, tanto lhe infundiria mais força. E este foi o caso de Jacó, que recebia a força e a fortaleza dos mesmos braços de Deus que o apertavam.

Tal Xavier naquela sua noite semelhante à da luta de Jacó. Ruperto e Santo Tomás tiveram para si que esta luta foi toda imaginária e em representação, como a de Xavier; mas o contrário é mais certo. Jacó acordado, Xavier dormindo, e por isso maior Jacó que Xavier. Jacó prevaleceu uma vez contra Deus, e Xavier três vezes, porque cada mais foi uma vitória. Os braços com que Xavier lutava eram aqueles com que abraçava os trabalhos que Deus lhe dava, e com que pedia os que lhe não dava, e com que desejava todos os que lhe podia dar. Mas a força destes braços de Xavier, infinita no desejo de padecer, e na constância, que supunha também infinita, toda se fundava nos mesmos braços de Deus: "Naquele que me conforta". — Sabia que quanto Deus mais o apertasse com trabalhos, tanto mais o unia consigo; quanto mais o unia consigo, tanto mais o esforçava; quanto mais forte, tanto mais apto ficava para mais padecer; e crescendo com os trabalhos a união, com a união as forças, e com as forças a resistência, neste círculo se formava o infinito da constância contra o infinito do poder. No desejo passava o mesmo. O amor é como a hidropisia, os trabalhos como a água, o desejo como a sede: quem mais ama, mais deseja padecer, e quem mais padece, mais ama; e deste mais amar e mais padecer, crescendo sempre o padecer sobre o amar, e o amar sobre o padecer, se formava outro círculo, também infinito, do desejo contra o infinito dos trabalhos. Da parte de Deus, mais e mais poder, da parte de Xavier, mais e mais constância; da parte de Deus, mais e mais trabalhos, da parte de Xavier, mais e mais desejos, competindo sempre um infinito contra outro infinito, e o divino sem poder prevalecer contra o humano, porque o humano se fundava no divino: "Naquele que me conforta".

Um dos maiores prodígios da vida de S. Francisco Xavier, sendo tantos os seus e tão raros, foi que um crucifixo próprio da sua casa, venerado no castelo de Xavier, se via suar por muitas vezes, e em grande cópia; e observando-se os tempos, achou-se depois que os dias em que suava eram aqueles em que o santo no Oriente padecia algum notável trabalho. De maneira que Cristo sua com os trabalhos de Xavier, e Xavier nesses mesmos trabalhos pede mais e mais? Sim. E por isso suava Cristo. Cristo e Xavier, ambos se apertavam no mesmo tempo: Cristo apertava a Xavier com os trabalhos, Xavier apertava a Cristo com os desejos; Cristo com lhe dar que padecer, e Xavier com lhe pedir mais que padecer; e porque Xavier o apertava mais e mais, por isso Cristo era o que suava. Não há coisa que mais aperte a Deus que as instâncias com que lhe pedimos. A Jacó disse: "Deixa-me" (Gn 32,26) — porque o apertava lutando; e a Moisés também disse: "Deixa-me" (Ex 32,10) — porque o apertava pedindo. E estes eram os braços com que Xavier apertava tanto a Cristo, quando Cristo o apertava, que o fazia suar. Assim o considero eu. Mas se quisermos, com a interpretação mais comum desta maravilha, que os mesmos trabalhos de Xavier fossem os que faziam suar a Cristo, temos por esta parte a sentença de Santo Ambrósio e S. Pascácio, os quais dizem que a desconsideração dos futuros trabalhos da sua Igreja, e dos seus servos foi a que fez suar a Cristo no Horto. E, sendo tão fortes os trabalhos de Xavier que faziam suar a Deus, quando Deus quis apertar a Xavier com estes mesmos trabalhos, tão fora esteve de o poder render que Xavier foi na luta o vencedor, Deus o vencido: "Contra Deus foste forte". — Grande milagre suar Cristo, mas muito maior milagre vencer Xavier. Na batalha do Horto — que também foi luta: "E, posto em agonia" (Lc 22,43). — ou "em luta" — como tem o grego — a parte superior da alma de Cristo lutava com a parte inferior; mas a parte superior foi a que venceu, e a inferior a que suou e ficou vencida. Porém, na luta de Xavier, sendo a parte superior Deus, e a inferior um homem, a superior foi a que suou e ficou vencida, e a inferior a que venceu. Segundo Jacó, mas com grandes vantagens ao primeiro. Jacó capitulou que desistiria se Deus lhe desse a bênção. Xavier capitulou nunca desistir, e a bênção que pediu foi a mesma batalha, e que fossem sempre mais os trabalhos, mais e mais.

§ X

Enfim, Senhor — que já é mais que tempo de chegar ao fim; mas em tanto mais e mais, quem pode acabar? — enfim, Senhor, que haveis de ficar hoje vencido. Mas nunca mais admirável, nunca mais glorioso que quando mostrais ao mundo que tendes um servo tão fiel, tão forte, tão constante que o não podeis vencer em padecer por vós. Se vos quereis despicar desta vitória sua, não vos vejo outro remédio senão trocar as armas. Trocai os trabalhos em gostos, as aflições em delícias, as penas em consolações, e logo tereis a Xavier rendido: ele vos pedirá tréguas, e vós ficareis vencedor. Assim foi. Começa Deus a desfazer o céu em consolações e em delícias da alma; e que fez Xavier, ou que disse? Desmaiou o coração, trocaram-se as vozes; já não diz, mais, mais, mais; senão basta, basta, basta. Pois aos gostos basta, e aos trabalhos mais? Este é Xavier, tão desejoso de padecer por Cristo, e com tanto gosto, que padecia os gostos, e gozava os trabalhos. Como era possível logo que os trabalhos o vencessem? Quem para os gostos não tinha paciência, como lhe podia faltar paciência para os trabalhos? "Que adversidade poderá superar a este, a quem os trabalhos protegem?" — disse profundamente S. Gregório Papa[9]. — E se os trabalhos são alívio dos mesmos trabalhos, como o podem cansar os trabalhos? "Para diminuir o cansaço do trabalho, o mesmo trabalho reconforta." — Só uma pena padecia Xavier nas suas penas, que era a pena de não padecer mais e mais. Pacientíssimo nos trabalhos que padecia, nos desejos de padecer impacientíssimo. Por isso venceu os trabalhos, e mais a Deus: os trabalhos com a paciência, a Deus com a impaciência: Mais, Senhor, mais, mais.

Mas, se Deus não pode vencer os desejos de Xavier, pode só Xavier satisfazer os desejos a Deus. Dos homens, a quem encomenda as almas deseja Deus ser amado com três mais. Quando Cristo encomendou as suas ovelhas a S. Pedro, três vezes lhe perguntou se o amava mais: "Tu amas-me mais do que estes?" (Jo 21,15). — A primeira expressamente no "mais do que estes", a segunda e a terceira em uma e outra repetição do mesmo "amas-me". E que respondeu S. Pedro? Não se atreveu a responder que amava mais, nem três vezes nem duas, nem uma: "Vós, Senhor, sabeis que vos amo" (Jo 21,15). — Respondeu três vezes ao amor, mas ao mais não respondeu. E por quê? Não respondeu aos três mais — diz Santo Agostinho — porque se lembrou que negara três vezes. E negou três vezes — diz Santo Tomás — porque três vezes dormiu no Horto: "As três negações respondem às três vezes que dormiu". — Oh! grande Xavier! Oh! grande apóstolo! Oh! grande vigário do vigário de Cristo! Encomenda o sucessor de S. Pedro a Xavier as ovelhas do Oriente, e não só acha Cristo em Xavier os três mais que desejou em S. Pedro, mas acha-os nele, não acordado, senão dormindo, para que o seu sono acudisse àquele sono, e a sua resposta àquela pergunta. Se não responde Pedro porque dormiu, responda Xavier dormindo; e se Pedro cala, e não diz "mais, mais, mais", brade Xavier e diga a vozes: mais, mais, mais. A pergunta de Cristo foi sobre o amor, a resposta de Xavier foi sobre os trabalhos; e assim havia de ser, quando a pergunta não só era de amar, senão de amar mais. O amar, definido pelo mesmo Santo Tomás e por Aristóteles, "Amar é querer bem"[10]. — E amar mais, que é? Amar é querer bem; amar mais, é querer males. O padecer é o comparativo do amar: "Ninguém tem maior amor do que este, de dar a própria vida por seus amigos" (Jo 15,13). Definiu Cristo o maior amor, não pelo maior bem que se quer, senão pelo maior mal que se padece. O amor pesa-se na balança da paciência: padecer menos é amar menos, padecer mais é amar mais. Bem satisfez logo Xavier à pergunta e aos desejos de Cristo, respondendo aos três mais do amar com os três mais do padecer: Cristo no amor "mais, mais, mais" — Xavier nos trabalhos mais, mais, mais.

§ XI

Este é, fiéis, o santo de que sois devoto, e esta é a melhor e maior devoção em que podeis mostrar que o sois em tempos que tanta matéria nos dão a mais e mais padecer. Imitemos a sua paciência, imitemos o seu valor, imitemos a sua constância, imite a nossa necessidade a sua virtude. Por que não será alguma vez a nossa virtude como são os nossos vícios? Que vício há que não deseje insaciavelmente sempre mais e mais? Havia de vir S. Francisco Xavier ao mundo para desafrontar a virtude. Salomão, que tanto conhecia o bem e mal do mundo, diz que, lançando os olhos por todo ele, achou quatro coisas que nunca se fartam e sempre estão dizendo "mais, mais, mais". "Há três coisas que são insaciáveis, e uma quarta nunca diz basta" (Pr 30,15). — Que quatro coisas sejam estas explica o mesmo Salomão por metáforas, e vêm a ser, segundo a comum interpretação dos padres e expositores, a ira, a sensualidade, a cobiça e a ambição: a ira, que se não farta de sangue e de vingança; a sensualidade, que se não farta de deleites e prazeres; a cobiça, que se não farta de dinheiro e riquezas; a ambição, que se não farta de honras e dignidades. Isto disse de seu tempo o mais sábio homem de todos os tempos, e ainda mal, porque tanto se verifica e se experimenta nos nossos. Mas o que eu muito admiro e reparo é que todos estes insaciáveis sejam vícios. Não haverá também uma virtude insaciável? Insaciável queria Cristo que fosse a nossa virtude quando disse: "Bem-aventurados os que têm fome e sede de justiça" (Mt 5,6). — Mas somos nesta passagem da vida como os filhos de Israel no deserto que nos enfastia o maná, e todo o nosso apetite, e a nossa fome é pelas grosserias do Egito. O maná era do céu, nós somos terra; os vícios nunca nos fartam, a virtude logo nos enfastia. Por isso digo que veio S. Francisco Xavier ao mundo para desafrontar a virtude. Se Salomão viera no seu tempo, ele dissera que os insaciáveis do mundo eram mais de quatro. Xavier foi o quinto insaciável. Mas de tal maneira o quinto, que venceu e afrontou a todos os quatro insaciáveis. A ira insaciável das vinganças; a paciência de Xavier, mais insaciável nos agravos, nas semrazões, nas injúrias; a sensualidade insaciável nos deleites; a mortificação de Xavier, mais insaciável nas penas, nos trabalhos, nos tormentos; a cobiça insaciável nas riquezas; a pobreza de Xavier mais insaciável nas necessidades, nas misérias, nos desamparos; a ambição insaciável nas honras; a humildade de Xavier mais insaciável nos desprezos, nas ignomínias, nas afrontas. Oh! confundam-se os nossos vícios, e afoguem-se neste mar e abismo imenso de virtudes, onde a nenhuma se pode achar fundo. "Envergonha-te, Sidônia, diz o mar" (Is 23,4). — Confunda-se a ira, confunda-se a sensualidade, confunda-se a cobiça, confunda-se a ambição, confundam-se todos os vícios, e confunda-se a natureza humana corrupta e depravada à vista do espírito ardentíssimo deste homem insaciável, não de outra, senão da mesma natureza. Não vos peço ainda que digais mais, e mais, e mais à virtude, que não se começa por aqui; ao menos aos vícios dizei: basta, basta, basta. Bastem já as vinganças, bastem já as cobiças, bastem já as ambições, bastem já as torpezas e sensualidades. Há de ter isto fim alguma hora? Por que não será neste dia? Pelos três mais de Xavier ofereçamos a Deus nesta hora um nunca mais. Nunca mais, Senhor, ofender-vos, nunca mais desobedecer-vos, nunca mais apartar de vós, nunca mais pecar, por serdes vós quem sois. Com este nunca mais no coração, com este nunca mais na boca, com este nunca mais em toda a vida, nos achará vigilantes o sono da morte, e alcançaremos aquela bem-aventurança que nunca mais se há de acabar: "Bem-aventurados são aqueles servos a quem o senhor achar vigiando, quando vier" (Lc 12,37).

SONHO TERCEIRO

Terceira Oração Panegírica

"A hora em que virá o ladrão."
(Lc 12,39)

§ I

Somos chegados ao último sonho de Xavier. E é ele de tal qualidade que, parece, desfaz ou desmente quanto temos dito. Dissemos no exórdio do primeiro, ou na prefação de todos três, que os sonhos são as relíquias dos cuidados. E a este último, nem do cuidado se pode chamar relíquia. Quando aquilo que se sonhou de noite é o mesmo em que se cuida de dia, o cuidado é a causa ou o que deu ocasião ao sonho, e tais foram os dois primeiros sonhos de Xavier, porém este terceiro por uma parte foi tão alheio da pureza da sua virtude, e por outra tão próprio da fineza dela, que não pode ser todo seu. A primeira parte foi do demônio, que pintou a tentação na fantasia do santo, e a segunda foi do santo, que na mesma fantasia venceu a tentação e o demônio. Também aqui houve cuidado e relíquias, mas as relíquias não foram efeitos do cuidado, senão o cuidado efeito das relíquias. Ora vede.

Quando aquela grande alma deixou neste mundo o corpo morto, mas atravessado nas portas da China, para que se não pudessem fechar aos que o seguiram, achou-se-lhe sobre o peito um relicário de cobre, que foram todas as riquezas que em dez anos e meio da sua nunciatura adquiriu no Oriente o núncio apostólico de todo ele. E que continha o relicário? Três relíquias muito notáveis: um osso de S. Tomé, uma firma de Santo Inácio, e a fórmula da profissão do mesmo Francisco Xavier escrita de sua própria mão, a qual repetia e renovava todos os dias, ratificando os três votos essenciais da religião: pobreza, castidade e obediência ao Sumo Pontífice, como professo da Companhia. E como na repetição dos atos se fortalecem e crescem os hábitos das virtudes e as potências muito habituadas, ainda sem deliberação nem império da vontade, naturalmente obram e exercitam os mesmos atos de que nasceram os hábitos, estes foram, não as relíquias dos cuidados, senão os cuidados das relíquias que no meio do sono, que é descuido, e tão acordadamente, sem acordar, rebateram e venceram a tentação atraiçoada do demônio na mesma fantasia do sonho. O sonho e a tentação era contra a pureza da castidade; mas como a mesma castidade estava habituada e atuada todos os dias na repetida e renovada profissão, que era a terceira relíquia do relicário de Xavier, não a relíquia deste cuidado, senão o cuidado desta relíquia foi o que na mesma fantasia tentada, dormindo, resistiu à tentação, e, dormindo, zombou do tentador vergonhosamente vencido.

Assim o deixou escrito quinhentos anos antes S. Bernardo[1], falando da memória da própria profissão, como se estivera vendo o caso de Xavier: "Para que a multidão de pensamentos no átrio não repila Deus, ponha-se um porteiro na porta do átrio, cujo nome será lembrança da própria profissão". O átrio ou pórtico da alma é a fantasia, onde as espécies corporais se espiritualizam, e dali sobem ao entendimento, que as representa à vontade; e para que não cheguem nem entrem lá os maus pensamentos, ponha-se à porta do mesmo átrio um porteiro, o qual se chama "lembrança da própria profissão". — E que se seguirá daqui? — diz Bernardo. — Com a mesma propriedade do caso outra vez: "Para que o espírito quando se sentir agravado com pensamentos torpes se repreenda e diga: Tu não deves pensar estas coisas porque sois sacerdote, porque és monge?". Seguir-se-á que, sentindo-se o tentado acometido de pensamentos torpes, se repreenda a si mesmo e diga: E bem, pensamentos são estes que deve admitir um sacerdote, que deve admitir um religioso? — "E dizendo isto" — conclui o santo — "logo ficam rebatidos e excluídos os ilícitos pensamentos em virtude da lembrança da própria profissão". — E porque Xavier andava sempre armado com esta relíquia da própria profissão, e ainda dormindo a tinha como sentinela nas portas da fantasia, não é muito que o porteiro desse com a porta na cara do tentador, e que, posto ele em vergonhosa fugida, a tentação com que pretendia derrubar caísse e desse este novo gênero de vitória à profissão renovada.

Digo com particular reparo renovada, porque esta renovação, com que o nosso santo repetia todos os dias e oferecia de novo a Deus os votos da sua profissão, foi invento singular e próprio do seu constante e fervoroso espírito. Os outros religiosos comumente fazem uma vez a profissão para toda a vida; Santo Inácio mandou aos seus que a renovassem duas vezes cada ano; porém Xavier, como não tinha mais que dar a Deus, assim como o mesmo Deus depois que se nos deu a si mesmo, renova a mesma dádiva todos os dias, assim ele todos os dias renovava a sua. Ouçamos todo o caso pintado pela pena de Salomão, sem lhe faltar circunstância. "O nosso leito está enfeitado de flores. As traves das nossas casas são de cedro, os tetos de cipreste" (Ct 1,15s). — Nestas palavras oferece a Deus a alma santa a sua casa e o seu leito, notando que o leito era composto de flores, e a casa coberta de cedros e de ciprestes. E verdadeiramente, que os cedros e os ciprestes pareciam matéria mais acomodada também para o leito. Pois se aquela alma, como pastora do Monte Líbano, podia fabricar o seu leito destes lenhos, ou de outros preciosos e odoríferos, por que o não fez senão de flores: "O nosso leito está enfeitado de flores". — Porque o leito de matéria sólida faz-se uma vez para sempre; porém o leito de flores há-se de renovar todos os dias. O reparo e o pensamento é também, em muito diferente lugar, do mesmo S. Bernardo: "Por isso é necessário preparar frequentemente e repor sempre flores mais novas". O leito fabricado de matéria sólida, feito uma vez, serve para toda a vida; porém, se é formado e composto de flores, é necessário que elas se renovem todos os dias. — Por isso Xavier renovava todos os dias as flores e as virtudes da sua profissão. E este foi o cuidado e a indústria por que aquela virtude, em que foi tentado, sendo a flor mais delicada e mimosa de todas, no mesmo dia ou noite da tentação se achou tão fresca e tão forte, que nem dormindo perdeu nada do seu vigor. Nem dormindo, torno a dizer, porque esse foi o mistério da alma santa: oferecer ou convidar a Deus com as flores, não no campo ou no jardim, senão no leito: "O nosso leito está enfeitado de flores". — No leito, porque dormindo foi o assalto; no leito, porque dormindo se deu a batalha; no leito, porque dormindo se alcançou a vitória; e no leito, finalmente, porque nem o sono pôde adormecer o valor, nem o sonho divertir o cuidado.

E para que se visse que tudo foram efeitos maravilhosos da mesma relíquia e da mesma profissão renovada todos os dias, estava o mesmo leito coberto ou coroado de ciprestes e cedros: "As traves de cedro, os tetos de cipreste". — O cipreste significa o mortal, o cedro significa o incorruptível, e ajuntar o incorruptível com o mortal foi não só o primor, senão a propriedade da pureza que professava Xavier. Declarando Santo Inácio[2] qual deve ser a castidade dos que professam o seu instituto, diz que hão de procurar imitar a pureza dos anjos na limpeza do corpo e alma. A alma separada do corpo facilmente pode imitar os anjos, porque é espírito; mas unida e atada ao corpo, que é carne, nesta união consiste toda a dificuldade de tão pura imitação. Na mesma dificuldade, porém, assim como se esforça a contrariedade da resistência, assim se exalta e levanta no homem até o céu a que nos anjos é natureza, mas não vitória, por que não tem contrário. Por isso no teto que cobria o leito florido se formava a coroa de ramos de cedro, tecidos e enlaçados com os de cipreste, porque no cipreste se unia o mortal com o cedro, e no cedro o incorruptível com o mortal. Os anjos são incorruptíveis, mas não são mortais, porque não têm corpo; e como a profissão de Xavier o obrigava a imitar a pureza dos anjos na limpeza do corpo e alma, esta foi a maravilha ou o milagre da relíquia da sua profissão. Assim que este terceiro sonho, se pela parte do tentador foi diverso, pela parte da resistência, não só foi igual aos dois primeiros, mas na mesma diferença com grande vantagem; porque, se neles foram os sonhos relíquias do cuidado, neste foi o cuidado milagre e vitória da relíquia.

§ II

Assentado desta sorte o fundamento do terceiro sonho de Xavier enquanto vitorioso, antes de ponderar a vitória, consideremo-lo primeiro enquanto tentado. Tentou-o o demônio menos reverentemente do que devera, e como mestre tão velho e tão astuto, parece que não andou coerente, nem tomou bem as medidas à tentação, a qual, para não errar o tiro, pôs a mira no estado e condição da pessoa. Era Xavier núncio apostólico, tentara-o o demônio com pensamentos da púrpura, pois o degrau para subir à eminência do cardinalato são as precedentes nunciaturas, e nenhuma maior que a sua. Tinha o poder eclesiástico supremo em todo o Oriente, onde no mar se pescam pérolas, e na terra nascem diamantes, rubis e safiras. Tentara-o com uma lustrosa cobiça de voltar para Europa com os tesouros de Cresso, os quais na mesma Roma, como peregrinos, não haviam de ser mal agasalhados. E se o demônio, como sujeito religioso e mortificado, quisesse também espiritualizar a tentação, suposto que Xavier não se fazia levar, ao uso da terra, em ombros de homens, mas caminhava a pé, e até pelas serranias do Japão, cobertas de neve, descalço, pusera-lhe à vista dos pés descalços as alpargatas do ídolo de Retorá, avaliadas em duzentos mil cruzados, podendo esperar que assim comparada a sua mesma pobreza, e tão altamente avaliada, ou no próprio, ou no alheio juízo, facilmente se converteria em vanglória; ou também porque o mesmo corpo de Xavier não era menos mortificado por dentro que por fora, e passava muitos dias sem comer bocado, não digo que o tentasse de gula na terra onde as delícias do gosto são as mais esquisitas; mas porque o não apertaria no cerco em que ele mesmo se punha, tentando a sua fome ao menos com pão seco e duro, como tentou a de Cristo?

Sobretudo é circunstância digna de grande reparo que, sendo a tentação daquela casta, esperasse o mesmo inimigo para o assalto a hora em que o acometido estivesse dormindo e com os olhos fechados. É certo que os olhos abertos são instrumentos mais provados e mais seguros que o caçador do inferno arma às almas para as fazer cair em semelhantes laços. A olhos abertos tentou Holofernes com Judite, a olhos abertos a Abimelec com Sara, a olhos abertos a Siquém com Dina, e nem só a gentios e sem fé, como estes eram, mas aos mais fiéis e mais santos, como Davi e Sansão. Pois se aos valentes de Deus tenta o demônio com os seus mesmos olhos abertos, a Xavier, por que o não tenta assim? Grandes triunfos tinha alcançado a sua virtude nesta guerra, quando no maior ardor da idade defendeu gloriosamente a pureza virginal em Paris, e depois a conservou sem mancha toda a vida, por onde mereceu a palma branca das açucenas que traz na mão; mas não eram bastantes estes triunfos para que o demônio desmaiasse e se descesse dos seus intentos. É texto notável a este propósito o que agora ponderarei e para cuja nova e literal exposição convido aos doutos.

Diz a Escritura Sagrada, no capítulo terceiro dos Cânticos, que fabricou Salomão uma carroça triunfal composta dos mais preciosos lenhos do Líbano, em que as colunas eram de prata, o trono e cadeira de ouro, os degraus de púrpura, e "o estrado soalhado de amor", onde o hebraico, o siríaco, os Setenta, Vatablo, e os outros hebraizantes tresladam mais expressamente em lugar de "caridade", "amor". E acrescenta o texto que isto fez Salomão em respeito das filhas de Jerusalém: "O estrado soalhado de amor, por causa das filhas de Jerusalém". — Vamos agora à exposição. Primeiramente, estar o estrado assoalhado de amor significa que no estrado do trono onde Salomão punha os pés se via esculpida a imagem ou estátua do amor, cego, e com arco e aljava, assim como os poetas pintam o que eles chamam cupido. E até aqui disseram os expositores; mas desta mesma exposição, que é a mais conforme à letra, se seguem duas dúvidas a que eles não respondem, nem ainda excitam no sentido historial: a primeira, por que pôs Salomão no estrado do seu trono esta figura do amor profano; a segunda, por que o fez, como ele diz, em respeito das filhas de Jerusalém: "por causa das filhas de Jerusalém"? Quanto à primeira, quando ainda Salomão era santo, no estrado do seu trono, aonde ele punha os pés, pôs a estátua do amor profano, para significar neste carro do seu triunfo que ele o tinha triunfado e vencido de maneira que o trazia debaixo dos pés. E isto — quanto à segunda — em respeito das filhas de Jerusalém, para desenganar a cada uma e a todas, que nenhuma presumisse ou esperasse de ter entrada ou parte no seu amor. Como se dissera: Se presumem as filhas de Jerusalém que sucederá a algumas delas comigo o que a Bersabé, minha mãe, com meu pai Davi, engana-se, porque nenhuma haverá tão favorecida da natureza, em todos aqueles dotes que estima, apetece e de que se deixa cativar o amor, que a mim me haja de entrar no pensamento, ou dar cuidado, porque a todos esses afetos é superior o meu coração, e no mesmo amor, que levo debaixo dos pés neste meu triunfo, tenho já triunfado de todo.

Isto é o que presumiu de si Salomão quando era santo. Mas, sem embargo de o ser, que é o que lhe sucedeu? Acautele-se todo o coração humano, e nenhum se fie de si. Assim como Salomão tinha triunfado do amor profano, assim o mesmo amor depois triunfou dele. E para ser mais afrontosamente vencido e pisado, não foi por meio das filhas de Jerusalém, que criam no verdadeiro Deus, mas por meio das gentias e idólatras, a quem amou tão cega e perdidamente que, sendo o escolhido de Deus para lhe edificar o único templo, ele edificava templos aos seus ídolos. E se esta foi a catástrofe da santidade de Salomão, por que não poderia o demônio presumir, senão tanto, ao menos algum caso semelhante na santidade de Xavier? Grande fundamento parece que tinha por certo, e mais ajudado das ocasiões em que o santo se metia, não presumindo de si, como mais sábio que Salomão, mas confiado na graça divina. Havia na Índia muitas famílias em que as livres e as escravas eram senhoras dos senhores, e nestas casas se introduzia benevolamente Xavier, para livrar a elas e a eles do cativeiro em que o demônio os tinha, e os pôs, como sempre conseguia, em estado de salvação.

Mas nem estes segundos triunfos eram bastante segurança para o demônio não esperar o que pretendia. Como aqueles lugares eram tão contagiosos, por que não esperaria o demônio que sucedesse alguma vez a quem entrava neles o que sucede comumente nas outras pestes, em que os mesmos que entram médicos saem feridos? Entrava, porém, Xavier com os olhos abertos; mas eram tais os resplendores de pureza que saíam dos mesmos olhos, que bastava que os pecadores vissem que o santo os via para que nos seus mesmos olhos, como em espelhos, reconhecessem a fealdade das suas vidas e as aborrecessem e emendassem. Aos olhos abertos não lhes faz mal o que veem, senão quando veem o para que olham. E para que olhava Xavier, ou dentro ou fora de casa, ou no particular ou no público? Olhava só para a salvação das almas, o que o demônio espreitava e via, e por isso se temia tanto dos seus olhos abertos. Abertos sempre edificavam, abertos sempre admiravam e abertos sempre compungiam. Ia o padre mestre Francisco por uma rua, e os seus olhos como iam? Ou pregados na terra, ou levantados e arrebatados ao céu. E bem conhecia o demônio que quem na terra levava diante dos olhos a sepultura e no céu a eternidade, mal podia dar entrada no coração à fantasia de um acidente enganoso e vil que, para matar, basta que passe, e para não enganar, passa em um momento.

Com estas experiências, o inimigo da castidade, que pela vista tentou a Eva, e pela vista tenta a seus filhos, como se Xavier fosse a exceção de todos eles, se desenganou e resolveu a o não tentar com os olhos abertos. Mas nesta mesma resolução me parece a mim que também ele os tinha fechados. Vem cá, demônio: se assim como confessas que te não atreves a acometer este homem acordado, não vês que será dobrada afronta tua, se também te vencer dormindo? Olha bem para onde dorme, e verás que em cama tão dura não podem ter lugar sonhos tão brandos. Todos os escritores da vida de Xavier, sem figura de encarecimento, mas por narração de simples verdade, dizem que a cama de Xavier, quando navegava, eram as amarras da nau e a cabeceira as âncoras. Compara agora o sono com este modo ou invenção de dormir. O sono é o remanso da vida e, como lhe chamou Plínio, é aquele porto quieto que a natureza provida concedeu ao homem de noite para descanso dos trabalhos do dia. Grande erro é logo a do teu roteiro presumir que pode naufragar no porto quem dorme sobre âncoras e amarras. Mas da cama do mar passemos à da terra. Dormia na terra Xavier, dizem os mesmos historiadores, em um aposento ou choupana em que as paredes eram de esteira; e como por entre os juncos espreitasse a devota ou incrédula curiosidade o que o servo de Deus fazia, comumente o viu de joelhos, arrebatado em oração, e alguma vez que, obrigado do peso do sono pagava um breve tributo à fragilidade da natureza, a cama em que se encostava era um catre percintado de cordas de cairo, que são os entrecostos do coco, e uma pedra por cabeceira. Lembre-se agora o demônio de Jacó dormindo, e considere quais podiam ser os sonhos de uma cabeça recostada sobre uma pedra e tão mimosamente agasalhada. Sonharia com escadas da terra ao céu sonharia com anjos que subiam e desciam por ela; sonharia com o portal da fábrica da casa de Deus — quais eram as igrejas que desenhava no pensamento e edificava em toda a parte — sonharia, enfim com o mesmo Deus, que das ameias do empíreo, como vigilante e amorosa sentinela, lhe fazia guarda ao sono. Ainda temos outra cama de quem não tinha cama. Era de táboa ou tabua, no desamparo de Moçambique, onde de dia e de noite, enfermo, servia Xavier aos enfermos. E estando para morrer frenético, com a febre maligna, um soldado moço, cuja idade e liberdade fazia muito suspeitosa sua salvação, toma-o o santo padre nos braços, deita-o naquela sua cama, e o mesmo foi tocá-la que tornar o frenético a seu perfeito e inteiro juízo, com que, recebidos em grande quietação e sossego todos os sacramentos, acabou naquela escala cristãmente a carreira da vida. Para que se veja se era mais frenético e louco o demônio em esperar que o frenesi do seu maquinado sonho fizesse delirar ou tresvariar o juízo de quem dormia em uma cama que milagrosamente o restaurava aos que o tinham perdido.

§ III

Assim zombava eu dos atrevimentos do tentador noturno; mas porque não só prego do santo que o pode vencer, senão para todos, não posso deixar de declarar, para nossa cautela, que ninguém deve desprezar estas traições do demônio, mas temê-las e fazer delas muito caso, posto que sonhadas. Os filósofos e teólogos dividem os sonhos em naturais, divinos e diabólicos. Os divinos devem-se estimar muito, dos naturais não se deve fazer caso, mas os diabólicos são tanto para temer, como nos ensina a Igreja universal, na oração que faz a Deus no fim de todos os dias antes das horas do sono[3]: "Que afaste os sonos e os fantasmas das noites e reprima nosso inimigo". Pede a Deus que reprima a força e astúcia do inimigo comum, e que lance muito longe de nós os fantasmas dos sonhos, com que ele, como príncipe das trevas, nos faz guerra de noite. — E para a cautela e vigilância da nossa parte, nos exorta a mesma Igreja, como Mãe cuidadosa, com as palavras de S. Pedro, a quem tanto custou o dormir, quando tinha obrigação de velar: "Irmãos, sede sóbrios e vigiai, porque o diabo, vosso adversário, anda ao redor de vós como um leão que ruge, buscando a quem possa tragar" (1Pd 5,8) — onde é ponto muito digno de notar que, se o demônio se deve temer quando dá bramidos como leão: "como um leão que ruge" — e quando com os mesmos bramidos nos pode despertar do sono, quanto mais quando, no maior silêncio da noite, e no maior descuido dos sentidos, entrando a portas fechadas, como espírito que é, e penetrando ao mais interior da fantasia, lhe faz aquela guerra que S. Cipriano elegantemente chama clandestina, "a qual, quanto mais oculta e escura, tanto mais certa e fortemente fere aos que dormem"[4].

Sendo, pois, tão perigoso e desigual gênero de batalha aquela em que peleja com um homem de carne, dormindo, um espírito que não tem corpo nem dorme, por isso o não devemos desprezar como covarde, mas temer como astuto e atraiçoado inimigo. E só nos poderíamos admirar de que a providência divina desse licença e poder ao demônio para em tal matéria e de tal modo tentar a seu fidelíssimo servo Francisco. Mas esse mesmo é o mais encarecido exemplo e a mais refinada prova da mesma fidelidade e invencível fortaleza sua, essa seguríssima confiança que Deus fazia do seu valor, depois da experiência de tantas vitórias, e não comparando a Xavier consigo neste combate, senão a ele com os maiores santos.

Quando Cristo, Redentor nosso, entrou no Horto a orar a seu Padre, apartou consigo os três mais favorecidos discípulos, os três de seu conselho secreto, S. Pedro, S. João, Tiago e avisou-os assim: "Vigiai, para que não entreis em tentação" (Mt 26,41). Discípulos meus, vigiai, não vos deixeis render ao sono, por que não entreis ou não sejais entrados da tentação. — Mandou-os que vigiassem, para não serem vencidos, porque entre os descuidos de dormir, entre as desatenções e negligências do sono não há virtude bastantemente segura: até a firmeza de Pedro pode cair, até a resolução de Jacó pode enfraquecer, até o amor de João pode vacilar. Pois, se assim é, Senhor, que desigualdade são estas de vossa providência? Como tratais com tanta exceção de pessoas aos vossos apóstolos e ao nosso? Aos três discípulos mandai-lhes que estejam despertos, porque hão de ser tentados, e a Xavier mandais-lhe a tentação estando dormindo? Sim. E não foi falta de providência, senão excesso de confiança. Fiava Deus mais de Xavier que dos três maiores apóstolos naquele tempo. É teologia certa que, quando Deus permite que o demônio nos tente, sempre tempera e mede as tentações conforme as forças do que é tentado. Assim o diz o apóstolo S. Paulo na primeira aos coríntios, e assim o declarou o Concílio Tridentino: "Mas Deus é fiel, o qual não permitirá que vós sejais tentados mais do que podem as vossas forças" (1Cor 10,13). — E como Deus tem em sua mão as rédeas do tentador, e aperta ou alarga a tentação pela medida da força de cada um, bem se vê que fiava Deus mais da virtude de Xavier agora, que da dos três maiores apóstolos então; pois a eles os manda vigiar, porque hão de ser tentados, e a Xavier manda-lhe a tentação estando dormindo. Dormir um homem, e ter acordo para se não deixar vencer do demônio; estar com os sentidos ligados nas prisões do sono, e ter sentido para se não deixar entrar da tentação, é uma empresa tão arriscada e uma vitória tão duvidosa, que só de Xavier a fia Deus e de nenhum outro, ainda que seja S. Tiago, ainda que seja S. João, ainda que seja S. Pedro. S. Pedro, S. João, S. Tiago, estejam em vela, se hão de ser tentados; mas Francisco Xavier, venha-lhe embora a tentação dormindo, que dormindo e acordado sempre está seguro.

E se esta tentação fora tentação de outro gênero, menos me espantara eu que Deus a fiara de Xavier entre as desatenções do sono; mas tentação contra a pureza, batalha contra a castidade? Este mundo é o anfiteatro de Deus, e, assim como os imperadores romanos mandavam lançar os mártires às feras, assim Deus manda sair os confessores aos vícios. E que sendo o vício contrário à pureza, uma fera tão fera lhe lançasse Deus a Xavier, não acordado, senão dormindo! Grande extremo de confiança em Deus, grande crédito de valor em Francisco! O homem mais insigne na castidade e mais famoso em sonhos foi José. Dormia José sendo menino, e sonhava uma vez que andava na sega, como filho de lavrador que era, e que as paveias ou feixes de trigo que iam atando seus irmãos, inclinados ou debruçados sobre a terra, reverenciavam e adoravam o seu. Tornou a sonhar o mesmo José, e das espigas passou às estrelas. Sonhava que o sol, a lua, e outros astros do céu, desencaixados das suas esferas, desciam também à terra a adorá-lo. Não são estas as primeiras estrelas que, para servir a uma ambição venturosa, se abatem do firmamento. Mas, deixadas estas, e outras grandes considerações para outro dia, que não é bem nos gastem o tempo hoje, todos estes sonhos de José eram profecias, porque assim um como o outro significavam que havia de ser supremo governador do império do Egito, e que todos os súditos do mesmo império o haviam de adorar e obedecer, assim os grandes como os pequenos, assim os da corte como os do campo, que por isso as figuras que os representavam em um sonho foram espigas, e noutro estrelas: as estrelas, para significar os ilustres, e as espigas os lavradores. Significavam mais os mesmos sonhos que toda a casa de seu pai e seus irmãos, também ilustres por descendência e lavradores por ofício, caídos a seus pés, o haviam de reconhecer e adorar por senhor, como o mesmo pai lhes declarou e ainda repreendeu muito antes.

Daqui se segue que nestes dois sonhos, e nestas duas significações deles, ou foi ou podia ser tentado José nas duas maiores e capitais virtudes, humildade e caridade: a humildade que é fundamento, a caridade que é o cume de toda a perfeição. Contra a humildade, tentado de ambição e soberba, vendo-se senhor absoluto de toda a monarquia de Faraó; contra a caridade, tentado de ira e de vingança, vendo prostrados a seus pés os irmãos ou os inimigos, que tanto o aborreciam e perseguiam que o quiseram matar e chegaram a o vender. Mas a esta venda e cativeiro, que foi a ocasião de todas as suas fortunas, falta a história da mulher de Putifar, sua senhora, tão amado, como não devera, e tão cegamente pretendido como sabemos. Pois se Deus revela em sonhos a José que há de dominar o império do Egito, se lhe revela em todos que há de ter aos pés os seus maiores inimigos, por que lhe não revela também a olhos fechados aquele amor tão cego? Porque na primeira revelação corria risco a humildade, na segunda a caridade, mas na terceira, se Deus lha revelara, perigava e arriscava-se a castidade, e riscos e perigos da castidade nem de José os fia Deus em sonhos. É verdade que ele se portou na tentação fiel e galhardamente; mas vai muito de velar a dormir, e o tino que teve acordado pode ser que o não tivesse dormindo. Por isso Deus lhe encobriu a história da egípcia quando lhe revelou as outras sonhando. Sonhe embora José que há de ser senhor do Egito, e fiem-se-lhe as tentações da ambição e soberba; sonhe embora que há de ter debaixo dos pés seus inimigos, e fiem-se-lhe as tentações da ira e da vingança; mas sonhar que há de ser pretendido de quem lhe podia enfeitiçar os pensamentos, e fiar-se-lhe em sonhos, nem por sonhos, tentação contra a pureza? Isso não. Só de Francisco Xavier dormindo fia Deus uma batalha tão arriscada; só dele confia uma vitória tão duvidosa, porque sabe que é tão fina e afinadamente observante de suas obrigações que, ainda que não esteja acordado, não há de fazer dissonância.

§ IV

Assim o presumia Deus altamente de Xavier, e ele aprovou não menos que com o galhardo testemunho de seu próprio sangue. Tão longe esteve o valente soldado de Cristo de dar ao combate da tentação nem ainda um inadvertido consentimento, que antes aos primeiros acenos dela a rebateu com tanta violência de espírito que lhe saltou das veias o sangue puro. Somos entrados em uma circunstância grande e gloriosa desta ação, mas de tal maneira grande, que parece diminui sua grandeza; de tal maneira gloriosa, que parece contradiz sua glória. Venceu Xavier a tentação, mas custou-lhe sangue, e a vitória tanto menos vale quanto mais custa. Saiu Xavier vencedor, mas juntamente ferido, e o vencedor ferido é meio vencedor, porque em parte fica o vitorioso, em parte o vencido. Assim poderá parecer a ânimos pouco generosos, mas não é assim, e tomo por testemunha a flor das armas portuguesas, que está presente. Qual de vós não teve por realce da vitória o sair ferido da batalha? Qual de vós se não preza mais do sangue derramado na guerra que do que traz vivo nas veias? Até no amolgado da espada, no acutilado da rodela, e no passado da malha se estimam as feridas, ainda que secas. A maior gala do vencedor são as feridas e o sangue, nem há modo mais airoso de sair da batalha que vitorioso e ferido. Como os sucessos felizes da guerra muitas vezes são liberalidades da fortuna, e não merecimentos do valor, as vitórias acreditam de venturoso, as feridas de valente. Quem venceu, podia não pelejar, e é a vitória alheia; quem saiu ferido, pelejou, e fez com o sangue a vitória sua. Mas vejamos esta controvérsia decidida no juízo do mesmo Deus. Muitos vencedores houve no mundo, mas vencedor que escolhesse a vitória e o modo de vencer à sua vontade um só houve, que foi Cristo. E que vitória ou que modo de vencer escolheu Cristo, senão o de ferido, e com tanto sangue? Para remir e vencer o mundo não era necessário a Cristo padecer, nem derramar sangue; mas escolheu este modo de vencer, posto que tão custoso, não pela necessidade do remédio, senão pelo crédito da vitória. Para ser vencedor do mundo, bastava vencê-lo; mas para ser vencedor glorioso havia de ser com sangue e com feridas. E se não, vede-o no seu triunfo.

Quando Cristo, vencedor do mundo, da morte e do inferno, entrou pelo céu triunfante, pergunto que insígnias levava de vencedor? É coisa que se sabe e digna de se saber. Sabe-se, porque dois profetas, Isaías e Zacarias, viram toda a pompa deste triunfo. Pois, que insígnias de vencedor levava Cristo? Porventura palmas, coroas? Nada disso. O seu sangue e as suas feridas foram todas as insígnias da vitória e todas as galas do triunfo. O sangue levava o derramado pelo vestido: "Por que é vermelho o teu vestido?" (Is 63,2). As feridas levava-as abertas nas mesmas mãos: "Que chagas são essas no meio das tuas mãos" (Zc 13,6)? E este sangue, e estas feridas era o que aplaudia o céu, era o que aclamava o triunfo, era o que admiravam os anjos, era, enfim, o que mais prezava o Pai e o que mais honrava ao Filho, porque as feridas são os selos do valor e o sangue os esmaltes da vitória; e na sua vitória do mundo, estimava e gloriava-se Cristo não só de o vencer, senão de o vencer com sangue; não só de sair vitorioso da batalha, senão vitorioso e ferido.

Mas, reparando no sangue de que levava matizados os vestidos Cristo no seu triunfo, duvidará com razão alguma curiosidade douta que sangue de Cristo era ou podia ser este? Cristo entrou triunfante no céu depois de ressuscitado; na Ressurreição, como dizem os teólogos, recolheu-se todo o sangue às veias do corpo sagrado. Pois, se o sangue ia recolhido dentro nas veias de Cristo, como ia derramado pelo vestido? Agora entendereis a razão por que Cristo consagrou e sacramentou seu sangue, de sorte que o pudesse ter juntamente recolhido e derramado juntamente nas veias e fora delas; e assim foi aqui. O sangue que Cristo levava recolhido nas veias era o da cruz; o sangue que levava espalhado pelo vestido era o do cálix. O mesmo texto o diz, e santo[5] sobre o texto que agora é necessária tanta prova — diz o texto de Isaías: "Por que está tão vermelho o vosso vestido, Senhor, como se o meteram em um lagar?". De sorte que o vestido triunfador ia vermelho de sangue, mas de sangue como vinho, porque era sangue que, tendo de sangue a substância, tinha de vinho os acidentes. S. Cipriano[6]: "Sim a menção é de vinho, e por isso se afirma para que se entenda pelo vinho o sangue do senhor. Anuncia-se pois por palavras proféticas e significa-se o que depois é manifestado no cálice do Senhor". Teve Cristo por tão grande honra e glória sua o sangue que derramou na vitória do mundo que, para o poder eternizar entre os homens na mesma forma de derramado, duplicou a matéria do sacramento e o consagrou separadamente no cálix. Para o efeito do sacramento, que é a comunicação da graça, bastava só a consagração do corpo de Cristo na hóstia, que é o que só comungam todos. Pois, por que quis o Senhor consagrar o mesmo sangue também no cálix? Porque no corpo está o sangue dentro nas veias, e no cálix representa-se derramado delas. E ainda que o sangue assim recolhido bastava para nosso remédio, não bastava para a glória de Cristo, porque a glória de que Cristo mais se preza é de o ter derramado. Vede-o na mesma instituição: "Este é o sangue que por vos será derramado" (Mt 26,28). — Quando Cristo consagrou o cálix, ainda o seu sangue estava todo nas veias; mas o Senhor não o consagrou como sangue das veias, senão "como sangue derramado delas" — porque isso é o que mais se prezava, isso é o que queria eternizar na fama e na memória dos homens.

E se fez tantos extremos Cristo por conservar o sangue derramado, não são menores os que fez por conservar as feridas abertas. Não havia coisa mais repugnante a um corpo vivo, glorioso e impassível que as cinco chagas abertas: repugnantes as dos pés, repugnantes as das mãos, e a do lado mais repugnante. E contudo ressuscita Cristo à vida, entra na glória, e está e estará eternamente nela com as chagas abertas. Por quê? Porque foram as feridas que recebeu na batalha do mundo, e são as testemunhas mais abonadas de seu valor e os despojos mais gloriosos de sua vitória. Em suma, que se prezou Cristo tanto do sangue que derramou e das feridas que recebeu na batalha que, para conservar eternamente estes dois memoriais da sua vitória, ressuscitou as feridas e sacramentou o sangue, ficando por estes dois milagres contínuos, um no céu, outro na terra, as feridas perpetuamente abertas, e o sangue perpetuamente derramado. Assim se prezou Cristo de sair vencedor da sua batalha, e assim saiu Xavier vitorioso e ferido, vitorioso e com sangue. E tão fora esteve esta bizarra ação de se poder chamar por isso meia vitória, que antes foi por isso vitória dobrada: uma vez vencedor Xavier pela batalha que venceu, e outra vez vencedor pelo sangue que derramou.

§ V

Ora, consideremos agora a Xavier assim ferido, assim banhado em seu sangue e assim dormindo; tragamos à sua presença os mais valentes atletas da Igreja, os mais valorosos defensores da castidade, e vê-los-emos a todos, à vista de tão heroica ação, heroica e gloriosamente vencidos. Fiou Deus enfim de José acordado a tentação que não fiara dele dormindo. E que fez José estando muito em si? Largou a capa nas mãos da egípcia, e fugiu: "Deixada na sua mão a capa, fugiu" (Gn 39,12). — Galharda ação, e ainda comparada com a de Xavier tão galharda que um dia ou uma noite, em que a alma santa se quis mostrar a seu Esposo mais fina, mais animosa e mais valente, se revestiu destas duas ações. Sai a esposa uma noite de casa a buscar pelas ruas e pelas praças a seu esposo divino e, contando-lhe, depois que o achou, o que lhe tinha sucedido e o que tinha feito, diz que se encontrara com os soldados da guarda, que brigara e se defendera deles, e que na pendência largara a capa e saíra ferida: "Deram-me e feriram-me, e tiraram-me o meu manto os guardas das muralhas" (Ct 5,7). — Não sei se reparais na capa e nas feridas. De maneira que quando a alma santa quis alardear finezas e valentia em matéria da defensa de sua pessoa e de sua honestidade, as duas ações que escolheu entre todos os presentes, passados e futuros foi a de José e de Xavier: a de José em largar a capa, a de Xavier em sair ferida. Mas suposto que estas duas ações foram as mais estimadas da esposa e as mais ilustres da Igreja, qual das duas é digna de maior estimação: a de José em largar a capa, ou a de Xavier em derramar o sangue?

A mesma esposa, que fez a eleição, deu o primeiro lugar ao sangue e às feridas, e o segundo à capa: "Feriram-me, e tiraram-me o meu manto" — e com muita razão, porque nas batalhas da castidade, ainda que o modo mais seguro de resistir é fugindo, o modo mais glorioso de vencer é pelejando. José venceu, mas venceu fugindo; Xavier venceu, e venceu pelejando; a vitória de José, sem enfeite, foi uma retirada; a resistência de Xavier foi verdadeira vitória; enfim, a vitória de José consistiu em não pelejar nem ser vencido, a de Xavier em pelejar e vencer. Fala destes dois modos de vencer Davi e, referindo um e outro a Deus e à sua graça, diz assim: "O nosso Deus é refúgio e é fortaleza" (Sl 45,2). — E por que ou para quem é refúgio, ou para quem é fortaleza? S. Basílio[7]: "É nosso refúgio e nossa fortaleza Deus" — diz — "porque umas vezes vencemos fugindo, e outras vezes vencemos pelejando". Mas as vitórias dos que fogem e as dos que pelejam, todas são de Deus: as dos que fogem, são de Deus como refúgio, as dos que pelejam, são de Deus como fortaleza: "É refúgio e fortaleza". — Tais foram as vitórias de José e de Xavier. José venceu, Xavier venceu; a vitória de José foi de Deus, e a de Xavier também foi de Deus; mas a de José foi de Deus enquanto refúgio, porque venceu fugindo, e a de Xavier foi de Deus enquanto fortaleza, porque venceu pelejando; a ação de José foi temor com castidade, a de Xavier foi castidade com valor; a de José foi conhecer-se e temer-se, a de Xavier foi conhecer-se e triunfar-se; a de José foi dar ao golpe da tentação a capa, a de Xavier foi afogar a tentação no próprio sangue. José e Xavier ambos se acharam no curro contra aquele touro feroz, o mais bravo de todos os vícios; estavam vendo desde os palanques Deus, os anjos, os homens, o mundo; remeteu cego e furioso o touro cuidando que os levava nas pontas; e como se portaram ambos? José largou-lhe a capa com acordo, e fugiu; Xavier esperou a pé quedo, feriu-o, jarretou-o, matou-o. Ambas as sortes mereceram vivas e aplausos, mas a de José chamou-se destreza, a de Xavier valentia: "Porque umas vezes vencemos fugindo, e outras vezes vencemos pelejando". — E consiste tanto a fortaleza na virtude deste segundo modo de vencer pelejando que, comparado um com outro, só este se chama virtude: "O nosso Deus é refúgio e fortaleza". — O vencer fugindo, como José, é refúgio; o vencer pelejando, como Xavier, é virtude.

Entre agora outro contendor: quem será? Seja S. Paulo, montante da Igreja, o valente da lei da graça. Mas antes que vejamos suas resistências, à vista deste vosso sangue, divino Xavier, não posso deixar de formar uma grande queixa, não quero dizer contra a vossa modéstia, senão contra a vossa verdade. Naquela ocasião em que descestes do céu a dar a vida ao vosso Marcelo, em Nápoles, para que ele a fosse dar por Deus no Japão, ensinastes-lhe ali a dizer em presença de todos que pedisse a Deus a graça do martírio, que vós tínheis desejado e não alcançastes. É possível que há de dizer Xavier que desejou ser mártir e que o não alcançou? Retratai-vos, santo, do que dissestes, que sim alcançastes ser mártir, e ilustríssimo entre todos os mártires. Que é esse sangue prodigioso que derramastes, senão um testemunho ardentíssimo de vossa fé e uma quinta-essência de martírio novo, singular, inaudito? De S. João Evangelista disse S. Jerônimo[8]: "Que não lhe faltou o ânimo para o martírio", senão o martírio para o ânimo; e isto bastou para ficar S. João canonizado por mártir. Pelo afeto que tenho e devo ao evangelista amado, me pesa de o haver metido nos empenhos desta comparação, porque nenhum grande do céu, ainda que seja tão grande como João, pode sair deste caso senão vencido. A S. João não lhe faltou o ânimo para o martírio, mas faltou-lhe o martírio para o ânimo. Ele não faltou ao tirano, mas o tirano lhe faltou a ele. E ao ânimo de Xavier, que lhe aconteceu? Faltando-lhe o martírio não lhe faltou o martírio, e faltando-lhe o tirano não lhe faltou o tirano, porque ele foi o mártir, e ele o tirano de si mesmo; ele foi o que padeceu o martírio, e ele o que martirizou; ele foi o que derramou o sangue, e ele o que o fez derramar.

Lucrécia — para que nem na gentilidade nos fiquem os maiores exemplos — Lucrécia foi tão honrada matrona, e tão romana que, por uma violência que padeceu sua honestidade, se atravessou com um punhal a si mesma! Valente ação, mas vagarosa. — Tardaste Lucrécia — diz Agostinho. — Esse sangue que derramaste havia de ser antes da mancha, e não depois. Assim foi o sangue de Xavier, não derramado em vingança da honestidade rendida e afrontada, mas em defensa da castidade inteira e vencedora. E por isso verdadeiro defensor da fé que devia a Deus e verdadeiro mártir da castidade. O maior louvor que se disse da castidade foi aquele de Santo Ambrósio[9]: "Não merece o maior louvor a castidade porque se acha nos mártires, senão porque ela os faz". — Assim como a fé tem os seus mártires, assim a castidade tem também os seus; mas com uma diferença, que no martírio da fé, a fé é a defendida; no martírio da castidade, a castidade é a tirana: ela é a que martiriza a carne, e ela é "a que faz os mártires". Mas entre os mártires que faz a castidade, o martírio de Xavier foi perfeitíssimo, por que foi mártir com sangue. Os outros martírios desta virtude, posto que sempre belicosa, são comumente metafóricos e incruentos; porém o de Xavier foi martírio verdadeiramente cruento, e por isso perfeitíssimo, com todos os esmaltes de mártir. Não diga logo Xavier que não foi mártir, nem nós creiamos ao depoimento de sua modéstia, senão ao testemunho de seu sangue. Sem este sangue entrou na batalha virgem, e com a vitória dele saiu virgem e mártir. Entrou com uma coroa e com uma palma, e saiu com duas palmas e com duas coroas: uma coroa de açucenas, e outra coroa de rubis; uma palma de virgem, outra palma de mártir: "Porque ela faz os mártires".

Mas entre já S. Paulo, que há muito espera, mas não a vencer, como os demais, senão a acrescentar coroas. Uma batalha semelhante à de Xavier teve o apóstolo S. Paulo, que descreveu desta maneira: "Para que a grandeza das revelações me não desvanecesse, deu-me Deus um espírito de Satanás, que, estimulando minha própria carne, se rebela contra mim e me dá de bofetadas" (2Cor 12,7). — O modo com que resistiu a esta tentação o santo apóstolo foi pegar das armas da oração, prostrar-se diante de Deus, pedir-lhe muitas vezes sua graça: "Por cuja causa roguei ao Senhor três vezes" (2Cor 12,8) — e com ela saiu vencedor. Mas ainda que, segundo as leis de Deus fez o apóstolo o que devia, segundo as leis do mundo pode dizer o mesmo mundo que não ficou gentil-homem S. Paulo. Todos sabeis, melhor que eu, que um homem a quem deram uma bofetada, ainda que tirasse pela espada contra seu inimigo, se não chegou a lhe tirar sangue não ficou desafrontado; haveis de ferir necessariamente a quem vos afrontou, porque a mancha de uma bofetada no rosto só com o sangue de quem a deu se lava. Afrontado ficou logo S. Paulo nas leis do mundo, porque ele confessa que seu corpo, estimulado pelo demônio lhe deu de bofetadas: "Estímulo da minha carne, que me dá bofetadas". — E, ainda que tirou três vezes pela espada da oração, não chegou a lhe tirar sangue. Assim se saiu S. Paulo desta pendência; porém o nosso D. Francisco de Xavier — dai-me licença que o nomeie assim neste passo, que a gentileza de uma ação tão galharda mais me parecia nascida dos brios de cavaleiro que das obrigações de religioso — S. Paulo, como religioso, resistiu com orações; Xavier como cavaleiro brioso e alentado, com o sangue de seu inimigo tomou a vingança de seu agravo, que onde as tentações são bofetadas, feridas hão de ser a resistência. O mesmo S. Paulo, ainda que seja contra si, nos há de ilustrar o passo.

Escreve o santo apóstolo aos cristãos da primitiva Igreja em Jerusalém, diz-lhes assim no capítulo doze: "Pois ainda não tendes resistido até derramar o sangue, combatendo contra o pecado" (Hb 12,4). Não cuideis que fazeis muito em servir a Cristo, e guardar e sustentar sua lei pontualmente, que ainda não resististes contra o pecado até derramar sangue. — Até derramar sangue? E quem viu nunca, nem leu este gênero de resistência contra o pecado? Nas matérias da fé, sim, como diz S. Pedro: "Resisti-lhe fortes na fé" (1Pd 5,9). — Mas na da castidade, qual esta era? Mais parece que aludiu aqui S. Paulo a alguma das revelações em que falava, que à obrigação do preceito. Digamos, pois, que tinha diante dos olhos o santo apóstolo a seu grande imitador Francisco, apóstolo também das gentes, e, admirado de tal modo de resistir, aludiu a esta futura maravilha, e deu em rosto com ela aos primeiros atletas da cristandade, como se dissera: — Não cuideis, cristãos primitivos, que fazeis demasiado em perseverar constantes e resistir, como resistis, que virá tempo em que haja um homem no mundo que resistirá às tentações do demônio com o sangue das próprias veias, o que vós ainda não fizestes: "Ainda não tendes resistido até derramar o sangue". — Isto disse S. Paulo àqueles primeiros cristãos, e o mesmo digo eu a S. Paulo. Sagrado apóstolo: "Ainda não tendes resistido até derramar o sangue", se dizeis que vos deu as tentações Deus para que as revelações do terceiro céu vos não desvanecessem: "Para que a grandeza das revelações me não desvanecesse, foi me dado o estímulo da carne" — sabei e perdoai-me; sabei que não só tendes ocasião de humildade nas tentações, senão ainda nas resistências: podem-vos humilhar as tentações, porque nelas vedes que sois homem como os outros homens e podem vos humilhar também as resistências, porque nelas vereis que, com serdes tão gigante, não chegais a igualar os ombros nem podeis medir a espada com um homem que, sendo como vós de carne, resistiu contra o pecado até derramar sangue, façanha que nunca fizestes: "Ainda não tendes resistido até derramar o sangue". — Comparado com outros santos, bem se pode gloriar de seu valente resistir quem era tão santo que se gloriava nas suas fraquezas: "De boa vontade me gloriarei nas minhas enfermidades" (2Cor 12,9). — Mas comparando com Xavier, sem agravo podemos contar ao mesmo S. Paulo, e aos outros, no número dos que ele, com a cota de um "ainda não" excluiu da última palma da resistência.

E se não, diga-o por todos Jó, e logo ouviremos a Deus a razão por que Jó o pode dizer por todos. Prudência é não só política, senão evangélica, antes de chegar a combate com o inimigo medir as forças próprias com as suas e, conforme a proporção de umas e outras, ou aguardar a batalha de perto, ou pedir partido de longe. Que rei há, diz Cristo, que havendo de pelejar de poder a poder com outro rei, não considere primeiro se é bastante o seu para lhe resistir e, quando conhece que as suas forças são desiguais — não espera o combate, nem deixa chegar o inimigo, mas, "estando ele ainda longe, manda seus embaixadores a pedir-lhe paz" (Lc 19,32) e rogar-lhe com partidos. — Assim o fez aquele grande rei Jó, maior por sua constância e fortaleza que por seu império. Considerou a guerra que faz a carne contra o espírito e as resistências que deve fazer o espírito, à carne: "A carne deseja contra o espírito, e o espírito contra a carne" (Gl 5,17). — Considerou as forças deste poderoso inimigo e mediu-as com as suas; e que resolução tomou? O mesmo Jó o diz, que eu não lho levanto: "Fiz um acordo com os meus olhos de certamente não cogitar nem ainda em uma virgem" (Jó 31,1). Fiei tão pouco de minhas forças — diz Jó — para esperar e resistir os assaltos de tão bravo, tão insolente e tão vitorioso inimigo, que vim a tomar o conselho que tomam os que se veem totalmente faltos de resistências. E para que ficasse afastado muito longe de mim, e nem por pensamento chegasse a me dar batalha: "para não cogitar" — abati as armas, pedi quartel, rendi-me a partido: "fiz um acordo". Pois a partido se rende Jó, aquele com quem Deus desafiava o inferno? — "Acaso consideraste tu a meu servo Jó?" (Jó 1,8). — O valentão de Deus, a ronca do paraíso pede quartel? Sim, senhores, diz S. Gregório Papa. Pode tanto a força brandamente violenta de um pensamento molesto e importuno que humilha as resistências do maior capitão nesta milícia.

Ainda Jó não estava tentado nem combatido, ainda a tentação lhe não tinha tirado pela capa, como a José, nem lhe tinha posto as mãos afrontosas no rosto, como a Paulo e, sem mais que a imaginação ou apreensão de um pensamento ao longe, estava tão assombrado aquele coração invencível que, rendido só da opinião do perigo, desconfia da vitória, recusa a batalha, capitula sujeições e salva a vida a partido. Ah! divino Xavier, que grande sois, e quanto campeiam vossas grandezas à vista das dos outros santos? Perdoe-me a corte do céu, perdoem-me os bem-aventurados da glória, que suas façanhas, por grandes que sejam, parecem sonhos de vossas verdades, e as verdades de vossos sonhos são assombro de suas façanhas. José acordado foge, Paulo acordado pede paz, Jó acordado rende-se a partido, e Xavier dormindo peleja, dormindo vence, dormindo triunfa. Vindo o demônio de correr todo o mundo: "Girei a terra, e andei-a toda" (Ibid. 7) — perguntou-lhe Deus se vira lá a seu grande servo Jó, e se reparara bem que não havia no mundo homem semelhante a ele: "Acaso consideraste tu a meu servo Jó, que não existe outro semelhante a ele na terra?". — Olhai quanto vai de tempos a tempos, de homens a homens, e de santos a santos. O mesmo Jó, comparado com os outros homens, não tem semelhante; comparado com Xavier não tem semelhança. Esse Jó, o maior que todos os homens, rende-se a um pensamento, pede quartel, comete partidos: "para não cogitar"; mas a fortaleza, a constância, o ânimo, o brio, o valor de Xavier não se humana a tréguas, não se humilha a concertos; a ferro e a sangue peleja; a ferro e a sangue vence; ou, por melhor dizer, não vence a ferro e a sangue, senão a sangue sem ferro, que é muito mais.

§ VI

Até agora consideramos este grande caso por fora: o sono, a tentação, a resistência, o sangue; agora é necessário que penetremos o interior de tudo isto, e veremos o que teve de fino, de alto, de heroico, de sublime o espírito incomparável de Xavier. Agora quisera pedir outra vez a graça; mas, por vos não descompor a atenção, contento-me com vo-la tornar a pedir. Resistiu Xavier à tentação derramando sangue, sim, mas que instrumento foi o que lhe arrancou das veias esse sangue? Não podemos negar que outros muitos santos venceram semelhantes tentações com o sangue das próprias veias. Demos o seu a seu dono. Um patriarca, S. Bento, que entre as silvas e espinhos buscou a rosa da castidade; um S. Jerônimo, que com uma pedra feria os peitos, até os deixar em carne viva, para mortificar a carne; um S. Domingos, que se disciplinava com cadeias de ferro para domar a rebeldia do corpo; um Santo Aniano, que chegou a arrancar os olhos porque foram cúmplices de um pensamento. O outro santo que cortou uma mão, o outro que cuspiu fora a língua. Todas estas façanhas deixaram os santos vivas nos anais da santidade, para perpétua admiração dos séculos; mas todas estas resistências comparadas com as de Xavier reconhecem nele muitas vantagens, porque os outros pelejaram a ferro e sangue, Xavier a sangue sem ferro, que é, como dizia, muito mais. Não sei se imagino bem.

Seis vezes derramou Cristo seu preciosíssimo sangue — já não acho comparações nos santos do céu nem da terra; é força buscá-las no Santo dos santos, e na fonte da mesma santidade. — Derramou Cristo seu preciosíssimo sangue na circuncisão, no Horto, nos açoites, na coroação, na cruz e na lançada. Saibamos: e de todo este sangue, tantas vezes e por tantos modos derramado, houve algum que tivesse alguma excelência, alguma vantagem, alguma prerrogativa ou, quando menos, alguma diferença, pela qual mereça ser estimado, honrado e venerado com mais particular amor, com mais particular devoção, com mais particular afeto? Toda a teologia mística, que é a que mais alcança de Deus, responde que sim, e dá esta excelência e prerrogativa ao sangue que Cristo derramou no Horto. Mas por quê? Que mais teve o sangue do corto que o da cruz, que o da coluna, que o da coroa de espinhos e mais tormentos? Um e outro estava unido hipostaticamente ao Verbo, um e outro era preciosíssimo e de valor infinito, um e outro foi derramado livre e espontaneamente, e se a algum se atribui mais particularmente o mistério de nossa redenção é ao sangue da cruz. Pois, logo, que mais teve o sangue do Horto para ser tão admirado, tão encarecido e com tanto extremo estimado? A razão deu a extremadamente o doutíssimo Salmeirão[10]: "Embora todo sangue de Cristo tenha um valor imenso, este no entanto que não nasceu de uma carne ferida por flagelos, por espinhos, por cravos, nem pela lança, mas que escorreu espontaneamente, deve ser tido por nós em grande honra". É verdade que todo o sangue de Cristo era igual, sem vantagem, na infinidade do preço; mas o sangue do Horto teve uma circunstância superior, pela qual merece particular veneração, honra e afeto, que é o haver sido mais generosa, mais liberal e mais fidalgamente derramado, porque o sangue da Paixão teve necessidade de cravos, de lança, de açoites, de espinhos para o derramarem; porém, o sangue do Horto, ele por si rebentou das veias, sem mais violências que as do próprio coração, do próprio amor. — Foi o sangue do Horto como o precioso licor da mirra, a que chamam primeira, o qual por si mesmo brota, e se estila, e sua da árvore, sendo o da Paixão como o da mirra segunda, que não sai senão espremido por arte e como por força, depois de picado e rasgado o tronco com ferro. E tal é a diferença do sangue de Xavier nesta ocasião, comparado com os dos outros santos. O sangue dos outros santos, não digo que fosse mais tardo ou menos fervoroso; mas foram necessários instrumentos exteriores e violentos para o derramar; porém o sangue de Xavier, com ímpetos de mais acelerado e ardente, e como mais fino e mais adelgaçado no fogo do amor, ele por si se desfechou das veias. O sangue de S. Bento foi como o sangue da coroação de Cristo, que o tiraram os espinhos; o sangue de S. Domingos foi como o da coluna, que o tiraram os açoites: o sangue dos outros santos foi como o sangue do lado, das mãos e dos pés, que o tiraram os cravos, a lança e outros instrumentos de ferro; mas o sangue de Xavier foi como o sangue do Horto, que o tirou a força do amor divino, sem outro exterior instrumento e, por isso, mais qualificado na mesma igualdade, mais admirável e amável nela.

Ora, já que aqui chegamos, consideremos que violências interiores fizeram suar sangue a Cristo, porque, visto a tão grandes luzes, teremos muito que admirar no sangue de Xavier. As causas do suor de sangue de Cristo dizem ordinariamente os santos e doutores que foram duas. A primeira, conforme S. Justino e Teofilato, foi a viva consideração da morte propínqua e dos tormentos que havia de padecer. Apreendeu o Senhor em seu entendimento as dores, as penas, as injúrias, as afrontas e o rigor da morte que naquele dia o esperavam; e foi tão aguda e penetrante esta imaginação, que começou a humanidade sagrada a agonizar mortalmente, e a suar sangue: "Veio-lhe um suor, como de gotas de sangue, que corria sobre a terra" (Lc 22,44). — Ah! glorioso Xavier, que a grandeza de vossas ações me vai quase tirando do assunto que prometi! Mas exceder os limites da prova, antes é aperfeiçoar a promessa. Veio-me ao pensamento dizer que fostes maior santo dormindo que os outros santos acordados. Mas não me atrevendo a tanto, só prometi que diria o que pudesse provar. E neste passo, se bem se consideram as circunstâncias dele, parece que excedem vossas obras e maravilhas, não só às dos outros santos, senão ainda às do mesmo Cristo. Não cuide algum escrupuloso que me atrevo demasiadamente, que a grandeza verdadeira é muito confiada, e o mesmo Cristo nos deu licença para falarmos assim: "Os que crerem em mim" — diz o Senhor por S. João — "e me servirem, farão as obras que eu faço, e ainda maiores" (Jo 14,12). — Não quer dizer que serão maiores na substância nem no valor, que o das obras de Cristo sempre é infinito, e o das puras criaturas limitado; mas nas circunstâncias e no modo, diz o mesmo Senhor e Redentor dos homens que podem os homens fazer ações tão heroicas e levantadas, que, comparadas com as suas, as igualem, e ainda as excedam. Neste sentido fala, e neste me parece que a ação e maravilha do sangue de Xavier, derramado em tal ocasião, excede a do mesmo sangue de Cristo suado no Horto. Cristo suou sangue no Horto, porque se lhe representaram os tormentos da morte; Xavier suou sangue na tentação, porque se lhe representaram as delícias da vida. Uma e outra apreensão foi veemente, uma e outra imaginação foi causa, mas os efeitos foram muito mais admiráveis em Xavier, porque a Cristo fê-lo derramar sangue a imaginação dos tormentos, mas a Xavier a imaginação das delícias. Que a imaginação dos tormentos tirasse sangue a Cristo não é maravilha que exceda os limites da razão: os tormentos, ainda que imaginados, sempre são repugnantes à natureza; porém que a imaginação dos deleites e das delícias, que tão conformes são à humanidade, lhe façam rebentar o sangue das veias como se foram verdadeiros tormentos, esta é a maravilha das maravilhas, este é o pasmo dos pasmos.

O mesmo Senhor, que tanto quis honrar a seu servo, nos há de subir de ponto este pensamento. Quando a Madalena ungiu a Cristo com aquele precioso unguento, murmuraram os discípulos de que aceitasse semelhante regalo quem lhes fazia tantas exortações da mortificação; acudiu, porém, o Senhor com aquelas tão sabidas palavras: "Derramou unguento no meu corpo para me sepultar" (Mt 26,12). Que não estranhassem admitir em seu corpo aqueles unguentos, porque o ungia a Madalena para a sepultura. — Para a sepultura? Pois, como? Se Cristo estava vivo, como diz e se pode verificar que o ungia a Madalena para a sepultura? O Cardeal Caetano[11] o disse, e com bem aguda advertência: "É claro que não se usa unguentos para o prazer de um cadáver. O Senhor serviu-se dessa loção sem qualquer sensualidade, como um cadáver, que é ungido para ser sepultado". Dizer Cristo que a Madalena o ungia para a sepultura foi significar — diz Caetano — que estava seu corpo tão mortificado e insensível na vida como se já tivera passado por ele a morte; como se dissera o divino Senhor: Ainda que aceito, ou não resisto estes unguentos da Madalena, não me tenhais, discípulos meus, por regalado e delicioso, porque haveis de saber que está tão mortificado e tão morto este corpo que vedes que as delícias em mim não são delícias, e estes unguentos da Madalena mais os recebo como cerimônias de morto que como regalos de vivo. — Assim como os defuntos, que vão a enterrar, nenhuma deleitação recebem nos unguentos com que os ungem, porque a morte os fez insensíveis, assim está tão morta e tão mortificada minha humanidade que não sente mais deleitação nestes unguentos preciosos que se a Madalena me ungira para a sepultura: "Para a minha sepultura". — Até aqui encareceu Cristo a mortificação de seu corpo sagrado; mas a de Xavier, se bem advertirdes, ainda a temos mais encarecida nesta ação: "fará coisas maiores". — No corpo de Cristo chegaram as delícias a não ser delícias; no corpo de Xavier passaram as delícias a ser tormentos. Em Cristo chegaram as delícias a não ser delícias, porque não obravam como delícias nem causavam deleite; em Xavier passaram as delícias a ser tormentos porque obravam como tormentos, e chegaram a tirar sangue. Há mais grandeza? Há mais excelência? Há mais maravilha? Ainda há mais.

A segunda causa que fez suar sangue a Cristo no Horto dizem os santos, mais conformemente, que foi a apreensão de todos os pecados do mundo. Considerou o Redentor o número sem-número de pecados presentes, passados e futuros, com que os homens ofenderam e haviam de ofender a seu Eterno Padre, e foi tão grande a dor que concebeu em seu coração, que entrou naquelas ânsias e agonias mortais que se desafogaram em suores de sangue. Tal o nosso Francisco Xavier. Foi-lhe tão penoso tormento aquela imaginação ou representação uma, material e informe, só porque costuma ser matéria de pecado e ofensa de Deus, que de pura aflição e ânsia lhe rebentou o sangue das veias. Mas nisto mesmo teve circunstâncias tantas e tais que, à vista da imaginação do mesmo Cristo no Horto, subiram grandemente de ponto esta heroica ação. Cristo suou lágrimas de sangue pela apreensão de todos os pecados do mundo; Xavier pela de um só pecado. Cristo por pecados de pensamentos, palavras e obras; Xavier por um pecado de pensamento. Cristo por pecados reais e verdadeiros; Xavier por um pecado imaginado. Cristo por pecados que eram, foram e haviam de ser; Xavier por um pecado que nem era, nem fora nem havia de ser, senão só porque podia ser pecado. Tanto amava Xavier a Deus que obravam nele as possibilidades de uma ofensa sua o que em Cristo as existências de todas.

§ VII

Mas, se neste caso não havia pecado, apertemos bem o ponto. No sono não há livre alvedrio, sem livre alvedrio não há pecado, logo, suposto que Xavier estava dormindo, não só não era pecado aquele pensamento, mas nem o podia ser. Pois, se não podia ser pecado, por que lhe resiste Xavier tanto à sua custa? Porque era Xavier. Não lhe acho outra razão. E se não, vede as razões por que os outros santos resistiram. Resistiu José tão resolutamente como vimos. E por quê? Por temor do pecado. Ele mesmo o disse: "Como posso eu cometer esta maldade, e pecar contra o meu Deus?" (Gn 39,9). — Resistiu Susana, ainda com maior vitória, sendo mulher, porque resistiu contra a morte e contra a honra. E por quê? Por temor do pecado. Ela o disse também: "Melhor é para mim cair entre as vossas mãos, do que pecar na presença do Senhor" (Dn 13,23). — E por que nos não faltem, ou por que não pareça que fugimos dos exemplos dos que derramaram sangue, entrem de uma vez todos os mártires. Resistiram os mártires valorosamente, padeceram os tormentos, deram a vida, derramaram o sangue. E por quê? Ainda que foi por amor da fé, em todos concorreu o temor do pecado, como gravemente pondera Santo Ambrósio: porque a todos põe o tirano entre a coroa e o suplício; a todos se põe o céu e o inferno à vista; a todos se manda escolher neste terrível dilema: ou ser mártir perdendo a vida, ou ser apóstata perdendo a fé. Nada disto havia no caso de Xavier, porque não havia pecado, nem temor de pecado, nem possibilidade de pecado. Se aquele pensamento fora ou pudera ser pecado, não é muito que lhe resistira qualquer santo, e ainda qualquer cristão, até derramar sangue, que essa é a obrigação da lei de Deus: não consentir no pecado, ainda que custe a vida; mas não ser aquela imaginação, nem poder ser pecado, e contudo resistir-lhe com tanta violência, só porque tinha parentesco com outras imaginações que costumam ser pecado, isto sim que é a verdadeira santidade: não resistir pelo perigo da consciência, senão pelo amor da virtude.

Uma das mais louvadas façanhas de toda a Escritura é a generosidade de Davi, com que, tendo a seu inimigo debaixo da lança, lhe não quis tirar a vida. Esta é a circunstância que todos louvam; mas quanto a mim não esteve nisto a fineza. Pois, em que esteve? Esteve em que, podendo ter a satisfação de vingado sem a culpa de homicida, perdoou, não por temor do pecado, senão por amor da virtude. Deus tinha dado licença a Davi para que pudesse matar a Saul, se quisesse, e assim lho lembraram naquela ocasião os companheiros: "Chegado é, senhor, o dia em que Deus vos tinha prometido: Matai a vosso inimigo, pois Deus vo-lo entregou nas mãos" (1Rs 24,5). — De maneira que tinha Davi licença de Deus para tirar a vida a Saul, e o podia matar, como ministro do mesmo Deus, sem pecar, assim como os ministros de justiça matam homens sem pecado. Pois aqui esteve o fino desta famosa ação de Davi: se matar a Saul fora pecado, nunca o fizera Davi, porque era santo; porém que, podendo Davi ter a satisfação de vingado sem a culpa de homicida, que quisesse contudo perdoar a seu inimigo, e tal inimigo, isto sim que é verdadeira ação de grande santidade: não obrar a virtude por temor do pecado, senão a virtude por amor da virtude. Tal Xavier. Estava livre de ofender a Deus pela impecabilidade do sono e, podendo lisonjear a imaginação sem manchar a consciência, repugnou e resistiu até derramar sangue, defendendo fiel e generosamente, não a castidade por temor da impureza, senão a castidade por amor da castidade.

Mas cuidará alguém que ficou igualmente gentil-homem Davi, e que correu parelhas com Xavier neste caso. Ora vede no mesmo caso quanto ficou Davi atrás. Diz o texto que "depois desta ação lhe bateu o coração no peito a Davi" (1Rs 24,6), e que lhe remordeu a consciência. — Pois a consciência de que, se Davi tinha feito um ato tão singular e heroico, e se tinha portado em tal ocasião de vingança tão pio, tão modesto, tão religioso, e ainda tão reverente a seu inimigo? Isto é o que foi no fim da tentação, mas não o que tinha sido no princípio. O mesmo Davi o disse logo a Saul: "Eu mesmo tive pensamentos de te matar, mas a minha vista o perdoou" (1Rs 24,11). — A primeira resolução de Davi quando viu a Saul só e sem defensa, foi cozê-lo ali a punhaladas, e matá-lo, como lhe diziam os companheiros; mas depois que considerou, depois que discorreu, depois que abriu os olhos para ver o muito que havia que ver, e ainda que chorar, naquele caso absteve-se Davi da execução, perdoaram seus olhos a Saul, como ele diz: "A minha vista o perdoou". — De sorte que toda esta grande façanha de Davi foi vitória com queda: primeiro a tentação o derrubou a ele, e depois ele derrubou a tentação; primeiro se quis vingar, e depois perdoou; primeiro foi vencido, e depois venceu. Antes, bem considerado o procedimento ou o processo de toda esta ação, se pode duvidar, sem agravo de Davi, se mereceu nome de vitória, porque não foi resistência da tentação, senão emenda do arrependimento. Deliberou a morte de Saul, e depois arrependeu-se; cegou-se, e depois abriu os olhos: "A minha vista o perdoou". — Não assim Xavier. Davi consentiu e caiu no pensamento, Xavier sempre resistiu constante; Davi deliberou-se a derramar o sangue alheio, Xavier não duvidou de derramar o próprio; Davi perdoou, mas tarde, a seu inimigo, Xavier não tardou um instante em se não perdoar a si mesmo; Davi vencido venceu-se, mas depois que abriu os olhos: "A minha vista o perdoou" — Xavier venceu-se invencível, estando com os olhos fechados; finalmente Davi, em matéria onde podia não haver pecado, teve de que fazer penitência: "A minha vista o perdoou" — Xavier onde não houve de que fazer penitência, nem era possível haver pecado, executou o mais cruento e o mais rigoroso castigo contra seu próprio corpo. Agora vejo que me perguntam que castigou Xavier, se aqui não havia pecado, nem ofensa, nem injúria de Deus? Não havia ofensa nem injúria de Deus, mas havia ofensa e injúria sua, e essa castigou Xavier. Os homens de bem hão de regular suas ações por duas leis: pela lei de Deus, e pela lei de quem são. Onde há ofensa de Deus, hão de temer ofender a Deus; e onde não há ofensa de Deus, hão de temer ofender-se a si. Isto é o que altamente chamou Sêneca[12] reverência de si mesmo: "Quando já tiveres adiantado muito, de modo que a reverência de si mesmo seja também para ti". — Mas, se em si mesmo tudo o que aqui houve — como acabamos de dizer — não foi mais que um pensamento tão leve, que é o que vinga, que é o que desafronta, que é o que castiga Xavier? Até a soberba humana, em que a honra e a vingança têm tantos pontos, e esta tanto em seu ponto, não vinga imaginações nem castiga pensamentos. Castigar pensamentos é regalia tão própria e tão unicamente singular da divindade, que nem à sua mesma Esposa a comunica Deus, segundo aquele Cânon: "A Igreja não julga do interior". — Que diremos logo desta ação de Xavier? Diremos que a pureza de seu corpo e alma, das suas portas a dentro se trata com pundonores de divina, dos quais resultam fora estes extremos? Eu não sei que coisa semelhante repreendeu Deus em Jó, quando lhe disse: "Se tu tens braço como Deus, e trovejas com voz semelhante" (Jó 40,4). — Contudo, nem por isso me retrato do que inferia dos pundonores de Xavier, como divinos, antes afirmo que quem assim o disser não dirá mais do que é, senão menos. Para Deus se dar por ofendido e castigar pensamentos, não basta que nos viesse à imaginação um pensamento mau, mas é necessário que deliberadamente consintamos nele, porque "não prejudica os sentidos, quando não existe consenso"[13]. — Porém no juízo de Xavier, para ele se ofender e castigar um pensamento, basta que de sua natureza seja mau, ainda que não fosse consentido, como aqui não foi. Donde se segue que em matéria de ofensas de Deus, ou suas, mais estreito é o juízo de Xavier que o de Deus, pois no mesmo caso em que a reverência de Deus se não ofendia, a pureza de Xavier se deu por ofendida. Tão delicados e escrupulosos eram os primores da sua pureza, ainda examinada aos raios da divina!

Chegado aqui, não tem mais para onde subir o nosso discurso. Mas quem descer com a memória pelos quatro degraus dele, em todos achará que este só caso lhe deu muito que deixar impresso na admiração. Primeiro, que sem acordar Xavier, se portasse tão acordado; segundo, que sendo a matéria tão grosseira, obrasse nela tantas finezas; terceiro, que não tendo o inimigo carne nem sangue, a batalha fosse sanguinolenta; quarto, que em tão arriscada e dificultosa empresa se alcançasse a vitória sem as armas nas mãos; e seja o quinto, e último, que não só sem armas nas mãos, mas sem mãos, porque estavam atadas. Viu Nabucodonosor em sonhos aquela estátua misteriosa de metais que tinha a cabeça de ouro, o peito de prata, da cintura aos joelhos de bronze, dos joelhos aos pés de ferro; e viu mais que desceu uma pedra do monte que, tocando-lhe nos pés, que eram de barro, deu com toda aquela máquina em terra. Compara esta pedrada Drogo Hostiense[14] com a que Davi atirou ao gigante, e diz que esta vitória foi maior e mais digna da onipotência divina: "Existiu uma pedra, e atingiu Golias na cabeça, e a estátua nos pés: este foi um lance de teu Senhor". — Pois, se a estátua de Nabucodonosor era uma fábrica morta, ruinosamente fundada em pés de barro, e o gigante de Davi era um colosso vivo, uma pirâmide animada, uma torre coberta de ferro, como foi esta vitória menos admirável que aquela? Dá a razão o mesmo Drogo Hostiense, tirada da Escritura: "Porque esta pedra foi atirada sem mãos" (Dn 2,45). Porque a pedra que derrubou a estátua, como diz o texto, foi atirada sem mãos; a pedra que derrubou o gigante foi meneada pelas mãos de Davi, que volteou a funda, que disparou o tiro; porém, a pedra que derrubou a estátua foi despedida sem impulso e atirada sem mãos: "atirada sem mãos". — E assim, ainda que a estátua era morta, e o gigante vivo, maior vitória foi derrubar a estátua que derrubar o gigante, porque o gigante foi vencido com mãos, e a estátua sem elas. O mesmo passa nesta vitória de S. Francisco Xavier comparada com os outros santos. Já sabeis que enquanto um homem está dormindo tem as mãos do livre alvedrio atadas. É verdade que pode merecer e desmerecer pelos atos ou hábitos antecedentes, mas a vontade e livre alvedrio, que são as mãos com que obra nossa alma, estão atadas nas prisões do sono. Pois, por isso é muito maior a vitória de Xavier que a dos outros santos, porque, ainda que os inimigos fossem igualmente poderosos, eles pelejaram acordados, Xavier pelejou dormindo; eles venceram com as mãos do alvedrio livres, Xavier com as mãos atadas; eles com mãos, Xavier "sem mãos".

Quando os filisteus quiseram matar a Sansão, pediram a Dalila que o atasse primeiro, e lho tivesse seguro. Fê-lo ela assim escolhidamente, não sei por que interesses, e diz o texto que o atou com sete ataduras fortíssimas. Eis aqui, senhores, quem tendes em vossa casa, quem sustentais à vossa custa e com o vosso pão; quem vos ata as mãos e os pés, para que vos não possais defender de vossos inimigos contra todo direito natural. Mas o valente Sansão não se levou desse erro: tanto que viu a ocasião, quebrou as ataduras, saltou do lugar onde dormia, e derrocou-os a todos. Pois, valoroso Sansão, para que vos soltais, por que quebrais os laços, por que vos não deixais estar preso neles? Não fora muito mais gloriosa vitória pelejar assim com vossos inimigos e vencê-los com as mãos atadas? Não há dúvida que muito mais gloriosa vitória fora, mas esses impossíveis só para Xavier estavam guardados. Estava Xavier dormindo como Sansão, atado com sete ataduras: as cinco dos cinco sentidos, as duas do entendimento e vontade, e quando chegou a tentação, quando chegaram os inimigos, não acordou, não se soltou das prisões; deixou-se estar com as mãos do alvedrio atadas, como se dissera a todo o inferno, que o acometia: — Chegai, chegai, covardes, que Xavier para vós não há mister mãos. — Assim vencestes, glorioso soldado da Companhia de Jesus, assim vencestes ao maior inimigo do gênero humano, e assim triunfastes dele. Pintem-vos diversos afetos como quiserem, uns apartando do peito as roupas, pelo incêndio divino, outros com um sol abrasado na mão, porque o fostes do Oriente e do mundo, outros com um ramo de neve em açucenas, que são a palma da virgindade, que eu, se houvesse de reduzir a breve epílogo vossas maravilhas, havia-vos de pintar com as mãos atadas, e com o inferno aos pés.

CONCLUSÃO AOS

Sonhos de Xavier Dormindo

Xavier e a resposta do imperador Timóteo aos que o acusavam de nada fazer pela grandeza do império. Que é, ou que vem a ser Xavier dormindo?

E se dormindo, e com as mãos atadas, alcançou este novo Sansão da Igreja tão prodigiosas vitórias, acordado e vigiando, que vos parece que faria? Vinham novas de grandes vitórias e conquistas ao imperador Timóteo, como refere Plutarco, e como nas cortes sempre há habilidades queixosas e entendimentos descontentes, saiu uma noite este pasquim. Estava o imperador pintado em trajos de pescador, dormindo em uma barquinha sobre ferro, e lançadas ao mar as redes, que cercavam cidades, e as nassas, pelas quais iam entrando outras, que ele depois recolhia. Queriam significar com isto os malévolos que não tinha o imperador que se vangloriar das vitórias que alcançava, porque ele se estava mui descansado no seu palácio, como o pescador dormindo na barquinha, e as cidades que iam entrando em seu império e acrescentando sua grandeza aos capitães que as conquistavam se deviam, e não a ele. Foi levado este pasquim ao Imperador, o qual, como sábio e confiado — que tudo é a mesma coisa — pediu a pena e escreveu por baixo esta regra: "Se eu dormindo venço tantas cidades, que vos parece que farei vigiando?"[1]. O mesmo podia dizer de si Xavier, e o mesmo digo eu dele. Se o Evangelho e o tema pedia que vos dissesse quanto vigiou este grande santo e quão vigilante servo foi de Cristo em sua vida, olhai para ele dormindo e vê-lo-eis. Tomar por assunto a Xavier vigiando e querer reduzir a discurso as maravilhas prodigiosas que este singular herói obrou acordado, é empresa quase impossível; mas das vitórias que alcançou dormindo se pode fazer conceito do que venceria vigiando: "Que vos parece que farei vigiando, se eu dormindo venço tantas cidades?".

Considerai e pesai bem que é, ou que vem a ser Xavier dormindo. Xavier dormindo não é todo Xavier, nem ainda parte de Xavier: é um desmaio de Xavier, é uma sombra, é uma estátua, é um cadáver. Pois, se um cadáver, se uma estátua, se uma sombra, se um desmaio de Xavier assim peleja, assim resiste, assim vence, assim triunfa; se um Xavier sem Xavier, se um Xavier não em si, e desacompanhado de si mesmo, obra tais maravilhas, Xavier acordado, Xavier vivo, Xavier todo, Xavier dentro em si e Xavier consigo, julgai o que seria e o que faria? Aos soldados mais valentes, aos capitães mais experimentados, e aos servos mais fiéis e mais cuidadosos de sua casa, manda-os Cristo vigiar, e busca-os vigiando para os achar; mas a Xavier, como mais soldado, como mais capitão e como mais servo, dormindo o busca, dormindo o tenta, dormindo o acha, dormindo o coroa.

O juízo verdadeiro desta conjectura pertence à segunda parte, no título Xavier acordado. E certamente que os seus desvelos merecem melhor orador que os seus sonhos. Eu já protestei no princípio que também estava sonhando, quando me veio ao pensamento que fora Xavier maior santo dormindo que os outros vigiando. O que prometi foi que diria o que pudesse provar. Mas se provei o que disse, agora confesso que disse muito menos do que devera. Não peço, porém, perdão ao santo, porque ser ele tão grande, assim como é glória sua, não pode ser culpa minha.

XAVIER ACORDADO

Em doze Sermões Panegíricos, Morais e Ascéticos,
os nove da sua Novena, o décimo da sua Canonização,
o undécimo do seu dia, o último do seu Patrocínio.

PREFAÇÃO AOS

Desvelos de Xavier Acordado

Que sucedeu a Xavier na sua conversão.
Como multiplicou Xavier as doze estrelas
que São João descobriu na coroa da Virgem.

Nunca amanheceu a Francisco Xavier no seu oriente a aurora, que o não achasse, não só vigiando, mas desvelado. E qual era a aurora do seu oriente? Não aquela de que nasce o sol que alumia o mundo, senão a de quem nasceu a luz do mundo, o que criou o mundo e pôs nele o sol. Estes eram os seus cuidados de dia e os seus desvelos de noite. E assim como a aurora todos os dias abre as portas ao sol, assim ele vigiava às portas da sua aurora todos os dias: "Que vigia as minhas portas todos os dias" (Pr 8,34). — A Maria Senhora nossa, e Senhora, Mãe e protetora sua, depois de contemplar suas grandezas, cantar seus louvores e implorar suas misericórdias no silêncio da noite, para entrar e sair felizmente dos trabalhos e empresas do dia, se lhe oferecia todo. Os pensamentos a seus gloriosíssimos olhos, com que está vendo a Deus, para que os dirigisse; as palavras a seu ardentíssimo coração, para que as acendesse; as obras a seus poderosíssimos braços, para que as confirmasse. Naquela oficina do Espírito santo se lavravam as virtudes, se fabricavam os milagres, se fundiam e temperavam as armas para as vitórias.

Sendo tão fechados os bosques que se haviam de abrir, e tão fragosas e incultas as terras que se haviam de romper, muitos dias havia — quem tal imaginara! — que a mesma Senhora tinha guardado o metal duro e forte que havia de dar a matéria a tão poderosos instrumentos. Quando Santo Inácio trocou a milícia da terra pela do céu, ao altar famoso de Monserrate dedicou o valente capitão a sua espada, velando aquela noite as armas, como então se costumava em Espanha, e se significava com estes termos. Muito tempo se viu ali pendente aquele nobre despojo da vitória de si mesmo. Mas que se fez da mesma espada? Diz o profeta Isaías, e também Miqueias, que nos tempos do Messias se converteriam as espadas em arados: "Suas espadas se mudarão em arados" (Is 2,4) — e assim o fez a soberana Rainha dos anjos, dispondo daquela oferta como sua e querendo que da espada de Inácio se forjasse a espada de Xavier. Bem mostrou depois a experiência que ambos estes dois instrumentos eram formados do mesmo metal, porque tudo o que Santo Inácio ordenava em Roma, S. Francisco Xavier ditava na Índia, sem se comunicarem.

Mas antes que nos apartemos da forja, não deixarei de contar aqui o que sucedeu também a Xavier na sua conversão. Enquanto Santo Inácio meditava o seu instituto, e na Universidade de Paris ia escolhendo alguns companheiros, o que lhe levava os olhos era Dom Francisco Xavier, o qual, porém, não podia reduzir a que metesse debaixo dos pés o mundo, que o trazia nas palmas, como a fama nas línguas. Tinha, porém, Xavier um colega dos mesmos estudos, chamado Pedro Fabro, que já seguia a Inácio, e ambos finalmente conseguiram o que Inácio só não pudera. Daqui se formou um emblema, que entre os engenhosos e discretos nenhum se inventou mais próprio. Inácio significa fogo, e Fabro ferreiro. Pintaram, pois, uma fornalha ardendo, e o ferreiro batendo o ferro afogueado, com a letra que dizia: "Apenas o fogo não basta"[1]. — A dureza de Xavier em ambos os estados sempre foi de homem de ferro; e para amoldar a dureza do ferro não basta só o fogo, é necessário o fogo e mais o fabro.

Forjado da espada de Inácio o arado de Xavier, então se viu na terra e no céu aquele impossível do poeta: "Que quando o céu se lavrasse com o arado, então a terra produziria estrelas"[2]. — Assim sucedeu. Arava Xavier o mar com as suas navegações, arava a terra com suas peregrinações, arava principalmente o céu com suas orações; e quando as orações do céu se ajuntavam com as pregações da terra, então produzia a terra estrelas, que mandava ao céu.

As que mais estimava Xavier eram as da Via Láctea, que, tiradas dos peitos das mães, iam sem dúvida logo a ver o Pai. Mas em todas as outras idades e estados era com a mesma fertilidade. Os astrólogos com o nome de "grandeza" distinguem nas estrelas primeira, segunda, terceira, até sexta grandeza. E a natureza e a fortuna fazem no mundo a mesma distinção e o mesmo número. A natureza nas idades subindo: infância, puerícia, adolescência, idade de mancebo, de varão, velhice. A fortuna nos estados descendo: reis, príncipes, fidalgos, nobres, plebeus, escravos. E de todas estas idades e estados, pela pregação de Xavier, nasceram em todas as terras do Oriente inumeráveis estrelas.

A Abraão, aparecendo-lhe Deus de noite, disse "que contasse as estrelas, se podia" (Gn 15,5). — E depois de Abraão não poder contar tantas, lhe revelou o Senhor que tão inumerável seria o número da sua descendência: "Assim será a tua descendência" (Ibid.). — E sendo as almas de inocentes que, pelo batismo, e de adultos, que, pela doutrina, ou mandou logo Xavier, ou pôs no caminho do céu, como já dissemos, mais de um milhão e duzentas mil, maravilhosa coisa é que o número das estrelas que desde o princípio do mundo descobriram as observações de todos os matemáticos no céu, fossem só mil e vinte duas; donde se convence que, combinado o número das estrelas do céu com o das estrelas da terra, que são as almas, em dez anos pudesse Xavier dar de vantagem, ou de barato, a todos os astrólogos, por cada uma estrela mil estrelas. Mas a mais interessada no excesso de tão grande número é a mesma Virgem Maria, Mãe, Senhora e Protetora de Xavier. E por quê? Porque quando o seu segundo filho, S. João, lhe não descobriu na coroa mais que doze estrelas: "E uma coroa de doze estrelas sobre a sua cabeça" (Ap 12,1) — Xavier nos seus descobrimentos a coroou com cem mil estrelas por cada estrela. Tantas vêm a ser precisamente no mesmo número um milhão e duzentas mil, isto é, por doze, doze vezes cem mil. Nisto e no demais nenhuma coisa deve a Mãe de Deus a Xavier, senão tudo Xavier desde o princípio até o fim, como ele confessava, à Mãe de Deus e sua. E se a aurora do seu oriente de noite, e dormindo, o assistia com tão excessivo número de estrelas, bem podemos esperar que de dia, e acordado, o assista com todo o sol.

SERMÃO PRIMEIRO

Anjo

"Pôs o pé direito sobre o mar,
e o esquerdo sobre a terra."
(Ap 10,2)

§ I

Já temos a S. Francisco Xavier, não dormindo, senão acordado, não jazendo, senão levantado, não parado, senão andando, e com um pé sobre o mar, outro sobre a terra. São estas palavras do evangelista S. João, mas não como evangelista, senão como profeta. Como evangelista, escreveu só a história da vida de Cristo; como profeta, historiou todos os sucessos futuros da Igreja mais notáveis, e tal é o presente, sobre ser de nossos tempos. Já supus, e depois provarei, a pessoa de que fala, a qual descreve ou pinta enigmaticamente na figura seguinte: "E vi outro anjo que descia do céu, revestido de uma nuvem e com um arco-íris em torno da cabeça. Seu rosto era como o sol, e suas pernas como colunas de fogo. Segurava na mão um pequeno livro aberto; pôs o pé direito sobre o mar e o esquerdo sobre a terra" (Ap 10,1s). Quer dizer que viu descer do céu um anjo, o qual tinha os pés de fogo; que estes pés serviam de bases a duas grandes colunas, sobre que se movia o resto do corpo, coberto ou vestido de uma nuvem; que desta nuvem se levantava ou amanhecia um sol, coroado com a íris ou arco celeste; que pusera o pé direito sobre o mar, e o esquerdo sobre a terra; e finalmente que o que sustentava todo este colosso era alvorado na mão um livrinho aberto.

No princípio desta descrição disse o profeta, "e vi" — porque antes daquela vista ou visão tinha precedido outra, sem a qual se não pode ela entender, e foi desta maneira. — Vi — diz — que caía do céu uma estrela, a qual tinha as chaves do poço dos abismos, que é o inferno, para o poder abrir; que daquele poço aberto saíram grandes nuvens, e fumo espesso e negro, que escureciam o sol e que de entre o mesmo fumo nasciam inumeráveis enxames ou exércitos de gafanhotos, de monstruosas e horríveis figuras. Os corpos eram de cavalos armados para a guerra, os dentes de leões, as caudas de escorpiões, os rostos de homens, os cabelos de mulheres, e sobre as cabeças coroas como de ouro; sobretudo que, sendo gafanhotos, não talavam os campos, nem se sustentavam das ervas e das plantas, mas toda a sua fome e veneno empregavam em atormentar os homens, com tais dores, que eles desejavam a morte, e a morte fugia deles.

Estas são as duas visões, tão horrenda e temerosa uma como admirável e prodigiosa outra. E porque a que referimos em segundo lugar foi a que precedeu à primeira, todos os expositores antigos concordam uniformemente que nela são significadas as heresias. E os mais modernos, ajudados da experiência dos tempos, e da ordem e consequência da mesma história do Apocalipse, reconhecem mais propriamente nas ditas heresias as que começaram no século passado e continuam no presente. A estrela que caiu do céu, dizem, com pouca ou nenhuma diferença, uns que foi Lutero, outros Calvino. Calvino porque, sendo clérigo, caiu do primeiro céu da Igreja Católica, que é o estado eclesiástico; e Lutero, porque, sendo religioso, caiu do segundo e mais alto, que é o da religião. O fumo que saiu das fornalhas e abismos do inferno, que estes heresiarcas abriram, são os erros e dogmas ímpios, sacrílegos e abomináveis que novamente ensinaram, tão contrários ao Evangelho e lei de Cristo, como conformes à largueza da vida, apetite e sensualidade da natureza corrupta. Com eles escureceram o lume da razão e da fé, e cegaram e levaram brutalmente após si tanta parte do mundo setentrional, e nações do norte, uns enfeitiçados do doce veneno da liberdade, sem obediência de mandamentos, sem continência da carne, sem confissão de pecados e sem necessidade de boas obras; outros, sujeitos, por força e violência das armas, seguindo, como manadas de brutos sem razão, a cegueira de príncipes inconstantes, covardes e afeminados, que por isso sobre cabelos de mulheres traziam na cabeça as coroas.

§ II

Mas que coerência ou consequência tem esta visão tão horrenda, tão belicosa e tão inimiga de Cristo e sua Igreja, com a primeira que vimos, e logo se seguiu após ela, tão diferente em tudo? Grande coerência e grande consequência, dizem os melhores intérpretes. Como na visão antecedente tinha caído do céu aquela estrela fatal que abriu o inferno, e dos abismos dele fez sair os monstros e pestes de tão feias e abomináveis heresias, necessária consequência era que do mesmo céu fizesse logo a providência divina descer o socorro verdadeiramente forte, que parasse a fúria, que resistisse a audácia e reprimisse os estragos que os rebeldes e apóstatas da sua Igreja iam fazendo nela, e poderosamente impugnasse, confutasse, confundisse e convertesse seus erros. Assim o fez no mesmo tempo Deus por meio dos doutores fiéis e católicos, armados desde os pés até a cabeça, como ali se descreve, com o zelo, significado no fogo; com a firmeza e constância da fé, significada nas colunas; com a luz e pureza da verdade, significada no sol, com o rego da doutrina descida do céu, significada na nuvem; e finalmente com a coroa e vitória deste dilúvio, em que a arca de Noé, isto é, a Igreja de Cristo, se viu tão combatida; mas, como ele lhe prometeu, sempre segura e salva, significado tudo na íris.

Acrescenta logo o mesmo texto que o anjo do socorro levantou a voz, como bramido de leão, a qual os trovões do céu acompanharam com as suas: "E começou a clamar em voz alta, como um leão que ruge. Quando clamou, os sete Trovões ressoaram" (Ap 10,3). Diz que as vozes destes trovões eram dearticuladas, e que falavam: "ressoaram" — porque tais foram, acompanhadas de relâmpagos e raios, as com que os valentes defensores da fé católica, pregando e escrevendo, começaram logo a ferir nos olhos a cegueira, a confundir nos ouvidos a surdeza e a fulminar nos corações a dureza, e nos entendimentos a obstinação dos hereges: relâmpagos na luz, trovões no espanto e raios sem resistência nos efeitos.

Só poderia parecer menos própria, e menos conforme ao significado, a figura da visão, pois, havendo de ser os fortes defensores da fé muitos, o anjo forte que desceu do céu fosse um só. Mas deste cuidado ou escrúpulo nos livrou a mesma Igreja, declarando que o forte defensor com que o céu a socorreu contra Lutero e os outros hereges dos nossos tempos, foi Santo Inácio, e a sua Companhia. São palavras expressas da Sé Apostólica, nas lições da festa do mesmo santo: "Como fosse o sentido comum de todos, também confirmado pela palavra pontifícia, assim Deus como em outros tempos e outros santos varões, contra Lutero e os hereges de seu tempo levantou Inácio e a Companhia fundada por ele"[1]. — Todas as vezes que na Igreja se levanta nova heresia, logo a providência divina levanta contra ela algum novo capitão, que a impugne, e defenda a verdade da fé católica. Tais foram contra Ário Santo Atanásio, contra Pelágio Santo Agostinho, contra Eutiques S. Gregório, contra Nestório S. Cirilo, e contra os hereges albigenses[2] os dois grandes patriarcas S. Domingos e S. Francisco, com os luzidíssimos terços ou exércitos das suas sagradas religiões. E da mesma maneira contra Lutero e Calvino, e os outros hereges dos nossos tempos, sendo as heresias as mais perniciosas de todas — porque as antigas eram de entendimento, e as modernas todas são fundadas na carne — contra elas afirma a mesma Igreja, e manda ler em todos os coros, que o capitão que Deus levantou foi "Santo Inácio, e a sua Companhia"[3].

E aqui se deve notar uma especialidade ou elegância particular da providência e sabedoria divina, a qual, quando quer obrar por modo superior e mais admirável, não só cura contrários com contrários, como a medicina, mas com tal contrariedade aos mesmos remédios que, se na oposição são contrários, na paridade sejam semelhantes; assim contra o pecado da árvore, vedada levantou Deus a árvore da cruz, e contra o veneno das serpentes do deserto a serpente de Moisés. E como então, vencida uma árvore com outra árvore, e umas serpentes com outra serpente, nesta mesma correspondência foi mais admirável e gloriosa a vitória, assim depois, com igual propriedade e energia, sendo um heresiarca clérigo, como Calvino, e outro heresiarca religioso, como Lutero, levantou Deus um patriarca e uma companhia que fosse de clérigos e religiosos juntamente, não só para desafrontar com eles o estado clerical e religioso, mas para que de um e outro estado unidos formasse à Igreja militante um novo subsídio fiel e forte, com que fortificada, os resistisse, e mais gloriosa os debelasse. São outra vez palavras da mesma Igreja, falando com Deus: "Ó Deus, que para propagar a maior glória de teu nome, por intermédio do bem-aventurado Inácio deste nova força à Igreja Militante".

§ III

Neste ponto, pois, está definido pela suprema autoridade, nem eu tenho mais que dizer, nem outrem terá que impugnar. Digo, porém, que naquela mesma visão e figura do Apocalipse, não só se representou o pai, senão também o filho; não só Santo Inácio, senão juntamente S. Francisco Xavier. Falando de si e de seu Eterno Padre, Cristo, Senhor nosso, dizia: "Eu estou em meu Pai, e meu Pai está em mim" (Jo 14,10). — E noutro lugar: "Quem me vê a mim, vê a meu Pai" (Ibid. 9). — E isto mesmo — quanto o humano se pode comparar com o divino — podia dizer S. Francisco Xavier falando de si e de seu padre, Santo Inácio. Nem deve alguém estranhar a comparação por demasiadamente alta, pois, como diz S. Paulo, não havendo no céu outro Pai senão Deus — porque nos anjos não há pai nem filho — da paternidade do mesmo Deus no céu se deriva o nome e a semelhança que têm os pais na terra com seus filhos: "Do qual toda a paternidade toma o nome nos céus e na terra" (Ef 3,15). — E pode esta semelhança nos homens subir a ponto de perfeição tão alto que, assim como entre o Eterno Padre e o seu unigênito Filho, exceta somente a distinção real das pessoas, no entender e querer, e em tudo o mais, há uma perfeitíssima e simplicíssima unidade, ao mesmo modo em dois sujeitos humanos, pai e filho, haja tal união e conformidade do entendimento e vontade de ambos que, sendo diferentes as pessoas, e estando em diferentes lugares, em tudo o mais não sejam dois espíritos, senão um só, e esse não dividido, senão multiplicado. Tal foi o de Elias e Eliseu: "Peço que seja dobrado em mim o teu espírito" (4Rs 2,9) — e tal o de Inácio e Xavier. Este é um dos mais prodigiosos milagres destes dois santos. Enquanto S. Francisco Xavier viveu, não estava ainda promulgado no oriente o instituto da Companhia. E sendo as suas regras tão diferentes das outras religiões, assim no fim como nos meios de o conseguir, governando Santo Inácio em Roma, e S. Francisco Xavier na Índia, eram tão uniformes os seus ditames e tão identicamente os mesmos, que as instruções de Xavier pareciam tresladadas pelas constituições de Santo Inácio, e as constituições de Santo Inácio pelas instruções de Xavier, e não por comunicação alguma que houvesse nesta matéria, em distância de tantas mil léguas, senão pela união ou unidade do espírito, que vivia ou ardia em um e outro, como se fossem ambos uma só alma em dois corpos, um só entendimento em duas almas e uma só vontade em dois entendimentos. Não é logo nova maravilha que pudesse dizer Xavier: "Eu estou em meu Pai, e meu Pai está em mim", que ele estava em seu padre, e seu padre nele — e que na mesma figura do Apocalipse, como em um espelho recíproco, se vissem ambos: "Quem me vê a mim, vê a meu Pai".

Mas, se Santo Inácio, como vimos, foi eleito contra o Setentrião, e S. Francisco Xavier para o oriente, Santo Inácio contra os hereges, e S. Francisco Xavier para os gentios, como se podiam ajuntar na mesma figura duas missões tão distantes e tão diversas? Respondo que com admirável propriedade, e por isso mesmo. Para inteligência destes dois misteriosos concursos havemos de supor uma notável razão de estado da providência divina, e é esta. Nas rebeliões das heresias, em que os súditos da Igreja se levantam contra ela, não só padece a mesma Igreja a guerra, senão também a ruína. A guerra pela oposição e rebeldia das armas contrárias, e a ruína pela perda dos mesmos súditos rebelados, que eram membros seus, e partes da sua mesma grandeza, da qual fica privada e diminuída. E para acudir a um e outro dano, que há mister a Igreja? Quanto ao da guerra, há mister quem a defenda; e quanto ao da ruína, quem lhe restaure e acrescente em uma parte o que lhe faltou e se lhe diminuiu na outra. Para isso, pois, foi necessário, no nosso caso, que Deus levantasse, não só um, senão dois famosos capitães, quais foram Inácio e Xavier, um com nome e obrigação de defensor, outro com nome e obrigação de restaurador: Inácio, para defender a Igreja na guerra contra os hereges do Setentrião, e Xavier, para lhe restaurar as ruínas nas gentilidades do oriente. Vamos às Escrituras.

Quando os anjos apóstatas se rebelaram contra Deus no céu, que sucedeu à Igreja triunfante? O mesmo que à militante: guerra e ruína. A guerra, pela que lhe fez Lúcifer com os seus sequazes; a ruína, pela das três hierarquias que ficaram vagas. E como acudiu a providência divina ao reparo de um e outro dano? Pelo mesmo modo que dissemos. Para a resistência da guerra elegeu um defensor, que foi o arcanjo S. Miguel, capitão general dos seus exércitos: "Miguel e os seus anjos pelejavam contra o dragão" (Ap 12,7). — E para a ruína das cadeiras elegeu por restaurador a seu próprio Filho, que só quem fosse Deus e homem podia fazer homens dignos de se assentarem nas cadeiras dos anjos. Assim o cantou Davi: "Jogará entre as nações, enchê-las-á de ruínas" (Sl 109,6). "Escolhendo delas os bons, e deles encherá e restaurará as ruínas dos anjos" — diz Hugo Cardeal[4].

Desçamos agora do céu à terra, e da Igreja triunfante à militante, e vejamos quão fortemente se defende na guerra e quão gloriosamente se restaura nas ruínas. Uma e outra coisa descreveu admiravelmente Salomão, quando chamou à mesma Igreja "Formosa como a lua, escolhida como o sol, terrível como um exército bem ordenado posto em campo" (Ct 6,9). — É a Igreja Católica escolhida como o sol, fonte da luz, pura e sem mancha: "escolhida como o sol" — mas nem por isso isenta da oposição e da guerra que lhe fazem os eclipses, e das ruínas da mesma luz, que nos eclipses padece. Está, porém, sempre armada por um lado com o exército terrível que a defende na guerra: "Terrível como um exército bem ordenado" — e pelo outro com o reparo natural da formosura da lua, para restauração das ruínas: "Formosa como a lua". — Já dissemos, ou nos disse a mesma Igreja, que o seu capitão defensor contra a guerra das heresias era Santo Inácio. E o seu exército, debaixo da bandeira de Jesus, posto que com nome de companhia somente, é tão terrível e formidável aos mesmos hereges, que todos os livros que eles escrevem, como se não tiveram outros inimigos, são contra os jesuítas.

Um grande capitão dos mesmos hereges, que morreu pelejando contra os católicos da Irlanda, vendo em Évora uns padres da Companhia, disse — e pode ser que esteja neste auditório quem lho ouviu: — Se não foram estes, já todos havíamos de ser uns. — Isto quanto ao defensor da guerra.

E quanto ao restaurador das ruínas, Xavier, é admirável a comparação e semelhança da lua: "Formosa como a lua". — Entre todos os planetas, só a lua tem crescentes e minguantes, mas com tal propriedade que, quanto perde de luz por uma parte, tanto adquire no mesmo tempo pela outra. De sorte que, quando se mostra diminuída ao perto, da parte que a vemos, tanto está crescida e restaurada da mesma luz pela parte oculta e oposta, em que a não vemos, e tudo dentro no seu mesmo globo. O globo da Igreja é o do mundo; e se na parte ou partes do norte a vemos diminuída pelas ruínas, que mais em si mesmos que nela lhe causaram os hereges, nas partes remotas dos nossos olhos, quais são as do oriente, por meio do seu grande restaurador Xavier, tanto que ele lá pôs os pés ao primeiro som das trombetas do Evangelho, não só ficou igualmente crescida na fé da gentilidade, mas com excessivas vantagens.

Divinamente Isaías. Fala com a Igreja e diz: "Os vossos filhos virão de longe, e as vossas filhas se levantarão do vosso lado" (Is 60,4). — E que filhas são estas que se levantarão do lado da Igreja, e que filhos os que lhe viriam de longe? Só o pudera dizer com tanta propriedade e clareza quem no seu tempo estava vendo o que sucedeu nos nossos. As filhas que se levantaram do lado da Igreja são Inglaterra, Escócia, Holanda, Dinamarca, Suécia, e as outras, que se não em todo, em parte, estando na Europa ao lado da Igreja romana, e sendo fiéis e católicas, e enobrecidas com muitos santos, seguindo a Lutero e Calvino, e negando a obediência à Sé Apostólica, se rebelaram contra ela, e, apostatando da única e verdadeira fé, se fizeram heréticas. E os filhos que lhe vieram de longe são os canaris, os decanis, os malabares, os chingalás, os bengalas, os pegus, os malaios, os jaos, os abexins, os siames, os malucos, os mindanaus, os japões, os chinas e cochinchinas, e tantos outros gentios orientais, nascidos e criados nas trevas da idolatria, que, alumiados pela pregação e milagres de S. Francisco Xavier, de tão longe vieram buscar a Igreja, e se fizeram seus filhos, como ela mesma diz, orando: "Deus, que pela pregação e milagres do bem-aventurado Francisco quisestes trazer para a tua Igreja os povos da Índia". — E, se compararmos a ruína das filhas que ao lado se levantaram com o número sem-número dos filhos que de tão longe vieram, bem se vê com quão imensas vantagens o famoso restaurador da Igreja lhe recuperou o perdido. Tomás Bosco, tão diligente examinador dos anais eclesiásticos e cômputo dos tempos, não duvidou afirmar que todos os heresiarcas em mil e quinhentos anos não roubaram tantas almas fiéis à Igreja quantas Xavier em dez anos lhe adquiriu de gentios.

E para que não pareça equivocação o sentido que demos à palavra "se levantarão", ouçamos a mesma palavra da boca da mesma Igreja, no mesmo caso e no mesmo sentido. E juntamente veremos quão grande é a estimação que ela faz dos gentios, que a fé e pregação de Xavier lhe agregou na Índia, em comparação dos maus cristãos que a perfídia dos heresiarcas lhe tirou no norte: "Levanta-te, tu, ó norte, e vai-te embora do meu jardim" — diz a Igreja — "e venha em teu lugar o austro, e vente e assopre nele, para que se exalem e corram os seus aromas" (Ct 4,16). Neste sentido entendem o "Levanta-te" S. Gregório Papa, S. Gregório Niceno, Santo Ambrósio, Santo Agostinho, Santo Anselmo, Filo Carpácio, Ruperto, Teodoreto e Pselo. De sorte que a Igreja lança fora do seu jardim o norte, e chama para ele o austro, "porque os ventos também pertencem à cultura das flores"[5], como Claudiano disse elegantemente. "O vento austral favorece o agricultor" — As flores do jardim da Igreja são primeiramente a fé e, sobre ela, todas as virtudes cristãs; e a qualidade do norte é tal que as murcha, seca e queima, e, pelo contrário, o austro as alenta e fomenta, e lhes faz crescer a formosura e a fragrância. E como este natural dos ventos se comunica e influi nas terras e gentes a eles sujeitas — donde veio a dizer Santo Agostinho que o norte é a pátria do demônio e das heresias — por isso a providência divina, quando o norte se rebelou contra a Igreja, fez logo navegar a Xavier com a proa no polo austral, para que a luz que a Igreja, como lua, perdia no norte, se lhe restaurasse, como restaurou, no austro, e com tanta vantagem, que assim como Plínio disse da lua: "Ora elevada ao Aquilão, ora precipitada no austro"[6] — nós possamos dizer hoje com os termos trocados: "Ora precipitada no Aquilão, ora elevada no austro".

§ IV

Temos visto e confirmado, com autoridade da mesma Igreja, como Santo Inácio foi eleito por seu defensor contra a perfídia dos hereges, e S. Francisco Xavier por seu restaurador na nova fé dos gentios. E não para diminuição da glória do Pai, senão para maior glória sua, vejamos agora, na consideração da mesma figura do Apocalipse, quão diferentes foram os meios e modos com que o Filho a restaurou, daqueles com que o Pai a defendeu. A coisa mais admirável que se via naquela figura é que, sendo um gigante, ou colosso tão grande, "o que levava na mão fosse um livrinho aberto" (Ap 10,2). Que livrinho fosse este, e quão livrinho, depois o veremos; agora só noto a diferença.

As armas dos capitães de Santo Inácio contra os hereges também são livros, porque as da língua não as permitem eles, e para as penas não valem muros nem portas fechadas. Estes capitães, não digo que foram, porque sempre se vão sucedendo uns aos outros, e porque pelejaram com armas imortais, digo que são os Laines, os Salmeirões, os Canísios, os Belarminos, os Vasques, os Soares, os Valenças, os Henriques, os Turrianos, os Ribeiras, os Maldonados, os Serários, os Salianos, os Petávios, os Teófilos, os Granetos, os Campianos, os Beranos, os Cornélios, os Tirinos, os Falônios, os Tirsos[7], e os mais, que fora infinito e é supérfluo nomear. Baste dizer que só dos nomes nos catálogos se têm estampado volumes inteiros. E quantos escreveu cada um deles? Alguns houve que passaram de vinte e trinta grandes tomos, que mais parece escreveram livrarias que livros. E porque eu não meço a grandeza dos livros pelas folhas, o que mais me admira é que, sendo tantos e tão grandes, segundo a necessidade das matérias, nem podiam ser menos nem menores. Mas que, fulminando-se todas estas balas de papel em defensa da Igreja contra os hereges do norte, o restaurador da mesma Igreja no oriente apareça com um livrinho na mão: "O que levava na mão fosse um livrinho aberto"?

Descendo da mão aos pés, diz o texto, e mostra a pintura, que tinha um posto sobre o mar, outro sobre a terra. Segunda e manifesta diferença. Santo Inácio, depois de fundar a sua milícia, nunca navegou, sempre residiu em Roma assistindo junto à cabeça da Igreja, contra a qual, como contra Saul, dos ombros para cima mais alto que todos, assestam as portas do inferno todo o peso dos seus tiros, tão hereges em cuidar que podem prevalecer contra ela como em lhe querer tirar das mãos a sucessão e as chaves que Cristo deu a S. Pedro. Os capitães e soldados da milícia, que sobretudo se empregam na defensa desta verdade, também o fazem e fizeram sem sair da terra. Eram espanhóis, e escreviam em Espanha; eram franceses, e escreviam em França; eram italianos, e escreviam em Itália; eram alemães, e escreviam na alta e baixa Germânia, não porque seja mais fácil tingir a pena no Mar Negro que molhar os pés no Oceano, ou porque eles o temessem, como se diz das estrelas do mesmo norte: "As Ursas do Norte temiam ser atingidas pela água do Oceano"[8] — mas porque o não pedia a necessidade ou conveniência da guerra. Contudo, não se pode negar ser a guerra de Xavier tanto mais heroica quanto mais perigosa, pois na terra se combate com homens, e no mar com todos os elementos.

Mas, por que razão tinha Xavier "o pé direito sobre o mar, e o esquerdo sobre a terra" (Ap 10,2)? — A questão é curiosa, e as respostas também. Entre os intérpretes antigos André Cesariense, e entre os modernos Menóquio, seguindo ao grande Ribera[9], dizem que este anjo forte tinha o pé esquerdo sobre a terra porque a havia de alimpar e sepultar nela os ladrões; e o direito sobre o mar, porque o havia de alimpar também e afogar nele os piratas. Mas este milagre ainda o não fez S. Francisco Xavier e, se o fizer, será maior que ressuscitar tantos mortos. Neste sentido, porém, eu trocara os pés, e pusera o direito sobre a terra, porque muito maiores são os latrocínios e mais poderosos os ladrões da terra que os piratas do mar. Estes se furtam sem carta de marca, enforcam-nos, e aqueles, com as suas patentes e provisões, têm licença para furtar, e o castigo que lhes dão, pelo que furtaram, são novos e maiores poderes para furtarem mais. Santo Anselmo diz que a terra, como sólida e firme, significa os cristãos mais bem fundados na fé e mais constantes na virtude, aos quais por isso basta a assistência do pé esquerdo, como menos forte; e que o mar significa os cristãos menos firmes na mesma fé, e que não têm constância nem perseverança na observância dos preceitos divinos nem na emenda da vida, e por isso necessitam de mais forte assistência, força e coação, qual é a do pé direito, que os obrigue, refreie e violente a viver como devem. Mas, como vemos que são tão pouco zelosos e tão moles, que não fazem isto os que têm ofícios de pé direito, uns e outros se acharão depois à mão esquerda. Os políticos que, não contentes com interpretar a sua Bíblia, que é o Tácito, se metem também a comentar a nossa, dizem que o anjo forte tinha o pé esquerdo sobre a terra e o direito sobre o mar para ensinar aos príncipes — principalmente os que têm domínios ultramarinos —, que devem pôr o pé direito, isto é, o seu maior poder, no mar, se querem conservar a terra. E quantas temos nós perdido, porque o não fizemos assim?

Mas como todos estes autores não conheceram nem supunham que o anjo do Apocalipse representava a S. Francisco Xavier, por isso não acertaram com a verdadeira razão de ter o pé esquerdo sobre a terra e o direito sobre o mar, a qual darei agora. Pergunto: S. Francisco Xavier, enquanto núncio missionário e apostólico do oriente, donde saiu e até onde chegou? Saiu de Lisboa e chegou até o Japão. Tomai agora um mapa, ou uma carta de marear, ponde-a diante dos olhos, e vereis que em toda esta navegação e caminho de mais de quatro mil léguas, levando Xavier um pé por terra, outro por mar, sempre o pé da terra foi o esquerdo e o do mar o direito. A primeira terra que deixou saindo de Lisboa e navegando ao sul foi a costa de Berbéria até Guiné, toda à mão esquerda, e à direita o Mar Atlântico. Dali até o Cabo de Boa Esperança e, voltando o mesmo cabo, até o estreito de Meca, por uma e outra parte a terra era a África, sempre à mão esquerda, e à direita o Mar Etiópico. Daquele estreito até o Seio Pérsico e foz do Eufrates, à mão esquerda a Arábia Feliz, e à direita o Mar Arábico. Da garganta do mesmo seio até a primeira foz do Indo, a Carmênia, parte da Pérsia à mão esquerda, e à direita o Mar Pérsico, por nome mais geral Eritreu. Do Indo, começa a terra a que ele dá o nome, chamada Índia, e se estende até o Cabo de Comorim, à mão esquerda toda e à direita o Mar Índico. Do Cabo de Comorim dá volta, e corre a contracosta do reino de Narsinga, ou Bisnagá, até a foz do Ganges, ao mesmo modo à mão esquerda, e à direita o mar ou Golfo de Bengala. Seguindo o grande arco que faz aquele golfo pelas costas da mesma Bengala, Pegu e Sião, até o estreito de Singapura, o mais austral de todo o oriente, todas aquelas terras ficam à mão esquerda, e o mar por onde se navegam, que é o mesmo golfo, à direita. Finalmente, continuando depois de Malaca os reinos de Camboja, Champá e Cochinchina, e o vastíssimo Império da China, todo este grande trato de terras demoram à mão esquerda, e o mar ou mares do oceano chinense, até o Japão, à direita. E como naquela universal e total derrota que Xavier fez, desde os últimos fins de Europa até os fins também últimos da Ásia, as terras estavam e estão lançadas a tão diferentes rumos, já de norte a Sul, ou do Sul ao norte, já de Poente a Levante ou de Levante, a Poente, já de todos os outros ventos e suas partidas, demorando sempre todas à parte esquerda, como os mesmos mares à direita, por isso esta é a razão natural e demonstração geográfica, e este o sentido literal, necessário e forçoso, sem nenhum outro mistério ou interpretação por que o anjo que representava a Xavier apareceu, "não mudando ou trocando os pés, senão firme e constantemente com o esquerdo sempre sobre a terra e o direito sempre sobre o mar".

§ V

Estas palavras são as que propus ao princípio, para cujo entendimento, sem nenhuma supérflua, foi necessário um tão largo discurso. E estas mesmas serão o tema do presente sermão, e de todos os oito que se continuam nesta novena. Em todos seguirei o mesmo assunto, ou seguirei as mesmas pisadas dos pés de S. Francisco Xavier, dando dois passos somente em cada dia, um por terra, outro por mar: por terra, dizendo o que Xavier obrou em terra; por mar, o que obrou no mar, em um e outro elemento sempre maravilhoso e semelhante a si mesmo. E posto que digo que os passos serão só dois, não quero dizer com esta limitação que os exemplos não serão algumas vezes muito mais, conforme a matéria, porque o meu intento é dar bem a conhecer este santo, posto que já tão conhecido e venerado. O uso comum nestas novenas era contar um só milagre ou um só exemplo mui brevemente, supondo nos ouvintes o fastio, com pouco crédito de sua devoção e não menor ignorância das excelências do mesmo santo, de que são devotos. Eu, ainda que não hei de ser tão breve, também espero que não hei de enfastiar, não só pela grande variedade das matérias, dentro do mesmo assunto, senão e principalmente, porque não hei de pregar para que o pregador seja ouvido, senão para que o santo seja visto. São alguns pregadores como os sacristães da aldeia, que no dia do orago cobrem o altar e o retábulo de tantos ramalhetes que não se vê o santo. Eu, em quem as flores com a idade não só estão já murchas, mas secas, de tal maneira hei de pôr o santo diante dos olhos que ele visto seja o pregador, e as suas ações e maravilhas a pregação. Altamente disse Santo Ambrósio[10]: "Aqueles louvores são mais copiosamente amplificados, os quais, sem se buscar, se acham". Nos louvores que se buscam, há coisas algumas vezes muito bem achadas; mas essas mais louvam a indústria ou ventura de quem as achou. O panegírico de Trajano não louva tanto a Trajano quanto a Plínio. Tudo o que eu disser de Xavier, não é porque eu o buscasse, mas porque ele já o tinha de si: "Os quais, sem se buscar, se acham". — E assim tudo será seu próprio, e nada alheio, e por isso mais digno de ser ouvido.

Isto posto, para não faltar hoje, quanto permite a brevidade do tempo, ao assunto, começaremos por onde S. Francisco Xavier começou. A primeira ação sua foi a doutrina cristã aos meninos e gente rude. Com o pé na terra, veremos a doutrina que fazia nas praças e ruas das cidades; com o pé no mar, veremos a mesma doutrina a bordo e nos conveses dos navios. Os que vistes as maiores cortes da Europa, veríeis a autoridade com que saem em público os núncios apostólicos, e o aparato de liteira, carroças, capelães, gentis-homens, estafeiros, librés, e as outras representações de embaixadores que são do supremo Monarca da Igreja, com delegação do seu poder. Mas agora vereis o que nunca lá se viu nem imaginou. Xavier também era núncio apostólico — o que não calou a figura que o representava, porque "Anjo" quer dizer "mensageiro" — e com toda esta dignidade saía o Núncio do oriente pelas ruas e praças da Índia vestido de uma roupeta preta, pobre e grosseira — aonde as lãs de que usa o vulgo são sedas — só, a pé, e muitas vezes descalço, tangendo por sua própria mão uma campainha e parando nos lugares mais públicos, dizia em voz alta — Fiéis cristãos, amigos de Jesus Cristo, mandai vossos filhos e filhas, escravos e escravas à santa doutrina por amor de Deus. — A este pregão do céu acudia toda a terra, e grandes e pequenos ouviam as lições daquele livrinho, que agora direi, como prometi, quão livrinho e quão pequenino era.

O Apocalipse de S. João foi escrito originalmente na língua grega, na qual esta palavra livro tem três diminutivos, que na nossa se não podem traduzir, e na latina se imitam, não sem alguma violência. O primeiro diminutivo é "livrinho"; o segundo, e menor, *libellulus*; o terceiro, e mínimo, *libelluncu-lus*, e este é o que responde ao nosso texto, em que se diz que o anjo "tinha levantado na mão um livrinho aberto". — Este livrinho, pois, não só pequeno, mas menor ainda que pequenino, é a cartilha da doutrina cristã, que S. Francisco Xavier compôs e por onde a ensinava na Índia. O Evangelho, a que Isaías chama Verbo abreviado, é o primeiro diminutivo, e o abreviado da Escritura: "livrinho"; o catecismo comum é o segundo diminutivo, e o abreviado do Evangelho: *libellulus*; a cartilha de Xavier é o terceiro diminutivo e o abreviado do catecismo comum: *libellunculus* — porque o mediu o santo com a capacidade daqueles a quem ensinava. Nem passarei em silêncio uma circunstância digna de se saber, e de não pequena glória da mesma cartilha, por seu autor, e é ser ela o original da que hoje se pratica em todo Portugal, aonde veio da Índia, sendo, entre os diamantes, pérolas e rubis, a mais preciosa das suas drogas. Chama-se "livrinho aberto", por duas razões, ambas maiores que o mesmo livro: livrinho pela brevidade, aberto pela clareza. E assim como a ciência e onipotência divina resplandece mais na criação das coisas pequenas que nas grandes, assim a ciência, o espírito e o engenho de Xavier venceu aqui a contrariedade daqueles dois extremos: "Procuro ser breve, mas torno-me obscuro"[11]. — O livro do Apocalipse estava fechado com sete selos por escuro, e o livrinho de Xavier, não fechado, senão aberto por claro. Os selos do Apocalipse iam-se abrindo um por um, e a cada abertura tocava um anjo uma trombeta: por isso os selos eram sete, os anjos sete, e as trombetas sete. Porém, o nosso anjo, sendo os mistérios do seu livrinho maiores que os do Apocalipse, porque são todos os da nossa fé, tocando ele com dois dedos a sua capinha, todas as suas folhas se abriam tão claramente que não havia menino tão menino, nem escravo tão boçal que as não entendesse.

§ VI

A razão de todos as entenderem é porque falava a todos na língua de todos. S. Paulo dizia que se fazia judeu com os judeus e gentio com os gentios, para ganhar os gentios e os judeus. E Xavier nas suas doutrinas fazia-se português com os portugueses, para lhes ganhar os filhos, e índio ou etíope com os etíopes, para lhes ganhar os escravos. Pintava-se ou trajava-se o apóstolo do oriente de branco e preto, para como branco ganhar os brancos, e como preto os pretos. Viu-o Davi, posto que o não entenderam os seus intérpretes: "O dia" — diz — "fala e ensina ao dia, e a noite fala e ensina à noite" (Sl 18,3). Se os dias e as noites não falaram, não disseram os meninos da fornalha de Babilônia: "Noites e dias, bendizei o Senhor" (Dn 3,71). — Por isso acrescentou logo o mesmo profeta Davi que as palavras com que o dia ensina ao dia, e a noite à noite, são palavras que se ouvem e se entendem: "Não há linguagem nem fala por quem não sejam entendidas as suas vozes" (Sl 18,4). — Mas parece que o dia havia de falar à noite, e não ao dia, porque a noite está mais perto do dia; e do mesmo modo a noite havia de falar ao dia, e não à noite, porque o dia está mais perto da noite. Pois, por que não fala o dia à noite, senão ao dia: "o dia ao dia" — e a noite não ao dia, senão à noite: "a noite à noite"? — Porque "no falar ensinando" — o que ensina e o que aprende hão de ser da mesma cor: o branco ao branco, o preto ao preto, não no rosto, senão na língua. Tal era a língua de Xavier e tais as folhas da sua cartilha: uma página branca, quando ensinava os brancos: "o dia fala e ensina ao dia" — e outra página preta quando voltava a folha, e ensinava aos pretos: "e a noite fala e ensina à noite". — E isto universalmente, e em todas as línguas do Oriente, só se verificou em S. Francisco Xavier, porque, ainda que S. Tomé foi à Índia, só as palavras de Xavier chegaram ao Japão, que é o fim da terra: "E até os limites da terra as palavras deles" (Sl 18,5).

Deus no princípio do mundo dividiu o dia e a noite, e Xavier nas terras e mares da Ásia ajuntou outra vez a noite ao dia, não só falando na língua dos portugueses aos brancos, senão também aos negros, e de todas as outras cores. Todas as nações do Oriente, de qualquer cor que sejam, falam a língua portuguesa, mas cada uma a seu modo, como no Brasil os de Angola e os da terra; e Xavier, que fazia para que eles o entendessem? Arremedava as suas linguagens com os próprios acentos, nunca mais eloquente que quando nos tempos, nos casos, nos gêneros imitava os seus barbarismos. Lá canta Salomão da Igreja, quando dá o primeiro leite de doutrina aos meninos e aos rudes: "O mel e o leite estão debaixo da tua língua" (Ct 4,11). — O mel e o leite é o primeiro comer ou a papa dos meninos: "Ele comerá manteiga e mel" (Is 7,15). — E por que traz a Igreja este mel e este leite, não na língua, senão "Debaixo da tua língua"? — As ações de Xavier são a exposição de muitas Escrituras, que antes delas se não entenderam. A língua portuguesa, nas terras e mares por onde o santo andou, tem avesso e direito: o direito é como nós a falamos, e o avesso como a falam os naturais. E Xavier para ser melhor entendido na doutrina que ensinava, não usava do direito da língua, senão, do avesso. Aos canarins à canarina, aos malaios à malaia, aos japões à japoa. No Japão há uma língua baixa de que só usa a gente vil e de nenhum modo os nobres, e desta maneira ensinava o santo a estes, falando-lhes na língua baixa ou "no baixo da língua".

Mas perguntara eu ao núncio apostólico, ou Padre Mestre Francisco, onde aprendeu ele estas línguas, ou estas meias-línguas? É certo que não em Paris, nem na sua Universidade da Sorbona, nem em Roma, nem em Veneza, nem em Bolonha, nem em Lisboa. Mas também não há dúvida que só as pôde aprender no Cenáculo de Jerusalém, onde o Espírito Santo desceu, não só em línguas de fogo, mas "em línguas partidas" (At 23). — E por que eram, ou foram, ou haviam de ser aquelas línguas partidas? Também aqui é o novo comentador S. Francisco Xavier. Eram línguas partidas, não só porque eram muitas línguas, senão porque eram línguas e meias-línguas: "línguas partidas" — como as que ele arremedava. Meias-línguas, porque eram meio-europeias e meio-indianas; meias-línguas, porque eram meio-políticas e meio-bárbaras: meias-línguas, porque eram meio-portuguesas e meio de todas as outras nações que as pronunciavam ou mastigavam a seu modo.

§ VII

E para que se veja quão largamente repartia Deus suas graças com os meninos que eram doutrinados com estas línguas partidas, referirei brevemente só dois exemplos: um da terra, outro do mar; um de um menino já cristão, outro de um ainda gentio, ou mourinho, que é mais. Estando o santo fazendo doutrina em Manapar, vieram os criados de um homem muito principal pedir lhe que quisesse acudir com toda a pressa a seu senhor, porque o demônio lhe entrara no corpo e lhe dava terríveis tormentos. E que faria Xavier? Bem entendeu que era estratagema do inimigo para o divertir da doutrina, e sem desistir nem parar, tirou uma cruz que trazia sobre o peito, deu-a a um menino da mesma doutrina, dizendo que a desse a beijar ao endemoninhado e rezasse com ele o Credo. Foi, e fê-lo assim o inocente, e o demônio, com assombro dos presentes, saltou logo fora, mais raivoso como soberbo que como inimigo, por se ver desprezado de Xavier, e não vencido por sua própria pessoa, senão por um menino da doutrina que ele pretendia impedir.

Passemos da terra ao mar, e do menino cristão ao que ainda o não era. Havia muitos dias que o santo navegava de Malaca para Sanchão, fazendo sempre, como costumava, em toda a parte as suas doutrinas, e o convés podia competir com a praça de qualquer vila, porque levava a nau quinhentas pessoas, soldados, marinheiros, mercadores, cristãos, gentios, mouros. E, sendo a principal esquadra da bandeira das doutrinas de Xavier os moços de pouca idade, sucedeu que um menino de cinco anos, filho de um mercador mouro, caiu ao mar, sem o santo ter notícia daquela desgraça. Teve-a pelo mesmo pai entre muitas lágrimas, depois de ele ter chorado a morte do filho havia três dias, e então lhe perguntou se receberia a lei de Cristo no caso em que tornasse a ver vivo seu filho naquele navio? Respondeu o mouro que sim, e, ficando este contrato suspenso outros três dias, eis que na manhã do sétimo aparece o menino, rindo e brincando, no mesmo lugar do bordo donde caíra. Perguntado onde estivera, só soube dizer que se lembrava que daquele lugar tinha caído ao mar. E não foi necessário que o santo puxasse pela promessa, por que o pai, a mulher, e toda a família, se lançaram a seus pés, pedindo o batismo. O menino se chamou Francisco, e assim este ressuscitado no mar, como o que confundiu o demônio em terra, podiam cantar alternadamente o hosana no triunfo de Xavier, como os meninos de Jerusalém no de Cristo.

Ora eu, voltando os olhos destes meninos da Ásia para os da nossa América, desejara saber qual será a razão por que se não veem neles semelhantes exemplos? Da parte dos mestres não pode ser, porque a variedade das línguas, e o trabalho dos que as aprendem, para ensinar estes gentios, não é menor, nem menos diligente o cuidado cotidiano com que são doutrinados. Segue-se logo que é por culpa ou desmerecimento dos mesmos discípulos pela natural ingratidão com que desconhecem o benefício da mesma doutrina. E por que se não atribua a diferença à santidade de S. Francisco Xavier, seja a prova, não dos discípulos da sua escola, senão de outros. Um religioso da Ordem Seráfica, com grande zelo e talento, tinha uma escola na Índia, em que ensinava a doutrina cristã aos meninos malabares, e porque os castigava à portuguesa, os pais gentios, que reputam por injúria própria o castigo que se dá aos filhos, arremeteram um dia furiosamente à escola para matar o mestre. E os meninos, que eram os magoados e choravam quando recebiam o castigo, que fizeram? Saltam todos fora dos bancos, cercam o mestre, e foi tal a carga de pedradas que choveram sobre os pais que os fizeram voltar mais depressa do que tinham vindo, ensinando-lhes que deviam mais àquele de quem recebiam a doutrina que aos que lhes deram o ser.

Agora não quero comparar estes meninos malabares com os americanos, senão com os romanos. Era mestre da escola em Roma um cristão chamado Cassiano; condenaram-no à morte pela doutrina e fé de Cristo que ensinava, e que os executores fossem os mesmos discípulos com os ponteiros de que usavam, que eram de ferro. E que fariam os romaninhos? Investem o mestre como enxame de abelhas com os ferrões, e foram tantas as picadas, até que lhe tiraram a vida. Os gregos e os romanos prezavam-se de todas as outras nações serem bárbaras, e ainda hoje conserva Roma o mesmo ditame naquele versinho: "Aos Gregos, Latinos, Bárbaros". — Agora pergunto: E quais são nestes dois casos os bárbaros: os romanos ou os malabares? De homens a homens tão bárbaros e tão tiranos uns como os outros; mas de meninos a meninos, os romanos os bárbaros, os ingratos, os desconhecidos; e os malabares, os urbanos, os agradecidos, os honrados, os generosos e os dignos de ser cantados nas geórgicas virgilianas e nos fastos de Ovídio.

§ VIII

Baste de panegírico aos meninos da doutrina, ou à doutrina dos meninos, e acabo com dois documentos muito necessários à nossa. Que dizia o pregão de Xavier depois de tocar a sua campainha? — Fiéis cristãos, mandai vossos filhos e filhas, e vossos escravos e escravas à santa doutrina por amor de Deus. — Por amor de Deus, dizia, como se pedisse esmola; e eu digo, no Brasil, por amor de nós, sob pena de sermos condenados por faltarmos com a doutrina a quem devemos e como devemos. Começando pelos escravos e escravas, o modo com que S. Francisco Xavier ensinava a doutrina era este. Rezava primeiro o Pai-nosso, a Ave-Maria, o Credo, e as outras orações da cartilha em voz alta, seguindo-o, e respondendo todos com as mesmas vozes. E logo, descendo a cada mistério em particular, declarava-o com tais termos e repetições que até os de menor capacidade fizessem o conceito necessário do que haviam de crer. E no cabo de cada mistério perguntava assim: — Credes que Deus é um só, criador de todas as coisas? — Respondiam todos: — Cremos. — Credes que Deus não é uma só pessoa, senão três, Pai, Filho, Espírito Santo? — Cremos. — Credes que a Pessoa do Filho se fez Homem para remir o gênero humano? — Cremos. — E quando respondiam cremos, repetiam tudo o que dizia a mesma pergunta. Agora pergunto eu: — E é este o modo com que no Brasil ensinam aos escravos os seus senhores, ou os seus feitores, ou os seus capelães, ou os seus filhos? Os menos negligentes fazem, quando muito, que os escravos e escravas boçais saibam as orações na língua portuguesa, não entendendo mais o que dizem que os papagaios pardos de Angola, ou verdes do Brasil. E assim vivem e morrem tão gentios como dantes eram, declarando eles o ser cristãos com dizer que lhes meteram sal na boca e lhes chamaram Pedro ou Francisco. Isto é ser cristão? Isto é saber o gentio o estado que deixa e o que toma e professa de novo? Isto é o que basta para se salvar o escravo e mais o Senhor? O escravo na hora da morte dirá a Deus: — A mim não me ensinaram mais que a cortar a cana e a plantar mandioca. — E o senhor, que dirá? Que dirá, torno a dizer, o senhor, o pároco, e o prelado maior? Ouçam todos a quem há de julgar a todos. Cristo, Senhor nosso, definindo como se haviam de salvar os homens, disse aos ministros da mesma salvação: "Ensinai a todas as gentes, e batizai-os" (Mt 28,19). — Primeiro mandou que fossem ensinados e depois batizados. E esta ordem a que chama "ordem primeira" o maior intérprete dos textos sagrados, S. Jerônimo, declara o mesmo Doutor Máximo por estas palavras: "Primeiro ensinam os gentios, e depois os batizam". — Por quê? Segue-se a razão: "Porque de nenhum modo pode ser que o corpo receba o Sacramento do Batismo, sem que a alma, antes disso, receba a verdade da fé"[12]. E se estas miseráveis almas nunca receberam nem entenderam a verdade da fé, como estes tristes e negros homens são verdadeiramente batizados e como se podem salvar eles, e os que estão obrigados, debaixo de pecado mortal e gravíssimo, de procurar sua salvação?

O segundo ponto, não menos necessário, mas de que menos se cuida, é que S. Francisco Xavier não só dizia aos portugueses: Mandai vossos escravos e escravas à santa doutrina — senão também vossos filhos e filhas. Isto das filhas tem muita necessidade de atenção e reforma em toda a parte, e não só entre a gente vulgar, senão também na que não é vulgo. A doutrina, com que costumam criar as meninas as suas aias, contém duas coisas, ou duas vaidades: a primeira, a grande nobreza da sua geração, e de caminho os defeitos das alheias; a segunda, como se hão de toucar e enfeitar, gastando com o espelho e com a mestra destas cerimônias toda a manhã e fazendo esperar o capelão revestido, quando fora melhor no mesmo tempo aprender os mistérios da Missa. S. Francisco Xavier tinha dedicado na Índia um dia cada semana para a doutrina das mães e das filhas, sem entrar então na Igreja outra pessoa. Mas a isto responderão as nossas portuguesas que aquele cuidado do santo era muito bem empregado e necessário entre gentias, mas não nas que podem ser mestras do que ele ensinava. Assim o creio, porém com sua exceção, porque me consta, sem outrem mo contar, que em alguma família portuguesa muito cristã, e não pouco ilustre, duas filhas, que já não eram meninas, cuidavam que os anjos tinham asas e penas, que o Pai Eterno era um velho com as barbas brancas e o Espírito Santo uma pombinha. As matronas romanas entendem tanto ao contrário esta presunção das nossas, que todos os domingos mandam suas filhas à casa professa da Companhia aprender a doutrina cristã, que lhes faz um padre ancião dos mais graves, na capela de Santo Inácio com uma cortina corrida. E o certo é, falando mais de perto, que na nossa terra fiz eu algumas doutrinas domésticas, em casas de portadas bem altas, e experimentei que tão necessária é a doutrina cristã nos paços como nas praças, e nos estrados como nas estradas.

SERMÃO SEGUNDO

Nada

"Pôs o pé direito sobre o mar,
e o esquerdo sobre a terra."
(Ap 10,2)

§ I

Para dar feliz princípio aos passos, ou apostólicos do nosso anjo, ou angélicos do nosso apóstolo, posto que o Filho de Deus feito homem disse aos seus que os faria pescadores de homens, também lhes tinha profetizado, por Jeremias, que não só haviam de ser pescadores, ofício do mar, senão também caçadores, exercício da terra. S. Jerônimo, Santo Ambrósio e Santo Agostinho dizem que falava o profeta particularmente dos gentios, e as palavras da profecia são estas: "Eis aí mandarei eu muitos pescadores, e eles os pescarão, e depois disto lhes enviarei muitos caçadores, e caçá-los-ão" (Jr 16,16). — A cláusula "depois disto" parece que sinala tempos sucessivos e diferentes a estas duas missões, mas ambas elas no mesmo tempo e nos mesmos lugares se ajuntaram e viram unidas no nosso grande apóstolo S. Francisco Xavier. E se na prodigiosa década da sua vida e peregrinações do Oriente lhe computarmos os dias de pescador no mar com os de caçador na terra, acharemos que se igualaram os da pesca aos da caça e montaria. Notáveis são as artes, invenções e indústrias com que os pescadores, caçadores e monteiros armam aos peixes, às aves e às feras. E porque nas sagradas letras os homens mais bárbaros e carniceiros se comparam às feras, os mais políticos e de melhor entendimento às aves, e os mais brutos e indisciplinados aos peixes, matéria seria, não só acomodada, própria e útil, mas curiosa e aprazível, se eu hoje fizesse aqui uma prévia e formosa representação das admiráveis traças, novas e propriamente suas, com que Xavier, como pescador no mar e como caçador na terra, trouxe à obediência de Cristo, e agregou à Igreja, como ela mesma diz, tanta diversidade de gentios e almas sem número. Mas porque os discursos seguintes nos irão mostrando por partes estas celestiais e engenhosas indústrias, o que hoje ponderarei somente, com bem importante doutrina, é a energia daquele repetido "sobre": "sobre o mar, sobre a terra".

§ II

Isto que abaixo do céu chamamos mundo não é outra coisa que uma máquina natural, maravilhosamente composta de mar e terra, abraçados e unidos entre si. Donde se segue que quem debaixo de um pé tiver a terra e debaixo do outro o mar terá sujeito o mundo todo e será senhor dele. Tal é a dobrada superioridade que significa aquele dobrado "sobre" do nosso tema: "O direito sobre o mar, e o esquerdo sobre a terra". — E houve jamais no mesmo mundo quem fosse senhor de todo ele? Muitos o presumiram, como Nabucodonosor e Assuero; muitos o desejaram, como Alexandre Magno e Júlio César; algum houve que o pôs em praxe, como Tibério: "Para que fosse alistado todo o mundo" (Lc 2,1) — e um só que realmente tivesse esta grande fortuna, que foi o mesmo que a perdeu: Adão.

Descrevendo Davi, não a grandeza da perda, senão a do senhorio, disse: que "constituíra Deus a Adão sobre todas as obras de suas mãos" (Sl 8,7) — isto é, sobre tudo o que tinha criado neste mundo inferior, sendo o mesmo Adão a maior e última obra sua. E bastando, como nota Santo Agostinho, estas palavras para declaração do domínio universal do primeiro homem, acrescenta o mesmo profeta: que "todas as mesmas criaturas lhe tinha Deus posto debaixo dos pés" (Ibid. 8) — com expressão de umas serem as da terra, outras as do mar, como se falara no nosso caso: as da terra: "As ovelhas e as vacas, e, além destes, os outros animais do campo" (Sl 8,8) — as do mar: "As aves do céu e os peixes do mar, que discorrem pelas veredas do mar" (Ibid. 9) — entrando neste segundo coro as aves, como criadas também com os peixes no elemento da água.

De sorte que este senhorio do mundo em Adão se declarou por dois termos: um de superioridade nele, como cabeça, pelo advérbio "sobre": "Constituíra Deus a Adão sobre todas as obras de suas mãos" — e outro de sujeição nas coisas postas a seus pés, pelo advérbio "debaixo": "Todas as mesmas criaturas lhe tinha Deus posto debaixo dos pés". — E por que, ou com que mistério? Porque, assim como a posse corporal e civil das coisas se toma com as mãos, pondo as mãos nelas, assim a espiritual e moral se toma com os pés, pisando-as e metendo-as debaixo deles. Funda-se a realidade desta cerimônia naquela promessa de Deus, tantas vezes repetida aos filhos de Israel para quando entrassem na Terra de Promissão: "Tudo o que pisarem os vossos pés será vosso" (Dt 11,24; Js 1,3). — A Terra de Promissão sempre significa nas divinas letras a bem-aventurança, ou da outra vida, que consiste em ver a Deus, ou desta, que consiste em o servir e agradar; e assim como chegou a dizer Orígenes que, se ele no céu pisasse o lugar de Lúcifer, a cadeira de Lúcifer seria sua[1], assim é certo que tudo o que pisamos neste mundo é nosso, e só do que pisamos somos verdadeiros senhores. Tudo o mais, por grande, alto e sublime que seja, se o não metemos debaixo dos pés por desprezo, mas o trazemos, ou na cabeça por estimação, ou no coração por amor, ou nas palmas por ostentação, ou no desejo — os que o não têm — por ambição e cobiça, tão fora estamos de ser senhores de qualquer destas coisas que antes elas nos dominam, senhoreiam e possuem a nós, e nós somos seus escravos. De qualquer outro modo que se tratem as coisas deste mundo, ou são peso, ou são embaraço, ou são cuidado, ou são dor, ou são sujeição, ou são cativeiro; só pisadas e metidas debaixo dos pés são domínio. Por isso todas as da terra e do mar tinha o anjo, figura de Xavier, debaixo dos pés: "Pôs o pé direito sobre o mar, e o esquerdo sobre a terra".

Suposto, pois, que meter tudo debaixo dos pés é o verdadeiro modo de dominar e possuir tudo, esse mesmo dominar e possuir, bem apertado, que vem a ser ou em que consiste? Coisa maravilhosa! Consiste em não ter nem querer nada de quanto se possui ou pode possuir. Texto expresso de S. Paulo: "Nada temos, e tudo possuímos" (2Cor 6,10). — Pois, se o nada é o contrário do tudo, e o não ter é o contrário do possuir, como podem possuir tudo os que não têm nada? Este, que parece paradoxo, será a matéria do meu discurso. S. João Crisóstomo, comentando o mesmo texto, diz assim: "Vós dizeis: Como pode ser isto? E eu, pelo contrário, digo: Como pode não ser?"[2]. — Ele o prova em S. Paulo, antes das mesmas palavras: eu o provarei em S. Francisco Xavier, que o confirmou com as obras; ele, como tão eloquente, com muitos e elegantes argumentos; eu com um só argumento e sem elegância. Argumento assim: Por que tem Xavier o mar e a terra debaixo dos pés? Porque ter debaixo dos pés, é desprezar, e ter debaixo dos pés é dominar. Logo porque Xavier, correndo tantas terras e navegando tantos mares, nenhuma coisa quis do mar nem da terra, por isso o nada da terra lhe deu o domínio de toda a terra: "O pé sobre a terra" — e o nada do mar o domínio de todo o mar: "O pé sobre o mar".

§ III

Começando pelo mar, o primeiro cuidado de quem se embarca, porque no mar não há estalagens, é prevenir a matalotagem, ainda que a viagem seja breve. Daqui nasceu o ditado dos mareantes, que talvez basta um pão para fazer cem léguas, e talvez para fazer uma légua não bastam cem pães. E em uma navegação tão dilatada, e em uma república tão confusa, qual é uma nau da Índia e — mais as daquele tempo — não só se vão diminuindo os mantimentos, mas crescendo as bocas, o que não aconteceu na arca de Noé. A um fidalgo duas vezes capitão-mor de Goa, e que mais de duas fez a mesma viagem, ouvi dizer que ele, pela experiência que tinha, fazia sempre três matalotagens, uma para os ratos, outra para os marinheiros, a terceira para si. E pudera acrescentar a quarta, porque em certas alturas até os céus comem, e voracissimamente, corrompendo-se os mantimentos pela intemperança dos climas. E que provimento foi o do Padre Mestre Francisco, quando se embarcou para a Índia? Segundo a largueza com que o mandou prover el-rei D. João o III, pudera passar os almazéns de Lisboa ao seu paiol e, quando menos, pudera descuidar-se da provisão particular da própria pessoa, supondo que a mesa do general seria a sua. Mas nem depois de embarcado puderam acabar com ele os rogos e instâncias do governador da Índia, Martim Afonso de Sousa, que aceitasse esta comodidade, nem antes de se embarcar, o conde da Castanheira, Dom Antônio de Ataíde, vedor da fazenda real, para que admitisse o menor provimento de matalotagem ou outra coisa, dizendo depois muitas vezes em conversação o mesmo conde que não tivera no apresto das naus daquele ano menos que fazer com o padre, para que quisesse aceitar algum provimento de el-rei, que com toda a outra gente, para que não pedisse ou tomasse mais do que lhe deviam.

Mas, se Xavier era vivo como os mais, em que fundava a confiança de sustentar a vida na viagem, não querendo levar nada? Respondo que no mesmo nada, porque quem como ele, por se conformar com a pobreza evangélica, deixa tudo e não quer nada, nada lhe pode faltar. Na primeira missão em que Cristo, Senhor nosso, tirou da sua escola os discípulos, para que fossem pregar e exercitar os outros ministérios da sua profissão, como a ave que tira os filhinhos do ninho, para os ensinar a voar, a instrução que lhes deu foi que "nenhuma coisa levassem consigo para viático ou provimento dos caminhos, nem para comer, nem para vestir, nem para o mais necessário, nem menos bolsa ou dinheiro com que o comprar" (Mt 10,9). — Foram os discípulos, pregaram o reino do céu, converteram pecadores, sararam enfermos, lançaram demônios dos corpos, obraram muitos outros milagres e, tornando tão carregados destes despojos quão leves tinham ido de tudo o necessário para a vida, então lhes fez o divino Mestre esta pergunta: "Quando vos mandei sem alforje nem viático, faltou-vos alguma coisa?" (Lc 22,35). — "E eles responderam: Nada". — Pois, se nada levaram, como nada lhes faltou? Porque essa é a virtude do nada, e essa a riqueza da pobreza evangélica. Não levarem nada foi irem destituídos de tudo; não lhes haver faltado nada, foi terem tudo o que lhes foi necessário. E este tudo se fundou totalmente naquele nada, porque nele levavam um crédito aberto da providência divina, para que, pela medida do nada que não levavam, lhes não faltasse nada do que houvessem mister. E se isto sucedeu aos apóstolos de Galileia com o seu nada, por que não sucederia o mesmo ao apóstolo da Índia com o seu? O seu nada foi o seguro viático que nem se podia roubar, nem se podia diminuir, nem se podia corromper, com que Xavier em toda a viagem, vivendo e sustentando-se de esmola, e muitos dias sem ela, nunca lhe faltou nada porque não quis nada. Donde eu infiro que na capitânia, e em toda a armada, ninguém ia melhor amatalotado que o mestre Francisco, porque os outros iam providos pelo regimento de el-rei, em que podem faltar e faltam muitas coisas, e ele ia provido pelo regimento de Deus, em que nada falta: "O Senhor me governa, e nada me faltará" (Sl 22,1).

Tornando, porém, à primeira instrução de Cristo, e à experiência com que os apóstolos responderam que, não tendo levado nada, nada lhes faltara: "nada" — o que então lhes disse o mesmo Senhor é uma coisa estupendamente admirável por ser totalmente o contrário. As palavras com que o refere S. Lucas são estas: "Dizeis que, quando vos mandei sem alforje nem bolsa, nada vos faltou? Pois agora vos digo que quem tiver alforje e bolsa, que a leve consigo" (Lc 22,36). — Estes são os mesmos discípulos, e este é o mesmo Mestre; mas se ele e eles foram outros, não lhes pudera dizer coisa mais encontrada. Parece que em boa consequência havia de dizer o Senhor: — Suposto que, não levando nada, experimentastes que vos não faltou nada, daqui por diante tende sempre a mesma confiança na vossa pobreza e não trateis do provimento ou viático para as outras missões, porque nos tesouros da minha providência, e do mesmo despego e desprezo de tudo, tereis tudo o necessário para o sustento da vida. — Mas se na primeira instrução lhes mandou que não levassem nada, como agora lhes ordena que levem tudo o que tiverem e puderem? Porque nem todos os preceitos ou conselhos são para todos os tempos e para todas as ocasiões, ainda que os homens que os hão de seguir e executar sejam os mesmos. A razão desta diferença é porque as missões a que Cristo, Senhor nosso, mandou os seus apóstolos foram duas e mui diversas: a primeira, e em sua vida, para que pregassem aos judeus somente: "Não ireis caminhos de gentios, mas ide antes às ovelhas que pereceram da casa de Israel" (Mt 10,5s) — a segunda, e para depois de sua morte — que então lhes declarou — para que fossem pregar a todas as gentes do mundo: "Ide por todo o universo, pregai a toda a criatura" (Mc 16,15) — e, como as missões eram tão diversas, por isso foram também diversas as instruções. Quando iam pregar aos judeus, que eram os cristãos ou fiéis daquele tempo, mandou-lhes que não levassem nada, porque entre eles facilmente podiam achar de graça e de esmola o que lhes fosse necessário para sustentar a vida; porém, quando fossem pregar aos gentios, que fossem prevenidos e providos de tudo, porque neles, como idólatras e inimigos, não só não achariam quem os socorresse com o sustento da vida, mas antes, e certamente, quem lha quisesse tirar.

Este é o sentido próprio e literal de um e outro texto, e assim o declaram todos os santos, a quem segue Santo Tomás, mas não S. Francisco Xavier, posto que a ele lhe pertence a segunda parte, como apóstolo das gentes. Reconhece Xavier a verdade da declaração, mas sempre abraçado constantemente com o seu nada, nada quer para o mar, quando serve aos cristãos no mar, e nada para a terra, quando prega aos gentios em terra.

§ IV

Os gentios mais bárbaros e feros, e mais sem humanidade de todo o Oriente, são os da Batequina, ou ilhas de Moro, em que a principal é de cento e cinquenta léguas. O seu mais ordinário mantimento é de carne humana; matam-se para isso até os pais aos filhos, os maridos às mulheres, e os filhos aos pais e mães, e muitas vezes, antes da fome e do gosto de se comerem, só pelo gosto e apetite de matar, se matam. Não há entre eles lei, peso, medida ou outro sinal de uso de razão e justiça, salvo o frequente contrato de se emprestarem umas famílias às outras o pai, ou o filho, para o comerem em alguma festa, com obrigação de o pagarem na mesma moeda. O gênero de morte mais usado e menos violento daquela carniceria é o dos venenos, em que são sutilíssimos, não se comendo entre eles um bocado de arroz, nem bebendo-se um trago de água com segurança e sem suspeita de que se come ou bebe a morte. A quem não meteria medo entrar e pôr os pés em tais terras? E quem, ainda navegando, não fugiria muito longe de suas praias e de seus mesmos ares: "Ah! foge destas terras cruéis, foge destas praias da avareza"[3]? — Mas esses mesmos horrores eram os que mais animavam e estimulavam o espírito de Xavier a empreender a conquista das ilhas do Moro. Diziam-lhe que voluntariamente se ia meter e buscar os perigos, não duvidosos, mas certos; diziam-lhe que de gente tão bárbara e fera nenhum fruto se podia esperar; diziam-lhe que na hora em que se embarcasse, o chorariam por morto, abonando esta promessa com as mesmas lágrimas que já não podiam resistir. Sobretudo, punham-lhe diante dos olhos o desamparo de todas as outras cristandades do Oriente, umas ainda verdes e em flor, outras só semeadas, e outras que desejavam e pediam o arado, com certíssimas esperanças de copiosa colheita, e que toda esta fertilidade trocava por uns penhascos estéreis. Mas, como o santo desfizesse todas estas razões com outras mais altas e sobre-humanas, vista a constante e inflexível deliberação em que estava de não desistir daquela empresa, ao menos lhe rogavam que levasse consigo as bazares, os unicórnios, as pedras de porco-espinho e os outros defensivos mais finos e aprovados, de que a Judeia é tão abundante, como dos mesmos venenos. Porém Xavier, tão fechado neste caso como em todos os outros com o seu nada, nenhuma coisa, nem deste, nem de outro gênero, quis aceitar nem ainda ver.

Há tal resolução? Há tal desprezo da vida? Há tal desejo de a perder? Não vedes, meu santo, que aos seus apóstolos diz Cristo que, quando forem às terras dos gentios, mudem o estilo da sua austeridade e vão prevenidos dos meios necessários para a conservação da vida? Uma coisa é navegar de Lisboa a Goa em uma nau que leva no tope as chagas de Cristo, para que vos baste para sustento o vosso nada; mas entrar em umas terras, onde o nome de cristão, sobre o de homem e estrangeiro, é nova pena de morte, já que não levais os peitos de aço para rebater as suas setas, por que não levareis ao menos esses reparos que nelas criou a natureza para as traições dos seus venenos? Isto mesmo repetiam a Xavier, com novas instâncias, os que presumiam zelar tanto a sua vida como ele a salvação das almas; e que respondia o santo? Reconhecia o amor e a boa intenção, agradecia os oferecimentos e escusava-se de os aceitar dizendo, com o rosto muito seguro e alegre, que ele levava consigo a mais fina e mais forte contrapeçonha de todas. Esta era, debaixo da confiança em Deus, a virtude do seu nada. O primeiro e mais famoso antídoto ou contraveneno artificial que houve no mundo, foi o mitridático, a que deu o nome, depois de o inventar, mitrídates, rei tão poderoso como sábio, o qual o tomava todas as manhãs, e sobre ele, sem perigo nem lesão, comia e bebia todos os venenos[4]. Compunha-se o mitridático de oitenta e tantos ingredientes; mas que comparação podia ter com o nada de Xavier, que tinha debaixo dos pés o mar e a terra? Tudo o que contém o mar e a terra, pisado como ele o pisava, vede se podia fazer uma confeição e um antídoto que melhor lhe defendesse a vida de todos os venenos que o seu a Mitrídates[5]. Enfim, assim armado, ou desarmado, chegou Xavier às terras dos medonhos moroteses, e nem a sua fome o comeu, nem a sua sede lhe bebeu o sangue, nem os seus venenos lhe tiraram a vida, antes ele, ao princípio, de feras os fez homens, logo de homens, cristãos, e em espaço de três meses que os assistiu, os deixou tão firmes na fé, e com tais mostras da sua própria salvação que, perseguidos depois pela mesma fé de crudelíssimos tiranos, a defenderam com gloriosos martírios. Tanto faz, tanto pode e tão seguro caminha quem se fia de Deus e não quer nada!

Só resta responder ao conselho de Cristo — que conselho foi, e não preceito. — Uma coisa é o que se permite, outra o que se manda: uma o lícito, outra o heroico. Também S. Paulo, Apóstolo das Gentes, se singularizou dos outros apóstolos em não querer nada. Os outros apóstolos no exercício da pregação do Evangelho deixavam-se acompanhar de pessoas devotas, que os assistiam, e lhes ministravam o necessário, que é o termo com que falam os textos; porém, S. Paulo, depois de provar largamente que lhe era lícito o mesmo, estava tão desapegado a tudo, e tão pegado ao seu nada, que nenhuma coisa queria aceitar de outrem, gloriando-se tanto desta sua isenção e independência e fazendo tanta estimação dela que, se não fora tão santo e não tivera dito: "Aquele que se gloria, glorie-se no Senhor" (2Cor 10,17) — sendo esta sua glória tão sólida, pudera parecer que debaixo dela havia alguma coisa de vã. Chegou a dizer que antes perderia a vida que esta glória singularmente sua: "Tenho por melhor morrer, antes que algum me faça perder esta glória" (1Cor 9,15). — E se o nada de S. Paulo era tão isento de tudo, e tão nada, de que se sustentava? Ele mesmo o diz, apontando para as mãos, de cujo trabalho tirava o sustento seu e de seus companheiros: "Nem para comer, nem para vestir recebi de outrem coisa alguma, como todos sabeis, porque estas mãos, e o trabalho delas, eram as que me davam tudo o necessário" (At 20,33s). — Isto fazia o nada de S. Paulo, o que não fazia o nada de Xavier. E qual deles era mais glorioso? O de S. Paulo era singular sobre os doze apóstolos; o de Xavier não só era singular sobre os doze, senão sobre os treze, entrando também neste número o mesmo S. Paulo. Seria, pois, mais glorioso o nada de Xavier, porque muitas vezes passava os três e os quatro dias, e talvez a semana inteira, sem comer bocado? Não só por isso. O nada de Paulo sustentava a Paulo, o nada de Xavier sustentava a Xavier; mas o de Xavier mais glorioso, porque a confiança do nada de Paulo fundava-se no que trabalhava com as suas mãos, e a do nada de Xavier no que pisava com os seus pés: um pé sobre o mar; e outro pé sobre a terra; no mar entre os cristãos, como vimos, bastando-lhe o seu nada para sustentar a vida, e na terra entre os gentios, bastando-lhe o mesmo nada para se defender da morte: "Pôs o pé direito sobre o mar, e o esquerdo sobre a terra".

§ V

Ainda não chegamos a tudo o que prometi. Prometi que, assim como Xavier tudo desprezava, e tudo metia debaixo dos pés, sem querer nada, assim esse mesmo nada o fazia senhor de tudo, e isto é o que agora havemos de ver. Como são frequentes nos mares do arquipélago da Índia os perigos e naufrágios, deu à costa com o seu navio um mercador, capitão e senhorio dele, o qual no mesmo navio levava todo o seu cabedal, tão confiado, ou tão cobiçoso, que não tinha deixado reserva em terra. Com a vida, que lhe perdoou o mar, vendo-se despido em uma praia, por não ter com que a sustentar, se meteu a pedir esmolas pelas portas, tão pobre que até ao mais pobre que acaso se achou naquela terra, sem reparar nos seus remendos e pés descalços, a pedia também. Enterneceu-se Xavier com a relação da sua desgraça e presente miséria, meteu a mão na algibeira, não achou nada, mas nem por isso despediu o pobre. Torna outra vez com a mão à algibeira. — Mas tende mão nessa mão, meu santo; reparai no que fizestes e no que tornais a fazer. Quando com essa ação natural fostes buscar o que desejáveis dar ao pobre, achastes alguma coisa? Não. Pois, se não achastes na algibeira mais que o nada que nela havia, que ides buscar de novo? O mesmo, e por isso mesmo. Porque é tal a excelência ou a riqueza do nada de Xavier, pelo qual ele tinha metido tudo debaixo dos pés, que em virtude do mesmo nada lhe não podia faltar coisa alguma do que desejasse ou houvesse mister. E assim foi. Acabou de meter segunda vez a mão na algibeira, e no mesmo ponto a tirou cheia de moedas de ouro e prata finíssima, cunhadas de insígnias não conhecidas; com elas socorreu e remediou o pobre, dando-lhas todas. Notam aqui os historiadores que quando isto fez Xavier pôs os olhos no céu, como se dissera: "Levantei os olhos aos montes, donde me havia de vir o socorro" (Sl 120,1). — Os dois montes mais célebres no mundo, um de ouro, outro de prata, é de prata o Potosi, na América, e de ouro o Pangeu, na Trácia. E foram estes porventura os montes donde lhe veio a Xavier o socorro do ouro e da prata? Não, continua ele: "O socorro veio-me do Senhor, que fez o céu e a terra" (Ibid. 2). — Admirável razão, e propriíssima do caso! Não diz que lhe veio o socorro do Deus todo-poderoso, ou do Deus Senhor de todas as coisas, senão do Deus que fez o céu e a terra. E por quê? Porque só quando Deus criou o céu e a terra fez tudo de nada, que isso é criar: "No princípio criou Deus o céu e a terra" (Gn 1,1) — e tal foi o milagre da algibeira de Xavier, primeiro nada, e depois ouro e prata. Foi maior milagre que o da nossa Rainha santa, quando as moedas dos pobres se converteram em rosas: porque ali as moedas converteram-se em outra coisa, que é menos; aqui criaram-se ou fizeram-se as moedas de nada, que é muito mais. Também o modo de socorrer ao pobre foi mais maravilhoso que o de S. Pedro, quando deu os pés ao aleijado que lhe pedia esmola: "Não tenho prata nem ouro mas o que tenho isso te dou" (At 3,6). — S. Pedro disse: Não tenho ouro nem prata, mas dou-te o que tenho — e Xavier podia dizer: Não tenho ouro nem prata, mas dou-te o que não tenho — porque esta era a virtude do seu não ter e do seu nada.

Passemos agora da terra ao mar, e vejamos como pelo mesmo modo com que o nada de Xavier remediou aquele naufrágio do mar na terra, assim acudiu, não menos maravilhosamente, a outro muito maior da terra no mar. Os Paravás são um gentio da Costa da Pescaria, em que o santo empregou uns dos primeiros lanços das suas redes, com tanta ventura ou favor do céu que, havendo entre eles alguns cristãos só de nome, não só ressuscitou nestes a fé, mas a plantou nos demais com tão firmes raízes que de todos se compôs uma florentíssima cristandade. Habitavam em muitas povoações os lugares marítimos da mesma costa, quando subitamente rebentou contra eles do sertão um exército dos badagás, gente bárbara e ferocíssima, com tal ímpeto e resolução de levar tudo a fogo e a ferro que os pobres cristãos, largando-lhes a terra e quanto nela possuíam, não tiveram outro lugar para onde fugir e salvar de algum modo as vidas que lançando-se ao mar. Faz o Cabo de Comorim com a vizinha ilha de Ceilão um estreito cheio de muitos baixios, restingas, parcéis, coroas de areia e recifes de pedra; e ali — se é lícito comparar as coisas pequenas com as grandes — se viu um lastimoso retrato do dilúvio universal, quando começou a alagar os vales: uns se metiam pelas concavidades dos recifes, outros nadavam ao mais descoberto das coroas, outros subiam ao mais alto dos penedos, e a multidão inumerável dos demais homens, mulheres e meninos, metidos na água, com as cabeças de fora, para conservar a respiração, e as mães e pais com os filhinhos aos ombros, em pé, sem poder descansar nem dormir, e não só abrasados dos raios do sol, que ali são ardentíssimos, mas estalando à fome e à sede, ou se deixavam já afogar desmaiados, ou por instantes esperavam acabar na mesma miséria sem remédio, quando com outro repente viram que vinha enfiando o canal do mesmo estreito, que é muito dificultoso, uma frota de muitas embarcações. Alguns temeram que fossem os mesmos bárbaros, mas os fumos e labaredas com que viam do mar arder as suas povoações os asseguravam de que não podiam ser eles; mas de quem seriam? Di-lo-ei pelas palavras do mesmo capitão da frota, tanto que lhe chegou a nova do que passava. Em uma carta que escreveu então S. Francisco Xavier a seu companheiro, o padre Francisco de Mancias, diz assim: — Eu me parto para Cabo de Comorim, com vinte embarcações de mantimentos a socorrer aqueles pobres cristãos, que com medo dos inimigos estão pelo mar, morrendo alguns à pura necessidade. Lá escrevo aos pantagatins e regedores que lhes acudam com alguma esmola; fazei que seja por suas vontades, e não por força, e que a não tirem dos pobres, senão daqueles que à boa mente a quiserem e puderem dar. — Assim deixava Xavier prevenido o segundo e futuro socorro; mas este primeiro, e presente, donde lhe veio? Vinte embarcações, e de mantimentos, e principalmente de aguada, que era o de que mais necessitavam, e as vasilhas para ela, e as coisas de comer prontas e aparelhadas, e tais que não dependessem de fogo; um vice-rei da Índia com os almazéns de el-rei, e toda a fábrica da Ribeira não pudera expedir em Goa um tão repentino socorro. Como o fez logo em um momento, com tantas embarcações, marinhagem e tudo o mais necessário, quem como Xavier não possui nada? A história não o diz, mas eu digo, e ninguém poderá dizer outra coisa, senão que o seu nada fez este grande e universal milagre, tirando tudo dos seus tesouros, que são os mesmos da divina Onipotência, a qual não há mister tempo nem outros requerimentos, que o da mesma necessidade e miséria dos pobres.

Onde a nossa Vulgata diz: "O Senhor ouviu o desejo dos pobres" — tem o original hebreu: "vácuo dos pobres" (Sl 10,17). Quer dizer que ouviu Deus e remediou o vácuo dos pobres, que é a sua necessidade, e falta do que não têm. — E por que chama o profeta, e o mesmo Deus por sua boca, a essa necessidade e falta do necessário o vácuo dos pobres? Para que entendamos que assim como a natureza, para impedir o vácuo, obra sobre todas as suas leis, e contra elas, fazendo milagres, assim os faz a misericórdia divina para acudir às necessidades dos pobres. É o que fez neste caso e no passado, por meio da caridade de Xavier, e com tão elegante contraposição, que em uma e outra necessidade remediou um vácuo com outro vácuo; o vácuo dos pobres com o vácuo do mesmo Xavier. Lá com o vácuo e com o nada da sua algibeira, socorrendo a pobreza de um naufragante com a mão cheia de ouro e prata; cá, e com mais universal maravilha do mesmo vácuo e do mesmo nada, acudindo, não a um homem, nem a um povo, senão a muitos, que de si mesmos tinham feito voluntário naufrágio, lançando-se ao mar para escapar as vidas, socorrendo-lhas na extrema necessidade com uma frota inteira de vinte embarcações carregadas de mantimentos. Lá, enfim, remediando as perdas do mar na terra para mostrar o seu nada que, por ter metido a terra debaixo dos pés, era senhor da terra: "O pé esquerdo sobre a terra" — e cá remediando as perdas da terra no mar, para acabar de confirmar o mesmo nada que, por ter metido o mar debaixo dos pés, era senhor do mar: "O pé direito sobre o mar".

§ VI

Por estes e outros exemplos vieram os mesmos gentios a reconhecer com tal evidência e espanto estes dois domínios de Xavier que lhe chamavam Deus da terra e Deus do mar. Falavam como gentios, mas bem podiam dizer o mesmo em sentido cristão. A Moisés disse Deus: "Eis aí te constituí Deus de Faraó" (Ex 7,1). — E assim como Deus fez a Moisés deus de uma terra, que era o Egito, e deus de um mar, que era o Vermelho, bem o podia fazer sem limite Deus de toda a terra e Deus de todo o mar. Tal era o conceito que os gentios tinham do poder e dignidade de Xavier. E para que o possamos tomar em bom sentido, é coisa muito singular, e digna de reparo, que Deus se não dá por ofendido dos que dão a Xavier este nome, antes favorece aos que o invocam, e castiga aos que o juram em vão. Em Cotata, cidade da Índia, tem Xavier um templo muito célebre por milagroso, o qual está todo cheio de votos ou troféus, que ali penduram os gentios em memória e agradecimento das mercês que alcançam do santo, e o seu maior e mais inviolável juramento não é pelos seus deuses ou ídolos, senão pelo santo de Cotata, havendo-lhe conciliado este sumo respeito a experiência que têm das penas com que Deus castiga os violadores deste juramento.

Ouçamos agora ao verdadeiro Deus, que nas coisas que pertencem a Xavier não parece o mesmo, senão outro. Queixa-se dos hebreus, e diz assim, pelo profeta Jeremias: "Por que razão, por que merecimento, ou com que título, ó Israel, te posso eu favorecer ou ser propício, se os teus filhos me deixam, que sou o verdadeiro Deus, e juram por aqueles que não são deuses?" (Jr 5,7). — Pois, se isto em próprios termos é o mesmo que faziam os gentios da Índia, venerando a Xavier por Deus e jurando por ele, como os israelitas por Baal e Melcon, por que favorece Deus aos que isto fazem, concedendo-lhes quanto pedem a Xavier e castigando severamente aos que juram por ele, se não guardam os juramentos? É certo como cantou a Igreja no dia em que canonizou a S. Francisco Xavier, que "Deus se honra na honra que se faz a seus santos"[6] — mas isto se entende quando a honra que se faz aos santos não ofende a honra de Deus, como a ofendem os que veneram outro deus, e juram por ele. Por que merecimento, logo, chega Deus a dissimular as suas ofensas, por acrescentar e favorecer as honras que se fazem a Xavier? Não há dúvida que pelos merecimentos do mesmo santo, e não dos que ignorantemente lhe dão o nome e veneração de Deus, porque isto nem o mesmo Deus o pode fazer, como dizem enfaticamente aquelas palavras suas: "Sobre que te poderei eu ser propício?" (Jr 5,7). — Mas, se isto chega Deus a fazer pelos merecimentos de Xavier, resta saber por quais merecimentos.

Digo que pelos merecimentos daquela soberania que ponderamos em todo este discurso, tão parecida com a divina. Deus é Senhor de tudo: mas de que modo? De tal modo que para si não quer nada, e tudo o de que é Senhor é para nós. Antes de Deus criar o mundo, tinha alguma coisa fora de si? Nada, porque não havia nada. E depois do mundo criado, teve mais alguma coisa de novo? Para si o mesmo nada que dantes; mas para nós, e para o homem, tudo: "Todas as coisas sujeitaste debaixo de seus pés" (Sl 8,8). — Ao mesmo modo Xavier com um pé sobre a terra dominava tudo o que há na terra, com o outro pé sobre o mar dominava tudo o que há no mar; mas para quem? O tudo para todos, ou fossem cristãos ou gentios; e para si o seu nada, puro e despegado de tudo, porque era o que só queria. E como no uso e desuso de uma e outra coisa se parecia tanto com Deus, por isso Deus não só permitia que fosse venerado por Deus do mar e da terra, mas favorecia com milagrosos benefícios aos que assim o veneravam, e castigava, que é mais, aos que, jurando por ele, faltavam a esta veneração.

§ VII

Agora, para acabar, falemos um pouco conosco. Navegaram ao mesmo Oriente os portugueses, fizeram-se senhores do mar e da terra, e como usaram deste domínio, naqueles felizes princípios tão absoluto? Com grande diferença. O texto não diz que o anjo tinha um pé no mar e outro na terra, senão um pé sobre a terra: "o esquerdo sobre a terra" — e outro sobre o mar: "o direito sobre o mar" quem tem os pés sobre o mar e sobre a terra pisa o mar e pisa a terra, e só quem os pisa os senhoreia verdadeiramente: "Todo o lugar em que vós puserdes os pés será vosso" (Dt 11,24) — e isto é o que fez Xavier; porém os que navegaram e conquistaram o Oriente com outro espírito, não meteram o mar e a terra debaixo dos pés, mas meteram os pés no mar e na terra, para adquirir o que debaixo de si escondia a terra, e o que debaixo de si escondia o mar. Xavier foi lá levar a bênção de Deus, eles foram buscar a bênção de Isacar. E que diz essa bênção? "Eles beberão como leite as riquezas do mar, e os tesouros escondidos nas areias" (Dt 33,19). — As tormentas do Cabo da Boa Esperança e os tufões dos mares da China parecer-lhes-ão mar-leite: "Eles beberão como leite" — porque vão buscar "os tesouros que estão escondidos nas areias". — As pérolas buscá-las-ão debaixo do mar, e de mergulho, na Costa da Pescaria; o âmbar esperarão que as tempestades ou as baleias o lancem às praias; os diamantes cavá-los-ão debaixo da terra de Colocondá; os rubis desterrá-los-ão na de Pegu; as safiras i-las-ão buscar mais longe, na dos persas e medos. E porque se meteram debaixo da terra e debaixo do mar, e não a terra e o mar debaixo dos pés, por isso os não dominaram verdadeiramente.

Demócrito, por testemunho de Sêneca, o mais sutil de todos os filósofos, teve para si que todas estas, que chamamos estrelas, são outros tantos mundos, maiores que este que habitamos; e posto que não se enganou na grandeza, em serem outros mundos, disse um erro, em que outros o seguiram. Ouvindo isto Alexandre Magno, saltaram-lhe as lágrimas pelos olhos, e disse chorando: — É possível que há tantos mundos, e que eu ainda não acabei de conquistar um? — Assim disse aquele monstro de soberba, e o mesmo havia de dizer se os conquistara todos, porque não sabia em que consiste o domínio do mundo. O domínio do mundo não consiste em o possuir, consiste em o pisar. Essa é a razão altíssima por que Deus, sendo tão liberal, deu todo o mundo ao primeiro homem; criando tantos homens, criou um só mundo, porque, para cada homem possuir um mundo, era necessário que fossem tantos mundos quantos são os homens; mas para todos os homens e cada homem pisar todo o mundo, basta um só mundo. Desta sorte o dominou Xavier, pisando-o e não querendo dele nada, e do mesmo modo o dominaram todos os que o souberam pisar.

Oh! se os cobiçosos de riquezas souberam entender e penetrar bem este ponto! Ouvi uma notável ponderação de S. Paulo, não sei se bem entendida: "Bem sabeis a grande mercê e graça de Deus, com que ele, por amor de nós, sendo rico, se fez pobre para nos enriquecer com a sua pobreza" (2Cor 8,9). — Supõe o apóstolo que todos sabemos isto; mas é certo que muitos o não sabem, antes cuidam que é coisa que se não pode saber. Se dissera que Deus, sendo rico, se fez pobre para nos enriquecer com a sua riqueza, bem se entendia; mas para nos enriquecer com a sua pobreza? Sim. E é lástima que não entendam esta filosofia os cristãos, entendendo-a os gentios. Quem são os ricos neste mundo? Os que têm muito? Não, porque quem tem muito deseja mais, e quem mais deseja mais falta-lhe o que deseja, e essa falta o faz pobre. "Houve neste mundo um homem" — diz Sêneca — "que, depois de ter tudo, ainda desejou mais"[7]. — Este declarou ele que foi Alexandre, mas com encarecimento falso, porque Alexandre nunca foi senhor de tudo. O Senhor de tudo só foi Adão. Mas a esse também o perdeu a sua pobreza, porque, tendo tudo, ainda quis mais do que tinha. De maneira que não é rico quem tem muito, ainda que seja tudo. Pois, quem é o verdadeiro rico? Aquele que não quer nada, porque nenhuma coisa lhe falta. E esta é a verdadeira riqueza com que Cristo nos enriqueceu com a sua pobreza, ensinando-nos a não querer nada, como ele o não quis.

Ainda não está dito, porque aqui se devem notar duas coisas muito particulares. A primeira, dizer S. Paulo que o Filho de Deus "nos enriqueceu com a sua inópia", e não com a sua onipotência. — E por quê? Porque com a sua onipotência pode Deus dar muitas riquezas aos homens, mas fazê-los ricos não pode. Deu muitas riquezas aos assírios, aos persas, aos gregos, aos romanos, mas todos eles com estas riquezas sempre ficavam pobres, porque lhes faltava o mais que todos apeteciam, e por isso se destruíam com guerras. Que remédio logo para Deus poder fazer os homens ricos? O remédio foi o que ele tomou, fazendo-se homem, e pobre, e ensinando-nos com a sua pobreza a não querer nada. Torno a dizer a não querer nada, e esta é a segunda energia das palavras de S. Paulo, em que me admiro não repararem os intérpretes. Se diz que Cristo se fez pobre para nos enriquecer com a sua pobreza, porque não significou essa pobreza com a palavra "pobreza", senão com a palavra "inópia"? Porque "pobreza", a qual significa a pobreza "que possui pouco"[8]; porém, a palavra "inópia", por aquela negação "in", que nega tudo, significa a pobreza "que não quer nada"; e só a "inópia", e a pobreza que não quer nada, é a que faz o homem verdadeiramente rico: "Nos enriqueceu com a sua inópia". — Assim o entenderam, como dizia, até os mesmos gentios, por onde Atalo, famoso filósofo, em frase também gentílica, disse: "Se queres ser tão rico que desafies ao mesmo Júpiter, não desejes nada, assim como ele nada deseja"[9].

Que ricos seriam os homens, e logo, e neste mesmo instante, se soubessem conhecer e estimar os tesouros do não querer! Estas foram as riquezas que Cristo nos ensinou com a sua pobreza, e esta foi a que professou S. Francisco Xavier, com que foi o mais rico de quantos passaram ao Oriente. Eles metendo e engolfando os pés, as mãos, todo o corpo e toda a alma nas riquezas daquelas terras e daqueles mares; e Xavier pisando e metendo debaixo dos pés quanto encerram os mesmos mares e terras: "Pôs o pé direito sobre o mar, e o esquerdo sobre a terra". — Comparemos agora o nada do que lá foram buscar, e trouxeram os que tornaram com grande fama de ricos a Portugal. Todos os que com as velas inchadas desta falsa opinião entraram pela barra de Lisboa, por mais carregados que viessem de riquezas, verdadeiramente nada trouxeram. E por quê? Notai muito a razão. Porque tudo o que trazem os que vêm da Índia, ou é roubado, ou eles vêm roubados. Se é roubado, não trazem nada, porque o que trazem é alheio, e não é seu, e o devem restituir. E se vêm roubados, ainda menos, porque o roubado não só perde o que traz, senão também a liberdade, e de rico não só fica pobre, mas cativo. Tudo isto descobriu, antes de nós descobrirmos a Índia, o cardeal Hugo, naquele verso do salmo: "Não queirais cobiçar rapinas; se abundardes em riquezas, não queirais pôr nelas o coração" (Sl 61,11).

Primeiramente, por que não diz o Espírito Santo que nos guardemos da rapina e do roubo, senão dos roubos e das rapinas: "Não queirais cobiçar rapinas"? — Porque, assim como há dois modos de adquirir, assim há dois modos de roubar: "um com que nós roubamos as riquezas alheias, e outro com que as próprias nos roubam a nós". — De sorte que há umas riquezas que se adquirem por violência, engano, ou qualquer outro modo de injustiça, e estas são as que os homens roubam; e há outras, adquiridas lícita e justamente, e, contudo, se os homens põem nelas o coração e o amor, estas são as que os roubam a eles. Por isso o Espírito Santo, depois de dizer: "Não queirais cobiçar rapinas" — acrescenta: "Se abundardes em riquezas, não queirais pôr nelas o coração" — como se dissera: E ainda que as riquezas vos entrem pela porta voluntária e justamente, sem violência ou engano, nem por isso vos fieis de pôr nelas o coração, porque ainda que não sejam roubadas, são roubadoras, e não só vos deixarão pobres, senão cativos. — Assim o declara o mesmo Davi noutro lugar: "Despertaram e abriram os olhos, e nada acharam nas suas mãos os homens das riquezas" (Sl 75,6). — Não diz as riquezas dos homens, senão os homens das riquezas, porque no tal caso não são os homens os senhores das riquezas, senão as riquezas as senhoras dos homens, e eles os cativos e escravos dela. E que importa que venhais da Índia arrastando cadeias de diamantes, se essas vos prendem e vos cativam? E quando presumis e cuidais que sois muito rico, o que verdadeiramente não tendes é nada: "Nada acharam nas suas mãos".

Comparemos, pois, com os olhos bem abertos, um nada com o outro nada: o nada do que se possui com o nada do que se não quer, e acharemos que o nada do que se possui — ainda sem o encargo ou encargos da consciência — é uma carga pesadíssima, cheia de cuidados, de desgostos, de temores, de dependências, de sujeições, de cativeiros; uma matéria tanto maior, quanto elas forem maiores, sempre aparelhada e exposta aos golpes e vaivéns do tempo e da fortuna, e sem descanso, sem quietação, sem liberdade, uma riqueza rica de misérias, e a mais necessitada e extrema pobreza. Pelo contrário, o nada do não querer é um tesouro só escondido aos cegos, no qual se encerra a isenção de todos os males, perigos e pesares desta vida, o descanso sem trabalho, a alegria sem tristeza a liberdade sem sujeição, e a posse segura e inalterável de todos os bens, e do maior de todos, que é o senhorio de nós mesmos. Se acaso esta riqueza vos não parece riqueza, porque os menores a não apetecem, nem os iguais a invejam, nem os maiores a perseguem e carregam de pensões e tributos, se vos não parece riqueza, porque não depende no campo do sol e da chuva, que a crie, nem do muito sol, que a seca, nem da muita chuva, que a inunda e afoga, nem da formiga, da lagarta, do gafanhoto e das outras pragas, de que nenhuma indústria ou poder humano a pode defender; se vos não parece riqueza, porque não se fazem sobre ela pleitos, nem está sujeita a afeto ou ódio do juiz, nem à verdade ou falsidade das testemunhas, nem a ser citada e levada a juízo para ouvir e ser ouvida nos tribunais; se vos parece que não é riqueza, porque se não adquire com trabalho, nem se conserva com cuidado, nem se perde com dor própria, e, o que às vezes mais dói, com agrado e triunfo dos inimigos; se vos parece que não é riqueza, porque por ela se não entrega a cobiça às ondas e tempestades do mar, nem exércitos se combatem nas campanhas, e se derrama o sangue e perdem as vidas para sustentar a mesma vida e o mesmo sangue; se vos parece que não é riqueza, porque, com antecipada crueldade de a possuir, vos não desejam a morte os filhos, os parentes, e quaisquer outros que a esperam herdar; se vos parece que não é riqueza, porque a não dão os reis, nem a consultam os ministros, nem a solicitam os requerimentos, e vós sois o requerente, o ministro e o rei que só convosco vos despacheis; se vos não parece riqueza, porque vos não tira nem inquieta o sono a vigilância e astúcia do ladrão, a diligência e negociação do êmulo, e a calúnia e engano do que a quer para si; finalmente, se todas estas conveniências não bastam, sendo cada uma delas riquíssima, considerai que da riqueza do não querer, nem vos hão de pedir conta os homens, nem vós a haveis de dar a Deus; antes o mesmo Deus, em prêmio do vosso não querer, vos há de dar aquela única bem-aventurança, e semelhante à sua, na qual, como diz Santo Agostinho, "tereis tudo o que quiserdes, e nada do que não quiserdes"[10].

SERMÃO TERCEIRO

Confiança

"Pôs o pé direito sobre o mar,
e o esquerdo sobre a terra."
(Ap 10,2)

§ I

A maior miséria da vida humana — outros dirão outra — eu digo que é não haver neste mundo de quem fiar. Os amigos são como Joab com Abner, os irmãos são como Caim com Abel, os filhos são como Absalão com Davi, os casados são como Eva com Adão, e cada um consigo é tão traidor como o mesmo Adão, que se perdeu a si mesmo. E se um homem se não fiar de si, de quem se há de fiar? De ninguém se podia fiar mais Davi que de Saul, a quem tinha servido e honrado com a própria vida; e Saul lhe atirou às lançadas. De ninguém se podia fiar mais Salomão que de Jeroboão, seu criado, a quem tinha levantado do pó da terra; e Jeroboão foi o que se rebelou contra seu filho, e de doze partes do reino lhe usurpou as dez. De ninguém se podia fiar mais Sansão que de Dalila, a quem amava e sustentava com o suor do seu rosto; e Dalila o entregou a seus inimigos. De ninguém se podia mais fiar Cristo que de Judas, a quem tinha fiado quanto havia em sua casa, e de Pedro, a quem tinha dado as chaves do seu próprio reino: Judas o vendeu, e Pedro o negou. Por isso diz Deus por boca de Jeremias:

"Maldito seja o homem que se fia de outro homem" (Jr 17,5).

E se um homem se não há de fiar de outro homem, nem de si mesmo porque é homem, de quem se há de fiar? A consequência é manifesta: de Deus, e só de Deus. Assim continua o mesmo Jeremias, contrapondo esta bênção àquela maldição e esta felicidade àquela miséria: "Bendito e ditoso o homem que confia em Deus, e Deus é a sua confiança, porque não tem outra" (Ibid. 7). — Com esta confiança deixou Abraão a sua pátria, e tão forte como felizmente conseguiu as promessas divinas: "Não hesitou, ainda com a mais leve desconfiança, na promessa de Deus, mas foi fortificado pela fé, dando glória a Deus" (Rm 4,10). — Com esta confiança se afrontava Davi de lhe dizerem que debaixo de outras asas se amparasse de seus perseguidores: "No Senhor confio; por que dizeis à minha alma: Foge para o monte como pássaro? Porque eis aí os pecadores estenderam o seu arco, prepararam as suas setas na aljava" (Sl 10,1ss). — Com esta confiança pelejou Judas Macabeu tantas batalhas, e alcançou tantas vitórias contra tão poderosos inimigos: "Porém Macabeu esperava sempre com toda a confiança que Deus lhe havia de assistir com o seu auxílio". — Com esta confiança até Susana, sendo mulher, e não só desamparada, mas condenada de todos, só com levantar os olhos ao céu, e sem falar palavra, prevaleceu contra os injustos e infames juízes: "Porque o seu coração tinha uma firme confiança no Senhor" (Dn 13,35). — Finalmente, esta confiança em Deus é um ponto de sua honra, que ele defende tão mimosa e tão desconfiadamente que tendo Senaqueribe, rei dos assírios, sitiado a el-rei Ezequias em Jerusalém, porque em um recado, que lhe mandou para que se entregasse, meteu uma cláusula que dizia: "E se me responderes, confiamos no nosso Deus" (Is 36,7) — cada letra desta proposta lhe custou tanto sangue, que amanheceram degolados naquela noite cento e oitenta e cinco mil dos soberbos sitiados, e Senaqueribe, por aquela blasfêmia, perdeu o exército, a coroa e a vida: o exército, fugindo ignominiosamente; a coroa, rebelando-se-lhe os vassalos; e a vida, sendo morto por seus próprios filhos.

Mas aonde, direis, caminha este meu discurso, se não é a uma pública retratação de quanto estes dias tendes ouvido? Se só de Deus se podem fiar os homens, e só em Deus devem pôr sua confiança e, pelo contrário, não só é imprudência, engano e erro, mas maldição expressa do mesmo Deus fiarem-se os homens de outro homem, e este homem, chamado Francisco Xavier, também é filho de Adão como os outros, e composto do mesmo barro para a fragilidade, e da mesma carne e sangue para a desconfiança, como apregoamos com tantas trombetas e inculcamos a todos que fiem tudo dele? Esta minha instância é o argumento com que os hereges negam a veneração e intercessão dos santos, ímpia, blasfema e ignorantemente, e sem vergonha, constando o contrário por todas as Escrituras Sagradas. Aos amigos de Jó, que tão duramente lhe apuraram a paciência, disse Deus que, para lhes perdoar, recorressem ao mesmo Jó, que intercedesse por eles: "Ide ao meu servo Jó; o meu servo Jó, porém, orará por vós. Admitirei propício a sua face" (Jó 42,8). — O mesmo Deus, irado contra o povo, disse que lhe não devia de perdoar, ainda que Moisés e Samuel lhe pedissem: "Ainda que Moisés e Samuel se pusessem diante de mim, não está a minha alma com este povo" (Jr 15,1). — Onias, sumo sacerdote, muitos anos depois de morto, viu Judas Macabeu que orava pelos judeus: "Onias, estendendo as mãos, orava por todo o povo judaico" (2Mc 15,12) — e o mesmo Onias lhe disse que Jeremias, também defunto, fazia a mesma oração: "Este é Jeremias, profeta de Deus, que ora muito pelo povo e por toda a cidade santa" (Ibid. 14). — Moisés pedia a Deus que se lembrasse de Abraão, Isac e Jacó, seus servos: "Lembra-te, Senhor, de Abraão, de Isac e de Israel" (Ex 32,13). — E a Igreja, que se lembrasse de Davi: "Lembra-te, Senhor, de Davi" (Sl 131,1). — E S. Pedro, não só prometeu que se lembraria de interceder por nós depois de sua morte: "E terei cuidado que ainda depois do meu falecimento possais vós ter repetidas vezes memória destas coisas" (2Pd 1,15) — mas ainda em vida se valeu de S. João, como discípulo amado, para saber o segredo de quem era o traidor: "A este pois fez Simão Pedro um sinal, e disse-lhe: Quem é o de quem ele fala?" (Jo 13,24).

Pois, se estes santos eram homens, e Deus fazia tanto caso dos seus merecimentos, e os homens, com aprovação de Deus, fiavam tanto deles e de sua intercessão, como diz o mesmo Deus: "Maldito o homem que confia em outro homem"? — Porque há grande diferença de homens a homens. Os santos são homens, mas homens de Deus. Assim se chamam na Escritura, e esse nome deram a Elias os três enviados de el-rei Ocosias, chamando-lhe todos "homem de Deus", ainda os que ele abrasou com o fogo do céu, em prova de o ser, como o mesmo Elias repetiu: "Se eu sou homem de Deus, desça fogo dos céus" (4Rs 1,10). — E quem se fia dos homens de Deus fia-se do mesmo Deus, do qual, por meio deles, tem confiança de alcançar o que pretende. Deixado, pois, o engano ou maldição dos que se fiam dos homens que não são de Deus, para que vejamos no exemplo de um só santo quão seguramente se fiam os santos em Deus e quão confiadamente se devem os homens fiar nos santos, com um pé na terra e outro no mar, veremos em primeiro lugar quão ordinária e quão segura foi a confiança com que S. Francisco Xavier se fiava de Deus, e no segundo, quão extraordinária, quão admirável, e quão segura a certeza com que os homens se fiaram de S. Francisco Xavier.

§ II

Para demonstração da grande confiança do nosso santo em Deus, bem bastava a que até aqui temos visto, envolta em tantos casos e tão maravilhosos; mas para que agora se descubra e manifeste mais expressa e distintamente, e com maior admiração, referirei só dois: um com o pé na terra, outro no mar, ambos tão raros e estupendos, que a mesma terra e o mesmo mar, que ao princípio estiveram incrédulos, com o assombro e pasmo do que viram, ainda depois de visto, quase o não criam.

Chegou a Malaca S. Francisco Xavier a tempo que uma grande armada do Aquém, tendo intentado de noite ganhar a fortaleza por entrepresa, posto que o não conseguiu, queimou contudo as naus, que noutro porto desviado estavam seguras, sem notícias nem suspeita do perigo. Com a luz da manhã apareceu a armada ao largo, coberta de bandeiras e flâmulas, como vitoriosa. Era o general, com título de rei de Pedir, um mouro, tão grande soldado na fama como soberbo, cruel e inimigo do nome cristão, o qual, tendo tomado sete pescadores nossos, por eles, com os narizes e orelhas cortadas, mandou uma carta ou cartel escrito com sangue dos mesmos miseráveis, em que desafiava ao capitão da fortaleza, que era Simão de Melo, e se continham nele grandes afrontas dos portugueses, desprezos do seu rei, e blasfêmias contra Cristo. Recebida a embaixada, com mais riso das barbatas que pensamento de vingar as injúrias, só Xavier, doendo-lhe, quanto era razão, as de Deus e de sua lei, foi de voto que em todo o caso se acudisse por ela, e foram tão vivas as suas razões que assim se resolveu. Declarada a guerra contra o mouro, e também Deus então parece que a quis declarar contra Xavier, competindo ambos sobre a sua confiança no mesmo Deus, multiplicando dificuldades ou impossíveis, que pareciam insuperáveis a toda a confiança, e Xavier, perseverando sempre nela, tão constante, inteira e invencível como se fosse superior a todos.

Queimadas as outras naus, só se acharam no arsenal de Malaca sete fustas, e um catur pequeno, sem outro aparelho mais que os cascos velhos, rotos e destroçados, boa parelha contra uma armada de sessenta velas, fustas, lancharas e galeotas fortes, e fornecidas de tudo o necessário para a navegação e para a guerra; e, sobretudo, de muita artilharia de todo o gênero. Sobre esta dificuldade cresceu outra, que mais se pode chamar desesperação, porque o feitor ou provedor do almazém disse que não havia nele um fio de enxarcia, nem uma vara de pano, nem estopa, nem breu, nem um remo. Mas a tudo acudiu a confiança em Deus de Xavier, repartindo com sua autoridade e encomendando com sua boa graça o apresto das oito embarcações a oito homens ricos, senhores de navios, os quais, com ciência e trabalho que requeria um mês, os puseram à vela em cinco dias. Guarneceu-os o capitão-mor com cento e cinquenta soldados e cabos de toda a confiança, sendo os da armada inimiga seis mil, afora a chusma, todos escolhidos, e entre eles muitos turcos e genísaros, e quinhentos criados de el-rei, da primeira nobreza, que chamam orobalões da manilha de ouro. De maneira que vinha a ter o inimigo para cada navio nosso doze navios, assim como para cada soldado quase quarenta soldados. Vencida esta desproporção só com dizer Xavier: — E Deus não pode mais? — partiu a nossa armada em demanda da do inimigo, que de propósito, para outro assalto, tinha desaparecido; eis que subitamente, sem tocar embaixo, nem outra ocasião de perigo ou desastre, a nossa capitânia se vai a pique. Amotina-se toda a cidade, dizem a gritos que bem mostrava Deus no princípio qual havia de ser o fim daquela empresa. Votam todos que era temerária e contra o serviço de el-rei; faz-se disso assento público, que assinaram todos, mas não os capitães e soldados, os quais, com valor verdadeiramente cristão e português, disseram que se não haviam de retratar do que uma vez tinham jurado de pelejar até morrer pela fé de Cristo; que aqueles agouros eram mais de mulheres que de homens; que se a capitânia se perdera, se salvara a gente, que é a que faz a guerra; e que tanto podiam pelejar em sete como em oito navios. Tudo isto eram efeitos da oração de Xavier e da sua confiança em Deus, o qual, ainda que a apurava, não podia deixar de a favorecer. Contudo, para sossegar os ânimos dos que ficavam em terra, promete o santo que, por um navio que se perdera, daria Deus dois maiores e melhores, e naquele mesmo dia, antes que se pusesse o sol. A brevidade da promessa acrescentou o alvoroço, não havendo olhos que dos eirados e dos montes não estivessem postos no mar, quando, uma hora antes de o sol se pôr, apareceram da parte do norte duas velas latinas. Soube-se logo que eram fustas portuguesas, capitães e senhorios delas Diogo e Belchior

Soares, pai e filho, que as levavam carregadas de mercadoria, sem intento de tocar Malaca. Foi-as tomar ao mar o santo, autor da empresa, e ambos, a poucas palavras suas, mais como cavaleiros que mercadores ofereceram as pessoas, os navios, e sessenta soldados que neles levavam para se incorporarem na armada. Assim acrescentada de vasos e gente, tornou a pedir segunda vez, e com a segunda bênção de Xavier, a que ele chamava romaria da Santa Cruz, não deixando contudo de picar os corações dos que ficavam aquela espinha que, desguarnecida a fortaleza do principal nervo do seu presídio, perdida a armada, se perderia também ela. Quarenta e cinco dias não houve em Malaca novas dos seus aventureiros, tendo passado a maior parte deste tempo sobre ferro, por causa dos ventos contrários. Mas não se descuidaram os mouros, e o demônio, por meio dos feiticeiros, em divulgar que não viera nova, por não escapar quem a trouxesse, sendo todos mortos, sinalando-se o tempo e lugar da batalha, e outras circunstâncias a que a mesma demasiada tardança deu facilmente crédito. Porque a fé da profecia passada não só esfriara com o temor, mas se apagara totalmente com a tristeza. Culpavam ao capitão-mor por se haver precipitado a uma empresa tão arriscada, por conselho, como diziam, de um clérigo; que os religiosos rezassem pelo seu breviário, e se encomendassem a si e ao povo a Deus, e se contentassem os bons com governar as consciências, mas não as armas. Só o Padre perseverava constante na sua confiança em Deus, e em todos os sermões pedia um Padre-nosso e uma Ave-Maria pela vida e vitória dos que iam na armada, ao que respondiam, murmurando os ouvintes, que as pedisse antes pelas almas dos que ele tanto sem razão mandara a morrer. As mulheres lhe chamavam homicida de seus maridos, e as mães de seus filhos, e até o capitão-mor, arrependido, se afastava dele.

III

Sobre esta consternação se acrescentou outra maior, porque chegou a Malaca uma embaixada do rei de Bintão, filho do mouro Mafamede, a que nós a tomamos, na qual dizia que, estando ele prestes com uma armada de trezentas velas para fazer guerra a el-rei de Patane, soubera o destroço da armada dos portugueses, e como fiel amigo de el-rei de Portugal, seu irmão, voltara com todo o mesmo poder a socorrer a Malaca, da qual distava só seis léguas, esperando a resposta do capitão-mor. A resposta foi como de corsário a corsário, pelos mesmos consoantes: que ele, capitão-mor, lhe agradecia muito o oferecimento do socorro, em correspondência do qual teria naquela fortaleza o favor e ajuda que sempre nela achara, porque tudo lhe sobejava para o servir, gente, armas, munições e bastimentos, e, o que mais importava, ordem de seu rei para o fazer assim. E quanto à nova, que o divertira do seu principal intento, soubesse que era falsa; antes esperava por horas a sua armada tão vitoriosa e inteira, que lhe pudesse ainda ir seguir a ele as costas a Patane. Isto se dizia por fora, mas o que todos entendiam por dentro era que o mouro, aproveitando-se da ocasião, queria recuperar o que seu pai perdera, ou a título de socorro, sendo admitido ou, quando não, à força descoberta, com tamanho poder acabar de conquistar Malaca, que nós, desamparando-a, diziam os moradores, lhe tínhamos começado a entregar. Com esta consternação já a armada do Aquém não dava cuidado, temendo-se mais o novo perigo, quanto maior e quanto mais vizinho. Tudo era horror, tudo tristeza, tudo confusão, e as queixas, clamores e desesperações, todas caíam sobre o pobre ou bendito Francisco Xavier, o qual, não as podendo vencer com razões, orava continuamente recolhido ou acolhido à sua ermida de Nossa Senhora do Monte, donde, como de mais alto, descobria a sua confiança em Deus e o que os demais não podiam ver. Amanheceu finalmente o dia fatal de seis de dezembro, que caiu em domingo e, pregando o santo na matriz, sendo presentes o capitão-mor e toda a cidade, das nove para as dez horas, emudeceu subitamente no meio do sermão, como suspenso e arrebatado no que via. Todos os gestos mostravam que as coisas vistas eram grandes e espantosas, e não ao perto, senão muito longe, retratando tudo em si mesmo como em um espelho vivo. O rosto já alegre, já triste, já temeroso e pálido, já fervoroso e abrasado, já admirado, já perplexo. As ações do mesmo modo várias: já apertando as mãos, já estendendo os braços, já caídos, mas não desmaiados, já cruzados sobre o peito, já apartando dele a roupa, como se ardera dentro o coração. Os olhos já levantados ao céu, já pregados em um Cristo crucificado, que estava sobre o arco da capela-mor, agora brotando grossas e copiosas lágrimas, agora entre suspiros e palavras truncadas, saindo delas raios ou setas, que parece feriam o mesmo Cristo. O povo, vendo as figuras deste enigma, que não entendia, atônito, pasmado e fora de si, e quase cuidando que também não estava em si o pregador, até que ele, como cansado do conflito, se inclinou um pouco sobre o púlpito e, tornando a levantar a cabeça, alegre e sossegado acabou o sermão com estas palavras: Demos graças a Deus pela vitória que agora acabou de dar à nossa armada. Rezemos um Padre-nosso e uma Ave-Maria pelos que morreram na batalha. Quarta-feira chegará a nova, e sexta veremos a mesma armada.

Aconteceu-vos já depois de um sonho pesado, funesto e temeroso, em que vos imagináveis, ou afogado no mar, ou ardendo no incêndio, ou lançado pelos ares dentre as pontas do touro, acordar subitamente e ficar no mesmo momento descarregado do peso, aliviado da tristeza, seguro do temor e livre dos sonhados perigos? Tal ficou Malaca com as últimas palavras do sermão de Xavier, ressuscitando, como da morte à vida, de toda aquela confusão de temores, ameaças e desesperações, em que pouco antes se considerava perdida, condenando agora a sua pouca fé e pedindo perdão ao prodigioso autor de sua segurança, felicidade e honra, a quem tão ingratamente, e tanto sem razão acusava e condenava. Chegou a nova no dia sinalado, e dela se soube que as duas armadas se encontraram no Rio Parlês, cento e cinquenta léguas de Malaca, onde os aquéns tinham destruído e queimado tudo, e posto em fugida o rei; que o primeiro choque foi entre as duas capitânias, em que a nossa se viu coberta de duas nuvens de setas e pelouros; que um tiro de camelo da fusta de João Soares metera logo a pique a lanchara do soberbo general rei de Pedir, notando-se que, se ambos seguiram a sua derrota e não se incorporaram com a nossa armada, iam cair na dos aquéns; que deles nenhum escapara com vida ou liberdade; que os seus mortos foram quatro mil, e os nossos foram quatro; que o rei de Parlês, em reconhecimento da sua liberdade, se fizera tributário a Portugal; que entre os despojos ricos, e militares, eram trezentas peças de artilharia, três delas com as nossas armas; que a batalha fora domingo, entre as nove e dez horas da manhã. E quando os da terra contaram o que no mesmo dia e hora tinha feito e dito no sermão o Padre Xavier, acrescentou o mensageiro que a ele sem dúvida se devia toda a vitória, porque Dom Francisco Dessa, cabo da nossa armada, correndo os navios, só dizia: — Pelejai, senhores e amigos, como soldados de Jesus e por sua fé; lembrai-vos do juramento de morrer ou vencer, que fizemos nas mãos do Padre Xavier; nem duvidemos da vitória, pois ele a prometeu; e, posto que ausente, por suas orações o temos conosco.

Contestando em tudo a verdade do sucesso com a da profecia, só esperava Malaca com ânsia ver o que acabava de ouvir, quando na sexta-feira sinalada lhe apareceram as suas oito fustas e pequeno catur, com quarenta e cinco das inimigas por popa, ficando queimadas as demais por não haver quem as mareasse, todas arrastando as bandeiras maometanas, e tremulando no tope da nossa capitânia as Chagas de Cristo. A receber os vencedores saiu Xavier à praia, com uma imagem do mesmo Cristo crucificado arvorada e, tanto que puseram os pés em terra, lhes disse: — Este é o general a quem deveis a vitória. — Todos, prostrados, a altas vozes o confessavam assim, adorando a sagrada Imagem, e dali foi levada em triunfo ao seu altar, sendo tal o estrondo da artilharia do mar e da fortaleza, os repiques de todas as igrejas, os aplausos e aclamações de grandes e pequenos, em que só se ouvia: Viva Jesus! — subindo tudo junto até o céu, que nunca lá se ouviu outra música de vozes e instrumentos que mais o alegrasse.

§ IV

Este foi o famoso testemunho da confiança de Xavier em Deus com os pés em terra; passemos ao segundo no mar, não menos admirável, em que no breve da relação suprirei o largo da passada, sendo que de quantos escreveram o caso nenhum o reduziu a tão poucas palavras. Embarcando o santo, e navegando de Japão para Goa, foi tão furiosa a tempestade que se levantou e foi crescendo com a lua nova que, alijando ao mar tudo o que podia ser de embaraço, com conselho poucas vezes ouvido, se arrasaram os castelos de proa a popa, e até o batel, de que naquelas viagens depende a salvação, por causa das aguagens e correntes, pelo muito vulto e peso que fazia no convés, pareceu que fosse antes fora que dentro na nau. Amarrou-se por popa com dois fortes cabos novos e grossos, ficando nele quinze homens portugueses e mouros, que, pelo perigo de se fazer em pedaços, se não puderam recolher. Cinco dias não apareceu de dia sol, nem de noite estrela, para que os pilotos pudessem saber em que altura estavam, deixando-se levar por mares não conhecidos, a arbítrio das ondas e dos ventos. Seria meia-noite quando se ouviu um alarido de vozes lastimosas, cada vez mais distantes, e eram os do batel, que, rotas as amarras e perdido aquele fraco abrigo, mais pediam misericórdia a Deus que socorro aos homens. Mandou, contudo, o capitão, pela importância do batel e lástima dos que nele iam, seguisse a nau, bolinando, a sua esteira; mas apenas tinha dado um lado aos mares, quando caíram sobre ela com todo o peso duas serras de água, de que ficou quase soçobrada e totalmente morta, sem obedecer ao leme, faltando só a terceira para ir a pique. Aos gritos da gente acudiu Xavier, que estava em oração, e dizendo: Ó Jesus Cristo, amor da minha alma; valei-nos, Senhor, pelas cinco Chagas que recebeste por nós na cruz! — no mesmo instante a nau, meio sepultada, surgiu e se pôs em via, e os que já a tinham por tumba de todos, como ressuscitados da morte à vida, não acabavam de entrar em si.

Passado este tão grande susto, tornou a ocupar os corações a dor e tristeza da perda do batel e desgraça dos que nele estavam, não havendo quem os não tivesse por mortos e, rezando-lhes os amigos pelas almas, só Xavier os exortava a que confiassem em Deus, prometendo ao capitão, que entre eles perdera um sobrinho, que antes de três dias o filho viria buscar a mãe, entendendo por mãe a nau, e por filho o batel. Todos, porém, não se riam da promessa, porque o caso era para chorar, e, olhando para a braveza do mar, só criam o que ameaçava a menor onda dele; algum houve que, persistindo na metáfora, disse: Virá o filho mamar na mãe depois de o mar o ter comido? Outros que, se os seus olhos tornassem a ver tais homens, se haviam de benzer deles, como fantasmas do outro mundo. Nos primeiros dois dias, ao amanhecer, e antes de se cerrar a noite, pedia o santo que fossem a ver das gáveas se aparecia o batel, o que o mestre e o piloto faziam, mais por não descontentar a quem tanta reverência deviam, que por esperarem nem lhes entrar na imaginação tal coisa. Contudo, Xavier, entre tantas desconfianças, não vacilava na que tinha em Deus, umas vezes dizendo que não havia de permitir o mesmo Senhor que dois mouros, que iam no batel sem batismo, perdessem esta vida e mais a eterna; outras, que ele tinha prometido três missas à Senhora do Monte de Malaca, em cuja piedade confiava lhe alcançaria esta mercê de seu bendito Filho; mas nada bastava para abrandar a dureza da desesperação humana, em que confirmava a todos a mesma tempestade. Amanheceu finalmente o terceiro dia, tornou a pedir Xavier ao piloto que mandasse descobrir o mar; ao que ele respondeu que o batel, em mares tão grossos, não podia deixar de estar perdido e, quando Deus milagrosamente o salvasse, já lhe ficava atrás mais de cinquenta léguas. Mas ao desengano desta resposta acudiu o santo com uma instância tão contrária, como foi pedir que amainassem a vela porque o batel já não podia estar longe. — Padre, replicou o piloto, comer-nos-á o mar, se tirarmos aquela pequena vela com que surgimos. Amainaram, contudo, mas vendo que a nau perigava e querendo outra vez levantar a vela, Xavier teve mão na verga de proa e, inclinando sobre ela a cabeça por um breve espaço, eis que grita da enxárcia um grumete: Milagre, milagre, ali vem o nosso batel.

§ V

Todos os olhos da nau correram a ver o prodigioso aparecimento, saltando em todos as lágrimas de alegria, e tornando-se a suspender de pasmo. Se então se imaginara o que se soube depois, com razão se pudera duvidar pelo número se o batel era o mesmo ou outro, porque o perdido levara quinze pessoas, e este trazia dezesseis. Então, se iam todos lançando aos pés de Xavier beijando-lhos, como a santo, e pedindo-lhe perdão da sua pouca fé; mas ele, fugindo ao triunfo da sua confiança em Deus, se retirou à câmara da nau, fechando-se por dentro. Chegou-se a bordo o batel, subiram acima por seus pés e suas mãos, sem meter medo, como fantasmas, os que nos três dias antes tinham sido mortos. E advertindo um deles que não via o padre, disse: — Ainda o Padre não subiu? E, perguntado que padre, e donde havia de subir, respondeu naturalmente que o Padre Francisco Xavier, o qual parece que ainda não tinha subido do batel, onde viera com eles. Aqui cresceu o espanto e parecia coisa de comédia, porque os da nau sabiam que sempre estivera na nau, e os do batel afirmavam que sempre os acompanhara no batel, e nem uns podiam deixar de crer o dito de tantos, nem os outros contrariar o testemunho de quinze; enfim, examinado o caso, se averiguou que o santo no mesmo tempo assistira na nau e no batel juntamente, sendo necessário assim, para que nem a mãe nem o filho acabassem de se perder de todo. Agora me lembra uma notável circunstância da história de Malaca, quando havia de partir a armada contra os aquéns. Os da armada queriam que fosse com eles Xavier, os da cidade não vinham em consentir que os deixasse, e estando a contenda igualmente travada, o que o santo respondeu foi: — Senhores e amigos, eu todo sou de todos e de cada um; com tão boa vontade irei com uns como ficarei com outros; se me podeis partir, fazei-o, e senão, vós vos concertai, e o resolvei. — Note-se muito a palavra do santo: se me podeis partir. Por que o não puderam partir, não o partiram; agora porém porque ele podia e o pedia a necessidade, ele se partiu, e todo em cada metade: no mesmo tempo se achou Xavier na nau e Xavier no batel. Só a eloquência de S. Zeno Veronense pudera ponderar o caso. Mandou el-rei Manassés serrar pelo meio, da cabeça até os pés, o profeta Isaías, e diz o grande padre: — "E o insigne e ilustre profeta, entre os serradores, um pendente de cima, e outro revoltado debaixo, tanto tempo perseverou com o corpo constante e imóvel, até que partido um Isaías ficassem dois — os quais ambos condenassem a perfídia dos idólatras"[1]. Assim também Xavier: não outros o partiram a ele, senão ele se partiu a si mesmo, até que de um Xavier se fizessem dois Xavieres, um na nau, outro no batel, para que ambos condenassem a pouca fé dos que não criam o poder da sua confiança em Deus.

Os primeiros que a reconheceram foram os dois mouros, cujas almas deviam tanto cuidado a Xavier, os quais logo se batizaram, e todos os demais confessavam que naqueles três dias e três noites passaram tão seguros e sem cuidado como Jonas no ventre da baleia, porque se lá a baleia, que não podia perigar na tempestade, defendia o profeta, cá o profeta defendia o batel, para que não perigasse, sendo lá um só milagre contínuo na vida de Jonas e cá tantos milagres, não só quantas eram as vidas, senão quantas eram as ondas que, podendo cada uma meter no fundo o batel, como na nau se cuidava, todas, por reverência do sagrado piloto, se rebatiam e lhe perdoavam. É verdade que os do batel, como Jonas, em todos aqueles três dias não comeram; mas foi coisa observada na nau que também Xavier nos mesmos três dias não comeu bocado, tanto assim que no fim deles, de fraco e debilitado, pediu a Fernão Mendes Pinto[2], que ia na mesma nau, o deixasse encostar no seu beliche. E por quê? Resolvem os filósofos que, quando Deus reproduz a um homem, para que no mesmo tempo esteja em diferentes lugares, bem pode comer em uma parte sem comer na outra; mas Xavier, porque não comia no batel, também não quis comer na nau, para que até a sua abstinência nos provasse em uma e outra parte que era o mesmo. Elias, quando o povo perecia à fome, tinha um corvo que duas vezes no dia lhe levava de comer; porém Xavier, ainda estando muito longe dos seus, não tinha ânimo para comer quando eles jejuavam.

§ VI

Mas que diremos ao dito de que o filho viria buscar a mãe? Os navios são uns animais inanimados, que contêm em si todos os cinco gêneros da vida sensitiva. Lá disse Salomão: "Três coisas me são dificultosas de entender: o caminho da águia no ar, o caminho da cobra sobre a pedra, o caminho da nau no meio do mar" (Pr 30,18s). — Andam estes animais sem pés como serpentes, voam com asas como aves, governam-se pela cauda como peixes, trazem o freio nas âncoras, e as rédeas nas escotas como cavalos, e os seus movimentos certos dependem do céu, como homens. Quando o batel se veio chegando à nau, mandou o piloto que lhe lançassem um cabo, e disse Xavier que não era necessário, como com efeito não foi, porque juraram as testemunhas que o batel, estando o mar tão alterado, veio diretamente buscar a nau e se cingiu com ela sem corda ou coisa alguma que o atasse, como se fosse um bezerrinho ou cordeiro que por instinto natural vai buscar a mãe e se pega a ela. E deste dito e caso, junto com outros muitos, infiro eu que fez Deus a Xavier pastor universal de todo este gado marítimo maior e menor; e assim como o Senhor disse a S. Pedro que "apascentasse as suas ovelhas" (Jo 21,17) — que são as mães, e que "apascentasse os seus cordeiros" (Ibid. 16) — que são os filhos, assim Xavier, segundo este seu particular ofício e domínio, acudiu e salvou a nau e mais o batel, chamando à nau mãe e ao batel filho, e infundindo a ambos quase espíritos vitais: à mãe, para que, estando caída, se levantasse, e ao filho, para que, estando tão longe, saltando de monte em monte, a buscasse.

O mesmo Cristo dizia de si: "Eu sou bom pastor, e conheço as minhas ovelhas" (Jo 10,14), o qual conhecimento, conforme Santo Agostinho e S. João Crisóstomo, é aquela ciência com que o Senhor entre as suas ovelhas, que são os homens, conhece quais são os predestinados e quais os réprobos. Exceto, porém, os indivíduos humanos, não há outros, ou sejam naturais ou artefatos, que tenham também o seu gênero de predestinação com tanta propriedade como os navios, dos quais uns se salvam, outros se perdem. Logo, sendo Xavier pastor, e bom pastor deste seu gado marítimo, não podia deixar de ter o exato e infalível conhecimento dos que se haviam de salvar ou perder, em que foi mais prodigioso que nenhum outro santo. Em cada viagem, ou partissem muitos navios ou poucos, conhecia o sucesso de cada um, distinguindo nomeadamente os que haviam de chegar a salvamento, ou arribar, ou perigar, e por que causa ou desgraça, e, de cada navio, se havia de durar muito ou pouco tempo, e que fim havia de ter, ou acabando de velho no porto, ou feito pedaços em um recife, ou lançado a pique na guerra, ou comido do mar na tempestade; enfim, a predestinação de cada um. Da nau capitânia S. Tiago, em que partiu de Lisboa, diziam todos em frase marinhesca que em todo o mar salgado não havia pau de melhores manhas, seguro, veleiro, obediente ao leme: e Xavier só dela se doía, significando sempre ao governador o desastrado fim que havia de ter, como teve, chegando todas as outras, que eram sete, a Goa, e só ela dando à costa na ilha de Salsete de Baçaim, onde, feita pedaços, se afogaram todos aqueles que se apressaram, como sucede, a se querer salvar a nado. Pelo contrário da nau Santa Cruz, famosa em toda a Índia, prometeu que nenhum perigo do mar havia de prevalecer contra ela, e que, depois de muitos anos, acabaria no mesmo estaleiro onde fora fabricada. Por esta causa o senhorio, que era Diogo Pereira, o embaixador com quem o santo determinava passar à China, nunca lhe quis dar querena em terra, mas só recorrer-lhe os lados no mar, entendendo que só na terra perigava, e no mar estava segura. Desta maneira navegou a nau Santa Cruz trinta anos, livrando sempre felizmente de grandes perigos, de tormentas e corsários, até que, passando a outro dono, considerada a sua velhice, a quis reparar. Em conjunção de grandes mares foi levada ao estaleiro, onde se assentou quietamente, e indo na manhã seguinte os oficiais que haviam de trabalhar no concerto, não acharam a nau, senão a ossada dela, concorrendo então toda a cidade do Cochim a ver e admirar os muitos e contínuos milagres com que se conservara inteira, porque a quilha estava podre, podres a roda da proa e popa, podres as curvas ou cavernas, o fundo comido do gusano, as obras mortas cadáveres, as costuras descozidas e abertas, os pregos ferrugentos e sem cabeça, enfim, uma descomposição naval, composta de inumeráveis milagres.

§ VII

E como as profecias e promessas de Xavier eram tão certas e evidentes, por isso a confiança que os homens tinham nele quase competia com a que ele tinha em Deus, que é o segundo ponto do nosso discurso. Nele serei tão breve como largo no passado, mas não duvido dizer que com exemplos igualmente admiráveis e, se pode ser, mais estupendos. Pela experiência deste último, era contínua a emulação ou batalha com que os mercadores procuravam embarcar ou segurar os seus comércios na nau Santa Cruz, partindo sempre sobrecarregada e quase metida no fundo. Sucedeu, pois, que, saindo uma vez de Malaca em companhia de uma frota mercantil para Cochim, mal havia perdido de vista o porto, quando advertiram o piloto e passageiros que fazia tanta água que seria manifesta temeridade empenharem-se em uma tão larga e arriscada viagem sem se aliviar a carga e descobrir por onde se alagavam; pelo que, disparando uma e outra peça em sinal do seu perigo, voltaram arribados outra vez a Malaca. É caso sem semelhante o que agora se segue. Quando os da cidade souberam a causa, em lugar de acudirem ao temido naufrágio, foram tais as risadas e zombarias, tais as injúrias, nomes e apodos afrontosos com que repreendiam a covardia e pouca fé de homens que temiam perder-se na nau Santa Cruz, à qual o Padre Francisco Xavier tinha prometido e assegurado de nunca perigar no mar, que o piloto, mestre, marinheiros, e quantos nela iam, envergonhados e corridos do que tinham intentado, do mesmo modo que arribaram sem buscar nem tomar água, nem fazer diligência alguma, tornaram a içar as velas e prosseguir a sua derrota a Cochim, onde chegaram com a mesma água, mas com toda a carga, tão enxuta e sem avarias, como se o vaso da nau fora o mais bem calafetado e estanque. Tão firme e tão geral era a confiança que em toda a Índia se tinha nas palavras e promessas daquele oráculo!

O caso que, depois de desfeita a mesma nau, se seguiu, ainda na minha opinião é mais admirável. Jorge Nunes, patrão de uma pequena fragata, considerando que aquela milagrosa fortuna, que a bênção de Xavier imprimira em todo o corpo da nau Santa Cruz, não podia deixar de ficar também impressa nas partes e relíquias dela, com grande fé e confiança no mesmo santo tomou uma daquelas tábuas e pregou-a na popa da sua fragata, e por este modo de enxerto, como o garfo de uma árvore no tronco de outra, foi tal o domínio que dali em diante experimentou sobre os mares e ventos que, sem esperar pelas conjunções que os grandes baixéis observam para se fazer à vela, o bom Jorge, com qualquer tempo e vento, e por meio das mesmas tempestades se fazia ao mar, sem nenhum medo delas, como se naquela tábua levasse escrito um passaporte de Deus para que nenhuma se lhe atrevesse. Chamavam-lhe temerário e louco os outros oficiais da arte, aos quais ele respondia que o mar conhecia a virtude daquela sua relíquia, pela experiência que tinha de trinta anos, em que sempre a reverenciara. Por muitos anos depois continuou o venturoso patrão as suas viagens por todas as costas da Índia, vendo a sua fragatinha lastimosas perdições e naufrágios de naus de grande porte, ela, porém, sempre segura, porque em qualquer dos ventos levava sempre naquela tábua a sua fortuna em popa. Finalmente, chegada já à última velhice, e cansada mais de pisar que de sulcar as ondas, sendo tirada à praia, para receber nova querena, diz a história que, assim como tinha imitado a nau Santa Cruz na vida, assim a imitou na morte, desfazendo-se e ficando sepultada na terra a que nunca pode sepultar o mar. Tanto se conformou a pontualidade de Xavier, não só com o desejo, senão com o pensamento do seu devoto, o qual houvera de pendurar aquela milagrosa tábua diante dos altares do mesmo santo, como troféu das suas vitórias e perpétuo monumento da confiança que nele devem pôr os homens.

Não posso deixar de ajuntar a este o terceiro exemplo, e seja o último. Era piloto da nau-mãe, a que buscou o batel como filho, Francisco de Aguiar, o qual, discorrendo com Xavier, o seu milagroso passageiro, sobre os perigos e sustos dos que tomaram por ofício e vida trazê-la sobre as águas do mar, tão duvidosa e inconstante como os ventos, lhe manifestou a tristeza e pena com que vivia. Consolou-o o santo, e confirmou-o no mesmo exercício, prometendo-lhe que nem ele morreria no mar, nem navio algum governado por ele se perderia, por maiores que fossem as tempestades que contra ele se conjurassem. Ouvido o celestial oráculo, ficou tão seguro o temeroso piloto na fé daquela promessa que dali por diante, sem reparar em que a embarcação fosse grande ou pequena, forte ou fraca, bem ou mal aparelhada, nem fazer caso se o mar estivesse quieto ou alterado, o vento próspero ou contrário, o caminho e o fundo limpo ou cheio de escolhos e baixios, tão ousada e cegamente se arrojava aos perigos do mar e da terra como se o nome de Aguiar lhe tivesse dado asas de águia, superior a ambos os elementos. Navegando uma vez de Jonaserim a Pegu em um champão, embarcação pequena e própria daqueles mares, velha e mal aparelhada, em companhia de outros navios de alto bordo, levantou-se uma tempestade tão furiosa que, não a podendo aguardar nem resistir os navios grandes, todos, sem escapar um só, ou lançados a pique no alto, ou feitos pedaços nos baixios, se perderam lastimosamente. E o piloto Aguiar, que fazia? Guiado por onde o levava a agulha da sua fé, assentado na popa e governando o leme do seu champão, como na mais segura bonança, ia cantando. — É possível — lhe disseram os marinheiros — que no meio de uma tormenta tão furiosa, e quando os mares estão semeados dos mastros, das vergas e dos outros pedaços náufragos de tantos navios mais poderosos que vimos perder diante dos nossos olhos, vós no vosso champãozinho ides tão seguro e cantando? — Sim — respondeu intrepidamente o piloto — porque o padre Francisco Xavier me prometeu que nem eu nem embarcação que eu governasse havia de perecer no mar; e por que é impossível faltar a palavra e promessa daquele grande homem de Deus, ainda que estas ondas cresceram e subissem até às estrelas, e o meu champão fora de vidro, tão seguro iria, e cantando no meio delas, como até agora fiz ao som do vento nas cordas, e do ruído dos mares nos baixios. — Com esta resposta se revestiram da mesma fé todos os companheiros, o champão chegou a salvamento a Pegu, e alguns mouros, que nele iam, tanto que puseram os pés em terra, pediram e receberam a água do Batismo.

§ VIII

Segundo vejo, parece-me que todos estais admirados da infalível certeza das profecias de Xavier, e dos modos extraordinários com que se cumpriram. Mas eu nem dos milagres me admiro, nem da certeza das profecias, que todas, sendo de Deus, são igualmente infalíveis: o que me causa singular admiração e espanto é a segurança tão firme que os homens tinham nas mesmas profecias e promessas de Xavier, graça que Deus não concedeu aos mesmos profetas canônicos e da Sagrada Escritura, sendo as suas palavras de fé. Que promessas se leem na Sagrada Escritura mais repetidas e confirmadas com maiores milagres que as da Terra de Promissão, a cuja viagem precedem no princípio as dez pragas do Egito, os exércitos de Faraó afogados do Mar Vermelho, a passagem dos filhos de Israel pelo mesmo mar a pé enxuto, e tantos outros assombros da natureza, e prodígios inauditos, vistos com os olhos, palpados com as mãos e pisados com os pés? E contudo os mesmos que os viam, palpavam e pisavam, criam tão pouco que haviam de chegar à Terra de Promissão que, em castigo da sua incredulidade, sendo seiscentas mil famílias, as matou Deus a todas no deserto e, o que mais é, até ao mesmo Moisés, por incredulidade, lhe tirou a vida antes de lá chegar. O mesmo sucedeu às profecias de Isaías, de Jeremias, de Ezequiel, de Oseias, e todos os outros profetas, ou duvidadas, ou totalmente negadas e não cridas. E que as profecias de Xavier viessem finalmente conseguir tal autoridade, fé e crédito com os homens, que no meio dos mais horrendos e formidáveis perigos não vacilassem nelas, antes os desprezassem!

Ponhamos o maior exemplo, e o mais natural dos casos que acabamos de referir. Estando a barca dos apóstolos no meio do mar de Tiberíades, foi a eles o Senhor, que estava em terra, caminhando sobre as águas, o que vendo S. Pedro, disse: — Senhor, se vós sois, mandai-me que vá eu também por cima da água até onde estais. — E vós, Pedro, pedis que vos mandem o que quereis? Muito temo que vos não há de suceder bem nesta viagem. — Havida com voz de obediência a licença, desceu confiadamente da barca; mas, tendo dado alguns passos com toda a segurança, subitamente sentiu que ia ao fundo. Bradou ao divino Mestre que o salvasse, e o Senhor, estendendo o braço, teve mão nele, dizendo: "Homem de pouca fé, por que duvidaste?" (Mt 14,31). — De maneira, como pondera S. Crisóstomo, que no princípio teve fé nas palavras de Cristo, e com ela se lançou ao mar; porém, depois duvidou. E por que duvidou depois? O mesmo texto o diz: "Vendo que o vento era muito forte, fraqueou na fé, e temeu" (Ibid. 30). — Comparai-me agora este grande piloto com os nossos. Pedro sobre a palavra de Cristo, e com o mesmo Cristo diante dos olhos, vendo que o vento era forte, duvida, teme, fraqueia na fé, vê-se perdido e, como dizem, pede a Deus misericórdia, bradando ao Senhor que o salve, que tanta força tem, e tanto podem os perigos à vista. Porém, os nossos pilotos, sobre a palavra de Xavier, não presente senão ausente ou morto, vendo, não um vento forte, senão as mais horrendas tempestades de todo o mundo, vendo subir as ondas em montanhas às nuvens, vendo sorver o mar uns navios inteiros e desfazer outros em pedaços, vendo-se sós e cercados de naufrágios alheios, não vacilavam um ponto na fé, não duvidavam, não temiam, não reconheciam perigo nem necessidade de recorrer outra vez ao céu ou ao santo; mas, desassustados, alegres e cantando, seguiam sua viagem, como se o mar fora leite, os tufões viração galerna, a cerração e escuridade luz, e os trovões e coriscos serenidades.

§ IX

Tenho acabado o meu discurso, e assim como ele teve dois pontos, assim em duas palavras tiro dele dois documentos. O primeiro, que confiemos em Deus como Xavier confiou em Deus; o segundo, que confiemos em Xavier assim como os homens confiaram em Xavier. Este foi o homem em que se quebraram e desfizeram as maldições que Deus lançou sobre o homem que se confia de outro homem: "Maldito o homem que confia no homem" (Jr 17,5). — Se confiardes em homens, achareis em lugar da verdade a mentira, em vez da sinceridade enganos, em paga de benefícios ingratidões, em correspondência de merecimentos invejas, em figura da virtude a hipocrisia, com máscara de amizade traições, com rosto de benevolência ódios, com fingimento de louvores calúnias, com promessa de bons ofícios maldades, com bandeira de paz guerra, com capa de zelo zelos, debaixo da voz de Jacó roubos, debaixo dos abraços de Joab punhais, debaixo do beijo de Judas vendas, aleivosias, prisões, falsos testemunhos, afrontas, espinhos, cravos, cruz, e, até depois da morte, lançadas. Isto fazem os homens, e isto acontece aos que se fiam deles.

Porém, quem puser a sua confiança naquele homem a quem Deus fez para exceção de todos, Francisco Xavier, nele achará o seguro de todos os bens e a isenção de todos os males. Para as tristezas achará a consolação, para as dificuldades o conselho, para os perigos o remédio, para os trabalhos o verdadeiro e forte socorro. No mar terá certa a serenidade, nos ventos a obediência, na terra a fertilidade, na fome a fartura, na peste a saúde, na guerra a paz ou a vitória, e, onde não valem as forças humanas, milagres e poderes divinos. Nos cárceres e masmorras as cadeias rotas, nos naufrágios o porto, nos incêndios o fogo sem queimar, nas balas o ferro sem ferir, e nas mesmas mortes, ou impedidas, ou ressuscitadas à vida. Para os vícios e dúvidas da passada, que é mais, a emenda; para as fraquezas e inconstâncias da presente a fortaleza; para as tentações e astúcias do demônio a valorosa resistência; para os pecados e suas consequências a verdadeira contrição e arrependimento; para o arrependimento e propósitos da virtude a firme perseverança; e para a alma, enfim, quando se desatar do corpo, o fim para que Deus a criou, que é a eterna bem-aventurança do céu, aonde nas asas da proteção de Xavier voará segura.

SERMÃO QUARTO

Pretendentes

"Pôs o pé direito sobre o mar,
e o esquerdo sobre a terra."
(Ap 10,2)

§ I

Muito receoso venho de que, pelo argumento que hoje trago para pregar, haja de perder o nosso santo alguns amigos. É fundado em algumas cartas que escreveu da Índia a Portugal. Nem será esta a primeira vez em que elas, principalmente quando contêm verdades de pouco gosto, produzam semelhantes efeitos. E como foram escritas em terra, e navegaram tanto mar, creio que se dará por satisfeito o nosso anjo dos dois passos de cada dia com que, por mar e por terra, o imos seguindo.

§ II

Muitas estátuas de S. Francisco Xavier se têm esculpido, muitas imagens pintado, muitas estampas impresso, mas em nenhum mais ao natural nem mais ao vivo retratado que nas suas cartas. Isto disse das do seu Lucílio, Sêneca: "Agradeço tuas frequentes cartas, que são com efeito o único modo de te mostrares a mim"[1]. Isto disse das suas Ovídio: "É-me agradável teu afeto, mas os versos que te mando retratam-me melhor"[2]. — E se eu me pudera, não digo alegar, mas repetir, já disse neste mesmo lugar que os corpos se retratam com o pincel, as almas com a pena. Mas porque na pena como no pincel pode haver favor, na sinceridade lisonja e na verdade engano, ouçamos o que diz Tertuliano das epístolas dos apóstolos, pois falamos de um deles[3]: "Lemos as epístolas de S. Pedro, de S. Paulo e dos outros apóstolos, e o que soa nos nossos ouvidos são as suas vozes, o que veem os nossos olhos as suas imagens". — Cento e quinze epístolas andam impressas de S. Francisco Xavier, e em todas elas se vê tão retratado ao natural, ou sobrenatural, como se estivera vivo. A pintura tem cores e sombras, claros e escuros, e tanto se descobre a soberania do seu espírito no claro do que diz como no escuro do que cala.

Quando houve de partir de Lisboa o santo, que já começava a ter esse nome, encomendou-lhe el-rei que, chegando à Índia, visitasse as fortalezas e presídios do Estado, procurando a cura e remédio das desordens que achasse, avisando-o por suas cartas de tudo o que visse cumprir ao serviço de Deus e seu. Mas sobre este ponto nem uma só palavra escreveu Xavier a el-rei, entendendo que se não devia ocupar na Índia senão naquilo a que viera, tratando só do espiritual e universal de todo o Oriente, e não do temporal e particular, que outros tinham a seu cargo; e também para não causar ciúmes aos mesmos de quem queria ser ajudado com verdadeiro amor. Em Malaca lhe fez Dom Álvaro de Ataíde aqueles agravos e públicas afrontas, que todos sabem, tão alheias da nobreza do seu apelido como da fé e nome de cristão; e quando cuidava que seriam iguais as queixas que dele escreveria o núncio — jurisdição de que só ali usou, não para castigo dos sacrilégios, mas para absolvição das censuras e injúrias — havendo à mão secretamente uma via das cartas e lendo-as, tão assombrado ficou de se não achar no silêncio delas como de ver no mesmo silêncio a santidade de quem tão cegamente ofendera. É bem verdade que, para tirar os impedimentos da propagação da fé, conversão dos gentios, exemplo e perseverança dos já cristãos, deu conta Xavier a el-rei de algumas desordens gerais, que muito encontravam o mesmo fim, mas sempre com tanta cautela e reverência das pessoas que nem pelo nome, nem pelo ofício pudessem ser conhecidas, para que se emendassem os abusos, sem castigo nem descrédito dos culpados.

§ III

Até aqui ninguém se podia ofender das cartas de Xavier, mas para fazer verdadeiro juízo de outras, é necessário supor duas coisas certas. A primeira, que assim como nesta vida não há almas senão unidas ao corpo, assim para a conversão e conservação das mesmas almas é necessário que o poder temporal e espiritual estejam unidos: "O vosso cetro e o vosso cajado me consolaram" (Sl 22,4). — Diz Davi, que foi rei e mais pastor: "o vosso cetro" — "e o vosso cajado" — "esses assim juntos me consolaram", porque quando o cetro, que é o poder real, e o cajado, que é o pastoral, se ajuntam, assim como do contrário se seguem as perturbações e desconsolações, assim desta união se seguem suave e eficazmente os efeitos contrários, sendo o maior e principal a salvação das almas. No mesmo salmo admiravelmente: "O Senhor me governa, em um lugar de pastos ali me colocou, e converteu a minha alma" (Sl 22,1ss). — Construamos cláusula por cláusula. "O Senhor me governa": eis aí o poder real; "Em um lugar de pastos ali me colocou": eis aí o pastoral; "E converteu a minha alma": eis aí a conversão das almas. Para libertar o povo do cativeiro do Egito, em que se significa a redenção e salvação das almas tiradas do cativeiro do demônio, escolheu Deus a Moisés e Arão. A Moisés deu o cetro real e supremo poder temporal, fazendo-o governador do povo, e a Arão deu o báculo pastoral e poder supremo espiritual, fazendo-o sumo sacerdote. E com que fundamento e mistério a Moisés e a Arão? Porque Moisés e Arão eram irmãos, e nesta irmandade, ainda naturalmente, estava a união da jurisdição temporal e espiritual, tão segura, que diz o texto Sagrado: "Tirastes, Senhor, o vosso povo do cativeiro do Egito com a mão de Moisés e Arão" (Sl 76,21). — Não diz com as mãos, sendo dois os sujeitos e duas as jurisdições, senão com a mão, porque a mão que meneava o cetro, e a que meneava o cajado estavam unidas, como se não foram duas mãos, senão uma só: "Com a mão de Moisés e Arão".

Esta é a primeira suposição. A segunda é que, ainda que a conversão e cultura das almas pertença imediatamente à jurisdição espiritual, contudo esse mesmo espiritual depende muito mais do poder e governo temporal. No mesmo exemplo de Moisés e Arão o temos. "Em primeiro lugar se põe o cetro, e no segundo o cajado". — E no primeiro também Moisés — e no segundo Arão: "Com a mão de Moisés e Arão". — Saídos do Egito, quis Deus que se fizesse o tabernáculo, em que pusessem as tábuas da lei e a Arca do Testamento, e esta obra não a encomendou a Arão, senão a Moisés. Depois, na Terra de Promissão, quis que se pusesse em ordem o estado levítico e eclesiástico, e a forma do ritual não a fiou de Abiatar, que era o sumo sacerdote, senão de el-rei Davi. Do mesmo modo a fábrica do famoso Templo de Jerusalém, sendo o desenho do mesmo Deus, ao poder real de Salomão a entregou, e não ao pontifical de Sadoc. Finalmente, na lei nova, da qual tudo o que se dispôs na antiga foram somente figuras, mais importou e fez o imperador Constantino em um dia que S. Silvestre, e todos os pontífices seus predecessores por si só em mais de trezentos anos.

§ IV

Agora se seguem as outras cartas de S. Francisco Xavier, o qual sobre estas duas suposições tão qualificadas e tão certas, vendo que os progressos da fé e cristandade do Oriente não se adiantavam quanto facilmente podiam, porque os ministros do governo temporal, maiores e menores, os não favoreciam quanto el-rei lho encarregava em seus regimentos, escreveu a Sua Alteza, representando-lhe principalmente quatro meios com que estes descuidos se podiam emendar. Primeiro, que todos os capitães e governadores dos reinos, cidades e fortalezas fossem obrigados a lhe mandar todos os anos informações autênticas do que se tinha promovido para a propagação da fé nos distritos das suas jurisdições. Segundo, que os que não tivessem observado as suas reais ordens neste serviço de Deus, que deviam antepor ao seu, por uma nova lei que el-rei, não só promulgasse, mas jurasse de a cumprir, tornando a Portugal lhes fossem confiscados todos os bens, e eles postos em uma mui dilatada prisão. Não disse mais neste ponto, como eu creio, por temor de incorrer em alguma irregularidade. Terceiro, que os feitores não tivessem jurisdição sobre os novamente convertidos porque, sendo o jugo da lei de Cristo leve e suave, como se haviam de querer sujeitar a ele, se quando deviam ser favorecidos para consolação e liberdade sua, e exemplo dos demais, se viam tratar como escravos? Quanto, que Sua Alteza nomeasse uma pessoa de toda a sua confiança, a qual, com total isenção dos ministros de sua fazenda, a pudesse despender, pois essa era sua real vontade, em tudo o que fosse necessário para os ministros da propagação da fé, suas peregrinações, viagens e ornamentos sacerdotais. E neste ponto pedia em uma notável carta — alegando que o fazia por descargo de sua consciência — que Sua Alteza fizesse com Deus boas contas, computando o muito que Deus mandava da Índia a Portugal, e o pouco que à mesma Índia mandava Portugal a Deus. Oh! Deus! Oh! príncipes! Oh! ministros!

Como isto lhes tocava a eles tanto no vivo dos seus interesses, não é muito que lhes agradasse pouco, como sucedeu, porque as cartas, ainda que falam, não respondem. Levou estas a Lisboa o Vigário Geral de Goa, Miguel Vaz, varão verdadeiramente apostólico no zelo, na fortaleza, na constância, no desinteresse, e sobretudo no desejo e trabalho incansável do serviço e glória de Deus e bem das almas, com inteira notícia de todas as da Índia. Acompanhava-o uma informação de tudo o sobredito, em que só faltava a S. Francisco Xavier dizer de Miguel Vaz: "Este é para mim um vaso escolhido para levar o meu nome diante das gentes e dos reis" (At 9,15). — Chegou a Lisboa, estando el-rei em Almeirim, aonde, lidas as cartas e ouvidas as informações, e deferindo-se a todas, se despachou logo, naquele lugar de recreação e passatempo, uma larga provisão de ordens, tão justas, tão santas e tão acertadas para o governo da Índia que parece não puderam sair mais justificadas de um concílio ecumênico. Tanto importa o zelo e piedade de um rei, qual era Dom João o III. Partiram estas ordens, e chegaram à Índia nas primeiras naus, e, abertas no Conselho de Estado de Goa, raras foram, e de menos importância, as que se deram à execução, resistindo e achando que replicar a todas os interesses e respeitos particulares, que, como o não têm a Deus, assim o perdem às leis e provisões dos príncipes, e mais se estão mais longe.

A este dissabor que, sendo que não saía da boca, se mordia e mastigava mal entre os dentes, se ajuntou outro mais notório a todos, que foi não querer o santo passar certidões, nem dar cartas de favor aos que, tendo servido na Índia, se iam despachar a Portugal e requerer maiores postos ou ofícios nele. E sendo naquele grande estado — por lhe não chamar monarquia, com sujeição e atributos de tantos reis e embaixadores, e dependências de outros — sendo tantos e de tanta honra e utilidade os provimentos, como geral de Ceilão, geral da armada de alto bordo, gerais das três armadas de remo, tribunais e conselhos de estado, guerra, justiça e fazenda em Goa, capitanias de Cochim, Malaca, Sofala, Ormuz, Diú, e as demais, e em cada uma delas, com grandes distritos, capitães, alcaides-mores, feitores, escrivães, tesoureiros, foi coisa igualmente notável, e notada, que tendo o mesmo padre tanta autoridade com os governadores e vice-reis, nunca jamais se pudesse alcançar dele que para os tais provimentos, maiores nem menores, intercedesse por pessoa alguma, nem ainda com uma leve significação da própria vontade. E sendo, pelo contrário, o mais eficaz e solícito procurador de tudo o que pertencia à propagação da fé e novas cristandades com os mesmos governadores e ministros reais, tão inteiro porém sempre, e tão inexorável em não favorecer ou ajudar os outros requerimentos, que até em Lisboa, do modo que podia, lhes punha embargos. Consta das suas mesmas cartas, em uma das quais, escrevendo a seu antigo companheiro, o Mestre Simão[4], que tinha com el-rei grande entrada e valia, lhe diz — formais palavras — que, se tinha algum amigo na corte, por nenhum caso o deixasse ir à Índia com cargos e ofícios de el-rei.

§ V

Esta é a razão por que eu receava ao princípio que o argumento deste dia diminuísse devotos e amigos a S. Francisco Xavier, e agora acrescento que não a quaisquer, senão os da primeira plana, como são os que por letras e armas, ou por suas grandes qualidades, uns requerem os maiores postos, outros aspiram ao supremo da Índia. Não era este mesmo Xavier o que aos lavradores nas inundações do inverno impetrava sol, e nos calores do estio chuva? Não era o que aos pescadores, nas costas e praias mais estéreis, com uma bênção que lhes lançava às redes, as não podiam arrastar de muito cheias? Não era o que ao marinheiro, invocado nas tempestades, lhas convertia em vento galerno, e na falta de aguada a água salgada em doce? Não era o que aos mercadores segurava as pessoas e as fazendas, abonando debaixo de sua palavra a próspera viagem de uns navios, ou prevenindo com cautela o naufrágio de outros? Esta sua natural benignidade e desejo de bem fazer não era tão universal para todos, que a logravam sem diferença não só os portugueses e cristãos, senão os mesmos gentios e mouros, que com igual confiança recorriam a ele? Que antipatia era logo esta que o mesmo santo tinha só com os despachos e provimentos dos ofícios de el-rei na Índia? Digo advertida e nomeadamente despachos, e não despachados, provimentos e não providos, ofícios, e não oficiais, porque a estes favorecia Xavier com sua intercessão, ou com el-rei ou com Deus, em tudo o que podia. Diogo Pereira, nomeado embaixador ao imperador da China, fez à sua custa todos os gastos da embaixada, conforme a autoridade e grandeza dela, e porque não teve efeito, escreveu S. Francisco Xavier, e representou a el-rei que, não só por mercê, mas em consciência, se lhe deviam restituir da fazenda real, e assim se fez. Cosme Aires, feitor de Cochim, lhe comunicou um dia que tinha mandado a el-rei um diamante que custara dez mil cruzados, e em Europa valia mais de vinte e cinco. E como o santo lhe perguntasse em que nau, das sete que partiram naquele ano, e respondesse que na Atocha: Não quisera, disse, que nesta nau arriscásseis peça de tanto preço — com que o feitor ficou muito assustado, porque a tinha comprado sem ordem de el-rei. E que sucedeu? Abriu a nau uma tão grande água pela quilha, que se ia a pique; mas Deus, que revelou o perigo a Xavier, pelas suas orações lhe concedeu que chegasse a salvamento. Assim se soube em Goa dali a vinte meses, e antes de todo este tempo tinha dito Xavier ao feitor que estivesse sem cuidado, porque já a rainha trazia o diamante em um anel. Pois, se aos oficiais e providos de el-rei favorecia tanto Xavier, por que encontrava tanto os provimentos e ofícios da Índia?

O mesmo santo o declarou na carta pouco antes citada, ao seu correspondente, o padre mestre Simão. Já vimos como lhe dizia que, se tinha algum amigo na corte, por nenhum caso o deixasse ir à Índia com cargos e ofícios de el-rei. E por quê? Continua dando a razão: pelo não ver apagado do livro da vida e da matrícula em que se assentam os justos. E isto por mais confiança que tivesse da sua devoção e virtude, salvo se soubesse certo que era confirmado em graça, como o foram os apóstolos. De sorte que entendia S. Francisco Xavier, dos despachados para a Índia com cargos e ofícios de el-rei, que o mesmo era escreverem-se seus nomes nas provisões que riscarem-se dos livros da salvação, e quanto melhor despachados para esta vida, tanto pior despachados iam para a outra. Agora pergunto: E que se segue daqui? Que S. Francisco Xavier não é amigo dos que pretendem semelhantes despachos, ou que os mesmos que os pretendem o não devem ter por amigo a ele, como eu receava? Respondo que de nenhum modo. E por isso o mesmo santo, como em profecia ou cautela da mesma consequência, disse na mesma carta: Se tiveres algum amigo. — A razão ou fundamento que um tão grande varão teve para afirmar uma coisa tão notável veremos depois. O que agora afirmo é que tão fora esteve o santo de se mostrar menos amigo na censura e impedimento destes despachos, que antes em uma outra se mostrou o mais verdadeiro e fiel amigo. Vamos às Escrituras, e os que as leem seja com fé.

§ VI

No capítulo sexto do Eclesiástico diz o Espírito Santo que "o amigo fiel não tem comparação neste mundo" (6,15). — Parece demasiado encarecimento, porque assaz qualificado ficará o amigo fiel se o seu amor se comparar com o dos pais, dos filhos, dos irmãos, e muito mais dos casados. Mas é certo e evidente que nem estes se podem comparar com o amigo fiel. Admira-me que Plutarco, sendo gentio, desse a verdadeira razão: "Confesso" — diz ele — "que os pais são queridos, queridos os avós, queridos os filhos, queridos os irmãos, queridas as esposas: podem todos entretanto aborrecerem-se, nem por isso os pais deixam de ser pais, nem os irmãos ou os filhos deixam de ser irmãos ou filhos; embora deixem de ser queridos. Somente o amigo, verdadeiro, querido e amado, nunca deixa de o ser"[5]. Verdadeira e sutilissimamente advertido! Porque o pai pode não amar o filho, mas nem por isso deixa de ser pai; o filho pode não amar a mãe, e nem por isso deixa de ser filho; o irmão pode não amar o irmão, e nem por isso deixa de ser irmão; os casados podem não se amar, e nem por isso deixam de ser o maior parentesco. Mas o amigo fiel nunca pode deixar de amar, porque nem seria fiel, nem amigo, se não amasse. — Em todos os parentes o amor é acidente que se pode mudar, no amigo fiel é essência, e por isso imutável.

Bem estamos até aqui. E em que consiste a essência do amigo fiel? O mesmo Espírito Santo o declarou logo: "O amigo fiel é o medicamento da vida e da imortalidade" (Eclo 6,16). — Notai muito muito: medicamento da vida e da imortalidade juntamente, porque, se o medicamento e o remédio for só para a vida, e esse mesmo remédio da vida for veneno da salvação e da imortalidade, não será amigo fiel, senão infiel e traidor, e verdadeiramente inimigo o que o não impedir. Até Marco Túlio, sem fé da imortalidade, definiu assim a verdadeira amizade[6]: "A verdadeira amizade não é outra coisa senão uma suma união e comum consenso entre os amigos, com o qual benévola e amorosamente se conformam em todas as coisas, não só humanas, mas divinas", e primeiro nas divinas que nas humanas. — E como naqueles requerimentos e despachos o divino se não concordava com o humano, e o que se reputava bem útil para a vida, era mau e nocivo para a imortalidade, e no que parecia remédio para o temporal via o santo que se ocultava o veneno, destruição do eterno, por isso, como fiel amigo, não só o não queria ajudar e favorecer, mas o impedia quanto lhe era possível.

Quando os irmãos de José foram buscar pão ao Egito, sabendo o rei que tinha irmãos e pai em Canaã, disse a José que de sua parte levassem este recado: "Trazei de lá vosso pai, e todos os vossos parentes, e vinde a mim, que eu vos darei todos os bens do Egito" (Gn 45,18). — Sair de Canaã com esta promessa real, era ter passado o Cabo da Boa Esperança antes de sair do Tejo. Enfim, partiram e chegaram; e que faria então José sobre aquela promessa, com todo o poder da monarquia nas mãos? Instruiu aos irmãos que, perguntados que ofício ou exercício era o seu, respondessem que eram pastores de ovelhas, porque com esta notícia poderiam viver na terra de Gessém, apartados dos egípcios. E logo, escolhendo dentre os onze irmãos "os cinco menos bem apessoados", e de feição mais rústica, — com eles presentou a el-rei o pai. Faria algum valido de hoje estas duas prevenções? Não, por certo, senão as que costumam. E por que as fez José? A primeira, "porque os egípcios abominavam os pastores de ovelhas" (Gn 46,34). — A segunda, porque o rei se não afeiçoasse a alguns dos irmãos e os deixasse ficar em seu serviço no paço, e ambas por três grandes motivos, ordenados todos ao mesmo fim. Primeiramente, "para que pudessem habitar juntos na terra de Gessém", apartados dos egípcios, não só na corte, mas fora dela. — Depois disso, para que assim separados, se não misturassem nos vícios com os mesmos egípcios, e se conservassem na fé, religião e serviço do verdadeiro Deus; e ultimamente para que, vivendo naquela pobre e humilde fortuna, sem tratar da que lhes oferecia o rei: "eu vos darei todos os bens do Egito" — fosse tal a sua vida no Egito, que não perdessem nem arriscassem a eterna que esperavam no céu. Assim foi José fiel irmão de seus irmãos e fiel amigo dos que devia amar verdadeiramente. Se fora como os que hoje se usam nas cortes, verdadeiros inimigos de si e dos seus, havia de introduzir o pai com os outros onze filhos e, dizendo o velho ao rei que, pois Deus o fizera tão venturoso em lhe dar um filho que soubesse servir e agradar a Sua Majestade, ali lhe oferecia aqueles onze, para que deles também se servisse, podendo assegurar a Sua Majestade que na fé, lealdade e zelo de seu real serviço mostrariam todos, e cada um, que eram irmãos de seu irmão. E como o rei lhes tinha prometido todos os bens da sua monarquia, não há dúvida que os despacharia logo com os melhores postos e lugares dela. Mas o verdadeiro e fiel amigo, que lhes desejava os bens e remédio desta vida com os olhos na imortalidade: "Remédio de vida e de imortalidade" — não só lhes não procurou os despachos, mas lhos impediu por todas as vias, como se então estivera já revestido do espírito de Xavier. E se esta cautela usou José com homens que, na terra onde seu irmão era vice-rei, se contentavam com o ofício que tinham na sua, quanto mais Xavier com aqueles, que nenhum se embarca para a Índia senão para melhorar de pelote e de fortuna?

§ VII

Maior cautela foi ainda a de Xavier que a de José, porque José aos que quis salvar apartou-os da ocasião na mesma terra, mas Xavier apartou deles a terra da ocasião. Isso quer dizer: por nenhum caso os deixeis ir à Índia. Em um salmo, em que Davi ensinou aos homens o que haviam de pedir, é admirável um verso que diz assim: "Senhor, peço-vos que moveis de mim o mau caminho" (Sl 118,29). — Parece que havia de dizer: Peço-vos que me aparteis a mim do mau caminho — mas que aparteis o mau caminho de mim? O homem é o que se há de apartar do caminho, e não o caminho do homem. Parece-se isto com aquela história da Índia: Afaste-se o penedo. — Ia o governador em um bargantim, e, vendo que se desviava do caminho direito, perguntou ao timoneiro por que. E, respondendo que se afastava de um penedo que lhe demorava pela proa, a bizarria ou arrogância do governador foi tal que lhe disse: Afaste-se o penedo. — De maneira que para o bargantim se não fazer pedaços no penedo, ou se havia de afastar o penedo ou o bargantim; mas o bargantim em que vai a pessoa de um governador da Índia não se afasta: afasta-se o penedo. Uma das coisas vistas, e não advertidas, que disse Sêneca é que "os homens não vão por onde haviam de ir, senão por onde se vai"[7]. — Vai-se à Índia buscar riqueza? Pois vamos à Índia. Vai-se a Ceilão buscar rubis? Vai-se a Colocondá buscar diamantes? Vai-se ao fundo do mar buscar pérolas? Vai-se ao centro da terra buscar prata? Pois vá-se a tudo isto: "Penetramos as entranhas da terra, arrancando dali o que havia sido escondido sob as sombras do Estige"[8]. — E se todas estas coisas são "Causas de desgraças"[9], e qualquer destes caminhos, "caminhos de iniquidade", como os homens, empenhados e cegos, se não querem apartar do caminho, que remédio? O remédio é, já que eles se não querem apartar do caminho, "apartar o caminho deles". — Isto é o que fazia Xavier, e isto o que deviam pedir a Deus os que porventura se queixavam de ele lhes impedir suas petições.

O mesmo Deus, quando está tão liberal que nos manda pedir e promete certos os despachos, sempre é debaixo desta mesma condição: que não seja contra a salvação o que se pede: "Tudo o que pedires a meu Pai em meu nome, ele vo-lo concederá" (Jo 14,13) — diz Cristo, Senhor nosso. — Mas que diremos nós às contínuas experiências de tantas coisas que se pedem a Deus em nome de seu Filho, e não se alcançam? Alguma condição necessária falta logo da nossa parte, pois a verdade da palavra divina não pode faltar. A réplica é de Santo Agostinho, e também a solução, a qual consiste na inteligência do que quer dizer "em meu nome". Qual é o nome do Filho de Deus. É Jesus. E Jesus que significa? *Salvator*: salvador. Pois por isso muitas coisas se não alcançam, porque não são conformes à salvação, senão contrárias a ela, posto que nós o não entendemos. "E o que é contrário à salvação não se pede em nome do Salvador. Ele mesmo pede em seu nome e recebe o que pede, se não é contra a sua salvação eterna."[10] — E por isso, nas petições e despachos de que falamos, Xavier não queria ser intercessor porque sabia que eram contra a salvação. Porventura pode-se pedir em nome do Salvador o que pede em seu nome o tentador? Claro está que não. Pois isso é o que se pede naquelas petições. Quando o demônio tentou a Cristo pediu para ele, e ofereceu-lhe três coisas; pão, honra e mando: Pão: "Dize que estas pedras se convertam em pães" (Mt 4,3)

— e matareis a fome; honra: "Lança-te daqui abaixo" (Ibid. 6) — porque virão os anjos e vos levarão nas palmas; Mando: "Tudo isto te darei" (Ibid. 9) — e mandareis o mundo. — Não são estas mesmas em seu tanto as que o demônio promete aos pretendentes da Índia nos seus despachos? Na fazenda pão, nos hábitos e foros honra, nas capitanias e governo mando? Sim. Pois, de qual das partes se havia de pôr Xavier: da parte do Salvador, e da salvação, ou da parte do tentador e da condenação?

§ VIII

Mas os pretendentes não levam nem põem aqui a sua mira. Tudo no que pertence à vida, nada no que importa à imortalidade. Os que assim vivem e querem viver neste mundo, como se não houvera outro, pouco perderá S. Francisco Xavier em os não ter por devotos nem por amigos, e lhes aconselho que lhe não encomendem a ele as suas pretensões, porque antes as há de impedir que favorecer, salvo se quiserem abrir os olhos, e pô-los na imortalidade e no que há de durar para sempre. E porque todo este desengano se funda naquela tremenda sentença, com que o santo supunha e afirmava que ir bem despachado para a Índia era ir bem despachado para o inferno, resta, para complemento deste grande ponto e de toda a matéria do nosso discurso, averiguar e declarar duas questões para todos curiosas, e para os que se quiserem aproveitar delas importantíssimas. A primeira, donde sabia S. Francisco Xavier o que afirmava com tanta certeza? A segunda, se o que dizia dos despachos e ofícios da Índia se há de entender também das outras conquistas e partes ultramarinas.

Quanto à primeira questão, o mesmo santo confirma na mesma carta o que tinha dito, concluindo assim: Crede-me que falo verdade, e tenho experiência, e o por que eu o sei; não é necessário dizê-lo. — A experiência era de muitos anos, de olhos muito claros e muito abertos, e de quem tinha corrido a Índia muitas vezes, vendo viver e morrer, que são os dois polos de que depende a salvação. Se eu vir que um homem na vida rouba o alheio, e na morte, podendo, o não restituiu, nenhum agravo farei à sua alma se entender que está no inferno, antes farei agravo à fé, a qual ensina que "Sem a restituição do que foi roubado não se pode perdoar o pecado"[11]. — Dizem que voltando o Cabo da Boa Esperança se esfria a fé, e eu não sei se foi frio ou calor o com que os ministros seculares e políticos se não conformaram com os teólogos naquela gloriosa e imortal ação com que o vice-rei Dom Constantino de Bragança desfez em pó, e queimou o dente de Bugio, famoso ídolo em todo o Oriente, pelo qual oferecia el-rei de Pegu trezentos mil cruzados, julgando que convinha mais aceitá-los para as necessidades do Estado, e havendo algum, e não da inferior qualidade, que se oferecia para levar o dente a el-rei de Pegu, e por todas as cidades do reino, enquanto chegava à corte, ira dando a beijar a santa relíquia e recolhendo para si as ofertas. Tinha também experiência Xavier dos capitães das fortalezas, que cada um no seu distrito é um rei pequeno, sendo a salvação dos reis pequenos muito mais dificultosa que a dos grandes, porque estes têm conselhos de estado, de guerra, de justiça e da fazenda, e os pequenos para a fazenda, justiça, guerra, e próprio estado, não tem outro conselheiro mais que o do interesse, conveniência e cobiça, que nunca diz basta. Sobretudo tinha S. Francisco Xavier a ciência do porquê, que ele diz não era necessário dizê-lo, encobrindo sem dúvida as revelações de Deus. E esta ciência divina se argui e prova da outra, de menos importância, pois sabendo, como consta de infinitos exemplos, quando partiam as frotas ou navios particulares, quais se haviam de perder ou chegar a salvamento, melhor saberia das almas, quais se perdiam ou salvavam, como matéria própria do seu ministério.

Quanto à segunda questão, se o que disse S. Francisco Xavier dos despachos e ofícios da Índia se há de entender também dos outros estados das nossas conquistas, muito suspeito que, se o santo estivera na África e na América, como na Ásia, o mesmo que escreveu da Índia escreveria também de Angola e do Brasil. S. Paulo diz: "Os que querem ser ricos caem no laço do diabo" (1Tm 6,9). — E se o desejo da riqueza leva os homens à Índia, os que vão a Angola e ao Brasil é certo que não vão lá a empobrecer: a fazer pobres mais depressa. Os que Deus mandou escolher a Moisés para governo do povo, disse-lhes que fossem homens: "que tivessem ódio ao dinheiro" (Ex 18,21). — E eu, com ser tão velho, tendo visto muitos ódios e vinganças, nunca tive a ventura de ver este ódio ao dinheiro: amor sim, e muito refinado em muitos. Dizem que a Índia está mais longe do rei; mas, depois que não temos recurso a Portugal, senão de um ano para o outro, já estamos iguais nesta diferença. E tão longe está hoje o Cabo de Santo Agostinho em oito graus como o da Boa Esperança em trinta e cinco. Dizem que aquele clima tem outras influências. Assim é, mas quando se não trata do céu pouca impressão podem fazer as estrelas. O que sei é que na Índia são muito menos os cativeiros, e que os de Angola muitos são duvidosos e poucos livres de escrúpulo, e no Brasil, sendo todos os naturais, não só por natureza, mas por repetidas leis isentos de cativeiro: os avós morrendo os deixam por cativos aos filhos, e os pais morrendo aos netos. Finalmente, e em suma, o que julgo que se deve resolver é que onde os ofícios forem os mesmos, e tiverem os mesmos inconvenientes e perigos da salvação, nem o mar, nem a terra, nem o céu deve fazer diferença entre uns e outros.

§ IX

E para acabar com uma carta de S. Francisco Xavier, pois são as que nos serviram de matéria neste discurso, e para que tomemos porto com ela, diz assim ao mesmo Mestre Simão: — Fuão me rogou falásseis por ele a el-rei no seu requerimento. E eu digo que ele aceitará muito mais em andar com Deus em requerimento do perdão de seus pecados. E se o vós lá puderdes tanto favorecer, que o persuadais que se faça religioso, e que não torne à Índia a ser soldado, fareis uma obra pia, que não será menos que ganhar uma alma. Todavia, em satisfação de seus serviços, e para que possa viver em Portugal, vos peço que por amor de Nosso Senhor o ajudeis. — Até aqui o capítulo da carta. E quanto à primeira parte, de andar antes em requerimento do perdão de seus pecados com Deus, não o devia estranhar o requerente, pois se não pode requerer sem folha corrida. Mas quanto à segunda, de se fazer religioso, parece-me que lhe estou ouvindo dizer: — Muito bom é que, quando pedi carta de favor ao padre Xavier para meus despachos, me mande aconselhar que me faça frade! — E eu digo que ainda das telhas abaixo este mesmo conselho era muito bom despacho. Este soldado da Índia não devia de ser tão desvanecido que se comparasse com o grande Afonso de Albuquerque, o qual, contudo, tomou por conselho: Afonso, acolhe-te à Igreja. — Tanto o tinha desenganado a Índia e Portugal.

Mas troquemos isto, meu requerente, em miúdos. O vosso intento é voltar à Índia com posto, para depois do triênio tornar rico para a pátria. E quem vos segurou que haveis de tornar da Índia? A raposa não quis entrar na cova do leão, porque observou que as pegadas dos outros animais todas iam para dentro e não tornavam para fora. De cento e sessenta que acompanhavam a Vasco da Gama, só a terceira parte tornou da Índia. E não só é incerto o tornar da Índia, senão também o chegar. Se da costa de Guiné até o Cabo de Boa Esperança, e do cabo de Boa Esperança até Moçambique, os que foram lançados mortos ao mar tiveram letreiro nas suas sepulturas, com lástima e horror se havia de ver que todo aquele continuado caminho é um cemitério de mais de mil léguas. Mas concedamos a este soldado tal fortuna, que chegue à Índia com vida e tal valor, que sirva lá com honra. Se ele não é cego, bem deve de ver onde se semeiam os trabalhos e onde se colhem os frutos. Lá se padecem as fomes dos apertadíssimos cercos, e cá se fazem os banquetes. Lá se suportam as calmas e as ardentíssimas sedes, e cá se bebe a água de neve. Lá se trazem as armas às costas e se derrama o sangue, e cá se cortam as galas e vestem as púrpuras. Lá se batem à viva força, e se derrubam as muralhas, e cá se levantam os palácios. Lá se dão as tremendas batalhas, e cá se veem as comédias. Lá se padecem as feridas e as curas nos hospitais, e cá nas casas de prazer se regam e cheiram as flores. E o pior de tudo é que lá se ganha às lançadas a fama, e cá se rouba, levando os prêmios delas os que não é sua. Quando Esaú viu que Jacó com as luvas calçadas lhe tinha roubado a bênção, que ele com o arco e setas tinha merecido nas brenhas, diz o texto sagrado que as suas lágrimas foram bramidos: "Deu um espantoso bramido" (Gn 27,34). Mas nem as lágrimas se veem, nem os bramidos se ouvem e se verifica daquelas conquistas o que dizia o duque de Alba das suas: "*Que locos lo ganan, y poltrones lo comen*"[12].

§ X

E por que não deixemos suspenso o fim de toda esta demanda, suponhamos, o que rara vez acontece, que o nosso pretendente se despachou em Portugal, que foi à Índia, que lá por bons ou maus meios enriqueceu e que, finalmente, com toda a felicidade chegou rico à pátria. Suposta esta maré de rosas de felicidades, folgara saber se este homem torna da Índia gentio ou cristão: se gentio, melhor lhe fora ficar lá; se cristão, deve considerar que cá o espera um oráculo do Filho de Deus, que diz: "Mais fácil é entrar um calabre [corda grossa] pelo fundo de uma agulha que entrar um rico no reino do céu" (Lc 18,25). — Onde se deve muito notar que não diz Cristo um ladrão, ou um roubador do alheio, senão um rico. Que remédio tem logo um rico para entrar no céu? Eu o direi. Desfiar o calabre, e logo fio a fio poderá entrar pelo fundo da agulha. Não é declaração minha, senão do mesmo Cristo, ensinando o modo com que o calabre se pode desfiar: "Vendei o que tendes, e reparti-o com os pobres" (Mt 19,21). — Agora torno a perguntar: E há algum que vá buscar as riquezas à Índia, e as traga de lá para as desfiar e repartir deste modo? Parece-me que não. Logo, bem mandava aconselhar S. Francisco Xavier ao seu afilhado que se fizesse religioso, que é o que significam estas palavras de Cristo, sendo mais fácil professar a pobreza em Portugal que ir buscar as riquezas à Índia, e mais seguro, mais útil e mais bem pago o servir a Deus que aos homens.

O mesmo S. Francisco Xavier é o melhor e maior exemplo. Ninguém servia mais que ele na Índia. E o Senhor do céu, a quem ele servia, pagou-lhe porventura como os que se chamam senhores da terra? Destes disse nas suas églogas o nosso Virgílio, sobre as experiências e desenganos, não de outra corte, senão da nossa:

"Eles bebem, e o homem sua,
Dói-lhes pouco a dor alheia,
Querem que nos doa a sua".

De maneira que, sem eles suarem nem se doerem, antes se regalarem à custa dos suores alheios, como pouco há ponderávamos, querem que suem, trabalhem e padeçam os que os servem. Mas não assim o Senhor do céu, a quem Xavier servia. Os suores e as dores eram iguais e recíprocas no Senhor e no servo, como se via no famoso milagre da imagem de Cristo no castelo de Xavier. Quando Xavier suava na Índia suava Cristo em Navarra, e quando Xavier padecia em uma parte, padecia também Cristo na outra. Donde se inferiu discretamente que as veias e as penas eram as mesmas em ambos, as veias para o suor e as penas para a dor:

"Ao teu suor Jesus deu o seu suor
As veias eram de ambos, mas a pena foi
apenas uma".

Do suor de Cristo no Horto disse S. Bernardo que chorara o Senhor por todo o corpo. E tais foram na vida e na morte os suores milagrosos do mais fiel de todos os amigos, Cristo, em correspondência dos de Xavier. Cristo "chamou amigo a Lázaro" (Jo 11,11). — E todos quando o viram chorar na sua morte conheceram quão seu amigo era: "Vejam como ele o amava" (Jo 11,36). — Xavier morreu na sexta-feira de Lázaro, quando a Igreja renova a memória daquele milagre, e Cristo no da sua imagem andou tão fino com Xavier que em todas as sextas-feiras daquele ano, ou chorou aqueles suores, ou suou aquelas lágrimas, sendo este o mais solene e saudoso aniversário que fez o amor dos vivos por nenhum defunto. Fiel amigo na vida, fiel na morte, e fiel depois da morte. Na vida como medicamento da vida, depois da morte como medicamento da imortalidade, e na morte, que é o fim de uma e o princípio da outra, exemplo a todo o mundo, em que deixou provado quão verdadeiro amigo é Xavier, pois só assim quis ser, e foi sempre amigo.

SERMÃO QUINTO

Jogo

"Pôs o pé direito sobre o mar,
e o esquerdo sobre a terra."
(Ap 10,2)

§ I

Não há coisa a mais estimada e mais amada de todas a vida, não só variou Deus o ano, em primavera, estio, outono e inverno, senão que até os dias e noites fez tão desiguais e dessemelhantes que dentro da mesma roda do ano só um é igual e semelhante ao outro. Mas a que fim este exórdio? Estamos, por mercê de Deus, no dia quinto da nossa novena, que por boa conta é o meio dela. E para não enfastiar a devoção, que também se enfastia, julguei por coisa conveniente e agradável aos ouvintes que no meio da mesma continuação, sem interromper a matéria, fosse hoje de algum passatempo. Assim será, e no mar veremos um jogo, e na terra outro.

§ II

Os jogos são tão antigos como o tempo, e porque este passa e não torna, não sei se com razão ou sem ela chamaram passatempos. Os primeiros jogos que inventaram os homens, quando ainda não eram, ou ainda se criavam para ser homens, foram a luta, os cestos, a clava, a lança, a pela, o troia — a que nós chamamos canas — o lançar a barra, o ferir o alvo com seta, o correr no estádio, o saltar os valos, o nadar vestido de armas e outros semelhantes, cujo exercício era tão útil para a saúde e robusteza dos corpos como necessário para a guerra, para a agricultura e para os outros trabalhos de que vive e se conserva o mundo. Foram inventores destes jogos Hércules, Pito, Teseu, e outros heróis, de quem os tomaram os gregos e romanos. E nota Alexandre ab Alexandro — advertência digna de tanto reparo como confusão — que se decretou por lei do Senado em Roma que só estes jogos, e nenhum outro, se pudessem jogar a dinheiro: "Havia por lei do Senado que só nestes jogos se podia jogar a dinheiro"[1]. — Sendo, porém, o principal prêmio dos que venciam, não o dinheiro, senão a honra e fama, esta era tão gloriosa nos jogos, que se chamavam sagrados, que não se dava a coroa ao vencedor, senão à pátria.

E sendo estes jogos dos gentios tão honestos, tão racionais e tão sisudos, que afronta é dos cristãos que tomassem deles os dados e cartas, nos quais, como notou, antes de nos conhecer Marco Túlio; "nenhum lugar tem a razão e o juízo, senão a temeridade e o caso"[2]. — Nestes dois jogos ou latrocínios da cobiça, o menos que se perde é o dinheiro, posto que seja com tanto precipício e excesso, como chora a ruína de muitas famílias, em que os filhos primeiro se veem deserdados que órfãos, os dotes das mulheres consumidos, e as filhas, em lugar de dotadas, roubadas. O ouro de que se fundiu o ídolo do deserto foi o das arrecadas das mulheres e filhas: "Tomai as arrecadas de ouro que vossas mulheres e filhas têm nas orelhas" (Ex 32,2) — e que maldito ídolo é este, senão o do jogo, em que os salteadores domésticos, depois de terem dissipado tudo o mais, até as arrecadas das mulheres e filhas lhes arrancam das orelhas? Refere ali o texto sagrado que os adoradores do ídolo, depois de comerem, se puseram a jogar: "E o povo se assentou a comer e beber, e depois se levantaram a jogar" (Ibid. 6). — Assim se usa comumente, que na mesma mesa às iguarias sucedem as cartas, e à comida o jogo. Mas eu, sem ser profeta, me atrevo a afirmar que na mesa onde se frequentar muito o jogo cedo faltará o comer. E donde tiro ou infiro este prognóstico? Do horóscopo das mesmas cartas e da má estrela e influência debaixo das quais elas nasceram. Os inventores do jogo das cartas, diz Plínio que foram os lídios, gente antiquíssima. E por que ocasião? Refere-a o eruditíssimo ab Alexandro, e eu o quero fazer por suas próprias palavras: "Os lídios, oprimidos da fome, para consolação e alívio das suas misérias, inventaram este jogo para passar o tempo". — Cuidava eu que, para remediar a fome, era melhor meio cavar e trabalhar que jogar. Mas, assim como este jogo teve sua origem na fome, e foi inventado de quem não tinha que comer, assim é prognóstico certo, confirmado com a experiência, que virão a não ter que comer os que frequentarem o mesmo invento.

Sendo, porém, tão frequente e ordinária no jogo a perda do dinheiro e da fazenda, isto é o menos que nele se perde, como dizia, porque são muito mais preciosas, e para sentir as outras perdas ou perdições, em que a cegueira da cobiça não repara. Perde-se a autoridade, porque se diz que a mesa do jogo a todos iguala, contanto que tenham quê perder, o que é contra todas as leis da decência e honra. Alexandre Magno, convidado para que quisesse entrar nos jogos olímpicos, respondeu que o faria se tivesse reis com que emparelhar na contenda. Perde-se o tempo, que, como diz Sêneca, é o maior tesouro que a natureza fiou dos homens; e perde-se, com perdição maior e mais desesperada, porque o dinheiro que se perde em uma mão pode-se recuperar na outra; o tempo, uma vez perdido, não se pode restaurar. Perde-se a amizade porque, quando jogais com o vosso amigo, a vossa tenção é que o que é seu seja vosso, e a sua que o que é vosso seja seu. Aqui se quebra a santíssima lei da verdadeira amizade: "Todas as coisas dos amigos são comuns" — porque o amigo nenhuma coisa pode ter tão própria sua que não seja do outro amigo, pois o amigo é *alter ego* [outro eu]. Perde-se a piedade, porque pela impaciência, raiva, inveja e mofina do que o jogo não favorece, saem da sua boca juramentos e execrações contra o céu, quais eram todas as tardes na casa de jogo daquele taful, que gastava a manhã na igreja, ouvindo todas as missas, e se disse dele discretamente, que pela manhã ia comer os santos à igreja, e que à tarde os vinha vomitar na casa do jogo. Perde-se a mesma liberdade, e como se escreve dos antigos germanos[3], que, depois de perdido quanto tinham, a jogavam, ficando perpetuamente cativos, e o mesmo se usa hoje nas galés do Mediterrâneo, em que os homens, se homens se podem chamar, se vendem a retro aberto, com condição que, se ganham no jogo, restituem o preço, e, se perdem, se sujeitam para sempre ao infame e duro cativeiro, ferrolhados os pés ao banco, e as mãos atadas ao remo. Perde-se a religião, porque o taful que não tem que jogar, nem que furtar no profano, se arrojará facilmente ao sagrado e a despir os altares, como fizeram em figura os algozes que crucificaram a Cristo, e, depois de o pregarem despido na cruz, lhe jogaram as vestiduras. Finalmente, perdem-se ou acabam de se perder as quase perdidas almas, como muitas, por não ter que jogar e perder, se entregaram ao demônio. E outros, por extrema desesperação, se mataram a si mesmos ou quiseram matar, que é o caso a que temos chegado, mais tarde do que eu quisera, mas sempre, sem o declarar, falei dele.

§ III

Partiu S. Francisco Xavier de Meliapor, embarcado em um junco, que lá chamavam navio ordinário de carga, e, atravessando o Golfo de Bengala, com vento que não dava outro cuidado, se puseram a jogar as cartas dois passageiros. Quando o navio corre fortuna, todos os que vão dentro correm a mesma; mas aqui a teve um dos jogadores tão favorável, e outro tão contrária, que este perdeu e lhe deixou nas mãos quanto levava próprio. Cresceu com a perda o desejo de desquitar, que é a maior tentação do jogo e, valendo-se da fazenda alheia e de partes que trazia a seu cargo, o acompanhou tão pertinazmente a mesma desgraça, que também a perdeu toda. Acabou-se o jogo, porque não teve mais que perder. E recolhendo-se o pobre homem dentro em si — de que estivera tão fora — começou a cuidar no que tinha feito. — Perdi o meu, perdi o alheio, perdi o crédito! Que conta hei de dar de mim? Que vida há de ser a minha? Como posso aparecer diante da gente? — Oh! triste! Oh! miserável! Oh! mofina! Oh! infame criatura! Aqui se levantou então uma tal tormenta de imaginações, com ondas sobre ondas tão furiosas, que umas atiravam com ele ao céu, pronunciando blasfêmias contra Deus, outras o precipitavam e metiam no fundo dos abismos, resoluto e protestando que não tinha outro remédio senão lançar-se ao mar. Chegou a notícia deste frenesi ao médico universal, que ordenou a providência divina se achasse naquele navio. Visitou amorosamente o desesperado, consolou-o, animou-o e exortou-o a esperar melhoria na sua desgraça. Mas o caso verdadeiramente, olhado por toda a parte, tinha tais circunstâncias que se não podiam facilmente curar com palavras. As do miserável, como rematadamente frenético, em lugar de agradecerem a caridade do santo, foram afrontosas contra ele. E que faria Xavier naquele aperto? Não há virtude tão engenhosa como a caridade. Vai pedir emprestados cinquenta reales, mete-os na mão ao perdido, diz-lhe que torne a jogar e tentar ventura e que lhe dê primeiro as cartas. Toma as cartas de jogar nas mãos o mestre da santa doutrina, começa a baralhá-las publicamente, uma, duas e três vezes. E que diriam os que viam uma ação tão nova e ao parecer tão indigna de tais mãos? Os mais familiares do santo estavam pasmados. Os que conheciam menos a pessoa não sabiam como a concordar com a fama. — Este é, diziam entre dentes, o chamado padre Santo! Este é o de quem se conta que ressuscitou mortos! Este é o legado mandado do Sumo Pontífice, o qual, em vez de mandar lançar as cartas ao mar, as está baralhando! Mas tornemos ao jogo, e demos entretanto de barato ao convés estes princípios de murmuração. O jogador que tinha ganhado aceitou facilmente prosseguir a empresa, não sabendo com qual pequeno anzol se lhe queria pescar o que tinha engolido. Davam-se de parte a parte as cartas, e as que tocavam ao jogador perdido, como se nas mãos se lhe pintassem, era tudo o que havia mister, que tão bem amassadas estavam. A poucos lances se viu restituído do que fora seu e, seguindo a mesma fortuna, recuperou também o das partes, de maneira que já ia voltando sobre o contrário. Então o santo, que a tudo assistia, disse: Basta — e bastou que o dissesse. A Sabedoria divina diz que ela compunha tudo jogando neste mundo: "Estava eu com ele regulando todas as coisas, brincando na redondeza da terra" (Pr 8,30s). — E assim o fez e soube fazer Xavier, que tanta era a sua graça. O que tinha emprestado os reales cobrou os mesmos. O que tinha perdido embolsou outra vez o seu; o dos ausentes, que não sabiam o que passava, tornou a correr por sua conta; os do convés, que murmuravam, meteram-se na baralha, e celebravam a gritos o milagre; e a parte mais admirável dele foi que o que agora perdeu quanto tinha ganhado, não ficou descontente. Tal era a graça com que Xavier compunha tudo, sendo ele o que deste jogo saiu com maior ganância, ganhando para Deus as almas dos dois jogadores, uma livre das desesperações, outra dos escrúpulos.

§ IV

Porém, a mim me fica ainda o que muitos poderão ter neste caso, parecendo-lhes que um religioso, e prelado, da sua religião, e, o que é mais, núncio apostólico, o podia remediar por outros meios mais decentes às mãos sagradas. Não digo que mandasse Xavier satisfazer aquela perda com uma grossa esmola das rendas da sua nunciatura, porque as rendas dela eram semelhantes navegações, pedindo ele a esmola de que se havia de sustentar e padecendo maiores perdas ou perdições nas mesmas viagens, em que três vezes como S. Paulo, aquele que tanto domínio tinha sobre os ventos e mares, fez naufrágios, e não um dia e uma noite, como o mesmo apóstolo, senão três dias e três noites, já indo ao fundo, já surgindo, andou lutando com a fúria das ondas sobre uma táboa, até que ela finalmente, quase morto, o lançou em uma praia deserta. Sendo as outras gages do ofício em terra, que não uma vez, como Santo Estêvão, mas muitas, foi apedrejado; nem uma, como São Sebastião, asseteado, mas muitas ferido com setas e azagaias, tão perseguida aquela vida pelos inimigos da fé que pelo não poderem queimar, como pretendiam, fartavam a raiva em pôr fogo às casas onde tinha estado. Mas contudo este mesmo homem que, para exercício e exemplo da paciência vivia em tão extrema pobreza e desamparo, tinha tanta autoridade com os que o conheciam e tanta graça com todos, que bem podia esperar do jogador venturoso que se contentasse com o que o outro tinha perdido do próprio, e prometer a este que, para o das partes, o comporia com elas. E quando menos, que apelando dos meios humanos para os divinos, lhe valesse com suas orações, com as quais, levantando só os olhos ao céu, como se elas fossem as chaves dos tesouros da onipotência, tinha remediado outras maiores necessidades e perdas. E se o miserável do desesperado se queria lançar ao mar, o que a tantas naus e tantos milhares de homens tinha sido o seu Cabo da Boa Esperança, também o podia ser a este, tirando-lhe a salvamento a vida e o crédito, que era o que mais sentia, e restituindo-o vivo e honrado ao porto donde saíra, como finalmente fez.

Mas, se tudo isto lhe era fácil, sem tanto empenho e fábrica de dinheiro emprestado, de segundo jogo, de cartas baralhadas, de perdas do ganhado, de restituições do perdido, e de murmurações e menoscabo da própria opinião, que em pessoa tão grande e tão santa, posto que duraram tão poucos instantes, pesava e valia mais que tudo, por que acudiu Xavier a emendar e trocar a má fortuna do seu afilhado, não por outro, senão por este meio? Era ditame do santo, e assim o aconselhava aos soldados, que antes jogassem que gastar o tempo em outras conversações. E para Deus confirmar esta doutrina com um milagre, por todas suas circunstâncias notável, quis que o restaurador do jogo fosse o mesmo mestre dele, e não por outro meio ou instrumento, senão as mesmas cartas, porque é vitória própria da grandeza e magnificência divina fazer vencer aos que socorre com os mesmos instrumentos com que foram vencidos. Venceu o demônio ao homem no paraíso: com quê? Com um lenho, que foi o da árvore vedada; pois seja também vencido com um lenho, que foi o da cruz. Por que meio venceu o mesmo demônio? Por meio de uma mulher. Pois, seja também vencido por meio de uma mulher, que foi a que lhe quebrou a cabeça: "Por meio de uma mulher venceu, por meio de uma mulher foi vencido" — notou S. Crisóstomo. — Da mesma maneira Xavier quando tomou por sua conta defender e restaurar o jogador perdido. Com que o venceu o jogador vitorioso? Com as cartas e pelas cartas. Pois, também pelas cartas e com as cartas, trocando a fortuna as mãos, há de ser agora o vitorioso vencido, e o vencido, vencedor. E para maior energia da vitória e da mudança as cartas não hão de ser doutra batalha, senão as mesmas, que por isso Xavier as pediu primeiro. De Aquiles se conta, ou seja história ou fábula, que a ferida que fazia a sua espada, só com a mesma espada se podia curar; por onde disse o poeta: "E na mesma ferida sentiu a mão mortal e benfazeja". — E, sendo Xavier o Aquiles da Igreja, não podia faltar esta circunstância de vitória aos instrumentos da sua.

§ V

Este foi o caso, este o remédio, este o milagre do nosso santo. Agora quisera eu neste auditório, para evitar os casos e escusar os remédios, os que o podem e devem fazer sem milagre. É possível que dentro dos nossos navios havemos de trazer os piratas que nos roubam? É possível que, chegando os passageiros vivos e a salvamento, sem peleja nem naufrágio hão de sair à praia despidos? Embarca-se um indiático em Goa rico, e chega aqui, ou a Lisboa, sem um bazaruco. Porventura esta nau pelejou no mar, e vinha tão mal defendida que a renderam? Não. Houve alguma tempestade que obrigou a alijar ao mar quanto traziam? Também não. Pois, quem roubou a este indiático o que foi ganhar à Índia? Os piratas que lá se embarcam com ele. Jogaram, e perdeu quanto trazia. Sai do mesmo modo de Lisboa na frota um mercante da primeira viagem, e, se veio seguro à Bahia debaixo do comboi, ou da providência de Deus, que as traz e leva, por que chegou sem um vestido com que saltar em terra? Por que nas calmas da Linha veio a bordo um batel com umas cartas, e os que as traziam, como se foram piratas que abordaram o navio, roubaram ao pobre novato e o aliviaram de pagar direitos em alfândega, de quanto trazia. E se eu falo mal em chamar piratas aos jogadores, tornemos ao nosso junco de Meliapor. Se um corsário de Zelanda ou de Bengala o tomara naquela travessa, que havia de fazer este corsário? É certo que havia de roubar a todos o seu e o das partes. Pois, isso mesmo é o que fez ao perdido desesperado o que jogou com ele. E que isto se permita, e não emende, antes os cabos lhe deem exemplo!

Dirão que é necessário este divertimento, principalmente em viagens tão compridas e tão penosas. O divertimento sim, mas não este. O senhor rei D. Manoel, o Conquistador, que acrescentou aos seus títulos o da navegação, e a entendeu melhor que todos, e lhe fez os mais sábios e prudentes regimentos, também quis que se divertissem dos fastios do mar os seus navegantes e mandou que todas as naus fossem providas, para isso, de quê? De violas, adufes e pandeiros, mas não de baralhas de cartas: tanjam, cantem, bailem, festejem-se os ventos galernos com folias e danças, e se também querem jogar, sejam os jogos que pertencem à segurança das mesmas naus e sua defensa, e não se exercitam nem se aprendem. Aprendam a jogar as armas marítimas de todo gênero: a espada, a machadinha, o chuço, a pistola, o bacamarte, a alcanzia. Aprendam a jogar a artilheria, e a bornear a peça e carregá-la. E, se neste jogo, tão próprio do valor e da honra, querem ganhar e não perder, aprendam quando se há de pelejar a ganhar o balravento, e, quando o vento é contrário, a não perder o ló nem a derrota. E façam grande caso de qualquer tento, que neste jogo são necessários muitos. Tento nas nuvens, tento na agulha, tento na bitácula, tento no leme, tento na bomba, tento no paiol da pólvora, tento no fogão e tento no fumo que se bebe, pois uma faísca que cai em matéria tão disposta, talvez não basta toda a água do mar para apagá-la.

Estes jogos e estes desenfados sim, e o das cartas troque-se pelo da carta. Que coisa mais curiosa, útil, necessária e deleitosa que entender a carta de marear, e saber um homem no mar por onde vai, e não tão cego e ignorante, como qualquer pau do mesmo navio? Na carta de marear se veem em um abrir de olhos todos os mares e terras do mundo e suas distâncias; o número dos graus e suas medidas, segundo diferentes rumos; a arrumação das costas, assim do continente como das ilhas; os cabos, as enseadas, os portos, os surgidouros, os baixios, as vigias, os parcéis, as correntes; os ventos e suas oposições, meias partidas e quartas; e até se veem os fundos se são de pedra, se de lodo, se de areia ou burgalhau; e finalmente as alturas, e onde estou, e o que tenho andado, que até na terra alivia muito os caminhantes. Botem-se logo ao mar as cartas, causa de mais perdições que as mesmas tempestades, nas quais, como os ventos furiosos não admitem partido, não resta mais que puxar pela carta. Arrenegue, pois, todo o navegante do jogo, se não se quer perder, que até a nau que joga não é segura.

§ VI

Visto, como acabamos de ver, o jogo do mar; segue-se o da terra, em que nós também entraremos com a nossa parte, e haverá tanto que admirar e aprender no que se ganha e se perde quanto é maior cabedal que o dos dois jogadores do mar, o dos que são ou querem ser senhores de toda a terra. Todas as grandes mudanças de estados que se veem e têm visto neste mundo, sempre vário e inconstante, não são outra coisa que um perpétuo jogo do supremo poder que o governa: "O poder divino brinca com as coisas humanas"[4]. — O mesmo braço deste poder, que é o Filho Unigênito de Deus, o disse, revelando a ordem dos sucessos humanos, que desde o princípio sem princípio da eternidade estão dispostos e decretados nos segredos da providência divina, para saírem e se manifestarem a seu tempo: "Dispunha todas as coisas com ele, jogando na redondeza da terra" (Pr 8,30s). — "Jogo" lhe chama, e diz que a mesa deste jogo é "toda redondeza da terra" — por isso mesa redonda, porque nela não tem preferência de lugar os que nela jogam, tendo tanto direito a perder ou ganhar nela os reis como os vassalos, os grandes como os pequenos, os ricos como os pobres, e os senhores como os escravos. Ponhamos o exemplo no Reino de Israel, por outro nome, das dez tribos, as quais todas neste jogo o ganharam e perderam, passando não só de uma pessoa a outra pessoa, e de uma família a outra família, senão de uma tribo a outra tribo, com tão alternada e contínua variedade e mudança, quanto era o número de todas dez.

O primeiro que ganhou este reino a Roboão, filho de Salomão, rebelando-se, e por força de armas, foi Jeroboão, criado que tinha sido de seu pai (3Rs 12,20). O segundo foi Baasa, que o ganhou a el-rei Nadab, matando-o à traição (3Rs 15,17). O terceiro Zambri, escravo de el-rei Hela, que, vendo-o sem juízo em um banquete, lhe tirou a vida (3Rs 16,9s). O quarto Amri, que o ganhou a el-rei Zambri, sendo general da sua cavalaria, e o cercou e apertou de maneira, dentro do seu próprio palácio, que o obrigou a se matar e queimar a si mesmo (3Rs 16,17s). O quinto Jeú, o qual o ganhou a el-rei Jorão, atravessando-o de longe, porque fugia, com uma seta que lhe chegou ao coração (4Rs 9,24). O sexto Selum, que o ganhou a el-rei Zacarias, acometendo-o descobertamente e lhe cortou a cabeça (4Rs 15,10). O sétimo

Manaém, o qual o ganhou a Selum, matando-o na mesma cidade real de Samaria (4Rs 15,14). O oitavo Faceias, que o ganhou a Facée, em uma torre da mesma Samaria, onde, juntamente com a vida, o privou do reino (4Rs 15,25). O nono Ozée, o qual o ganhou a Facée, ferindo-o mortalmente, de que morreu (4Rs 15,30). O décimo Salmanazar, rei dos assírios, que cativou a Ozée, e cativo o levou para as suas terras (4Rs 17,3), onde, tendo notícia que se queria rebelar, o matou em um cárcere e, voltando sobre Samaria, a rendeu, dando de barato a parte das dez tribos que não pôde levar consigo, que ficassem na pátria destruída. Donde, finalmente, acabou de os transmigrar, e eles, passando o Rio Eufrates, desapareceram até hoje. Este foi o fim daquele jogo em que Deus parece que jogava à pela com o Reino de Israel, sendo tão frequentes os rechaços, que muitos dos reis não chegaram a sustentar a coroa mais que dois anos, e entre eles Zacarias seis meses, Selum um mês, e Zambri sete dias.

Dos jogos dos reinos passemos ao dos impérios e monarquias, em que mais amplamente se verifica o "jogando na redondeza da terra". — O primeiro império foi dos babilônios, que começou em Nabucodonosor, e acabou em Baltazar, vencido por Ciro, e durou setenta anos. O segundo foi dos persas, que começou em Ciro, e acabou em Dario, vencido por Alexandre, e durou duzentos anos. O terceiro foi dos gregos, que começou em Alexandre, e continuou dividido nos reinos do Egito, Síria e Macedônia, e acabou em Cleópatra com Marco Antônio, vencidos por Augusto César, e durou duzentos e oitenta anos. O quarto foi dos romanos, que começou no mesmo Augusto, cuja duração, conservada ainda no nome e majestade de império, se se computar com sua antiga grandeza, só lhe podemos assinar aqueles anos em que as partes de que a mesma grandeza se compunha, lhe estiveram sujeitas, sem se restituírem à sua própria e natural liberdade, sendo certo, como profetizou à mesma Roma Sêneca, que se um povo tinha dominado a tantos, mais facilmente eles, sendo tantos, podiam sacudir o jugo e domínio de um. De sorte que os quatro famosos impérios do mundo, todos, mais cedo ou mais tarde, se perderam neste jogo, passando de umas nações a outras, sem elas o poderem impedir por nenhuma arte ou força, porque, assim como no outro jogo Xavier foi o que baralhou as cartas, assim neste Deus é o que as ordena, dispõe e compõe como é servido: "Dispunha todas as coisas com ele, jogando na redondeza da terra".

§ VII

O vulgo — que é a segunda espécie de gentilidade — atribui as sortes e azares do jogo à fortuna. Mas Salomão nos desengana que toda a boa ou má sorte depende da disposição divina: "Os bilhetes da sorte lançam-se numa dobra do vestido, mas o Senhor é quem os tempera" (Pr 16,33). — E o pai do mesmo Salomão, Davi, que sempre andava com as armas nas mãos, confessava que nas de Deus, e não nas suas, estava o sucesso delas: "Nas tuas mãos estão as minhas sortes" (Sl 30,16). Contudo, é certo que, no caso em que estamos, o período ou catástrofe dos reinos e monarquias, e o passarem de umas nações a outras, não depende só da primeira causa, como senhor absoluto delas, senão também das segundas, como justo juiz. É oráculo não menos que do Espírito santo, por boca do Eclesiástico: "Os reinos e os impérios passam de umas gentes a outras gentes, pelas culpas dos que os perdem. E essas culpas são as injustiças, as injúrias, as calúnias e os enganos" (Eclo 10,8). — Chegados aqui, agora é o lugar em que eu dizia que nós também havíamos de entrar no jogo. O grande império que os portugueses fundaram na Índia, sem arrogância nem afronta das outras nações, se podia chamar monarquia, com tantos reinos e reis sujeitos e tributários. Em tempo de el-rei D. Manoel teve o seu aumento; em tempo de el-rei D. João, o III, que foi o mesmo de S. Francisco Xavier, o seu estado; e de muitos tempos a esta parte padece a sua declinação. Não acabou de repente, como a monarquia dos babilônios, em uma noite em que Ciro venceu a Baltazar. Nem como a dos persas em um dia em que Alexandre venceu a Dario. Mas como a dos gregos e romanos, que pouco a pouco, e por partes, foram perdendo o que tinham ganhado. Tínhamos ganhado, e era nosso Ormuz; e de quem é Ormuz? Mascate; e de quem é Mascate? Cochim; e de quem é Cochim? Ceilão; e de quem é Ceilão? Malaca; e de quem é Malaca? Deixo outros membros de menos nome. Os títulos de senhores da conquista, navegação e comércio, mais dizem o que éramos do que o que somos. Cujas são tantas terras conquistadas no Oriente? Cujas as armadas que navegam e cobrem aqueles mares? Cujos os portos que se enriquecem com os comércios e tributos, que o Indo e Ganges só pagavam ao Tejo?

Ninguém pode duvidar que assim se vai cumprindo, e tem cumprido em grande parte, no império português do Oriente, aquele oráculo universal: "Os reinos e os impérios passam de umas gentes a outras gentes" (Eclo 10,8). — E mais lastimosa perda é ainda que, tendo a nossa nação não só ilustrado o mesmo Oriente, mas assombrado gloriosamente o mundo com tão façanhosos exemplos de religião, de valor, de generosidade, de verdade, de constância e desinteresse, vindo às causas originais que o mesmo texto assinala deste castigo e destas perdas, as não possamos negar. A primeira, é "por causa das injustiças". E como podiam deixar de intervir grandes injustiças, quando tirávamos uns reis e púnhamos outros, sendo naturais senhores de suas próprias nações, acabando estes ou presos, ou desterrados, ou violentamente mortos? A segunda são "injúrias". E que maiores injúrias da razão, da lei, e da mesma fé, que os gentios convertidos a ela, por nos ficarem mais sujeitos, serem mais desprezados, mais oprimidos, mais cativos, e talvez vendidos aos mesmos mouros? A terceira são "calúnias", e nenhumas tão escandalosas a todo o mundo como as que padeceu o grande Afonso de Albuquerque, conquistador, fundador e pai do mesmo império, sendo tirado por elas do governo da Índia, e dado a seus próprios caluniadores, que foi o último golpe com que, em poucas horas de dor, cortou a injusta parca os fios daquela honrada vida, tão merecedora de ser imortal como a sua fama. Finalmente, a quarta foram "os enganos", com tanta diversidade neles quantas eram as ocasiões, na paz e na guerra, das promessas, das obrigações, das alianças, dos socorros, em que se violava, pelos interesses da conveniência, a palavra, a verdade e a fidelidade, que entre amigos e inimigos deve ser sagrada.

Contra estas injustiças, contra estas injúrias, contra estas calúnias e enganos, pregava contínua e fortemente, como trombeta do céu, a voz de Xavier, e as suas repreensões, sem emenda dos nossos vícios, eram profecias certas das nossas perdas. Era tão extraordinário o espírito de profecia e tão ordinário o do grande apóstolo, que muitos teólogos tiveram para si, e, quando menos, duvidaram, se era nele este dom habitual, o que Santo Tomás não concede a Isaías, nem a Jeremias, nem a algum dos profetas canônicos. Estando no Japão, profetizou a Malaca as suas extremas calamidades, e lhas mandou anunciar. Passando à vista de Ceilão, como Cristo à vista de Jerusalém, disse: Oh! miserável ilha! que te vejo coberta de corpos mortos, e toda inundando em sangue! — E quase determinado a ir a Ormuz, mandou lá ao padre Gaspar Barzeu, tão poderoso no dizer que com a sua eloquência obrigou aos mouros a que fechassem as portas de uma mesquita, em que veneravam o Alcorão. O qual, porém, pôde tão pouco com os nossos soldados que, partindo com quatro mil dos naturais a recuperar na Costa da Pérsia a fortaleza de Monjã, sendo os portugueses quatrocentos, só vinte se quiseram confessar. Pela dissolução dos vícios que desta pouca cristandade se argui, subiu o padre-mestre Gaspar ao púlpito, e depois de citar e explicar o verso de Davi: "Enche os seus rostos de ignomínia, para que busquem o teu nome, Senhor" (Sl 82,17) — fez uma fervorosa oração a Deus, em que lhe pedia o infeliz sucesso da jornada e algum castigo de sua poderosa mão, com que se emendassem, e aos ouvintes três Ave-Marias no fim pela mesma tenção. O sucesso foi que, tendo sitiado a fortaleza, veio sobre os portugueses tal peste, que mortos muitos perderam a facção, a honra e a vida. E os que escaparam, arrependidos e prostrados aos pés do mesmo padre, se confessaram. Mas ele então, com os mesmos confessados, fez uma devota procissão, em que pedia a Deus misericórdia, assim como lhe pedira a justiça; e no mesmo tempo chegou a nova que a fortaleza pacificamente se tinha rendido, para que se visse manifestamente a causa por que neste jogo das armas ganhamos ou perdemos.

Não deixarei de ajuntar aqui outro caso, não menos prodigioso, e, se bem se lhe entender o mistério do castigo, de terrível consequência. Residia na cidade de S. Tomé o padre Cipriano, carregado de anos, gastados na conversão das almas, e tão alumiado do céu que, tendo dito que dia das Cadeias de S. Pedro se havia de desatar a sua alma das do corpo, no mesmo dia voou aonde seus merecimentos o chamavam. Sucedeu pois que, chegando àquele porto uma nau com a cruz de Cristo nas bandeiras, o piloto saltou em terra ou a assaltou com tal desaforo que, roubando a um dos novos cristãos sua mulher, a embarcou consigo. Bradava pelas ruas o pobre roubado, pedindo vingança contra a sua afronta e justiça contra tão grave e pública injúria; mas eram tão fracas ou tão pouco zelosas a eclesiástica e secular, que nenhuma lhe valeu. Embarca-se em um batel o velho Cipriano, vai a bordo, afeia o delito e o escândalo, primeiro ao piloto, que lhe não deu ouvidos; apela para o capitão, o qual estava peitado do corsário, se não estivesse também empenhado na presa e, sem restituição nem escrúpulo, mandaram levantar as âncoras, e a nau se fez à vela. Era o piloto torto e o capitão tartamudo, mas não o velho Cipriano, o qual, como lançando do púlpito o pregão da divina justiça, disse que, se faltara a da terra, não faltaria a do céu e, nomeadamente, que, em pena do que tinham cometido o capitão e o piloto, depois de perdida a nau e quanto nela levavam, o tartamudo ficaria mudo e o torto cego. Ouvida a sentença, e mais festejada como engraçada que esperada como certa, não tardou muito em a confirmar a experiência do sucesso, porque os ventos e mares, como executores do castigo, levantando uma furiosa tempestade, deram com a nau à costa: o capitão gritando aos marinheiros, apertou tanto com a voz, que a perdeu totalmente, e ficou mudo; e querendo se vingar do piloto, como causa da sua perdição, arremeteu a ele com a espada e lha meteu pelo olho com que só via, com que também ficou cego. Ambos, contudo, saíram do naufrágio com vida, e ambos, um perpetuamente sem fala, e outro perpetuamente sem vista, acabaram miseravelmente. Mas o que eu muito pondero é o mistério do castigo, sendo ordenado por Deus. Não puderam morrer afogados das ondas, não puderam sair vivos, mas feridos e estropiados dos penhascos em que se desfez a nau e dos pedaços do mesmo naufrágio? Por que foi logo o castigo de um nos olhos e do outro na língua, e tal em ambos que um perdesse totalmente a vista, e outro totalmente a fala? Para mostrar Deus que quando se continuam as injúrias e injustiças, como neste caso, naquilo mesmo em que temos perdido parte, havemos de vir a perder tudo. E, assim como o capitão tartamudo, tendo perdido parte do uso da língua, perdeu totalmente a fala e ficou mudo, e assim como o piloto torto, tendo perdido um dos olhos, perdeu totalmente a vista e ficou cego, assim entendam os que, de perto ou de longe governam a Índia, os quais são os capitães e pilotos das suas terras e mares, que, se continuarem as injúrias e injustiças, com que têm perdido tanta parte dela, sem dúvida a virão perder toda, cumprindo-se inteiramente naquele império: "Um reino é transferido de uma nação para outra, por causa das injustiças e dos ultrajes" (Eclo 10,8).

§ VIII

Acabo com um documento da divina Sabedoria, escrito no capítulo quinze, e parece que com o sobrescrito para os portugueses: "Há homens" — diz a Sabedoria divina — "que estimam e têm para si que esta nossa vida é um jogo [*lusum*] — e que o fim deste jogo é ganhar, e que estes ganhos e interesses se hão de ir buscar a qualquer parte — e que se hão de procurar e adquirir, ainda que seja por maus meios" (Sb 15,12). — Agora saibamos: E que homens são estes? Cornélio A Lápide[5], insigne expositor de toda a Escritura Sagrada, e flamengo de nação, sem nenhum parentesco com a nossa, combinando o nome *lusus* [jogo] com que o texto aqui significa o jogo, com o nome, também *Lusus*, do filho de Baco, do qual reinando em Portugal, tomou Portugal o nome de Lusitânia, como se um nome aludira ao outro, depois de citar a Plínio, Marco Varro e Beroso, diz: "Eis aqui a origem antiga de Lusitânia, que recebeu o nome do rei Luso"[6]. — Mas, se a significação do primeiro "lusus", e a derivação do segundo pertence aqui aos lusitanos, os quais foram buscar os interesses do jogo a partes "tão remotas do mundo" — é certo que "o mau modo de os adquirir" — mais pertence aos modernos que aos antigos. Os portugueses antigos, e primeiros que conquistaram a Índia, que antes deles tinha sido conquista do pai de Luso, que levavam e que iam buscar? O que lá levavam era a fé, e o que lá iam buscar era a honra, como idólatras da mesma honra, que nenhum gentio, com os seus camis e totoquês, se lhes igualava nesta idolatria. Os filhos da mais ilustre e luzida nobreza da Lusitânia eram os que lá iam, e o que lhes diziam e encomendavam seus pais e mães, quando lhes lançavam a bênção, não era que mandassem de lá canela ou diamantes, mas que viessem as naus muito ricas da fama e façanhas do seu valor. De sorte que os antigos levavam à Índia a fé, e iam buscar a honra, e os modernos levam à Índia a cobiça, e vão buscar riqueza, e por isso os passados a ganharam, e os presentes a perdem.

Mas, concluindo com o que mais importa, é certo que "esta nossa vida é um jogo". — Bem o mostram as variedades, incertezas e riscos dela em qualquer estado. Também é certo que Deus, que nos deu a mesma vida, "a compôs assim para ganharmos com ela". — Mas, não para os lucros ou ganâncias, que acabam com a vida mortal, senão para os que hão de durar por toda a eternidade. Sendo, porém, tão diferente o jogo que cai em sorte aos que se têm por venturosos e aos que se chamam mofinos, que remédio, para que com qualquer deles ganhemos sempre, e nunca percamos? Ensinou-o Plutarco, tão verdadeiro como se fora cristão. Diz assim: "O pintarem bem os dados, ou as cartas, não está na mão do jogador; mas se ele é sábio na arte, está na sua mão o usar bem do jogo, com que se acha qualquer que seja"[7]. — Ao rico avarento correu-lhe bem o jogo, e perdeu-se, ao pobre Lázaro correu-lhe mal, e salvou-se, porque o rico usou mal da sua riqueza, e o pobre soube usar bem da sua pobreza. Aos dois ladrões do Calvário não lhes podia suceder pior sorte: e o bom, porque soube usar bem dos seus dois paus, ganhou com eles o paraíso, e o mau, porque usou mal da mesma cruz, com os tormentos que nela padecia, deu princípio aos do inferno. Enfim que, neste jogo que o mundo chama da fortuna, não consta o ser má ou boa, senão no bom ou mau uso dela. Use bem cada um da sua, e sem dúvida será venturoso, principalmente se, para ganhar ou recuperar o perdido, pedir a S. Francisco Xavier que lhe baralhe as cartas.

SERMÃO SEXTO

Assegurador

"Pôs o pé direito sobre o mar,
e o esquerdo sobre a terra."
(Ap 10,2)

§ I

No segundo dia da criação do mundo, dos dois elementos inferiores formou Deus, com grande providência, um só globo. O elemento da água cobria toda a terra, com que ela alagada não podia ser fecunda, nem o homem afogado e sem respiração, poderia habitá-la. Fez, pois, Deus que, subindo ou surgindo um elemento e descendo outro, se dividissem juntamente e se abraçassem, e destas duas partes, uma sólida e outra líquida, conservando cada uma a sua própria natureza, se compôs e inteirou este formoso globo, ao qual, servido e acompanhado dos outros dois elementos, chamamos mundo. As duas maiores e mais necessárias utilidades deste providentíssimo invento do Criador, colheram, depois de muitos anos, os homens, e foram a navegação e o comércio, dois títulos que el-rei Dom Manoel de Portugal, depois que dominou os mares e descobriu muitas terras não conhecidas, ajuntou aos de sua coroa, nomeando-se senhor da navegação e comércio da Etiópia, Arábia, Pérsia e da Índia, não fazendo ainda menção do Brasil, posto que já o navegavam as suas frotas e as começavam a carregar docemente os seus comércios.

As utilidades destas duas artes ou indústrias, que chamei grandes e necessárias, só as não conhecerá quem estiver fora do mundo porque, como a sua redondeza se estende ou revolve em tantas mil léguas, para poder unir as distâncias de terras entre si, tão apartadas e remotas, inventou a navegação aqueles grandes vasos de madeira, a que com nome geral chamamos navios, os quais são umas pontes móveis e ligeiras que, caminhando, e nós nelas, nos levam desde o porto donde levantaram as âncoras a quaisquer outros, posto que remotíssimos, onde outra vez dão fundo. E, como as terras sotopostas a diferentes climas, segundo as influências várias do céu, assim como geram homens de diversas cores e línguas, assim produzem, com a mesma diversidade, infinitos gêneros de frutos e outras drogas, pois é certo que: "Nem toda a terra produz tudo"[1]. — Estas são as que o comércio leva e traz, comutando as naturais com as peregrinas, e fazendo as mesmas peregrinas naturais, com tanto aumento de estimação e preço em todas quanto são mais remotos os fins do mundo donde cada uma é levada ou trazida: "Seu preço excede a tudo o que vem de remontadas distâncias" (Pr 31,10). Lá disse o poeta: "Cubro de sulcos o mar imenso transportando mercadorias"[2]. — E é coisa verdadeiramente maravilhosa, na união destas duas artes que, arando a navegação o mar com as proas e com as quilhas daquelas mesmas árvores que nos navios se levantam secas e sem raízes, colhe o comércio todos os frutos que a terra produziu e regou o céu em todos os climas do mundo.

Plínio lança maldições ao primeiro que semeou e cultivou o linho, por ser esta erva a que deu matéria aos homens para levantarem velas sobre velas, maiores que os mesmos navios, com que dão novas asas e forças aos ventos, não bastando aos pobres navegantes haverem-se de subir os montes e descer os vales que os ventos por si mesmos cavam e levantam nas ondas. Queixa-se de que nasça de tão pequena semente o que não deixa estar quieto o mundo nos lugares que lhe deu a natureza, mas o traga continuamente como fora de si, de uma parte para outra: "Embora nascido de tão pequena semente, leva o mundo continuamente de uma parte para a outra"[3]. — Não advertindo ou não sabendo um homem tão sábio, que o fim para que foi fabricado o primeiro navio foi para levar todo o mundo dentro em si. E sendo este o maior benefício que dele recebeu o gênero humano, quase não é menor o segundo, pois, estando o mundo dividido, não só em quatro partes, senão em tantas outras, em todas pelo comércio e navegação se pode ter e lograr todo. E se foi, não só lícito, mas elegante modo de dizer que Eneias nas suas galés "levara Troia à Itália"[4] — por que não será igual e maior louvor dos outros vasos náuticos, mais capazes, que com o uso das velas, sem remos, não só levem a Itália à Espanha, estas duas províncias às outras da Europa, mas a mesma Europa à mesma África, e a mesma Ásia e América umas às outras? Finalmente, conclui o mesmo Plínio que a mesma natureza, em castigo e vingança desta injúria, fez que o linho queime a terra onde nasce e a faça estéril: "Para que sintamos que isso é feito contra a vontade da natureza, ela queima o campo e torna a terra ainda mais estéril". — Enganando-se muito nesta sentença o juízo de tão grande autor, pois importa pouco que e o linho faça estéreis poucas jeiras de terra, para fertilizar e fazer fecundas todas as outras do mundo, as quais, por benefício daquelas árvores, cujas folhas tecidas do linho assopra e incha o vento, todos os frutos que nascem e crescem só em alguns, dão elas e fazem próprios em si mesmas. E assim como a pintura mostra todo o mundo visível em um pequeno mapa, assim a navegação e comércio, tudo o que nele há de bom, útil e precioso, não pintado ou fingido, senão verdadeiro, o expõe e oferece venal em uma só praça ou feira. Assim o vemos nas de Amsterdão e Londres, nas de Gênova e Veneza, nas de Lisboa e Sevilha, e outros famosos impérios e portos do mar, donde eles as penetram e comunicam às cidades e terras interiores, que não tiveram a ventura de ser marítimas.

§ II

Mas como neste mundo não há benefício sem pensão, nem bem tão isento de todo o mal que não tenha e padeça seu contrário, estas duas utilidades tão importantes à conservação, opulência e ainda à delícia do gênero humano, ambas estão sujeitas a dois perigos tão grandes como elas mesmas. A Sagrada Escritura não os quis declarar, mas manda-nos que o perguntemos aos que navegam o mar, e que eles o digam: "Os que navegam sobre o mar contem os seus perigos" (Eclo 43,26). — Ela os calou, porque não é necessária fé para os crermos: basta a experiência dos que cada dia os choram. Chama-lhes, porém, o texto sagrado, não perigo, senão perigos: "Contem os seus perigos". — E por quê? Porque assim como as utilidades são duas, a da navegação e a do comércio, assim os perigos que sempre a seguem, e de que muitas vezes não escapam, são também dois. O perigo da navegação é a fúria do mar e das tempestades; o perigo do comércio é a cobiça e violência dos corsários, mas tão poderosamente contrários a uma e outra utilidade, que basta não escapar de qualquer delas para que se percam ambas. De ambas considerou Santo Agostinho os perigos quando disse: "Mar cheio de tempestades, onde os homens, por seus desejos maus e perversos, se fizeram como os peixes, que se comem uns aos outros"[5].

Contudo, não só a dor e experiência dos próprios danos, senão também a inspiração da providência divina ensinou aos homens outra indústria, com que antecipar o remédio dos mesmos perigos só no provável temor e contingência deles. E para que não dilatemos mais o fim a que se encaminha este largo discurso, o remédio antecipado que digo é o que em todos os grandes empórios ou praças mercantis se chama casa dos seguros. Contratam ali os interessados dar antecipada e gratuitamente uma parte do mesmo cabedal que têm arriscado, e com esta parte, entregue antes, seguram de tal maneira o todo que, ainda que na tempestade faça naufrágio o navio, ou rendam e seja presa nas mãos dos corsários, sempre o cabedal fique tão seguro nas do que o arriscou como se o conservara em seu poder e o não fiara das ondas e seus perigos. E atrevi-me a afirmar que foi esta traça inspirada da providência divina, porque mais de dois mil anos antes que o Oceano indômito sofresse sobre si o peso das grandes máquinas que hoje sustenta e se deixar romper dos arados náuticos, já este notável remédio ou reparo de seus perigos estava recitado nas divinas letras.

No capítulo onze do Eclesiastes diz assim o Espírito Santo: "Lançai o vosso pão sobre as águas, porque depois de muitos tempos o achareis". — E quem são estes que lançam o seu pão sobre as águas? São os mercadores, que embarcam a sua fazenda, e a lançam ao mar, para depois de muito tempo a recolherem com lucro. Neste sentido disse o mesmo Espírito Santo de uma mulher varonil, como se fora homem de negócio: "Viu que a sua negociação é boa" (Pr 31,18) — e por isso "Fez-se como a nau do negociante, isto é, do mercador, que traz de longe o seu pão" (Ibid. 14). — Alude aos lavradores que semeiam sobre a terra regadia, e com muita propriedade porque, como estes são lavradores da terra, assim os mercadores são lavradores do mar. E para que se veja que o sentido próprio e natural é do mercador, e não do lavrador: o lavrador não colhe o fruto do que semeia de longe, senão de perto, e da mesma terra que pisa com os pés; porém, o mercador "traz de longe" — como da Índia e de outras partes muito remotas; o lavrador recolhe-o dentro em poucos meses, o mercador "depois de muitos tempos" — porque talvez é necessário um ano para ir, e outro para negociar, e o terceiro para vir.

Isto assim assentado, seguem-se imediatamente umas palavras notáveis: "Dai parte dos sete, e parte dos oito, porque não sabeis os males que podem suceder de futuro" (Ecl 11,2). — Todos sabem que o número de sete na Escritura significa muitos, e o número de oito mais ainda. Estas palavras, pois, são tão dificultosas, e se atam tão mal com as antecedentes, que os intérpretes lhes têm dado, não só sete e oito, senão dezoito sentidos diferentes. O que eu tenho por próprio, natural e verdadeiro fique ao juízo dos ouvintes. Agora digo que fala aqui o texto do contrato da asseguração, e do remédio antecipado e prudente, com que, dando parte do cabedal que se embarca e se expõe aos perigos do mar, se segura o todo. O mesmo texto, e a ordem e consequência dele, é a prova manifesta. Primeiramente, diz o texto que lancem a sua fazenda sobre as águas: "Lançai o vosso pão sobre as águas" que é o que fazem os mercadores. Logo aconselha que deem parte dessa mesma fazenda, ainda que seja muita e mais que muita: "Dai parte dos sete, e parte dos oito". — E por que hei de dar esta parte? Porque os sucessos futuros do mar são muito duvidosos e contingentes, e eu ignoro se serão maus: "Porque não sabeis os males que podem suceder de futuro". — E, sendo os tais sucessos duvidosos, e podendo ser maus, é prudência e conveniência grande dar parte do cabedal para o não perder todo. Pergunto: que fazem os mareantes quando se veem nesses perigos? O que fizeram os da nau de Jonas, que lançaram tudo quanto levavam ao mar: "Alijaram ao mar toda a carga que traziam no navio, para o aliviarem do seu peso" (Jn 1,5). — E se no perigo se há de lançar tudo ao mar, não é muito melhor livrar do mesmo perigo, e salvar e segurar tudo só com dar uma parte: "Dai parte dos sete, e parte dos oito"?

§ III

Isto é o que fazem em nossos tempos os homens, e o que ensinou e aconselhou tanto antes o Espírito Santo. Mas eu venho publicar hoje e apregoar outros seguros muito mais seguros para a mesma navegação e para o mesmo comércio. E que seguros são estes? Os da proteção de S. Francisco Xavier, os quais são mais seguros por duas razões. A primeira, porque seguram muito melhor. A segunda, porque seguram muito mais. Ponhamos primeiro os exemplos, e neles veremos este melhor e este mais. Navegando para Coulão, na costa da Índia, um navio mercantil em conserva de outros maiores, estes, por evitar o perigo das correntes e baixios, se engolfaram, sustentando-se com trabalho ao rigor dos ventos, que não só eram contrários, mas furiosos, e, não se atrevendo o piloto a se empenhar tanto com o seu, por menos possante, se recolheu ao abrigo de uma enseada. Era o capitão ou mestre juntamente o mercador, e, considerando que as monções estavam no fim, e que naquele tempo se fechavam os portos, com que seria obrigado a invernar ali, com perda não só da viagem senão das mesmas mercadorias, no meio desta aflição fez voto a S. Francisco Xavier de umas cortinas de tela para o seu altar, se lhe desse o sucesso que só do céu se podia esperar. Em o mesmo ponto cumpriu Deus, pelo seu grande apóstolo, o que tinha prometido pelo profeta Isaías: "Invocarás tu o Senhor, e ele te atenderá; tu clamarás a ele, e ele te dirá: Eis-me aqui" (Is 58,9) — porque, mal tinha o mercador acabado de pronunciar o voto, quando Xavier, como se dissera aqui estou, juntamente aplacou as ondas do mar, e mandou ao vento que assoprasse em popa, com o qual, correndo sempre a costa — o que ainda em tempos bonançosos se não faz sem perigo — tomou o pequeno e venturoso navio o porto de Coulão, que muitos dos outros maiores não puderam ferrar, e foram derrotados a outras partes. Era português o que alcançou este favor do santo, e filho da terra o que, com maiores circunstâncias, experimentou o que agora se segue. Saíra contra costa da mesma Índia, em demanda de Cochim, em um champão, que é embarcação pequena, em companhia também de outras mais possantes, as quais venceram com dificuldade o Cabo de Comorim, que ela não pôde dobrar. Deu fundo defronte da povoação de Cotatá, em que S. Francisco Xavier tem uma Igreja, não só célebre, por milagrosa entre os cristãos, mas mui venerada dos mesmos gentios, e, pondo os olhos nela o desconsolado mercante, por ser singular naquela desgraça, votou à mesma Igreja uma oferta que a história chama não pequena — posto que o era em respeito de toda a carga — deliberado, porém, a descarregar o champão no dia seguinte — que era já o terceiro depois da arribada — e pôr as mercadorias em terra, onde aguardasse a invernada com mais segurança. Mas que faria o divino assegurador, tendo já recebida ou aceita em promessa a parte do cabedal? Aparece aquela mesma noite em sonhos ao que não esperava tão breve remédio. Manda-lhe que não descarregue o navio, porque dentro em três dias se amansariam os mares e mudariam os ventos. E assim se cumpriu. Ao amanhecer do quarto dia, largou o champão todas as velas, montou sem dificuldade o cabo e, achando que as naus da sua companhia, que eram sete, também tinham arribado todas, entrou felizmente com elas no desejado porto de Cochim.

Agora, sobre estes dois exemplos, vejamos se afirmei eu com verdade que S. Francisco Xavier é melhor assegurador, e que assegura mais. Os dois mercadores ambos cumpriram a condição do contrato, porque deram antecipadamente a parte do cabedal. Mas Xavier excedeu muito as condições dele, porque os outros asseguradores só se obrigam a repor e inteirar o cabedal perdido, mas de nenhum modo asseguram a navegação nem o comércio. A navegação não, porque não se obrigam a que o navio chegue ao porto destinado. E o comércio também não, porque também se não obrigam a introduzir as mercadorias onde os avanços a que elas vão encaminhadas se podem lucrar, como faz e fez Xavier, amansando os mares e mudando os ventos, contra o curso natural da monção, e metendo um dos navios em Coulão, e outro em Cochim, onde era sua direita descarga, e, sustentando as portas de um e outro porto abertas, quando, segundo as regras do tempo, puderam estar fechadas. Isto é o mais que assegura Xavier. E o em que se mostra melhor assegurador é que os outros asseguradores podem quebrar, como muitas vezes acontece, perdendo os que deles se fiaram não só todo o cabedal arriscado, senão também a parte com que quiseram segurar o risco. O que não tem lugar, nem se pode temer do nosso novo assegurador, porque os seus tesouros estão situados no banco da Onipotência divina, com que, por mais e maiores que sejam os seguros, nunca poderão quebrar nem faltar, pois têm por fiador a Deus: "Rico para com todos os que o invocam" (Rm 10,12).

§ IV

Mas destes mesmos exemplos parece que resulta uma opinião ou escrúpulo menos nobre contra a soberania do seu autor, porque ambos os homens, que na sua necessidade foram socorridos de Xavier, não experimentaram o seu favor antes, senão depois que cada um deles lhe fez a sua oferta; logo, parece que o santo não obra fina e liberalmente, senão também com seu empenho ou ressábio de interesseiro. Quem isto imaginar é porque não sabe a diferença que há entre as promessas que se fazem aos homens e os votos que se fazem a Deus e a seus santos. O voto, como define Santo Tomás, é um ato de latria e religião, com que prometemos alguma coisa a Deus, ou imediatamente a ele ou por meio dos seus servos, que com ele têm valia[6]. E, posto que no cumprimento do que pedimos há grandes interesses, Deus e os santos não são os interesseiros, nós somos os interessados. É conclusão expressa do mesmo Santo Tomás: "Aquilo que prometemos a Deus por voto não é para sua utilidade mas para nossa utilidade"[7]. — E como a utilidade dos votos e ofertas que fazemos a Deus e aos santos não é sua, senão nossa, nós somos os interessados, e não eles os interesseiros. Como Deus é Senhor de tudo, e os santos têm tudo no mesmo Deus, tanto necessitam eles das nossas ofertas como o mesmo Deus dos nossos bens: "Tu és o meu Deus, porque não tens necessidade dos meus bens" (Sl 15,2). — Cuidais, quando me ofereceis os vossos sacrifícios, que me dais alguma coisa? Enganais-vos — diz Deus: "Porventura dessas mesmas reses como eu a carne, ou bebo o sangue?" (Sl 49,13). — Até Sêneca, sendo gentio, e falando dos deuses falsos, teve deles este honrado e desinteressado conceito[8]: "Os deuses" — diz o grande filósofo — "todo o bem que nos fazem é de mera bondade e liberalidade sua, e de graça, sem interesse algum, salvo se há ignorante que imagine têm eles por fruto e prêmio dos seus favores o fruto dos sacrifícios, e o vapor ou cheiro do incenso".

E se Deus nenhum interesse recebe do que lhe oferecemos e damos nos votos, por que os recomenda tanto na sua lei e em todas as escrituras? Por isso mesmo. Porque são interesses nossos, e não seus. Tudo o que oferecemos e damos a Deus ele no-lo deu primeiro: "E que tens tu que não recebesses?" (1Cor 4,7). — diz o apóstolo S. Paulo. E quando nós damos a Deus o que Deus nos tinha dado, não é para Deus o tomar e se ficar com ele, mas para no-lo tornar a dar. Ouvi um círculo admirável deste contrato recíproco. Diz Salomão: "Todos os rios entram no mar, e o mar não cresce" (Ecl 1,7). — E por que não cresce o mar, sendo os rios tantos e tão caudalosos, e entrando nele de dia e de noite? O mesmo Salomão o diz: "Porque tornam os rios ao princípio donde saíram, para tornar a correr" (Ibid.). — Tudo isto, que parte vemos, parte não vemos, consiste em um movimento circular e perpétuo, com que o mar dá a água à terra, a terra torna a dar a água ao mar, e o mar outra vez a torna a dar à terra. E por isso a terra é a que se rega, veste e enriquece, e o mar não cresce nem tem aumento. Quem é este mar imenso, senão Deus? Tudo o que recebe saiu dele, e não o recebe para o reter em si, senão para o tornar a dar. Excelentemente Santo Agostinho, falando dos votos: "É um administrador benigno e rico que não cresce com as rendas, mas com elas faz que os que oferecem cresçam"[9]. — Deus e os santos são muito benignos e muito ricos, e como não hão mister o que nós lhe oferecemos, nem podem crescer em si, todos os aumentos querem para os que lhos oferecerem, e por isso todos os interesses deste comércio são nossos, e nada seu.

O primeiro homem que fez voto neste mundo, e o maior mercador dele foi Jacó, mercador e pai dos mais industriosos mercadores. Foi tão grande mercador que, sem outro cabedal mais que uma escudela de lentilhas, porque as não quis dar, senão vender a seu irmão, granjeou com elas uma herdade maior que a de Adão, e melhor que ela. E que fez este grande mercador com o seu voto: "Fez um voto ao Senhor"? Com as suas mesmas palavras, falando com Deus, o refere a história Sagrada: "De todas as coisas que me derdes, Senhor, vos oferecerei a décima parte" (Gn 28,22). — Há tal oferecimento! Há tal voto! Há tal contrato! Pasmo de não pasmarem aqui todos os intérpretes. De maneira que Jacó era um peregrino pobre, com um bordão na mão, e neste contrato com Deus ele não havia de entrar com coisa alguma; Deus havia de entrar com dez partes, e destas dez partes as nove haviam de ser para Jacó e uma para Deus? Ora, só com Deus se pode negociar! Bem o entendeu assim Davi. Diz a Escritura que Davi "fez voto ao Deus de Jacó" (Sl 131,2). — E por que não diz que fez voto a Deus absolutamente, ou a Deus todo-poderoso, ou ao Deus do céu e da terra, senão nomeadamente ao Deus de Jacó? Porque no voto de Jacó mostrou Deus quão pouco interesseiro é, e quão interessados ficam os que lhe fazem votos. Se Jacó não fora tão pouco escrupuloso que enganou a seu pai, pudera ele fazer escrúpulo neste seu voto de dar mostras de que queria enganar a Deus. E como todos conhecem quão pontual imitador do mesmo Deus de Jacó é o generoso espírito de S. Francisco Xavier, basta esta demonstração, enquanto assegurador, para o ter defendido do escrúpulo de interesseiro, pois os que lhe fizeram o voto e pagaram o seguro, ficaram tão interessados.

§ V

Mas agora quero que se saiba com outros dois exemplos que não faz menos S. Francisco Xavier pelos votos que pelos devotos. Estando para partir de Malaca uma frota, disse-lhe um seu amigo e devoto que tinha embarcado o seu cabedal em tal navio. Respondeu-lhe o santo: — Não quisera que em tal navio o tivésseis embarcado. Reconheceu o homem o mistério que tinham estas palavras, e porque não era já tempo de mudar a carga, resolveu de se embarcar em outro navio, para que ao menos se em um se perdesse a fazenda no outro se salvasse a pessoa. Deu conta desta mudança a Xavier, e que lhe responderia ele? Não quero que percais a fazenda nem arrisqueis a pessoa; embarcai-vos no mesmo navio, e com tal advertência que, se na viagem houver perigo de alijar a fazenda ao mar, o não consintais. — Partiram, e navegando pelo alto, subitamente se viram encalhados em uma restinga de areia. — Alija! gritaram todos — porém, o devoto de Xavier de nenhum modo o consentiu na parte que lhe tocava, alegando o seguro que levava das palavras do santo, com que os mais também se confirmaram pela fé que nelas tinham. Estando todos assim suspensos, só o navio se não movia, até que levantando-se uns grandes mares o suspenderam também, nadou, prosseguiu a sua viagem e chegou a salvamento, não seguro pelo interesse do voto, mas pelos interesses do devoto.

Isto ficando Xavier em terra; mas embarcado ele, também. Eram três naus as que de Goa navegavam a Malaca, e a sua mais carregada e menos obediente ao leme. Tendo caminhado alguns dias com próspero vento, este se trocou em uma tão terrível tempestade que, à vista da de Xavier, sem lhes valer alguma diligência ou remédio da arte, comeu as outras duas o mar. Este triste espetáculo acrescentou o temor. Faltavam poucas horas de sol para sobrevir a noite, que por si é nova tempestade, quando o capitão, marinheiros e mercadores, todos de comum acordo, trataram de prevenir o maior perigo com alijar a carga. Já, pois, que os outros perderam os navios, as fazendas e as vidas, salvemos nós ao menos esta. E já se abriam as escotilhas e as mãos se aplicavam à obra, quando Xavier a impediu, prometendo e assegurando a todos que aquele trabalho não duraria muito. Instavam, contudo, os experimentados, sendo necessária muita fé para igualar o perigo. Mas, acudindo o mesmo Deus pela palavra de seu servo, e serenando-se brevemente o mar e o vento, reconheceram os companheiros quanta ventura fora a sua em o levarem consigo. E, sem voto nem outro seguro, pôs o divino assegurador em terra os homens vivos, o navio inteiro e as mercadorias sem dano.

§ VI

Só falta, para cumprimento do nosso assunto, depois de tantas navegações tão felizmente asseguradas, o seguro dos corsários. Em vida de S. Francisco Xavier, como os portugueses éramos senhores daqueles mares, havia pouca ocasião e pouca necessidade deste seguro; mas depois que a heresia e pirataria do norte os infestou, assim como foram muitos os casos em que os navios católicos se viram em perigo, assim foram vários os milagres com que o santo assegurador os livrou. Referirei um só. Navegavam de Goa a Macau, para passar a Manila, seis missionários da Companhia em uma galeota, quando ao pôr do sol se viram seguir de uma fragata holandesa. Encomendaram-se primeiro que tudo a S. Francisco Xavier, tão solícito protetor daquela gloriosa missão como de todas; e logo, ajuntando aos meios divinos os humanos, lançaram ao mar todas as coisas de peso que podiam aligeirar a galeota, até o mesmo fogão. Dava a lua bastante luz a se medirem as distâncias, com que reconheceram que o pirata velejava com tanta vantagem que brevemente seriam alcançados, quando a nau inimiga subitamente amainou todas as velas, entendendo os holandeses que tinham tocado em algum penhasco oculto, pelas pancadas com que sentiam bater a quilha e costados vizinhos. E posto que com o prumo não achavam fundo, a repetição dos mesmos golpes lhes fazia crer que seria alguma ponta ou agulha de pedra sobre aguada, que só subia a tanta altura quanta era a que demandava ou pescava o buco [o porte] da nau. Enquanto ela se deteve nestas diligências, teve tempo a galeota para desaparecer e se pôr em cobro. E foi o caso que o fogão que tinham lançado ao mar, não sendo tão pesado que fosse ao fundo nem tão leve que se sustentasse em cima da água, por baixo dela foi levado a se encontrar com a quilha e costados inferiores da nau, e com a bataria que lhe dava a obrigou a amainar e parar, e tratar mais da própria salvação que da presa que seguia, passando-se o medo e apreensão do perigo aos mesmos que o causavam.

Assim livrou Xavier os seus missionários, zombando e enganando os holandeses. E assim livrou Deus os Magos, que foram os primeiros missionários do Oriente, zombando e enganando a Herodes: "Vendo que tinha sido iludido dos Magos" (Mt 2,16). — Aqui nota gravemente S. João Crisóstomo que "Não é ação menos digna da divindade enganar os inimigos que destruí-los"[10]. — Pudera Deus derrubar do trono Herodes, pudera Xavier meter no fundo o corsário; mas assim como Deus teve por ação mais digna de sua divindade enganar e zombar de um, assim Xavier por mais digno da sua humanidade enganar e zombar do outro. E ser por meio do fogão, foi maior graça da zombaria. Perguntou Deus uma vez a Jeremias que via? Respondeu que "Via uma panela acesa" (Jr 1,13). — E esta panela acesa, donde veio? Respondeu que "do norte". — Então lhe disse Deus: Bem viste, e bem dizes, porque "Do norte há de vir todo o mal" (Ibid. 14). — Esta profecia significava muitas em diversos tempos; então significava os exércitos de Babilônia, que haviam de vir contra Jerusalém, em respeito da qual Babilônia é aquilonar [setentriona]. Depois significava, como diz Santo Agostinho, que do norte haviam de sair todas as heresias: "Como consta que hoje na Alemanha, Inglaterra, Escócia, e em outras regiões do norte elas grassam" — diz Cornélio A Lápide, autor também do mesmo Setentrião[11]. — E nós, que diremos? Que do mesmo norte, como mostrou a experiência em nossos dias, havia de sair o fogo que abrasasse a Índia. E porque o corsário neste caso era parte da "panela acesa" com galante energia o enganou e zombou dele Xavier, como se dissera: Já que vós sois a panela acesa, eu vos lançarei água na fervura com o fogão apagado.

§ VII

Já vimos com um pé no mar como Xavier é fiel assegurador da navegação e comércio marítimo. Vejamos agora brevemente com outro pé em terra como não são menos certos e infalíveis nela os seus seguros. Em terra também há naufrágios e piratas, e estes tanto piores que no mar pode-se fugir deles, e na terra não. Bem o experimentam os negociantes, que muitas vezes perdem em terra quanto granjearam no mar. Um destes, rico, e que o sabia ser, chamado Pedro Velho, era muito particular devoto de S. Francisco Xavier na Índia, o qual se valia do seu cabedal e liberalidade para sustento de muitas almas que por falta do temporal perdem a graça de Deus. Neste risco estava uma donzela que o santo queria casar. E indo pedir o dote ao mesmo mercador, como o achasse jogando as tábulas em casa de um amigo, disse-lhe: — Não vem Vossa Reverência a bom tempo pedir-me o dinheiro próprio, quando eu estou trabalhando para ganhar o alheio. Respondeu o santo, como assegurador, palavras formais: — Sempre é tempo de fazer bem; e só nesta sorte de jogo não pode faltar dinheiro, onde ele se não arrisca com os homens, mas assegura com Deus. — Tornou o que jogava com a mesma graça: — Ora, padre, não nos divirta mais; eis aí a chave da caixa, vá a minha casa; e tome o que quiser. — Foi o santo, tomou trezentos cruzados, que era o preço do dote, tornou a entregar a chave e, declarando o que tomara: — Afrontais-me, padre — disse Pedro Velho — pondo-lhe os olhos muito de siso; nesta caixa estavam trinta mil taéis — valem mais que cruzados — e quando vos eu dou a chave, a minha tenção é partir pelo meio, e não haveis de tomar menos de quinze mil. — Festejaram os circunstantes o dito como bizarria e jactância. Porém, Xavier, que lhe viu o coração tão largo como as palavras, aceitando-as por parte de Deus, logo ali lho prometeu, em princípio de paga, que por aquela boa vontade jamais lhe faltaria a providência divina em todo o necessário à vida temporal, e que vivesse contente porque, para se fazer prestes para a eterna, Deus lhe revelaria a hora da morte.

Ouvido este oráculo, provou logo o que havia com o que começou a ser. Porque Pedro Velho dali por diante foi outro homem, na conta com a própria consciência, na frequência dos sacramentos, na misericórdia com os necessitados e no exemplo de uma vida verdadeiramente cristã. Nem acabou brevemente, antes viveu depois por muitos anos em Macau, sempre mui abastado, rico e benquisto de todos, aonde, no fim de uma ditosa e bem lograda velhice, quando já ninguém se lembrava senão ele da prometida revelação da morte, a teve, estando são e bem disposto. Primeiramente, repartiu pelos pobres toda sua fazenda; depois se despediu dos amigos, o que muitos tinham por graça, outros por delírio da velhice e, tendo-se confessado muito devagar e recebido devotamente a santíssima Comunhão, se compôs em um esquife, para que lhe fizessem os ofícios de defunto, concorrendo toda a cidade a ver o fim de coisa tão nova; cantou-se o Ofício e a Missa, a qual acabada, veio o sacerdote ao esquife, onde jazia o vivo, e dito o responso, e lançada a água benta, com a última cláusula do *requiescat in pace* [Descanse em paz][12], descansou em paz Pedro Velho.

Diz a história que a esmola deste venturoso mercador fez na Índia muitos esmoleres; e eu creio que, dos que ouvirem o caso, terá ela mais invejosos que imitadores. Por remate do meu assunto, para que se veja quão pontual assegurador é S. Francisco Xavier, deixada a diferença das moedas, só ponderarei a conformidade e correspondência dos números. O que havia na caixa do mercador eram trinta mil taéis; o que tomou dela Xavier para a esmola foram trezentos cruzados, que vêm a ser pontualmente um por cento. Agora infiro assim: Xavier dá um por cento, Deus dá cento por um; logo, dando Xavier um por cento, nos trezentos segurou os trinta mil porque, quem dá um por cento a quem paga cento por um, nos trezentos que dá segura os trinta mil que recebe. Assim segurou Xavier ao mercador todo o cabedal que tinha, na pequena parte que dele tirou, usando tão fielmente da chave que ele lhe meteu na mão, que com o que abriu para a esmola lhe segurou o ser rico para toda a vida, e não só a felicidade temporal para a que acaba, senão a eterna para a que há de durar sem fim.

SERMÃO SÉTIMO

Doidices

"Pôs o pé direito sobre o mar,
e o esquerdo sobre a terra."
(Ap 10,2)

§ I

O assunto que hoje trago para pregar, não só parecerá impróprio e alheio deste tempo e deste lugar, nem só atrevido e temerário, mas quase ímpio. A menor censura que se pode temer lhe darão os doutos e os devotos, é de ser injurioso e afrontoso ao mesmo santo que louvamos todos estes dias, e cujas ações, não só foram sempre dignas de louvor, mas gloriosas e admiráveis. E que monstro será este de tão feia carranca, e tão medonha e horrenda catadura? Não me hei de deter em o declarar, e só peço ao pio auditório, que muitas vezes se apressa e adianta a julgar, me conceda ao presente discurso não condenar antes de ouvir, que é a justiça que S. Jerônimo pedia para os seus escritos: "Leiam antes, para depois condenar"[1].

Debaixo desta breve prefação, o assunto que hoje hei de pregar são as doidices de S. Francisco Xavier. E para que os escrúpulos, que espero se hão de converter em panegíricos, entretanto tenham mão em si, suponho brevemente que, assim como há doidices que arguem falta no juízo, assim há doidices que o qualificam e acreditam;

assim como há doidices vãs, assim há doidices santas. Texto expresso de Davi: "Que não voltou os olhos para as vaidades e necedades enganosas" (Sl 39,5). — Fala de um homem sábio e sisudo, que toda a sua esperança pôs em Deus, e diz que se não deixou enganar das vaidades e doidices falsas. Logo, há doidices falsas e doidices verdadeiras? Assim é. E quais são as verdadeiras, e quais as falsas? As falsas são as dos doidos que seguem a vaidade: "Vaidades e doidices falsas"; as verdadeiras são as dos doidos que seguem o contrário da mesma vaidade, que é a verdade. Mas, se seguem a verdade, por que são doidos? Porque toda a doidice se opõe ao uso da razão diferentemente. Os excessos dos maus obram contra a razão, e por isso são viciosos e vãos; os excessos dos santos obram sobre a razão, e por isso são sólidos e verdadeiros. Uns e outros doidos nesta grande casa de loucos, que é o mundo, têm o seu hospital separado: o dos santos está nos arrabaldes do céu, para onde sobem, o dos maus nos arrabaldes do inferno, onde se precipitam; uns e outros andam fora de si como doidos: os maus fora de si, porque se buscam; os santos fora de si, porque se deixam. Este é aquele extremo que S. Gregório julgou por tão dificultoso: "É muito difícil deixar-se a si mesmo"[2]. — E porque os extremos que fazem os maus pela vaidade, e os santos pela verdade, excedem tanto o uso comum da vida humana, seguindo cada louco, como dizem, a sua teima, por isso neste mundo se não acabam de conhecer quais são os doidos propriamente doidos, e os doidos verdadeiramente sisudos. E onde se conhecerão sem engano uns e os outros? Ou no céu, ou no inferno, aonde a doidice de cada um os leva. Assim o confessavam no mesmo inferno — como refere a Escritura Sagrada no capítulo da Sapiência — aqueles que, depois que lá se viram sem remédio, diziam assim: "Nós insensatos, julgávamos a vida deles uma loucura" (Sb 5,4). Nós, que tão cegamente nos deixamos levar do furor de nossos apetites, tínhamos por doidos os que faziam o contrário, e agora vemos que os doidos éramos nós, e eles os sisudos: nós os doidos, porque nos achamos padecendo no inferno entre os condenados: "Nós insensatos"; e eles os sisudos, porque estão no céu, gozando de Deus entre os santos: "E entre os santos está a sua sorte" (Sb 5,5).

Esta suposição das doidices sisudas é tão própria do espírito de Santo Inácio e do instituto da Companhia, que reduzindo as nossas regras toda a perfeição religiosa a um só princípio e a um só documento, ou verdadeiramente ao ponto mais alto da mesma perfeição, que dizem? Dizem que de tal maneira devemos aborrecer tudo o que o mundo ama e preza, e imitar tudo o que Cristo Jesus, senhor nosso, amou e abraçou, que estimemos muito e tenhamos por grande mercê sua padecer por seu amor injúrias, afrontas, falsos testemunhos, desprezos, até ser julgados por doidos. Esta é a doutrina de Santo Inácio, confirmada com os exemplos dos maiores santos. E este foi o primeiro fruto verde, duro e propriamente pedrado que S. Francisco Xavier, como primogênito do mesmo instituto, colheu na Índia, de seu ardente espírito e apostólicas ações, as quais, por extraordinárias e admiráveis, em lugar de ser veneradas e celebradas, como depois foram no mundo, pela fraqueza dos olhos que as viam e juízos sem juízo que as avaliavam, eram chamadas doidices de um clérigo santo. Eis aqui o conceito que faziam de Xavier os entendimentos de meia luz: com ametade julgavam que era doido e com a outra ametade santo. E estas são as santas doidices que agora havemos de ver. Ponhamos primeiro o pé em terra, e depois o poremos no mar.

§ II

Clérigo chamavam somente a Xavier. E, sabendo-se em Goa que aquele homem, sobre o caráter de clérigo, tinha o de Núncio Apostólico enviado pelo Sumo Pontífice, esperava o mundo que, quando aparecesse em público, fosse com tal aparato que representasse a grandeza da suprema majestade que o enviava. Mas quando o viram pelas ruas em corpo, sem capa ou mantéu, que nunca pôs aos ombros, vestido com uma roupeta tão pobre, com os pés muitas vezes descalços, e chamando com uma campainha a vozes altas os escravos e escravas, e falando-lhes em uma linguagem meio reinol e meio indiana, verdadeiramente ridícula, julgaram que ou a primeira vez que passou a Linha com as calmas de Guiné, ou a segunda, em que a tornou a passar, com os novos e excessivos calores da Índia lhe refervera o juízo, e que podendo a doidice dar em outra coisa menos pia, tomara a contínua de sair pelas ruas e fazer aquelas doutrinas em modo tão desautorizado e tão alheio de tão grande pessoa. Porém, quando viram que os meninos da mesma doutrina, com as contas do clérigo, que tão pouca fazia da sua autoridade, ou com a cruz que trazia ao peito lançavam os demônios dos corpos e curavam as febres e as outras doenças de cristãos e gentios, mudavam o conceito, e diziam: Ele parecerá doido, mas é santo.

Não passou porém muito tempo que não desse maior prova Xavier ao segundo conceito e maior ocasião ao primeiro. Tendo convertido à nossa santa fé grande parte do Reino de Travancor, entraram por essa parte subitamente com poderoso e furioso exército os badagás, gente bárbara por natureza, fera e cruel por costume, e por trato e por exercício da mesma vida, a qual sustentaram de saltear, roubar e matar. Achavam-se os cristãos sem armas para resistir, sem tempo nem lugar para se pôr em salvo; não se via nos homens, como acontece nos casos repentinos, mais que perturbação e confusão; nas mulheres e crianças, lágrimas, prantos, alaridos, lástimas; ouvindo-se por cima de tudo isto, e atroando os ares a gritaria dos bárbaros, com ameaça de morte e assolação geral a ferro e fogo. Senão quando entre este primeiro fuzilar da furiosa tempestade aparece Xavier; mete-se só entre uns e outros, e com que socorro, com que armas, com que embaixada ou com que partidos? Não pede, não roga, não chora, não se lança por terra, não oferece as fazendas por resgate das vidas, nem pelo incêndio das casas tudo o que houver dentro nelas; mas com ânimo, com rosto, com semblante, com domínio de vencedor e senhor, trata-os de bárbaros, de cruéis, de tiranos; manda-lhes imperiosamente que parem, ameaça-os com raios do céu se dão um passo mais adiante. — Pois, meu santo — que até eu pudera agora usar do outro nome — não vedes que esse modo não é de abrandar nem de persuadir, senão de endurecer, de exasperar, de acender e fazer que esses bárbaros sejam mais bárbaros, esses tiranos mais inimigos, esses lobos mais raivosos e essas feras mais feras? Não vedes que se vos matam a vós — para que basta uma das suas setas — e depois as descarregarem sobre os que quereis defender, a morte deles será lastimosa, e a vossa, quando menos, terá nome de temerária? Não vedes que dirão do vosso zelo e demasiados fervores? Ia a dizer o que eles dizem, mas já não posso, porque a tragédia tão horrenda mudou subitamente a cena. Já as trombetas ou buzinas dos bárbaros tocam, não a fazer alto, senão a fugir desatadamente, como se viram diante de si, não um homem desarmado, mas muitos e mais poderosos exércitos; como se Xavier — diz a história — ferira com os olhos e derrubara com as palavras, assim perderam os inimigos, em o vendo e ouvindo, a braveza, a fúria, as cores, as forças e, desarmando as setas, que já traziam embebidas nos arcos, voltaram as costas e se puseram em fugida. E que fez então Xavier? Não se recolheu triunfando entre aplausos e aclamações, mas com os joelhos em terra e os olhos no céu deu as graças a Deus, assim como de joelhos lhe tinha pedido o esforço para aquela empresa, a qual acabou como santo, sendo que, quando a começou, pareceu doido.

Mas ainda temos outra maior doidice, e no juízo humano mais rematada. Quando Davi fugiu da ira de Saul, seu rei e seu sogro, e por quem tantas vezes tinha arriscado a vida, passou-se para as terras dos filisteus, jurados inimigos da sua nação, valendo-se da sombra de el-rei de Get, chamado Aquis. Mas, como visse que também ali era conhecido e por matador do gigante Golias, assim mesmo filisteu, temendo que quisessem vingar nele a sua morte, fingiu-se doido. A tanto obriga a sem-razão, o ódio, a tirania ou, para o dizer por termos mais claros, o crime de ser um homem maior que os outros. E qual seria a doidice de que usou Davi? Estando as portas fechadas, "Intentava entrar por elas e caía" (1Rs 21,13). — Este é o estado em que vemos a Xavier. O maior império que então havia no mundo, e ainda hoje há, é o da China; e posto que naquele tempo tinha fechadas as portas com tal severidade, cautela e vigilância, que nenhum estrangeiro podia entrar lá sob pena de morte, lei inviolavelmente guardada, desejoso, contudo, o ardentíssimo zelo de Xavier de introduzir na China a fé de Cristo, se resolveu a intentar e procurar eficazmente por qualquer meio a entrada, a qual, quando não conseguisse, ainda perdendo a vida, merecia quando menos a imensa ousadia por epitáfio: "Aqui jaz Faeton, auriga de seu pai Febos. Se lhe faltou imperícia, morreu vítima de uma nobre audácia"[3].

Consta o império da China de quinze províncias, maiores que grandes reinos, nas quais é obedecido de cento e dezoito milhões de vassalos, não contando tantos em toda a Europa os seus reis. E por isso chamei imensa a ousadia com que o insaciável espírito de Xavier apreendeu e empreendeu a conquista de tão inumeráveis almas. Os desenhos do seu pensamento era entrar disfarçado, a título de criado de um embaixador português, aventurando-se ao perigo ou esperança do sucesso com a mesma condicional de Sinon grego em Troia: "Preparado, ou para desempenhar seu papel de traidor, ou para expor-se a uma morte certa"[4]. Ou lograr o santo engano, introduzindo a fé, ou morrer gloriosamente por ela, que parecia o mais certo. — E Deus, a quem não podia deixar de agradar muito a fineza, que fez? Concedeu-lhe ambas. Concedeu-lhe que morresse, como acabou a vida em Sanchão, nas portas da mesma China; e concedeu-lhe que, por meio e merecimento da sua morte, entrassem nela seus companheiros, como ele lhes tinha prometido ou profetizado. A porta do castelo de Lisboa chama-se a porta do Moniz, em memória de um cavaleiro do mesmo apelido, o qual, concorrendo muitos mouros para a cerrar, dando e recebendo feridas, se deixou cair morto nela, com tal acordo, que por cima dele entraram os cristãos e se fizeram senhores do castelo. Tal Xavier, caindo morto às portas da China que batia: "Intentava entrar por elas e caía" (1Sm 21,13). — E tais os soldados da Companhia, e seus, que o seguiram e seguem, sendo tão poderosa a força da sua morte que não pôde contra ela sustentar fechadas as portas a mesma China, entrada e presidiada deles muito a seu pesar no princípio, e muito a seu prazer no progresso. E se nos lembrarmos da comparação do atrevido e disfarçado grego, sendo cada navio que hoje chega de Portugal à China um cavalo de madeira, como o troiano, fornecido de valorosos soldados, dele se pode dizer, pois Xavier assim o tinha maquinado: "A máquina fatal atravessa os muros"[5].

Mas, deixadas todas estas comparações como desiguais e quase afrontosas e tão heroica façanha, é certo que quis Cristo honrar a morte de Xavier com a semelhança da sua, sendo o mesmo em ambas o morrer e abrir, pois Cristo morrendo abriu as portas do céu, e Xavier morrendo as portas da China, umas e outras até então fechadas a todos. No intento semelhante a ousadia de Xavier à loucura do filho do sol, e no efeito, semelhante a sua virtude ao merecimento do Filho de Deus.

§ III

Passando da terra ao mar, quem não terá por doidice o que agora direi? Sabendo Xavier que se embarcava em uma armada o mais escandaloso soldado que havia em toda a Índia, sem ter necessidade ou ocasião alguma de ir nela, se embarcou também, escolhendo o mesmo navio e convidando-se para serem camaradas, como verdadeiramente foram. Com ele comia, com ele conversava, com ele passava grande parte do dia e os quartos da noite; enfim, camaradas do mar, onde não há outras praças nem outras ruas que não obriguem a estar quase sempre juntos. E o que não faria um leigo honrado, e de bons procedimentos, que o fizesse um religioso e prelado da sua religião, e sobretudo núncio apostólico! Não há dúvida que quem o não conhecesse por santo, sem temeridade o teria por doido. Com muito menor ocasião, indo embarcado com ele em uma galeota um Dom Diogo de Noronha, disse aos outros soldados: — Este Clérigo parece como nós, e não tão santo como dizem. — Saltando em terra mandou-o espreitar por um criado, o qual, seguindo-lhe os passos ao longe, o viu entrar em um bosque, e chegando ficou tão assombrado do que via que chamou outros para que também o vissem; e viram todos que o santo estava elevado e arrebatado em Deus, levando a alma após si o corpo estático e suspenso no ar e sem uso dos sentidos, com que não dava fé da traição com que o estavam espreitando. Os que entendem pouco de espírito, não sabem que os grandes santos, quando tratam com os homens, nem por isso se divertem de Deus, e o perdem de vista. Assim disse Deus a Abraão: "Anda em minha presença, e sê perfeito" (Gn 17,1). — E S. Paulo dizia de si: "Ainda que andamos em carne, a nossa conversação está nos céus" (2Cor 10,3; Fl 3,20). — Com aquele testemunho e relação de tantos ficou desenganado do seu conceito o fidalgo da galeota, e os do outro navio muito mais certificados da própria experiência, e do que quase não podiam crer vendo-o com os olhos, porque o soldado, com a conversação e trato do seu camarada, não só se mudou, mas converteu de tal sorte que, deixando as armas e as armadas, a liberdade e liberdades da vida, se vestiu de um hábito religioso, aonde perseverou até a morte, e acabou santamente, como também Xavier a sua viagem, pondo-se logo em terra, porque tinha conseguido o fim para que se embarcara.

Outro clérigo — já que assim chamam a Xavier — se portaria com outro trato, de maior isenção e gravidade, e seria reputado por muito sisudo; mas com que fruto? Uma vez foi Cristo, senhor nosso, a uma figueira, não só com desejo, mas com fome de achar nela fruto; e porque não achou mais que folhas, lançou-lhe por maldição que nunca mais o tivesse. Outra vez, passando por uma estrada, viu que estava subido em outra figueira um homem, chamado Zaqueu, príncipe dos publicanos, o qual naquele mesmo dia se converteu com toda sua casa, e lhe chama Santo Ambrósio elegantemente "novo fruto da lei nova"[6]. — Agora pergunto: qual destas duas figueiras agradaria mais a Cristo? Não há dúvida que esta segunda, não só mais, senão só ela, porque só nela achou fruto, e não na outra. Pois saiba também agora todo o mundo que esta segunda se chamava, "a figueira doida". E se as árvores, como diz o mesmo Cristo, se conhecem pelo fruto, chamem embora doido a Xavier entretanto, que como se vir o fruto da sua doidice, os mesmos lhe darão outro nome. Se ele como a outra árvore ostentasse grande aparato de folhas ou grande folhagem de aparatos, conforme a sua dignidade, ninguém lhe negaria o nome de sisudo; mas o fruto pode ser que fosse o que diz o texto: "Nenhuma coisa achou nela senão folhas somente" (Mt 21,19). — Comparem-se agora o fruto de uma com as folhas da outra, e ver-se-á qual merece o nome de sisuda, e qual o de doida.

Ainda passou a mais o conceito das doidices de Xavier. Chegaram os seus amigos e devotos a o prender, como fazem aos doidos. Quando quis passar às ilhas do Moro, e muito mais ao Japão, não o podendo convencer com razões, nem com medos dos perigos, nem ainda com escrúpulos de se matar, sendo a sua vida tão necessária, inventaram os grilhões mais decentes com que o podiam prender, que foram proibições dos governadores, que não partissem os navios, ou traças para que fossem para outras partes. Mas o santo os desenganou que se não tivesse embarcação, se lançaria ao mar e Deus o levaria onde o mandava. Muitos doidos houve que se lançaram ao mar, mas aqui os doidos eram os que lhe queriam impedir a viagem, podendo se queixar o santo dos mesmos amigos, como o outro doido de Horácio, a quem eles tinham curado e lhes dizia: "Por Júpiter! Não me matastes amigos, não me protegestes"[7]. — A razão de Xavier era evidente porque, como Deus lhe tinha posto aos ombros naquele sonho profético todo o Oriente, intentarem que ele se contentasse só com pregar a fé às cidades e reinos vizinhos a Goa, era quererem que lançasse de si a maior parte do peso, e faltasse à sua obrigação e à confiança que Deus dele fizera. Assim que eles eram os doidos, como muitas vezes acontece na casa dos orates, que os que se têm por sisudos chamam doidos aos outros, e estranham as suas doidices. Conta Galeno que lhe trouxeram a curar um doido, cuja contínua mania era andar muito triste e aflito, tendo para si que Atlante, cansado de ter o mundo às costas, daria com ele em terra e se faria em pedaços. E sendo Xavier, não fabuloso, senão verdadeiro Atlante daquele novo mundo, vede se era maior loucura a dos que não temiam, mas queriam que ele mesmo o despedaçasse, contentando-se com sustentar uma parte aquele sobre quem incumbia e carregava todo.

Mas passemos ao porto de Malaca, e ali veremos uma espécie de doidice a que nenhum juízo são e sisudo parece que poderá achar razão nem ainda desculpa. Resoluto Xavier a passar dali ao Japão, viagem de cinquenta dias, mas de perigos sem conto, embarcou-se finalmente, mas em que navio? Torna a vacilar o juízo e tem medo de o dizer. Era um junco pequeno e mui desigual aos furiosos ventos e mares daquela travessa. Chamava-se o ladrão, nome que lhe tinham dado os furtos e enganos do dono. Tinha na popa um ídolo, em que era consultado o demônio para tudo o que se havia de fazer na viagem. Ia provido de muita quantidade de aves e paus cheirosos de áquila para os sacrifícios, por meio dos quais se pediam as respostas ou oráculos do ídolo. De maneira que naquele navio que, sem fábula, se pudera chamar a barca de Caronte, o que mandava a via era o demônio, o piloto, que se governava por ele, idólatra, sem fé a Deus, e ladrão, sem verdade aos homens; a marinhagem todos gentios; e dentro deste inferno nadante se meteu Xavier para levar e meter o estandarte da fé no Japão, aonde o mesmo demônio dominava com sessenta e seis tridentes de fogo e trevas outros tantos reinos. Ao largar das velas haveria alguma voz cristã que dissesse boa viagem? Até o mesmo Cristo parece que se devia escandalizar de uma resolução tão contrária aos seus exemplos.

Indo o mesmo senhor assentado na popa da barca dos apóstolos, disse a Pedro: "que se fizesse ao alto" (Lc 5,4) — e logo aos demais que "lançassem as redes". — Replicou Pedro que toda a noite as tinham lançado sem tomar nada, mas que de novo o faria "debaixo da sua palavra". — Fez-se assim, e foi tão venturoso o lanço, e tanta a multidão de peixe que tomaram, que não bastou a barca para o recolher. Mas que documento tirou deste caso o divino Mestre? "Doravante serás pescador de homens" (Ibid. 10). Eu vos chamei para pescadores de homens, e este é o modo como que os haveis de pescar. — Pois, se o modo de pescar os homens é que Cristo mande a via: "que se fizesse ao alto" — como para pescar e meter dentro das redes da Igreja os japões, se embarca Xavier em um navio em que o que manda a via é o demônio? Se o piloto desta barca há de ser S. Pedro, como se mete Xavier na que tem por piloto um idólatra? E se tudo se há de obrar debaixo da palavra de Cristo: "debaixo da sua palavra" — que fim pode ter a viagem onde se fazem sacrifícios ao demônio, para que ela se governe pelos seus oráculos? Não haverá homem com fé e com uso da razão que não julgue esta pela mais rematada doidice. O primeiro efeito o mostrou, porque o demônio e o piloto se resolveram a não ir ao Japão, senão ir tomar porto em Chincheu, e invernar ali. Põem a proa em terra; mas um navio, que saía do mesmo porto, os avisou que estava cheio de piratas, e por medo dos ladrões deixou o ladrão de se recolher e acolher a ele. E que faria o demônio, e o que se governava por ele? Ao menos forçados deste modo seguiriam a sua derrota ao Japão? De nenhum modo. Resolvem arribar outra vez a Cantão, desfazendo a viagem. Eis aqui, Xavier, os apertos em que se vê quem se fia de tais pilotos. Mas onde eles quiseram desfazer a viagem, desfez Deus a que parecia doidice. Dá nas velas um vento tão forte em popa para Japão, que não o podendo resistir, nem o navio, nem o piloto, nem o demônio, foi tomar terra e dar fundo em Cangoxima. Já

Xavier se vê onde ia lançar as redes, e a poucos lanços foi tanta a multidão dos homens e das mesmas ilhas pescadas que, desenganados no mar e na terra, os que o haviam tido por doido o aclamavam por santo.

§ IV

Lembra-me que disse ao princípio que as doidices de Xavier haviam de ser panegíricos. Agora me desempenharei, começando pelo humano até o divino. "Não há grande engenho sem mistura de doidice"[8] — disse Sêneca, e antes dele Aristóteles. — E a razão é porque para qualquer homem obrar heroicamente e se exceder e levantar sobre si, é necessário sair de si. Que foram os arrojamentos de Alexandre, senão doidices do valor? Que foram as fantasias de Homero, senão doidices do furor poético? Que foram os vaticínios das Sibilas, senão doidices da vista que, deixando a luz do presente, penetrava as escuridades do futuro? Há coisas que estão em nós, e outras que estão sobre nós, e estas são admiráveis. Davi o disse: "Nem em magnificências sobre a minha capacidade" (Sl 130,1). — E para eu chegar ao que está sobre mim, é necessário sair de mim. Expressamente Jeremias, nos seus trenos: "Assentar-se-á solitário, e ficará em silêncio, porque levou este jugo sobre si" (Lm 3,28 — Vulg.)[9]. — Fala dos solitários do Egito e anacoretas da Tebaida, os Paulos, os Arsênios, os Hilariões, os Macários. Que homens doidos são estes, que trocam o povoado pelo deserto, as casas pelas covas, a conversação pelo silêncio, os manjares pelo jejum, e tudo o que é regalo pela maior aspereza? São uns homens que endoideceram desta sorte, porque cada um deles "se levantou a si sobre si". — Os que cá ficam neste mundo, ou se precipitam abaixo de si, ou se seguem e vão após si; após si, e atrás das riquezas; após si, e atrás das honras; após si, e atrás das delícias. Oh! se o juízo lhes dera uma volta, que doidices seriam as suas, tão verdadeiras, e não vãs: "Que não olhou nas vaidades e doidices falsas"!

Tais foram as doidices de Xavier. Não seguiu a regra do seu instituto, que citamos no princípio, mas todo se formou e transformou naquele grande apotegma do mesmo Santo Inácio: "Hás de te fazer doido, se queres ser santo". Ele o disse, e foi tão santo e tão doido, que se Deus pusera na sua mão a escolha ou de ir logo para o céu, ou de ficar neste mundo servindo aos próximos, com risco de sua própria salvação, tinha assentado consigo de escolher este segundo. Pode haver maior doidice que em matéria de ir ou não ir ao céu, em matéria de gozar ou não gozar de Deus por toda a eternidade, deixar o certo pelo duvidoso e aventurar a salvação própria por solicitar as alheias? Mas este era o Mestre, e por isso tal foi o discípulo.

Dos exemplos domésticos passemos aos de fora. Os maiores santos, sem controvérsia, foram os apóstolos. E entre eles o apóstolo por antonomásia, S. Paulo. E que dizia S. Paulo, não só de si, mas dos outros? "Algumas vezes obramos como doidos, outras como sisudos, porque a tudo nos obriga a caridade e amor de Cristo." — Platão distinguia quatro espécies de doidices divinas, que todas tinham seus deuses particulares, das quais a mais perfeita são as doidices do amor[10]. E tais, diz Teofilato neste lugar que eram as de S. Paulo: "Endoidecia, sim, Paulo, mas de uma loucura de amor"[11]. — E S. Bernardo diz o mesmo: "Ouça uma santa loucura"[12]. — E prova e declara as doidices de S. Paulo com dois notáveis exemplos tirados das suas próprias resoluções e palavras. O primeiro, na Epístola aos romanos: "Desejava, eu mesmo, ser anátema de Cristo por amor de meus irmãos" (Rm 9,3). — Quer dizer: Desejava — eu mesmo, e não outro por mim, eu mesmo estando muito em mim, e não fora de mim — "eu mesmo" — ser anátema de Cristo, isto é, estar separado de Cristo para sempre, e carecer dele e de sua vista por toda a eternidade, por amor de meus irmãos, contanto que eles se salvem. — O segundo exemplo da Epístola aos Filipenses, onde diz o apóstolo: "Desejo desatar-me do corpo para estar com Cristo, e isto para mim é o melhor; mas porque é necessário ficar neste mundo por amor de vós, resoluto estou, não só de ficar, senão de permanecer assim, quanto importar à vossa necessidade" (Fl 1,23ss). — Estes são os dois exemplos que alega S. Bernardo, e em ambos a rematada doidice de quem dizia tais coisas: "Pode haver maior doidice que amar Paulo a Cristo tão fixa e inseparavelmente com o afeto, e com o efeito querer estar separado dele, não menos que para sempre?". — E quanto ao segundo: "E que maior e mais não imaginada doidice que desejar um homem ardentissimamente deixar o mundo para estar com Cristo, e pegar-se outra vez ao mundo e, voando para a glória do céu, tornar-se outra vez a meter no lodo da terra?"[13]. — Estas foram, diz Bernardo, as doidices de Paulo, e estas são, digo eu, com maior razão, as de Xavier, o qual ainda hoje está tão doido no céu como foi neste mundo, pois, vestido de glória, se reveste de uma esclavina, e, para tratar do bem dos próximos, aparece peregrino em tantas partes da terra.

Depois dos apóstolos, pois imos subindo, quem se segue, senão o mesmo Cristo? E vê-lo-emos também doido? Ver não, que seria blasfêmia dos olhos; mas ouvir sim, e com toda a fé dos ouvidos. Diz o evangelista S. Marcos que, quando Cristo começou a pregar, os seus próprios o quiseram prender por doido: "Quando isto ouviram os seus, saíram para o prender, porque diziam: Ele está furioso" (Mc 3,21). — A palavra grega do texto original o diz ainda com maior expressão: "Porque está fora de si, indigente, tresloucado, insensato". — Não há entender este mundo. Os seus tiveram a Cristo por doido, porque falava, e Herodes teve-o por doido, por que não quis falar; os seus por doido o quiseram prender, e Herodes, estando já preso, por doido o remeteu a Pilatos vestido de branco. Agora o vestiu de branco na Paixão o mesmo amor que o tinha vestido de encarnado na Encarnação. Nunca o mais gentil-homem dos filhos dos homens pôs sobre si ou lhe puseram gala que melhor lhe estivesse. Não foi o que o prendeu Pilatos, não foi o que o vestiu Herodes: o seu amor foi o que o prendeu, o seu amor o que o vestiu, e o seu amor o que o endoideceu.

Quem nos dará um testemunho desta formosa verdade, sem inveja como os seus, e sem ódio como os alheios? Seja entre os santos que mais perdidamente endoideceram, S. Francisco o Seráfico. Definindo-se S. Francisco a si mesmo, chamava-se em italiano *fatuello di Dio*: o doido ou doidinho de Deus. E se os poetas todos têm uma veia de doido, não podia faltar a este doido uma veia de poeta, fez vários versos Francisco ao seu amado Cristo, e, como feridos ambos das mesmas chagas, em uma parte desculpando as suas doidices, diz assim:

"É tua culpa tudo aquilo que produzo
vencido pelo amor.
Enlouqueço? Careço de razão por causa de ti.
Sou pobre de mente? É o amor que me faz pobre".

Quer dizer: De tudo o que eu faço, vencido do amor, vós, senhor, tendes a culpa./ Se faço doidices, vós sois o que me fazeis perder o uso da razão./E se me vejo mais pobre do juízo do que de tudo o mais, vosso amor é o que me tem posto nesta pobreza.

Em versos mais pequenos, disse outra vez desta sorte:

"Ardens amore vivens,
Et occidis amore;
Ibas amore victus
Ceu ebrius per orbem.
Ergo si facit ebrium,
Si mentis facit impotem,
Si vires amor eripit,
Amor te quoque perdidit.
Qui me desipere impulit,
Hic mentem eripuit tibi"[14].

Esta foi a versão do italiano em latim; a do latim em português é a seguinte, falando com Cristo:

"Ardendo em amor morro,
E ardendo em amor vivo.
Andáveis pelo mundo
Como ébrio e sem juízo.
E se o amor embriaga,
E faz perder o siso,
Também vós, senhor, fostes
Do amor um perdido.
Nas doidices que faço
Me privou do juízo,
Mas fez primeiro em vós
O que usa comigo".

Assim confessava S. Francisco as suas doidices, e com amorosa confiança as derivava e referia às de Cristo. E era esta doutrina tão própria da sua escola, que Frei Jacopone[15] — o qual, sendo igualmente nobre e letrado, por desprezo do mundo e de si, se tinha feito leigo do mesmo hábito, e muito simples — como os simples são aqueles com quem Deus gosta de falar: "A sua conversação é com os símplices" (Pr 3,32) — uma vez falando Cristo com este, lhe perguntou: — Jacopone, por que fazes tantas doidices? — Respondeu com liberdade franciscana — que só a tem quem não depende: — Faço estas doidices, "Senhor, porque as que vós fizestes foram maiores que as minhas". — Tanto maiores que esta foi a maior dificuldade que teve a fé de Cristo com os sábios do mundo: "Pregamos" — diz S. Paulo — "a Cristo crucificado, para os judeus escândalo, e para os gentios doidice" (1Cor 1,23). — Para os judeus escândalo, porque não queriam ter por Deus a um homem crucificado; e para os gentios doidice, porque não queriam reconhecer a divindade em um homem que fizera coisas tão alheias de toda a razão e juízo humano. Pregavam-lhes que Cristo voluntariamente quisera morrer pregado em uma cruz, que era a morte mais afrontosa, para salvar aqueles mesmos que o crucificaram, e sabendo quão ingratos lhe haviam de ser; e enquanto não acabavam de capacitar que tal excesso de caridade só podia caber em um amor imenso e infinito, antes queriam adorar a Júpiter com tantos vícios, mas de homem, que a um Deus com tais virtudes, que excediam toda a razão e juízo humano.

Falemos agora de Deus, enquanto Deus, que é o sumo a que pode subir o encarecimento do nosso discurso. Mas sem encarecimento pergunto: Se houvesse um rei que tivesse um escravo ladrão, homicida, rebelde, traidor, e tão inimigo de seu senhor que muitas vezes houvesse intentado tirar-lhe a vida, e, por estes delitos, estivesse condenado à morte mais cruel e infame; e se este escravo tivesse um só remédio, mais imaginário que possível, para escapar do castigo, qual seria que a execução da sua sentença se passasse ao príncipe, filho único do mesmo rei; e, sobretudo, que o rei, sendo pai, aceitasse e tivesse por boa esta terrível condição, e mandasse executar a sentença no filho único e inocente, e ele com efeito padecesse a cruel morte nos tormentos do infame suplício, neste caso inaudito, torno a perguntar — ou pergunta S. Bernardo, cuja é a consideração: — Haveria em todo o mundo por onde se divulgasse, pessoa ou nação inteira alguma que não entendesse e supusesse que o tal rei e tal pai endoidecera, e estava fora de si quando tal ordenou? Pois isto é o que fez o Eterno padre, isto o que padeceu seu unigênito Filho, e este o meio com que se livrou o gênero humano cativo e condenado.

No sacrifício de Abraão, quando declarou a Isac que ele era a vítima do sacrifício e começou a lhe atar as mãos, para mais seguramente o degolar e pôr morto sobre a lenha, o que mais me admira é que o moço, que já era de vinte anos, não julgasse que o velho endoidecera e que aquela resolução era delírio de caduco. Cuidava eu que, correndo desceria do monte ao vale, onde tinham deixado os dois criados com o jumento, e que, contando-lhes o que passava, subissem todos três ao monte a provar se podiam meter o velho em razão e, quando o não persuadissem, o atassem por força com os mesmos cordéis, e posto no jumento o levassem para casa. Mas se esta, que tantos sinais tinha de rematada doidice, não teve efeito no Monte Mória, teve-o no Calvário. O padre foi o Abraão, o Filho o Isac, os cravos o cutelo, a cruz a lenha e o fogo, que em ambos e em tudo ardia um fino delírio de amor infinito.

Lembra-me que na expedição da guerra de Troia, não querendo ir a ela, como prudente, Ulisses se fingiu doido, e a ficção foi andar com um arado abrindo regos na areia. Querendo, porém, experimentar os gregos se a doidice era verdadeira ou fingida, puseram-lhe o filho diante do rego que ia seguindo, a ver o que fazia; mas o pai, quando chegou perto dele, voltou e desviou o arado. Passemos agora das areias de Grécia a Jerusalém. Que coisa é a cruz, senão um arado instrumento de pau e ferro fixado na terra? E assim como os bois são os que tiram pelo arado, e o lavrador é o que governa, assim Deus, que debaixo do pecado quis ocultar o remédio, e debaixo do ódio dos homens o seu amor, aos judeus permitiu que puxassem pela cruz, mas ele era o que a governava. Suposto isto, ponhamos-lhe a Deus o seu Filho diante, vejamos o que faz. Os judeus foram os que lhe puseram a cruz e o arado às costas: "Sobre as minhas costas trabalharam os pecadores" (Sl 128,3). — E Deus foi o que meteu o ferro, e com quatro feridas penetrantes lhe tirou a vida: "Eu o feri por causa da maldade do meu povo" (Is 53,8). — Se Ulisses assim o fizera, entenderiam todos que a doidice era verdadeira e não fingida. E nós, que devemos inferir e dizer? Por reverência da pessoa e dissonância da palavra, basta que entendamos o enigma.

§ V

Assim lhe sucedeu a Xavier com as suas doidices, as quais, sendo ensinadas por Santo Inácio, confirmadas pelos apóstolos, consagradas em Cristo, e divinizadas em Deus, o que até agora disse não foi apologia com que as quisesse defender, senão panegírico com que as pretendi ilustrar, mas não tanto quanto elas merecem.

Oh! que venturosos seriam muitos dos que neste mundo se prezam de sisudos, se à imitação deste santo, soubessem e quisessem ser doidos! Deixo os exemplos de tantos grandes senhores, príncipes, reis, imperadores, que assim o fizeram, e só quero envergonhar os nossos entendimentos com o de um gentio. Demócrito, aquele grande filósofo, sendo oráculo do mundo e muito rico, deixou quanto tinha e foi-se viver em um deserto só, e muito bem acompanhado, porque consigo. Os da sua cidade o tiveram por doido, e mandaram uma embaixada a Hipócrates como rei, que se dignasse de querer ir curar um tão grande sujeito como Demócrito, porque endoidecera. Foi Hipócrates, ouviu devagar ao doido, e voltando sem lhe aplicar remédio algum, o que disse foi: — Visitei a Demócrito, como me pedistes muito particularmente, conheci os seus humores, ouvi as suas razões e vi a sua vida, e nenhuma coisa achei que curar nele, mas muitas que curar em mim. — Este era o doido para exemplo dos homens.

Para o das mulheres, em que as doidas não devem ser poucas, pois de dez virgens escolhidas, as cinco eram fátuas, seja exemplo o da grande Paula Romana, da qual diz S. Jerônimo[16] no seu epitáfio: "Como parecesse louca a muitos pelo excessivo fervor das virtudes, e dela diziam que se devia restaurar seu cérebro, respondeu: 'Fomos feitos espetáculo e teatro para Deus, os anjos e os homens'". — Era Paula da primeira e mais ilustre nobreza romana; tinha dado todas suas riquezas aos pobres, tinha trocado as galas por um cilício, tinha deixado o anfiteatro de Roma pelos desertos da Palestina; e como por estas ações fosse julgada por doida, respondeu com as palavras de S. Paulo que ela tinha outro teatro, em que eram os espectadores, não só os romanos, senão Deus, os anjos e os homens, e que se os homens a julgavam por doida, a ela lhe bastava que a Deus e aos anjos parecesse sisuda. E, suposto que à opinião da doidice respondeu com alusão ao anfiteatro romano, não é pensamento alheio da matéria que também quisesse aludir à história do doido de Horácio, que acima tocamos, tão celebrada em Roma, o qual se queixava de o terem curado, porque no tempo da sua doidice, estando o anfiteatro solitário, ele só, por arte e arquitetura da sua imaginação, via tais festas, tais jogos, tais representações, tais comédias e variedade de cenas tão admiráveis, quais nunca as tinha inventado o poder e magnificência dos imperadores. E, pois, diziam os que lhe chamavam doida que tinha necessidade de lhe fomentarem e curarem o cérebro, antes lhe fariam grandíssimo dano que benefício, pois a privariam dos espetáculos verdadeiramente celestiais, angélicos e divinos com que Deus diverte e recreia a solidão dos que por seu amor trocam as cortes pelos desertos. Oh! se o mundo, que todo é fastios, quisesse provar os gostos que Deus lhe tem escondido, e de que só gozam e são regalados os que o amam: "Que grande é, Senhor, a abundância da tua doçura, que tens reservada para os que te temem" (Sl 30,20)!

Acabo, e seja com um documento muito necessário, que parece ainda nos faltava. Perguntará alguém: donde tirou ou aprendeu S. Francisco Xavier estas doidices, e donde as poderá tirar algum espírito desejoso de o imitar e de endoidecer como ele? A alma santa, como experimentada, o inculcou e deixou declarado em um texto bem notável: "Ele me fez entrar na adega onde mede o seu vinho, e ordenou em mim a caridade" (Ct 2,4). — El-rei Salomão, como tão sábio, tinha no seu palácio várias celas, em que estavam depositadas, como em tesouro, várias coisas, as mais esquisitas do mundo. Uma cela dos mais esquisitos aromas, outra dos mais esquisitos contravenenos, outra dos mais esquisitos vinhos, e nesta diz a alma santa que o mesmo rei autor dos Cânticos a introduziu, para ordenar nela a caridade! Com razão chamei a este texto notável. Meter a alma na cela dos vinhos para ordenar a caridade! Antes para desordenar esta virtude, e todas, era muito própria a cela dos vinhos, porque eles perturbam e tiram os homens do seu juízo, e fazem que fiquem fora de si como doidos. Assim é, e por isso mesmo, porque a caridade bem ordenada não é outra coisa que uma doidice santa. Dizem que "a caridade bem ordenada começa por si mesma"; eu dissera: A caridade bem ordenada é aquela que se deixa a si mesmo, e só trata de Deus e dos próximos, para os levar ao mesmo Deus.

Respondendo, pois, à questão, a cela vinária, em que a caridade se ordena, é a casa da fervente oração e contemplação, na qual os santos, abrasados e arrebatados do amor divino, saem fora de si, e como doidos ou tomados do vinho, com movimentos e ações extraordinárias, exercitam a bem ordenada caridade, não fazendo caso de si nem da própria vida, tratando só, ainda à custa dela, de converter e levar muitas almas a Deus. Esta cela vinária foi o Cenáculo de Jerusalém, em que os apóstolos, postos em oração, com ardentíssimos afetos esperavam a vinda do Espírito Santo, e com ela, tão dentro do mesmo Espírito, como fora de si, começaram a pregar em várias línguas, com tão desusados impulsos que os que os viam e ouviam diziam pasmados: "Estes homens estão tomados do vinho" (At 2,13). — "Não te parece que a cela vinária era aquela casa, na qual estavam os discípulos reunidos um a um, quando de repente se fez ouvir do céu um som como da vinda veemente do Espírito que encheu toda casa? E não te parece que cada um daqueles que saíram inebriados pela abundância daquela casa podiam dizer merecidamente: O rei me introduziu na cela vinária?"[17] — Assim o disse S. Bernardo dos primeiros apóstolos, e o pudera dizer do nosso. Toda a vida de Xavier era uma perpétua oração e contemplação, ainda quando parecia mais divertido. Nela padecia ou gozava dois arrebatamentos admiráveis. O primeiro, levantado da terra, com que publicamente, sem querer, foi visto muitas vezes. O segundo, e mais notável, com que, levantando-se de si mesmo e como fora de si, obrava aquelas santas doidices, tantas e tão extraordinárias no mar e na terra, pelas quais ao princípio o reputavam por doido, e depois o veneravam e canonizavam por santo. A sua caridade, pois, era tão ordenada, que toda se empregava na salvação das almas alheias, nos alcance de Deus alguma imitação das suas doidices, para que, vivendo e morrendo sisudos, entrem também as nossas no número das que ele ajudou a salvar.

SERMÃO OITAVO

Finezas

"Pôs o pé direito sobre o mar,
e o esquerdo sobre a terra."
(Ap 10,2)

§ I

O dia de amanhã é o último da nossa novena, e também será o último da vida do nosso santo, e o dia antes do último é o dia das finezas. Assim guardou as suas o amor divino e humano de Cristo para o dia antes do último: "Antes do dia da festa da Páscoa" (Jo 13,1). — O que dissemos em todos os discursos passados das virtudes, milagres e excelências de S. Francisco Xavier não foi pouco, mas o que deixamos de dizer é muito mais. E onde as coisas são tão grandes que não têm medida, e tantas que não têm número, como nunca pode faltar a matéria, assim é força que falte o tempo. Resumindo, pois, o que devera ser muito largo à brevidade de um só dia, veremos neste, também com um pé no mar, outro na terra, entre as obras e ações de Xavier, empregadas todas na conquista da salvação das almas, quais foram as de maior fineza.

§ II

As finezas deste último, ou penúltimo dia, foram no infinito amante das nossas almas as que tantas vezes e por tantos modos ouvimos encarecer, posto que nunca bastantemente louvar. E para que as de Xavier fossem finíssimas, basta que vejamos quão semelhantes foram a elas. Por isso, em tudo o que ponderarmos, será Cristo o soberano original, e Xavier a cópia; Xavier a exata imitação, e Cristo o sumamente perfeitíssimo exemplar. Tudo o que podia inventar a sabedoria, tudo o que podia obrar a onipotência e tudo o que podia querer e desejar o amor, é o que a fineza do mesmo amor de Cristo fez por todos os homens. E se neste todo ou tudo quiser estimar e agradecer cada um a parte que lhe cabe, ou todos compreender o que é o todo, cada um achará que fez e padeceu tanto por cada um como por todos, e todos, com recíproca admiração, que padeceu tanto por todos como por cada um.

Escrevendo S. Paulo aos romanos, diz que o Filho de Deus morreu por todos nós: "Mas por nós todos o entregou" (Rm 8,32); e escrevendo aos gálatas, diz que o mesmo Filho de Deus morreu só por ele: "Que me amou, e se entregou a si mesmo por mim" (Gl 2,20). — Pois, se Cristo morreu por todos, como morreu só por Paulo? E se morreu só por Paulo, como morreu por todos? Porque essa foi a fineza do amor do Filho de Deus, morrer por todos os homens em comum e morrer por cada um em particular, e fazer e padecer tanto por cada um como fez e padeceu por todos. Assim o redentor do mundo, e assim, à sua imitação, Xavier. De três meios usava Xavier para converter as almas dos pecadores: o primeiro, a frequente e fervorosa oração para com Deus, sem cuja graça se não podem converter; o segundo, as exortações e razões fortes e sólidas, fundadas no temor do mesmo Deus e da eternidade, com que os procurava persuadir; e o terceiro, tomando sobre si a satisfação das penas que mereciam por seus pecados. A este fim tinha umas cadeias de ferro armadas de agudas rosetas, com que no caso de maior obstinação se açoitava cruelmente diante deles e, com as costas lavadas em sangue, atônitos daquele espetáculo de caridade, se reduziam. Isto fazia secretamente por todos, e em público, quando não bastava diante dos olhos de cada um.

Tornemos agora a Cristo na cruz, morto por cada um e por todos, e ouçamos a declaração e comento daquele estupendo mistério. Mas quem será o comentador? O melhor e igualmente estupendo, o diviníssimo Sacramento do Altar. As palavras da consagração do corpo dizem: "Este é o meu corpo, que por amor de vós será entregue" (1Cor 11,24) aos que o hão de pôr na cruz. — As da consagração do sangue: "Este é o cálix do meu sangue, que por amor de vós será derramado". — Agora pergunto: E esse corpo crucificado por nós, e esse sangue derramado por nós, como se nos dá a nós no Sacramento? Porventura uma parte a um, e outra parte a outro? Parece que sim, porque Cristo, senhor nosso, depois da consagração disse aos apóstolos: "Dividi entre vós" (Lc 22,17). — Logo, se haviam de dividir e repartir, uma parte havia de caber a Pedro, outra a João, a André outra? Não: tanto a André, como a João, como a Pedro, mas não parte, senão todo e inteiro: "Não partido, não dividido, recebe-se todo inteiro"[1]. — E por quê? Porque assim como Cristo no Sacramento "se dá todo a todos, assim se dá todo a cada um". — Donde se segue que, "comungando muitos mil, ou um só, tanto recebe esse só como todos aqueles mil".

Parece-me que estou vendo e ouvindo a S. Francisco Xavier, ou no Japão, declarando a lei do verdadeiro Deus a três mil bonzos; ou na Costa da Pescaria, servindo-lhe de púlpito uma árvore, pregando a cinco mil paravás; ou em Travancor, batizando em um dia a quinze mil almas, já sem alento na voz, nem forças nos braços; ou em Cambaia, Pegu, Narsinga, e outros reinos e nações, ensinando por vários modos o caminho da salvação a muitos milhares; e logo, por outra parte, disputando com um brâmane, catequizando um mouro, confessando um cristão, ajudando a bem morrer um enfermo. E em qual destes lugares ou tempos estava mais aplicado todo Xavier? Todo com aqueles, e todo com qualquer destes: "todo quando com tantos mil, e todo quando com um só", porque tanto se dava a um só como a muitos mil.

§ III

Como os dois elementos de Xavier eram o mar e a terra, assim lhe pôs Cristo em si mesmo dois exemplares desta fineza, em que o havia de imitar, um na terra outro no mar: na terra, a parábola do pastor que buscou a ovelha perdida, e no mar a do mercador que buscava pérolas, que é mercadoria marítima. "Que homem há" (Lc 15,4), diz Cristo — o qual, se de cem ovelhas perdeu uma, não deixe as noventa e nove no deserto, e vá buscar a perdida? Antes, replica S. Pedro Crisólogo, não há homem que tal coisa faça; "donde se infere que este pastor não é pastor da terra, senão do céu"[2], e este homem não é só homem, senão homem e Deus. E em que se funda uma consequência tão alta e tão notável? Explicarei o doutor mais delicado com o mais profundo, e a Crisólogo com Tertuliano. Se este pastor fora como os outros pastores, compusera-se com a perda, sendo de uma só ovelha. Jacó, tão famoso pastor, tendo o seu rebanho em perigo, por medo de Esaú dividiu-o em três partes, dizendo: "Se se perder uma parte, salvar-se-á outra" (Gn 32,8) — mas este pastor nem uma só ovelha consentiu que se perdesse e se não salvasse. Se fora homem como os outros homens, diz Tertuliano, amara e estimara uma ovelha como uma; mas este amou e estimou tanto uma como todo o rebanho: "Todo um rebanho não era mais precioso que a única ovelhinha do pastor"[3]. — Se fora como os outros homens, sentira a perda com a diferença de noventa e nove salvas a uma perdida; "mas este sentiu tanto perder uma como se perdera todas". — E quem ama tanto uma ovelha como todo o rebanho, e sente tanto perder uma como se perdera todas, bem se infere que não é pastor como os outros pastores, nem homem como os outros homens, senão homem e juntamente Deus, como Cristo: "Este pastor não é pastor da terra, senão do céu".

Passemos da terra ao mar, do pastor ao mercador, e das ovelhas às pérolas. O negócio da salvação, diz Cristo, é semelhante a um mercador que buscava pérolas, e, "achando uma preciosa, a comprou, dando por ela quanto tinha" (Mt 13,46). — Pois, se este mercador buscava não uma, "senão muitas pérolas" — por que dá todo o seu cabedal por uma só? Se dissera que esta era mais preciosa que todas, clara estava a razão do maior empenho; mas o texto não diz que era mais preciosa, "senão preciosa somente". — Logo, se o preço do seu cabedal era igual a muitas, "como o dá todo por uma"? — Porque este mercador, como dizem todos os santos, era Cristo; as pérolas, como as ovelhas do pastor, eram as almas; e, comparado o número com o preço, tanto emprego fazia Cristo em uma como em todas, em todas como em uma. Por isso o mesmo senhor, chamando universalmente a todos: "Vinde a mim todos" (Mt 11,28) — umas vezes chamava um só Zaqueu, e outras um só Mateus, havendo por tão bem empregado o preço em todos como em um só, e em um só como em todos.

Ponhamos agora os olhos em Xavier no mar e na terra. Na terra, as suas peregrinações eram buscando as almas de todo o Oriente, e tal vez se embarcou só, como ontem vimos, para converter um soldado; no mar, as suas navegações eram também para a conversão de todos, e talvez, deixando a derrota do mar, saltou em terra só para converter um judeu tão inimigo de Cristo como seu. Em um só homem ajuntou o mesmo santo estes dois exemplos, porque, para tirar de mau estado um piloto, se embarcou com ele, e porque o não pôde converter no mar, se tornou a desembarcar com ele para o converter, como converteu, em terra. Assim, como bom pastor, deixava as noventa e nove ovelhas, para não perder uma só ovelha. E assim, como bom mercador, podendo comprar muitas pérolas, empregava todo o cabedal em uma só pérola.

E para que este modo de estimar tanto uma alma como todas não pareça encarecimento aparente, e não fineza verdadeira e sólida, vejamos a verdade dela em todo o rigor da teologia e da fé, e como é fundada nas nações do mesmo Cristo, a quem Xavier vai sempre seguindo e imitando nas suas. Os fins do altíssimo mistério da Redenção foram dois, assim como tinham sido dois os efeitos e defeitos que causou no gênero humano o pecado de Adão. Adão foi criado em graça, e à imagem e semelhança de Deus; e, pelo pecado, perdendo a graça, ficou cativo do demônio; e afeiando a imagem de Deus, de formosíssima que era, ficou nele disforme e semelhante aos brutos. Para reparo, pois, destes dois defeitos, se fez o Filho de Deus homem, e veio ao mundo: o primeiro, para resgatar o homem do cativeiro do demônio; o segundo, para reformar nele a imagem de Deus afeada e disforme, e reduzi-la à sua primeira formosura. Assim o canta a Igreja:

"Vós, o Criador do mundo que nascia,
Quisestes a imagem do vosso vulto
Dar a Adão, e unistes
Ao barro um nobre espírito.
Quando a inveja e a astúcia do demônio
Mancharam o gênero humano
Vós, encarnado, reformastes
A forma perdida"[4].

Este era o estado de todas as almas cativas pelo cativeiro do pecado, e disformes pela deformidade da imagem. Considerando-as, pois, Xavier remidas do cativeiro e reformadas na imagem por Cristo, assim no preço da Redenção como no reparo da imagem, via claramente que tão preciosas e tão formosas eram todas como uma, e uma como todas. Tão preciosas todas como uma, e uma como todas, quanto ao preço, porque, sendo o preço do sangue do redentor infinito, não se podia dar mais a todos nem menos a cada um. E tão formosas todas como uma, e uma como todas, quanto à representação da imagem, porque, sendo a imagem de Deus, nem a todos se devia maior estimação pelo número, nem menor a cada um pela matéria.

Ponhamos o exemplo em uma imagem de Cristo. Esta imagem, ou pode ser de couro, ou de chumbo, ou de marfim, ou de ébano, ou de mármore, ou de barro. E tais eram os estados e diferenças das nações e pessoas a quem Xavier pregava: uns eram como de ouro, príncipes e ilustres; outros como de chumbo, em frase da Índia, casta baixa;

uns como de marfim, brancos como os portugueses; outros como de ébano, negros como os etíopes; uns como de mármore, fortes e constantes como os japões; outros como de barro, fracos e mudáveis como os de Tolo. Mas, como em todos se representava a imagem de Deus, reformada por Cristo, tanto estimava e amava o santo a uns como a outros, e tanto a cada um como a todos, e a todos como a cada um.

§ IV

Esta formosura das almas enquanto imagem de Deus — para o amor — e este preço infinito enquanto resgatadas — para a estimação — foram os dois motivos e incentivos gerais, com que a alma de Xavier, em tudo o que fez e padeceu pelas alheias, obrou sempre tão fina e heroicamente, como de quem era. Mas sendo a mesma fineza tão fina, haverá porventura alguma circunstância que ainda a afine mais, pois isto é o que vai buscando e inquirindo o nosso discurso? O que ele me oferece é a do tempo na continuação e perpetuidade, e a do zelo ardente que na mesma continuação — como sucede aos afetos humanos — se não esfriava ou remitia, antes, crescendo sempre, fazia a sede da salvação das mesmas almas, não só maior e mais intensa, mas verdadeiramente insaciável. E para que falemos neste ponto tão relevante com ordem e com distinção, digo que foi insaciável na vida, insaciável na morte, e até depois da morte insaciável, levando sempre o soberano exemplar diante.

O tempo da Sagrada humanidade de Cristo, enquanto andou neste mundo em carne mortal, chama-se propriamente via, porque só naquele tempo, como falam os teólogos, foi viador, condição necessária para poder merecer. Diz, pois, Davi, que o Verbo divino encarnado, ou encarnando, se alvoroçou grandemente para correr esta via ou passar esta carreira com passos de gigante: "Exultou como um gigante para correr esta via" (Sl 18,6). — E o mesmo senhor, por boca do mesmo profeta, diz que "a correu sempre com sede" (Sl 61,5). — Se perguntarmos agora que sede era esta de Cristo, responde Santo Agostinho que era a sede da salvação das almas, ainda dos mesmos que o mataram: "Eles matavam, e eu os bebia. Eles pensaram destruir a minha honra, eu tinha sede de os ter no meu corpo"[5]. — Nos primeiros trinta anos esteve parada a carreira; mas, assim como em todo aquele tempo crescia Cristo na idade, na sabedoria e na graça, diante de Deus e dos homens, assim crescia imensamente na mesma sede de os salvar. Chegados, enfim, os três anos seguintes, destinados pela divina providência para esta celestial empresa, creio que não será desagradável à devoção e curiosidade dos que me ouvem verem distinta e ordenadamente o que Cristo correu em cada ano.

No primeiro saiu de Nazaré a Cafarnaum, de Cafarnaum a Jerusalém, de Jerusalém a Galileia, de Galileia a Samaria, de Samaria à cidade de Caná, de Caná a Cafarnaum, de Cafarnaum ao deserto, do deserto às praias de Tiberíades, dali a Genezaré, de Genezaré outra vez ao mar, e do mar outra vez a Cafarnaum. Em todos estes caminhos e lugares, pregando, fazendo milagres, curando os enfermos, lançando demônios dos corpos, ressuscitando a filha do arquissinagogo, alimpando o Templo dos que nele negociavam, chamando a Pedro e André, a João e Jacó e, pouco depois, a Mateus publicano, convertendo nomeadamente a Natanael, a

Nicodemos, e à Samaritana com todo o seu povo, correndo sempre com sede de salvar mais almas: "Correu-a sempre com sede".

No segundo ano, de Galileia passou a Jerusalém, de Jerusalém ao monte, que depois se chamou "Monte de Cristo", o mais alto de toda aquela região; do monte a Cafarnaum, de Cafarnaum à cidade de Naim, de Naim ao mar de Galileia, do mar ao deserto, do deserto outra vez ao mesmo mar, em uma grande tempestade, parte pisando-o sobre as ondas, e parte navegando, depois de amansado, até Genezaré, e de Genezaré outra vez ao deserto, não dando passo sem novos milagres e nova doutrina. Então publicou e promulgou a nova lei do Evangelho e da graça, reformando a de Moisés, reduzindo o matrimônio à sua primeira unidade, emendando os abusos do adultério, estabelecendo o amor dos inimigos, aconselhando, posto que não mandando, a perpétua continência, ressuscitando o filho da viúva, aceitando, louvando e defendendo a penitência da Madalena, perdoando-lhe os pecados, convertendo a Simão Leproso, ao centurião, ao seu criado, ao régulo, e toda sua família, correndo sempre com a mesma sede das almas: "Correu-a sempre com sede".

No terceiro ano, de Cafarnaum caminhou às partes de Tiro e Sidônia, de Tiro à Galileia, de Galileia a Betsaida, de Betsaida a Cesareia de Filipe, de Cesareia ao Tabor, do Tabor por Galileia a Cafarnaum, de Cafarnaum a Decápolis, de Decápolis a Jerusalém, de Jerusalém a Jericó, de Jericó a Betaraba, não havendo em toda Judeia e Galileia vila, lugar ou aldeia que o divino Mestre não alumiasse com os raios de sua doutrina, e não santificasse com os vestígios de seus sacratíssimos pés, prometendo o céu e ameaçando o inferno — dois pontos em que se não fala na lei velha — ensinando as ignorâncias dos legisperitos, repreendendo as hipocrisias dos escribas e fariseus, e não perdoando às maldades e malícias de Herodes, convertendo a Cananeia e a filha, e a outra mulher da mesma Fenícia, que escondidamente quis roubar a saúde a Cristo tocando-lhe na última ourela das vestiduras; e o cego de seu nascimento, e o paralítico da piscina, e Zaqueu, príncipe dos publicanos, com toda sua casa, e infinitos outros em todos os três anos que, por não terem história particular, se envolvem na generalidade das turbas, correndo sempre, e cada vez com mais insaciável sede: "Correu-a sempre com sede".

Santo Agostinho, considerando o insaciável desta sede, fala com o mesmo Cristo, e diz assim: E bem, senhor, nós não vemos o infinito concurso com que as gentes vos seguem, tão enlevadas em vós e tão esquecidas de si que, para não morrerem de fome no caminho, vos foi necessário dar de comer milagrosamente a quatro mil em um deserto, e em outro deserto a cinco mil? Não vemos, que, não só nas ruas, senão nas praças, vos cercam e apertam de tal sorte que não podeis dar passo: "As gentes te apertam" (Lc 8,45)? Não vemos que todos, uns sobre outros, para participar de vossa infinita virtude, procuram tocar ao menos um fio das vossas roupas: "E todo o povo fazia diligência por tocá-lo, pois saía dele uma virtude que os curava a todos" (Lc 6,19)? Não vemos que as acusações de vossos inimigos não são outras, "senão que todo o mundo vai após vós" (Jo 12,19)? — Por que não bastará logo tudo isto para retardar um pouco a pressa com que correis, e moderar o ardor da sede em que vos abrasais: "Correu-a sempre com sede"? — Assim diz, e pudera dizer muito mais Agostinho; mas estes argumentos e objeções, e outras muitas que se puderam deduzir, todas provam e confirmam, com evidência, que a sede das almas com que o redentor delas solicitava sua salvação, sem descansar de dia e de noite, no mar e na terra, caminhando, pregando, e ganhando-as com benefícios e milagres, foi sede, como dizíamos, em toda a sua vida insaciável.

§ V

Se agora houvéssemos de seguir os passos de Xavier, com que ele imitou a mesma sede e a mesma carreira, posto que a não podia igualar: "Segue o Pai, mas não com passos iguais" — não só seria digressão muito dilatada, e não necessária, depois de haver dito tanto neste mesmo gênero, mas, por não quebrar o fio do discurso nesta fineza, é força repetir, correndo, o que baste para prova dela. Quando S. Francisco Xavier, partindo de Moçambique para a Índia, saiu em terra na Ilha de Socotorá, habitada de gente cafres na cor, maometanos na crença, e no nome muitos deles cristãos, o que lhe persuadia o seu fervente desejo da salvação daquelas pobres almas, descreve na história original portuguesa o famoso escritor da sua vida por estas palavras[6] — Como os que padeceram grande sede caminhando por lugares desertos, se arremessam às vezes, e debruçam sobre as primeiras águas — quaisquer que elas sejam — não esperando pelas fontes e ribeiras mais doces e claras que estão logo adiante, assim levou neste passo ao padre mestre Francisco o seu ardente zelo da salvação das almas. De maneira que, quase esquecido das que em todo o Oriente o esperavam, pedia mui de verdade ao governador o deixasse ficar em Socotorá. Passando, porém — porque não permitia outra diversão o seu roteiro — à Índia, e correndo muitas vezes o interior e marítimo daquelas costas, fazendo inumeráveis cristãos, não bastou a lhe mitigar a sede tudo o que nelas abraçam com suas correntes o Indo e Ganges. Em Malaca, onde venceu os calores da linha equinocial o que ardia em seu peito, quanto mais eram as almas que convertia tanto maiores eram os excessos com que o desejo de banhar com as águas do batismo as outras o apertava. Na grande Ilha de Amboino, e nas outras vizinhas e remotas, o regelo natural com que os corações dos bárbaros estavam endurecidos parece que pudera esfriar ao mesmo fogo; mas, como se obrasse por modo de anteparístesis, o acendia mais, sempre pregando, sempre convertendo, sempre batizando inocentes e adultos, em povos e nações inteiras. Chegando ao Japão, cujas almas, como mais políticas, mais sábias e mais capazes de receber a fé e a defender constantemente, aqui se lhe abrasavam mais as entranhas e se lhe confirmou a hidropisia.

Mas, assim como Agostinho se admirava da sede de Cristo, não se satisfazendo dos que a milhares o seguiam, que diremos nós do que já temos ouvido, que as nações, assim políticas como bárbaras, não só a milhares, senão a milhões, seguiam, ouviam e se convertiam à pregação de Xavier o que naquele povo ingrato raras vezes sucedia ao mesmo Filho de Deus? Que sede era logo esta tão insaciável de Xavier? Era sede das almas, mas não sede só da alma, senão muito mais do corpo, que tanto trabalhava e se fatigava por elas. Notável sede é a que Davi descreve ou supõe falando assim com Deus: "A minha alma, senhor, teve sede em vós, mas o meu corpo a teve para vós de tantos modos" (Sl 62,2) que só os sei admirar: "de tantos modos"! — Nota Santo Agostinho, ponderando aquele "para vós", que os homens geralmente todos andam, não vivendo, senão morrendo de sede, e de muitas sedes, mas todas para si, e não para Deus: "Vide como é bom estar aqui, tive sede para vós, muitas há que têm sede, mas não para Deus". — Xavier tinha mais sede, e mais sedes que todos, mas todas para Deus, e nenhuma para si. E por que diz que estas muitas sedes eram do seu corpo e não da sua alma: "mas o meu corpo a teve para vós de tantos modos"? — Porque a sede da alma é o desejo, que sempre era um; as sedes do corpo, diz o mesmo Santo Agostinho, eram os trabalhos: "Quanto é o trabalho, tanta é a sede; quanta é a fadiga, tanta é a sede"[7]. — A sede da alma de Xavier era sempre uma e a mesma de salvar as almas. As sedes do seu corpo eram tantas, tão várias, tão multiplicadas como os trabalhos e fadigas que por elas padecia. Os caminhos sedes, as navegações sedes, as tempestades sedes, os encontros e perseguições sedes, as pregações, as disputas, as conversações particulares sedes: sedes as orações, sedes as lágrimas, sedes os sacrifícios, sedes as penitências, sedes as vigílias, sedes os jejuns, sedes as fomes, e até as sedes. E tal foi a sede das almas em Xavier, insaciável na vida.

§ VI

Segue-se a sede insaciável da morte, e como esta é execução de um instante, será brevíssima a consideração dela. Morreu Cristo na cruz; e quem o matou? Porque ele não pôde matar a sede, a sede o matou a ele. Cuidamos que foi a cruz o que o matou, e não foi a cruz, senão a sede. Por isso na cruz, quando disse "tenho sede", acrescentou: "Tudo está cumprido" (Jo 19,30) — dizendo que a sua vida estava acabada, e assim o declarou o evangelista: "E, abaixando a cabeça, rendeu o espírito" (Ibid.). — Ouçamos o Drogo Hostiense[8]. Este autor, tão douto como pio, sobre a palavra "tenho sede" faz duas perguntas a Cristo. A primeira, "que sede é a sua?". A segunda, "por que se queixa da sede, e não da cruz?". À primeira, responde o Senhor que "a sua sede é da nossa salvação". — E à segunda, que "mais o atormenta a saúde das nossas almas que os tormentos do seu corpo".

Assim morreu de sede das almas o senhor, que, morrendo, lhes abriu as portas da salvação. E não acabou menos abrasado e menos morto de sede o seu grande imitador. A propriedade não pode ser mais própria. Partiu Xavier do Japão para a China, a cuja vista o trasladou Deus para a eterna; e com que motivo fez esta viagem, que ainda então não sabia que era a última? Diz a sua história que, tendo entendido no Japão que as seitas, superstições e ritos que nele se seguiam, todos tinham manado da China, o seu intento foi ir reconhecer as fontes originais daquela cegueira e os fundamentos com que tinham lançado tão profundas e dilatadas raízes os mesmos erros, para mais interiormente examinados lá, os refutar e convencer primeiro, e donde tinha saído a mentira, viesse também a verdade, e fosse por isso melhor recebida dos discípulos, depois de desenganados os mestres. Assim foi buscar o divino a fonte de Sicar, com o disfarce de um caminhante cansado, que isso quer dizer "Estava assim sentado" (Jo 4,6) e como o seu fim e intento era, não a sede da água, que não bebeu, mas a das almas da Samaritana e da Samaria, assim era a de Xavier: não só salvar os japões, senão também os chinas. Que maravilha logo que estalasse à sede quem a padecia tão imensa? E que acabasse a vida, não dizendo com as palavras, mas bradando com as últimas respirações: "Tenho sede, tenho sede"?

§ VII

Visto já um e outro zelo — ou verdadeiramente o mesmo — insaciável na vida e insaciável na morte, só resta que o vejamos também depois da morte insaciável. Entre as coisas insaciáveis — depois de nomear três, que o são com maior excesso — a mais insaciável de todas diz Salomão que é o fogo, "o qual nunca diz basta" (Pr 30,16). — Mas, quando o fogo se apaga e morre, morre também com ele a sua insaciabilidade, o que não sucedeu à de Cristo nem à de Xavier, sendo o zelo da salvação das almas tão inextinguível no soberano exemplar como na excelente cópia que, assim como a sede tinha sido insaciável na vida, e insaciável na morte, assim foi depois da mesma morte insaciável. Expirou Cristo, redentor nosso, na cruz, "inclinando a cabeça" (Jo 19,30) — ação, como última, cheia de altíssimos mistérios. O em que concordam os expositores é que, não se podendo declarar com a voz, pois a morte lha tirava, nem com os braços e mãos, pois as tinha pregadas, quis manifestar com aquela inclinação para a terra, onde deixava os homens, que por mais que do seu corpo se apartava a alma, o zelo e amor das nossas, que tivera na vida e na morte, depois dela, como dantes ficava conosco. "Inclinada a cabeça" — diz Hugo Cardeal[9] — "como se com seus ombros nos suportasse e os nossos pesos, e dissesse: Inclino a cabeça para que vejais que eu estou preparado para suportar os vossos pesos e os coloqueis sobre mim". Morreu o amoroso e piedoso redentor, não levantando a cabeça para o céu, mas inclinando-a para a terra: "inclinando a cabeça" — oferecendo-nos os ombros para nos tomar neles, e sobre eles todo o peso de nossos trabalhos. Como se dissera: Estes são os ombros, em que buscando, como bom pastor, a ovelha perdida no meio das brenhas, com grande alegria de a ter achado, a pus e levei sobre eles; estes são os ombros em que, caminhando para a morte, sustentei sobre eles a cruz e o peso de todos os pecados do gênero humano para o salvar; e para que depois de morto saibais que sou o mesmo que vivo, e vive na minha alma o mesmo desejo, a mesma ânsia e a mesma sede da salvação das vossas, aqui vos ofereço de novo os mesmos ombros, para que as descarregueis sobre eles, e todo o peso de que só eu vos posso aliviar. Isto fez, e isto disse Cristo na morte; e esta foi a segunda parte daquele sonho, em que o índio agigantado, depois da luta dos braços, se lhe passou aos ombros de Xavier, onde ele, morrendo, o tornou a tomar, não recusando o peso imenso de tamanha carga, mas inclinando a ele a cabeça, com tão ardente desejo e valor, e tão admirável imitação de Cristo, como agora veremos.

Em outro sentido disse Salomão no capítulo quarto do Eclesiastes: "Há homem que, sendo um, e não tendo segundo, nem filho, nem irmão, não cessa contudo de trabalhar, nem a sede dos seus olhos se pode fartar com as riquezas que tem" (Ecl 4,8). — E que homem e que um é este, em consideração mais alta e não menos verdadeira e própria? Santo Ambrósio, S. Jerônimo, Alcuíno, Salônio e outros graves autores dizem que é Cristo depois de morto. Refiro só as palavras de Santo Ambrósio[10]: "É um, e este não é segundo, do qual foi dito: Vosso Mestre único é Cristo, Filho de Deus Unigênito, só primeiro, um Deus, uma coisa com o Pai, único sem pecado, sozinho na Paixão sem ajuda". E sendo um, e só, que faz? "E, contudo, este mesmo homem e Deus juntamente, depois de morrer na terra, não cessa de trabalhar e pôr fim a seus trabalhos no céu, advogando por nós, doendo-se de nós, tomando sobre si as nossas misérias e fraquezas, nem bastando as riquezas imensas e tesouros infinitos, que goza na sua glória, para se fartar o desejo e sede que tem de nossa salvação." Isto é o que Cristo obra sem cessar à destra do Pai, o que S. Paulo declarou pelos termos de "Havendo feito a purificação dos pecados, também intercede por nós" (Hb 1,3; Rm 8,34) — sendo o mais encarecido de todos a prodigiosa aparição com que o mesmo Cristo em pessoa, para o converter a ele, desceu do céu à terra. Mas, com licença de tão doutos expositores do texto de Salomão, como Ambrósio e Jerônimo, quisera eu que eles me explicaram e aplicaram em particular aquelas três cláusulas passadas em silêncio que Cristo, nestas ações ou obras em que trabalha no céu, "não tem segundo, nem filho, nem irmão". Entendo, porém, que o não fizeram nem podiam fazer, porque em seu tempo não conheceram a Francisco Xavier, que, se tiveram notícia do que obrou e obra depois de morto e depois de estar no céu, sem dúvida afirmariam que o mesmo Cristo um e único tem segundo, pois Xavier foi nas mesmas obras póstumas um tão diligente e perfeito imitador das suas, e que teve filho, pois foi tão legítimo herdeiro do seu zelo e do seu espírito. E, finalmente que teve irmão, porque em se não fartar a sua sede com as riquezas e glórias da pátria, e tornar a este mundo peregrino dela, nenhum houve tão parecido e semelhante ao mesmo Cristo, nem tão irmão seu: "segundo, filho, irmão". — E para que vejamos o que digo com os olhos, permiti-me que use daquela figura chamada prosopopeia, com que as coisas que não têm corpo, nem cor, nem voz, se fazem sensíveis. Davi, a quem na terra entisicava o seu zelo: "O meu zelo me fez definhar" (Sl 118,139), — Davi, a quem o zelo da casa e serviço de Deus comia e abrasava as entranhas: "O zelo da tua casa me devorou" (Sl 68,10), — dizia de si que quando no céu visse a Glória de Deus, e Deus lhe mostrasse a sua face, então, e só então, se fartaria a sua sede: "Saciar-me-ei quando aparecer a tua glória" (Sl 16,15). "Quando virei e aparecerei diante da face de Deus" (Sl 41,3). — Isto mesmo parece que devia dizer Xavier, quando, desatada sua alma das prisões do corpo, se viu no céu, e com tanta glória, repetindo com o mesmo Davi: "Em paz dormirei nele mesmo, e repousarei, porque de uma maneira singular me tens firmado na esperança" (Sl 4,9s). — Já se cumpriram as esperanças dos meus desejos, já se acabaram os trabalhos dos meus sonhos; agora é o tempo, e por isso mesmo, de dormir e descansar em paz: "Em paz dormirei nele mesmo, e repousarei". — Assim cuidava eu que havia de ser; mas o efeito mostrou que não foi assim. Perguntou Deus a Xavier, diante de toda a corte celestial, quando lá entrou com maior acompanhamento e triunfo de almas que nenhum outro: — E bem, Francisco, estás já contente e satisfeito? Aqui, onde esquece tudo o passado, lembras-te ainda daqueles teus mais e mais, com que me via tão importunado dos teus fervores? — Calou e emudeceu Xavier por reverência; mas, instado a que respondesse, disse desta maneira:

Eu, senhor, enquanto vivi no mundo, sempre foi com três grandes desejos que muito me apertavam o coração. O primeiro, de ver o que vejo e gozo descobertamente, no sumo bem de vossa divina presença; e depois do cumprimento desta felicidade, não posso dizer nem desejar mais, pois, por misericórdia de vossa divina grandeza, é mais o que possuo do que nunca esperei nem merecia minha indignidade. O segundo desejo era de padecer mais e mais por vosso amor, e este, se não está acabado, está porém impedido no corpo morto pela impossibilidade da morte e na alma já gloriosa pelo impossível da pena. Só resta o terceiro desejo, que era, e é, de servir e ajudar aos próximos no ministério da vocação em que vossa divina providência se serviu de que eu os servisse, para conversão dos gentios, reforma dos cristãos e salvação de todos. E quando vejo, senhor — agora melhor — que vosso unigênito e benditíssimo Filho deixou, do modo que podia deixar, o céu por amor e remédio das almas, não posso eu deixar de tomar por valedores as suas mesmas chagas, para suplicar — e aqui se prostrou de joelhos — e pedir humildemente à vossa divina piedade a continuação do mesmo ministério que exercitei na vida, com licença de tornar outra vez ao mundo — pois pode ser, sem perder o bem da soberana vista que gozo, antes mais animado e confortado com ela, poderei servir aos próximos sem as minhas imperfeições — e que esta concessão, senhor, seja perpétua, sem limite de mais, e mais, e mais, enquanto durar o mundo e em todas as partes dele.

Admirou a toda a corte dos bem-aventurados a novidade da petição, e ainda ficaram mais admirados quando viram que a suprema majestade, com alguma inclinação do soberano acatamento, mostrou que se agradava do novo memorial e que anuía a ele. Assim se diz no supremo consistório da Igreja: "O Santíssimo anuiu"[11]. — Mas ainda falta outra prerrogativa da mesma graça. Em bem diferente matéria viu S. João, no seu Apocalipse, que fizeram a Deus outra petição os mártires no céu; e porque não era ainda chegado o tempo de se poder despachar, diz o mesmo evangelista que lhe foi dada a cada um uma certa estola, em prenda de ser bem aceito o seu requerimento: "E foram dadas a cada um deles umas estolas brancas, e foi-lhes dito que repousassem ainda um pouco de tempo" (Ap 6,11). — Que estolas foram estas não explicou S. João, e ainda se não sabe com certeza o que eram ou significavam. Porém, a que Deus deu a Xavier, despachado logo e sem dilação, sabe-se com evidência qual fosse, porque foi visto muitas vezes com ela. Muitos pintam ao santo ou revestem suas estátuas com sobrepeliz e estola, por ser este o trajo com que pregava. Mas não foi esta a divisa ou insígnia com que Deus o graduou na continuação do ofício. Mandou que o vestissem no céu com uma esclavina e lhe metessem um báculo na mão, na mesma forma de peregrino com que seu Filho ressuscitado apareceu aos discípulos que iam para Emaús. E com esta divisa começou Xavier a exercitar a sua segunda missão do céu à terra, em que Cristo foi o primeiro e ele o segundo, para que se não diga já: "É um, e não tem segundo".

Todos os santos neste mundo se reputaram por peregrinos. Jacó: "Os dias da minha peregrinação" (Gn 47,9); Davi: "Adventício sou, e peregrino" (Sl 38,13); S. Pedro: "Como a estrangeiros e peregrinos" (1Pd 2,11); S. Paulo: "Estamos ausentes do Senhor" (2Cor 5,6). O mesmo S. Paulo deu a razão: Somos peregrinos, porque, "não tendo aqui cidade permanente e própria, imos caminhando e buscando a futura" (Hb 13,14). Mas tanto que lá se veem os mesmos santos, como o mesmo S. Pedro no Monte Tabor, todos dizem: "Bom é que nós estejamos aqui" (Mt 17,4) — e, uma vez revestidos com os quatro dotes da glória, nenhum os quer cobrir ou afrontar com lançar sobre eles a esclavina. S. Martinho, cuja caridade era tanta que, ainda sendo soldado e catecúmeno, deu ametade da capa ao pobre, também não havia de fazer ou forrar a esclavina da outra metade. Sendo já, não só cristão, mas bispo, o maior oferecimento que fez a Deus foi de continuar nesta vida em serviço dos próximos: "Se sou necessário para o teu povo, não recuso trabalho"[12]. — E S. Paulo, falando com os mesmos próximos, dizia que o seu desejo era acabar a vida e deixar este mundo, para estar no céu com Cristo, não havendo para ele maior lucro que a morte; porém, que se compunha com a dilatar, porque assim lhes era necessário, e lhes importava a eles para sua salvação: "É necessário permanecer por causa de vós" (Fl 1,24). — O mesmo disseram outros grandes zeladores das almas enquanto viviam e estavam na terra; mas depois que se viram no céu, e com Deus, nenhum houve que lhe fizesse este oferecimento. Em vida só Cristo deixou o céu para peregrinar na terra, e depois da morte só Cristo e Xavier. E este foi o finíssimo da fineza em que estamos, com que acabo.

Antes do dia da Páscoa, como disse no princípio, se costumam ponderar as maiores finezas do amor de Cristo para com os homens: "Antes do dia da festa de Páscoa, como tinha amado os seus, amou-os até ao fim" (Jo 13,1) — mas o finíssimo dessas finezas não teve o seu fim no dia antes da Páscoa, mas no dia da mesma Páscoa é que começou. E por quê? Porque antes do dia da Páscoa padeceu Cristo a morte e deu a vida por amor dos homens, e na mesma morte, e em todas as ações da vida mereceu, não para si, senão para nós, a graça e a glória, porque, ainda que era compreensor, como falam os teólogos, era juntamente viador; porém, no dia da Páscoa, em que, ressuscitando, estava já no estado de imortal e glorioso, não merecia nem podia merecer; e peregrinar neste mundo, depois de conseguir a glória da imortalidade, quem não pode merecer para si nem para outrem, e só para consolar, favorecer e levar ao céu os que vivem no mesmo mundo, não só é o fino, senão o finíssimo da mesma fineza. Assim peregrinou glorioso Cristo, e Xavier também glorioso e peregrino.

§ VIII

Cristo peregrino e glorioso, não só apareceu aos peregrinos de Emaús, senão, no mesmo dia da Páscoa, a Madalena, às Marias, a S. Pedro, aos discípulos no Cenáculo. Peregrino e glorioso lhes tornou a aparecer no mesmo Cenáculo, presente já S. Tomé, e os foi buscar a todos a Galileia, e lhes apareceu, ou juntos ou divididos, na praia, no monte e em diversos lugares, por espaço de quarenta dias. Peregrino e glorioso, depois de subir ao céu, apareceu a S. Pedro, a S. Paulo, e aos outros apóstolos, como lhes tinha prometido: "Eu vou, e venho a vós" (Jo 14,28) — e nesse sentido lhes disse o anjo no Olivete — que doutro modo não seria consolação: "Este Jesus, que se separou de vós, assim virá do mesmo modo que o haveis visto ir ao céu" (At 1,11). — Peregrino, finalmente, e glorioso, apareceu o mesmo senhor a S. Pedro Alexandrino, a Santo Ambrósio, a S. Gregório Papa, a S. Remígio, ao imperador Basílio, ao imperador Marciano, a Clodoveu, rei de França, a Afonso I, rei de Portugal. E daquele tempo sempre, até os nossos, a tantos santos e santas, ou porque já o eram, ou para que o fossem, como consta das histórias eclesiásticas.

Da mesma maneira apareceu S. Francisco Xavier, depois de morto, peregrino e glorioso, exercitando a segunda parte da sua missão, não só na Índia, senão em muitas partes do mundo. Peregrino e glorioso apareceu na Índia a um cego, tão cego que não só carecia da vista, senão dos olhos, de que só lhe ficaram as covas, donde havia muitos anos os tinha perdido. Perguntou-lhe o santo se sentia muito a falta da vista. E como declarasse a sua pena com grandes encarecimentos: — Pois, por que não recorres a mim? Ora faze-te levar à minha Igreja de Cotata, e por espaço de nove dias roga a Deus que te faça esta mercê. Foi e, acabada a novena, se achou com os olhos restituídos a seu lugar e com a vista mais clara do que dantes a tinha. Em outro lugar dos Malabares apareceu o santo peregrino a uma mulher cristã que estava morrendo com grande sentimento de acabar a vida, e lhe disse: — Por que não queres o que Deus quer? Deus quer que morras, e a ti te convém morrer agora: confessa-te de todos os teus pecados e eu farei vir aqui um padre — porque o não havia — com quem o possas fazer. — Veio o padre, confessou-se e, em recebendo a absolvição, morreu tão consolada como quem sabia que lhe importava morrer. Em outra Igreja de S. Francisco Xavier, junto a Manapar, adormeceu um índio de vida publicamente escandalosa. Apareceu-lhe o santo, exortando-o à emenda; e fazendo ele tão pouco caso da exortação como de qualquer outro sonho, tornou a lhe aparecer Xavier, certificando-lhe quem era, e ameaçando-o que, se não se emendasse, lhe custaria caro. Não se quis contudo emendar, e ainda depois de ver duas vezes o que vira; mas no mesmo ponto se achou tolhido de todos os membros, com dores que os médicos o desenganaram serem mortais. Então reconheceu o seu castigo e a causa, fez propósitos firmes, se tornava a recuperar a vida, de emendar, pedindo perdão ao santo com muitas lágrimas, o qual, porque viu que o arrependimento era verdadeiro, como depois mostrou o efeito, lhe apareceu terceira vez e, são já na alma, lhe sarou também o corpo. Em todos estes casos se deve notar que não foi Xavier invocado pelos que tinham necessidade dele, mas ele mesmo, vendo-os necessitados, ou no corpo ou na alma, os foi buscar para lhes dar o remédio.

Vamos agora aos que o pediram ao santo e se encomendaram a ele. Nas masmorras de Berbéria estava cativo e carregado de ferros um português nobre, mas sem cabedal para comprar o seu livramento. Invocou a S. Francisco Xavier, tomando-o com grande fé por seu redentor, e o santo, sem hábito da Trindade ou das Mercês, mas no seu de peregrino, se lhe presentou no cárcere escuríssimo, enchendo-o todo de luz celestial, e lhe prometeu que dentro em três dias seria livre. Eram necessários, para cumprimento desta promessa, dois grandes milagres: um contra a crueldade, outro contra a cobiça e avareza dos bárbaros; mas eles no fim do terceiro dia o soltaram das prisões e, sem resgate, lhe deram a liberdade. Na Calábria, havia vinte e três anos que uma miserável mulher estava possuída de cinco demônios. Tinha sido levada a vários santuários da Itália sem nenhum efeito, que tão obstinados eram os cinco rebeldes espíritos. Ocorreu finalmente aos parentes levarem-na à imagem de S. Francisco Xavier de Potamo, e logo foram ouvidos os demônios gritar com grandes gemidos: Ai de nós, que já não poderemos resistir. — No caminho, que era grande a distância, três vezes apareceu o santo à mulher, dizendo: — Eu sou Francisco, vai muito confiada que terás remédio. — E assim foi, porque, em chegando à porta da igreja, onde é venerada a milagrosa imagem, uivando como cão raivoso, desapareceu o cérbero de cinco cabeças, e nunca mais tornou.

Sobre todos foi maravilhoso em Nápoles o caso do padre Marcelo Mastrilli, da Companhia de Jesus[13], grande devoto de S. Francisco, ao qual se encomendou, estando já agonizante de uma ferida mortal na cabeça. Apareceu-lhe naquele extremo o santo peregrino, fez-lhe fazer voto de ir ao Japão, se Deus lhe dava vida, e de o tornar a dar a Deus, sendo martirizado em defensa da fé. O santo invisivelmente lhe ia ditando o voto, e o agonizante, que estava já sem fala, o ia repetindo em voz clara, que todos os circunstantes ouviam, atônitos da voz e da significação das palavras, sem entender o mistério, até que viram que o moribundo se levantou são, e sem sinal da ferida, e declarou, com circunstâncias de maior admiração — que seria necessário muito tempo para referir — tudo o que ocultamente tinha passado. Foi então público e famoso o milagre, que logo correu por todo o mundo estampado, e o padre Marcello, não coroado ainda, mas já cercado dos instrumentos de mártir. Mártir lhe chamavam todos dali em diante, e como mártir o veneravam. Ele, por devoção do santo, ajuntou ao seu nome o de Francisco, chamando-se Marcelo Francisco Mastrilli; mas ninguém o nomeava senão com o de mártir: mártir saindo de Itália, mártir passando por França e Espanha, mártir chegando a Lisboa. De Lisboa, partiu com o mesmo nome, e navegou até Goa; de Goa com o mesmo navegou, e chegou ao Japão, onde por fim, pregando pública e intrepidamente a fé do verdadeiro Deus, depois de padecer por ela esquisitos e atrozes tormentos, foi condenado à catana e à fogueira. A catana no primeiro golpe fez pouca mossa na cerviz do fortíssimo atleta, como se ela fora de aço, e a catana de cera; no segundo, fazendo só um pequeno sinal, caiu das mãos ao algoz; no terceiro, contente Marcelo com ser três vezes mártir, com palavras que todos ouviram, deu a licença à catana para cortar e lhe tirou a cabeça. Desta sorte, sendo primeiro degolado e depois queimado pela fé, ele cumpriu o seu voto, e a profecia de Xavier se cumpriu nele.

Voltemos agora sobre os casos referidos. Nas primeiras três aparições do santo peregrino, e nos três primeiros milagres, notamos que os obrou sem ser invocado; e assim nestes três últimos, que parecem maiores, devemos notar que primeiro o invocaram e se encomendaram a ele seus devotos. E, suposto que a matéria em que estamos é das finezas de Xavier, se me perguntarem em quais se mostrou o santo mais fino, respondo que nos primeiros, porque nos segundos teve alguma parte a nossa devoção; os outros todos inteiramente da sua caridade. Estes começaram pelo nosso cuidado e acabaram pelo seu; nos outros mostrou o santo que tinha mais cuidado de nós, do que nós de nós. Também é muito para notar, nos primeiros casos, que neles fez o santo morrer uma mulher e adoecer gravemente um homem. E, sendo tão ordinário nas suas maravilhas curar enfermos e ressuscitar mortos, que diremos quando tira a vida aos vivos, e a saúde aos sãos? Também digo que esta foi, em ambos os casos, maior fineza, porque aqui era mais necessária à vida a morte que a vida, e mais importante ao são a enfermidade que a saúde. Donde devem inferir e advertir muito os que pedem favores a S. Francisco Xavier, que quando lhes não concede o que desejam, ou lhes nega o que pedem, nem por isso se mostra o santo com eles menos, senão mais fino, porque, quando nos nega o que desejamos, nos concede o que devemos desejar, e quando nos não dá o que pedimos, nos ensina o que não devemos pedir. Finalmente quando, sem desejar nem pedir coisa alguma a Xavier, sucede a seus devotos o que lhes devêramos agradecer se tivéramos invocado a sua intercessão, nem por isso devemos cuidar que não são favores e obras suas, nem ele é o autor delas, antes entender que tanto são maiores finezas quanto mais ocultas, porque fazer o benefício e esconder a mão, assim como é maior generosidade, assim é maior fineza.

§ IX

Estas eram e são as de que usava e usa S. Francisco Xavier, além de outras, de que ele só tem notícia, exercitando a segunda parte do seu apostolado depois da morte, glorioso no céu e peregrino na terra. Peregrino na Ásia, peregrino na Europa, peregrino na África, como vimos, e também peregrino, com as mesmas maravilhas, na América. Já presente, já ausente; já visto, já invisível; já rogado, já não rogado; já por si mesmo, já por suas relíquias; já por suas imagens, já por qualquer memória sua; e também sem memória nossa esquecido, mas sem nunca se esquecer; sempre acudindo, sempre ajudando, sempre favorecendo a todos e, não só espiritual, senão temporalmente, sem deixar meio, modo ou motivo de reduzir as almas ao serviço de Deus e as pôr no caminho do céu. E posto que pelo que têm de milagrosas todas estas finezas, parece que nos escusam da imitação, pelo que importam às nossas almas, não só temos obrigação de as imitar, mas elas mesmas, se o não fizermos, serão os mais rigorosos fiscais de nossa condenação. Pergunto: Quem é este homem que tantos extremos fez na vida e tantos faz depois de morto por nos salvar? É Francisco Xavier. E onde está este homem e onde estamos nós? Ele está no céu, e nós na terra; ele com a salvação segura, e nós com ela tão duvidosa; ele sem poder já merecer, e nós no tempo e lugar que Deus limitou para o merecimento. Pois, se ele sem interesse anda peregrinando e correndo o mundo, vigiando de dia sobre os que não vigiam e acordando de noite os que dormem, por salvar as almas alheias, que é o que nós fazemos por salvar a própria, e que é o que muitos fazem pela perder? Tantas diligências, tantos desvelos, tantos trabalhos, tantas batalhas pelo que nenhuma coisa importa, e nada pelo que importa tudo? O que fazemos e o que não fazemos, tudo nos condena. Que importa, ao homem ganhar o mundo todo, se perde a sua alma? S. Francisco Xavier, pois tão zeloso é da salvação de todas, nos alcance a graça de que se imprima bem nas nossas aquele oráculo divino: "De que aproveita ao homem ganhar todo o mundo, se vier a perder a sua alma?" (Mt 16,26).

SERMÃO NONO

Braço

"Pôs o pé direito sobre o mar,
e o esquerdo sobre a terra."
(Ap 10,2)

§ I

A crueldade mais honrosa, ou a honra mais cruel que nunca viu o mundo, é um tremendo espetáculo, que primeiro assombrou a terra e depois o mar, o qual eu reservei de propósito para esta ultima cláusula da nossa Novena.

§ II

Morreu, enfim, S. Francisco Xavier, e como não há duas coisas tão parecidas como a morte e a vida, sendo tão miraculosa a sua vida, não podiam faltar milagres na sua morte. Depois dela não foi embalsamado seu corpo, como era antigo costume ou rito funeral do Oriente; mas como o mesmo corpo foi habitado cinquenta e cinco anos daquela alma santíssima, casa de tantas virtudes, elas foram o bálsamo, a mirra, o nardo, o aloés e as outras espécies aromáticas celestiais que o conservaram incorrupto, cheiroso e tão inteiro como vivo. "Existe uma certa virtude nos corpos dos santos, depois de tantos anos, porque foram habitados por almas justas e servido para o ministério dos mesmos santos" — diz S. Cirilo Jerosolimitano[1]. É este privilégio raro, e só concedido por Deus àqueles santos que particularmente mereceram o nome de seus: "Não permitirás que o teu santo experimente corrupção" (Sl 15,10). — E quem mais santo de Deus: "teu santo" — e de Deus todo, e em tudo, e por tudo que Xavier?

A morte é filha do pecado: "Pelo pecado à morte" (Rm 5,12). — E no pecado de Adão, onde ela teve o seu princípio, alcançou também o poder, não só de matar os homens, mas de lhes corromper os corpos, e os resolver em pó: "Tu és pó, e em pó te hás de tornar" (Gn 3,19). — Esta é a queixa ou horror que tinha Davi, não só da morte, senão do pó em que ela o havia de desfazer na sepultura: "E me tens conduzido até ao pó da sepultura" (Sl 21,16). — Pois, se estes são os teus poderes, ó morte, por que os não executaste em Xavier? Não dirás que te faltaram os instrumentos mais eficazes deste teu segundo rigor, porque duas vezes foi o santo cadáver coberto de cal viva, que é a lima mais forte e mordaz para roer e desfazer em pó toda a matéria tão vária de que se compõe a fábrica de um corpo, até lhe despir e desconjuntar os ossos. Mas foi tal o respeito com que a sua natural voracidade reverenciou aqueles despojos da vida na imagem morta de Xavier que nem no menor fio da roupa se atreveu a lhe tocar, com que também a mesma cal por este milagre mereceu ser venerada por relíquia.

Mais. Aquele último acidente congela o sangue, seca a carne, endurece os nervos, muda e desmaia as cores; porém todos estes efeitos ou consequências da morte naquele corpo morto, ou naquele milagre vivo, ficaram tão parados, ou tão pasmados, que o sangue corria líquido, a carne cedia branda, os nervos se dobravam flexíveis, e a cor, frescura e graça do rosto estava tão constante, e tão a mesma, que os que trataram o santo em vida só porque não falava o julgavam por morto. Enganava-se a vista, enganava-se o tato, enganava-se o olfato, e até o gosto se enganou, por que houve devoção tão atrevida, ou tão faminta, que com os dentes lhe cortou parte de um dedo do pé a furto, e como se a morte de Xavier fora mistério de fé, só o ouvido cria e confessava que não estava vivo. Que fizeste logo, ó morte, ou por que não fizeste o que costumas?

Não fez a morte no corpo de Xavier o que costuma nos outros porque morreu matando. Ela matou a Xavier, e Xavier a matou a ela. Foi como a abelha, que ferindo morre, ou menos doce e mais nobremente, como Sansão, que morreu matando. Nem realçam pouco a propriedade de semelhança as duas colunas do anjo que representava a Xavier. A morte quando mata e vive, depois de separar a alma, corrompe o corpo, mas quando matando morre, perde totalmente as forças, ficando ela o cadáver da morte, e o cadáver inteiro e incorrupto com todos os outros acidentes de vivo. Assim antecipou Xavier em si mesmo, como precursor de Cristo nesta parte, o que ele como triunfador da morte há de fazer universalmente no fim do mundo. Ouçamos a S. Paulo: "Virá tempo" — diz o apóstolo — "em que este corpo corruptível e mortal se revista de imortalidade e fique incorruptível; e então se cumprirá o que está escrito, que a morte ficará afogada na sua vitória" (1Cor 15,53s). — Note-se muito aquele "então", porque o revestir-se o corpo corruptível de incorruptibilidade, que é o que se há de fazer no fim do mundo, isso mesmo se fez na morte de Xavier antecipadamente, e pelo mesmo modo, isto é, afogando-se a morte na sua própria vitória: "A morte ficará afogada na sua vitória". — Venceu, afogou e matou a morte a Xavier, mas quando o afogou, ficou ela afogada quando o venceu, ficou ela vencida, e quando o matou, ficou ela morta. Foi a morte como Eleazaro quando matou o elefante, e Xavier como o elefante da Índia, que caiu morto sobre ele e o sepultou debaixo de si.

Não é metáfora o que digo, senão verdade experimentada e vista logo pelos olhos em próprios termos. A primeira jornada que fez Xavier depois de morto foi das praias de Sanchão, onde o sepultaram, ao porto de Malaca. Ardia a cidade em uma severíssima peste, andando a morte com a foice tremendamente ensanguentada por toda a parte, entre gentios e cristãos, segando vidas sem-número. E agora quero eu fazer uma apóstrofe, não aos vivos, ou moribundos, senão ao corpo morto de Xavier. Esta é para que a um tão grande santo não faltasse o caráter da verdadeira santidade, que são as perseguições e a herança que Cristo deixou em morgado aos seus apóstolos, quando lhes disse: "Se eles me perseguiram a mim, também vos hão de perseguir a vós" (Jo 15,20). — Esta é, padre mestre Francisco, aquela ingrata e indigna, por não dizer infame cidade, na qual, devendo-vos a fé, a doutrina e a liberdade, tantas vezes e tão milagrosamente conservada por vós e defendida de seus inimigos, por obedecer e adular a impiedade de um tirano, que a governava, fostes tão enormemente injuriado e afrontado pelas ruas públicas, e a autoridade e bulas apostólicas, como falsificador delas, desobedecidas e desprezadas, e da qual, como rebelde, maldita e excomungada, vos despedistes sacudindo o pó dos sapatos, conforme o conselho de Cristo, em testemunho ao céu e à terra de sua rematada obstinação. Então sofreu tudo vossa invicta paciência, como insensível e mudo; mas agora que a justiça divina se tem declarado em a castigar, e defender vossa inocência, metendo-lhe nas entranhas o veneno irreparável do ar corrupto, com que a mesma respiração, em lugar de ser alento e alimento da vida, se lhe converta em laço e garrote da morte. Agora, agora é tempo que vós também vos ponhais da parte da mesma justiça, e que essa caixa tosca, em que estais metido morto, como outra Arca do Testamento, em que residia Deus vivo, faça a destruição e extermínio em Malaca, que ela cativa e afrontada fazia em todas as terras dos filisteus inimigos aonde chegava.

Isto é o que a razão, a verdade e a justiça devia aconselhar e persuadir a Xavier. Mas como mostraria, ele que era morto, o mesmo que tinha sido vivo? Sai, e aparece o sagrado depósito em terra, e no mesmo ponto, todos os que estavam feridos e expirando da peste se levantavam subitamente sãos. Purificou-se o ar, desapareceu e fugiu o contágio, sem ferir mais nem tocar em cristão algum nem gentio. E a morte também quis fugir, mas nas mesmas covas que estavam abertas para os moribundos a meteu e encerrou Xavier como triunfador dela. Tinha a morte e os inimigos de Cristo "presidiado o seu sepulcro com guardas de muitos soldados armados". — Mas que aproveitaram estas cautelas contra o triunfador da morte? Festiva e discretissimamente o cantou a Igreja: "O vencedor triunfa e com seu sepulcro enterra a morte". A mesma morte que o tinha morto, sepultou ele no seu sepulcro. — Do mesmo modo o fez Xavier, não em uma só cova, onde ela o tinha metido nas praias de Sanchão, mas nas muitas covas que a mesma morte tinha aberto em Malaca, para os que nela ia matando. Na morte de Cristo "abriram-se muitas sepulturas" (Mt 27,52). — E que sucedeu pouco depois? Que quantas eram as covas abertas, tantos foram os mortos que delas saíram ressuscitados: "E muitos corpos de santos, que dormiam, saíram ressuscitados" (Ibid). Julgue-se agora se foi mais ou menos que se levantassem vivos e sãos, e não entrassem nas sepulturas tantas quantas eram as sepulturas que a morte lhes tinha aberto; e estes não somente santos como aqueles: "Muitos corpos de santos" — mas cristãos com fé, e gentios sem ela, sem diferença nem exceção todos.

§ III

Tão universal e plenária foi a indulgência que as relíquias de Xavier ali concederam só de caminho, sendo a sua derrota direitamente a Goa. Mas que eloquência será bastante a referir a devoção, o afeto, o aplauso, a magnificência e triunfo com que foi recebido naquela imperial metrópole da Ásia, morto, quem tanto lho tinha merecido em vida? Deixo sete manifestos naufrágios, de que o santo livrou a nau que o levava, com outros tantos milagres. Mas não posso passar em silêncio o que agora direi. Tanto que em Goa se soube a alegre nova, o padre provincial da Companhia, com outros três religiosos, partiram em um catur a encontrar o sagrado hóspede; acharam a nau em Baticala, não surta, mas sobre a vela ao pairo; e tanto que passaram ao catur a caixa em que vinha o santo corpo, a nau sem vento, sem tocar em baixio e sem ocasião alguma de perigo, se foi por si mesmo direita ao fundo, como quem tinha cumprido com seu ofício. Para que se não cansem os expositores em inquirir que foi feito da estrela do Oriente depois que parou sobre o presépio de Cristo, uma e outra se foi a pique, que também o ar tem fundo. Assim quis Deus honrar a Xavier, mostrando que o que tinha criado para servir a seu Filho, e o que tinha fabricado para servir a seu servo, era decência e autoridade que, em acabando de os servir, acabassem juntamente e não servissem a outrem. Anoiteceu o catur na barra de Goa, onde ninguém dormiu aquela noite, nem houve dia que tanto tardasse em amanhecer, dizendo algum pensamento poético que a aurora se detinha em se enfeitar para, mais arraiada e mais formosa que nunca, abrir as portas ao sol do Oriente. Ao primeiro romper da luz partiram de voga arrancada em demanda do catur dezoito bargantins, e neles a principal fidalguia daquela então segunda corte de Portugal, todos com tochas acesas; e depois de fazerem a devida reverência ao santo, divididos em duas fileiras, voltaram acompanhando o catur para a cidade. E como os bargantins vinham embandeirados de flâmulas e galhardetes de várias cores, e prevenidos de instrumentos sonoros de todo o gênero, as luzes que reverberavam e se multiplicavam nas águas, e a consonância dos instrumentos ao compasso lento dos remos, faziam tal harmonia aos olhos e aos ouvidos, que grandemente ajudavam a alegria dos corações.

Esperava na praia o vice-rei, com todos os tribunais do estado, e seus ministros, a câmara com a sua bandeira, juízes, vereadores, e todos os outros oficiais da república, e a cidade inteira, em uma multidão inumerável de todos os estados, e não só os sãos senão também os enfermos, ou por seu pé, ou em braços alheios, esperando tornar para suas casas com saúde. Quando o catur já ia chegando, era muito para ver os braços que se levantavam e estendiam do meio da multidão, como abraçando de longe, e do modo que podiam, os pés do santo, havendo alguns que, não tendo paciência para esperar mais, assim vestidos como estavam, se lançaram ao mar. Desembarcado o santo, todos o salvaram com os joelhos em terra, e vivas que chegavam ao céu. E unindo-se com grande acordo o fúnebre com o triunfal, por não exceder os ritos da Igreja, se ordenou a procissão ou acompanhamento nesta forma: iam diante os meninos da doutrina, por quem Xavier naquelas mesmas ruas e praças tinha obrado tantos milagres; eram em número de noventa, todos vestidos de branco, com grinaldas de flores na cabeça e palmas verdes na mão, cantando: "Bendito seja o Senhor Deus de Israel, porque visitou e fez a redenção do seu povo" (Lc 1,68). Seguia-se toda a Irmandade da Misericórdia, com suas insígnias, e após ela duas compridas fileiras da nobreza que esperava em terra e da que tinha ido ao mar, todos com tochas acesas e vestidos das melhores galas à competência. Depois deles os cônegos da catedral metropolitana, e os clérigos de todas as paróquias, entre os quais iam todos os religiosos da Companhia, que também levavam aos ombros o seu santo Pai, em um esquife ou andor ricamente ornado. Fechava todo o acompanhamento o vice-rei, a cidade, e os embaixadores de quase todos os reinos e nações da Ásia, que com a diversidade de cores e trajos faziam um formoso e pomposo remate.

As ruas estavam alcatifadas com o mais fino, precioso e artificioso do Ormuz; as paredes ricamente armadas de tapeçarias de ouro e seda; a espaços se viam levantados arcos triunfais, e outros corpos de devota e magnífica arquitetura; das janelas e eirados choviam flores sobre o andor e corpo do santo, as milícias, postas em ala, quando ia passando, lhe abatiam as armas e as bandeiras; e em toda a parte, ou ardiam, ou ferviam em odoríferos licores todos os aromas da Índia, entre os quais, com estupenda maravilha, rescendia e se distinguia de muito longe a celestial fragrância que de si exalava o bem-aventurado cadáver. Enquanto assim marchava o mais solene triunfo de quantos tinha visto aquela tantas vezes triunfante cidade, acompanhavam estrondosamente os aplausos os contínuos trovões da artilheria de todas as fortalezas e os alegres repiques dos sinos de todas as igrejas, a cujo som se excitavam os enfermos, uns a sair às janelas, outros às mesmas ruas, com princípios da saúde, em que o santo os confirmava. E aqui me lembra a fútil murmuração de um herege, o qual, mofando das relíquias dos católicos, não duvidou escrever que um religioso, depois de visitar os lugares da Terra Santa, trouxera de lá em uma caixinha o som dos sinos de Jerusalém. Mas o que ele então disse por riso se verificou neste dia com verdadeiras experiências.

Chegada a procissão à Igreja da Companhia de Jesus, foi colocado o sagrado depósito na capela mor, onde as grades, quebradas por muitas partes com o peso da gente, o não puderam defender do ímpeto com que uns sobre outros se lançavam a lhe beijar os pés. Três vezes foi o santo levantado em pé e mostrado ao povo, em que o pasmo daquela vista era igual às lágrimas que todos derramavam, e três dias revestido nos paramentos sacerdotais esteve assim exposto. Não houve sermão de honras nestas gloriosas exéquias, nem panegírico do morto triunfador da morte, porque as línguas de todos em toda a parte — não se falando por muito tempo em outra coisa — eram eloquentíssimas oradoras dos seus louvores. Uns referiam profecias, outros milagres, outros conversões, outros excelentes virtudes, testemunhando em si mesmos os favores recebidos no mar e na terra, e contando outros o das suas os gentios e estrangeiros. Mas quando eles e outros estivessem mudos, bastavam só, sem memórias do passado, como pregoeiros presentes, os cegos, os aleijados, os tolhidos, os leprosos e os outros enfermos de todo o gênero, os quais, concorrendo ao novo propiciatório da saúde, saíam de sua presença inteiramente sãos, porque o corpo, que Deus tinha conservado tão incorrupto e inteiro, não sabia fazer mercês nem milagres partidos.

§ IV

Mas antes que passemos adiante, será não só justo, mas necessário, saber qual foi o particular merecimento pelo qual a divina providência concedeu a S. Francisco Xavier este privilégio da incorrupção e inteireza, não só concedido a poucos santos, mas com tantas circunstâncias e acidentes vivos em um corpo morto — segundo o que lemos nas histórias eclesiásticas — pode ser que a nenhum outro. A razão ou merecimento declarou Santo Agostinho sobre aquele texto: "Nem permitirás que o teu santo veja corrupção" (Sl 15,10). — Diz o maior lume da Igreja que não concede Deus este privilégio aos santos por santificados, senão por santificadores; não por serem santos em si, mas por santificarem a outros: "Nem o corpo santificado, pelo qual também outros serão santificados, sofrerá que seja corrompido"[2]. — E como S. Francisco Xavier, entre todos os santos e varões apostólicos da Igreja, não só foi "o que havia de santificar", senão o que tinha santificado em sua vida e cooperado à salvação de tantos milhares e milhares de almas, que os autores de maior lição e mais noticiosos estendem a dois milhões — o que se não sabe de algum outro santo — como havia Deus de consentir que padecesse corrupção a inteireza de tal corpo: "Nem sofrerá que seja corrompido"? — S. Paulo, comparando as coroas dos que se salvam com as dos vencedores que neste mundo se coroam, a estas chama corruptíveis, e àquelas incorruptas: "E aqueles, certamente, por alcançar uma coroa corruptível; nós, porém, uma incorruptível" (1Cor 9,25). — S. Pedro, ponderando nas mesmas coroas do céu o preço por que foram compradas, que foi o sangue preciosíssimo do Cordeiro sem mácula, também considera nelas o incorrupto em comparação do corruptível: "Não por ouro nem por prata, que são coisas corruptíveis, mas pelo precioso sangue de Cristo, como de um cordeiro imaculado" (1Pd 1,18s). — E quem distribuiu tão inumeráveis coroas incorruptíveis e incorruptas, como havia de padecer corrupção em si mesmo? Finalmente, quando Xavier chegou ao Oriente, podia se dizer de toda a Ásia o que se disse do mundo antes do dilúvio: "Porque toda a carne tinha corrompido o seu caminho" (Gn 6,12); e no meio desta imensidade ou dilúvio de corrupções, que fez o grande apóstolo? Nos gentios alimpou e desterrou a corrupção da idolatria; nos mouros a corrupção da infame seita de Mafamede; em uns e outros, e nos mesmos cristãos, a corrupção da torpeza, da cobiça, da injustiça, e dos outros vícios arreigados em tantas nações tão diversas e em tantas terras tão remotas. E aqueles pés, que tantas mil léguas caminhara, quase sempre descalços; aqueles braços, que tantas mil almas batizaram, mais de dez e vinte mil em um dia; aquele sangue, que tantas vezes se derramou das veias com piedosa impiedade, para converter pecadores; aquela língua, que nunca cessou de pregar a fé do Evangelho em todas as línguas; aqueles olhos, que de dia e de noite vigiavam; e o coração, que sempre ardia no zelo de pregar o nome de Cristo; e todo aquele corpo, tão mortificado e tão vivo, tão abstinente e tão forte, tão fatigado e tão incansável, tão dividido em mil partes e tão inteiro, por que havia de haver corrupção que se lhe atrevesse à inteireza? Deixo tantos apestados, a quem em vida livrou da corrupção do contágio, e a vinte mortos que em vida livrou também da corrupção da sepultura.

§ V

Assim perseverou inteiro o corpo morto de S. Francisco Xavier sessenta e três anos, até que no de mil seiscentos e catorze, que foi para a sua inteireza o climatérico, se dividiu, e lhe foi cortado o braço direito. E esta é a que no exórdio deste discurso chamei a crueldade mais honrosa ou a honra: mais cruel. Começando pela honra: constando ao Sumo Pontífice Paulo V que o corpo do padre Francisco Xavier se conservava inteiro, com isenções da natureza e da morte tão singulares, desejou ter consigo uma relíquia insigne do mesmo corpo, que assim chama a Igreja às partes principais de que ele se compõe. E como os desejos da suprema autoridade são os modos mais apertados de mandar, declarado este por Sua Santidade à Companhia, ele foi o golpe que a obrigou a uma tão rigorosa separação. Mas que maior honra se pode imaginar no céu ou fingir na terra que o mesmo Vigário de Cristo, e vice-Deus, tendo em Roma à sua mão direita a S. Pedro, com as chaves contra as quais não podem prevalecer as portas do inferno, e à esquerda a S. Paulo, com o montante da doutrina e fé católica, de que sempre temeu o mundo, quisesse juntamente pôr e ter a seu lado o braço de um homem ainda não canonizado por santo, nem beatificado? Oh! homem mais que homem na vida, e honra e exceção de todos os homens depois da morte! Não é Roma aquele santuário universal que reparte relíquias a todo o mundo cristão? Não é aquela Terra Santa, regada com o sangue de infinitos mártires, em que não há parte mínima, em que se não possa e deva venerar como relíquia? Não é aquela, por antonomásia, cidade de cujos cemitérios se estão desenterrando continuamente corpos inteiros de santos, com que enriquecem e autorizam os altares de toda a cristandade? Como logo solicita com tanto empenho, e de tão longe, a mesma Roma uma relíquia de Xavier? Se víssemos que o mar pedia água a uma fonte, e o sol luz a uma estrela, que diria a nossa admiração? Pois esta é a honra sem exemplo com que a cabeça da Igreja singulariza entre todos os santos aquela parte de Xavier morto, que com tantos aplausos recebe e abraça, ou com que se glória de se ver dele abraçado.

Mas que muito se a mesma Igreja o tinha profetizado assim, com grande expectação e alegria? "O seu braço esquerdo se pôs já debaixo de minha cabeça, e o seu braço direito me abraçará depois" (Ct 8,3). — Assim o fizeram antes e depois os dois braços de Xavier. Quando renunciou os intentos das temporalidades do mundo a que estava tão pegado, e se dedicou ao serviço da Igreja no Instituto de Santo Inácio, com especial sujeição e obediência ao Papa, que é a sua cabeça, então pôs o braço esquerdo debaixo da cabeça da Igreja: "O seu braço esquerdo se pôs já debaixo de minha cabeça" — e quando, depois de ter obrado com o braço direito tantas maravilhas, o trouxe ou mandou a Roma, então acabou de abraçar a mesma Igreja, e se aperfeiçoou e inteirou o braço: "E o seu braço direito me abraçará depois". — Ela o profetizou, o pontífice o dispôs, Xavier o cumpriu, e Roma em honrar fez o que devia e o que costumava. Quando os seus capitães conquistavam reinos e províncias, lá levantavam os troféus, mas na mesma Roma se lhes punham as estátuas e decretavam os triunfos; e tendo Xavier conquistado à mesma Roma um novo mundo, ainda que lá se lhe tinham levantado os troféus das vitórias, justo era que as honras das estátuas, triunfos e templos as viesse receber na mesma Roma. Santo Inácio e S. Francisco Xavier, no meneio do seu Instituto, foram como as duas pontas do compasso: Inácio como a do centro, sempre fixo e imóvel em Roma; e Xavier como a da circunferência, dando volta ao mundo; e ordenou com alto conselho o Pontífice que ele tornasse a Roma para aperfeiçoar o círculo, acabando-o no mesmo ponto donde tinha saído. Assim o tinha ensinado a este filho de Santo Inácio outro Filho de melhor e maior Pai: "Eu saí do Pai, e vim ao mundo; outra vez deixo o mundo, e torno para o Pai" (Jo 16,28). — Assim como Cristo, saindo do Pai, veio em vida ao mundo, e depois de morto, deixando o mundo, tornou ao Pai, ao mesmo modo Xavier vivo e morto: vivo, se apartou de seu santo padre em Roma, e morto o veio outra vez buscar a Roma, onde eu os estou vendo gloriosos a ambos no templo que a mesma Roma chama o Grão-Jesus. Quando Cristo se mostrou aos apóstolos na glória do Tabor, apareceram majestosamente com ele ao lado direito Moisés, e ao esquerdo Elias. Quis S. Pedro então fazer três tabernáculos, mas fê-los seu sucessor o Sumo Pontífice, neste segundo Tabor: na capela maior, Cristo com o nome de Jesus; na colateral da mão direita Santo Inácio, como Moisés e como legislador; na colateral da esquerda Xavier, como Elias, e como o maior zelador da fé. De Aquiles se disse que "a Aquiles lhe não bastou um mundo"[3] — e como o Aquiles da Companhia, Xavier, lhe não bastou para suas vitórias só o mundo antigo, mas conquistou o novo, necessário foi, para gozar as honras merecidas na vida, que se dividisse depois da morte e, repartindo-se entre Goa e Roma, no Oriente o venerasse e adorasse a cabeça da Ásia, e no Poente a cabeça da Europa, da cristandade e do mundo.

§ VI

Baste isto quanto ao honroso; e quanto ao que pode parecer cruel, dê-me licença Roma, para que fale com ela, e não será a primeira vez que me ouça. Para Roma alcançar relíquias e insignes relíquias de Xavier, parece que não era necessário imitar a lançada de Longinos, nem ensanguentar o ferro. E argumento a Roma consigo mesma. O uso e estilo antigo da Igreja Romana, quando os grandes príncipes pediam alguma relíquia dos santos, era mandarem-lhes os Sumos Pontífices, não parte alguma dos seus corpos, senão um véu chamado brandezém, tocado neles, ou nos seus sepulcros. Assim o mandou S. Gregório Papa à imperatriz Constância, como consta do terceiro livro das suas Epístolas[4], e o mesmo uso consta de toda a História Eclesiástica, que se pode ver em Barônio. "Eram aqueles véus de linho finíssimo e branquíssimo", dos quais cantou Prudêncio — e já pode ser que este exemplo aprendeu S. Pedro no sepulcro de Cristo, onde ele notou que deixara o senhor por relíquias de seu sagrado corpo "Os lençóis e o lenço" (Jo 20,6s). E porque a devoção de alguns príncipes se não dava bastantemente satisfeita com aquelas relíquias santificadas só com o tato dos corpos ou sepulcros santos, houve Pontífice que, mandando vir diante dos seus embaixadores estes véus, apertando-os na mão manaram sangue. Que relíquia logo tão insigne seria de Xavier aquela sua roupeta pobre, grosseira e remendada, debaixo da qual sofrera tantas vezes o santo as neves frigidíssimas do Japão, os sóis ardentíssimos das areias de Meliapor e que, nas poucas horas de sono, entre o fatigado corpo e a terra nua lhe servia de cama? No meio de uma terrível tempestade, gritavam os pilotos e marinheiros que o navio se ia ao fundo; ia ali embarcado Xavier e, rasgando depressa um pequeno retalho da aba da mesma roupeta, lançou-a ao mar, e os ventos e as ondas no mesmo momento ficaram em calma. Verdadeiramente que se o grande Antônio, patriarca de todos os monges, no dia de Páscoa se revestia da samarra de S. Paulo, primeiro ermitão, tecida das folhas de palma, digna era a roupeta de Xavier de que nas maiores solenidades, debaixo dos paramentos pontificais, a vestissem os pontífices romanos.

Mais. Na mesma Roma, em dia da conversão de S. Paulo, se mostra na sua Igreja, como particular relíquia do apóstolo das gentes, não todo, senão parte do báculo em que ele se arrimava nas suas grandes peregrinações, que, contudo, foram muito menores que as de Xavier. Não se referem desta relíquia milagres, os quais não são necessários, quando por outra via consta serem verdadeiras, como consta do báculo de Eliseu ser do mesmo profeta, constando juntamente que, posto sobre o menino defunto, não se seguiu o milagre que ele esperava. Logo, muito mais provada relíquia seria de Xavier a em que ele, caminhando e não caminhando, todos os dias e todas as noites, punha muitas vezes as mãos, e trazia sempre sobre o peito, que era o seu Rosário, o qual, aplicado em ausência pelos meninos da sua doutrina, dos corpos endemoninhados lançava os demônios, e dos enfermos as febres e todas as outras enfermidades. Prove esta consequência outro maior argumento. Um grande devoto do santo, havendo de fazer viagem de Meliapor a Malaca, temeroso dos perigos de tão comprida navegação e mares tão arriscados, despedindo-se dele, e tomando sua bênção, lhe pediu que o consolasse e animasse com alguma prenda sua. Não se achou com outra Xavier mais que o seu Rosário: tira-o do pescoço e, metendo-lho nas mãos, lhe encomendou muito o trouxesse sempre consigo, confiando que o livraria de qualquer perigo. Depois de alguns dias de viagem, foi tão grande o que padeceu o navio que, não podendo sustentar a fúria dos ventos, se deixava levar deles e correr fortuna, como dizem, até que, encalhando em uns penhascos, onde se desfez, entre alguns poucos dos mareantes que escaparam com vida, foi um o devoto do santo. Não havia na dureza do penhasco, nem para comer uma erva verde, nem para beber uma gota de água, com que, meio mortos à fome e à sede, dos madeiros do naufrágio engenharam uma balsa em que se meteram e tornaram a entregar ao mar, mais para dilatar a morte que com esperança de vida. E assim sucedeu, porque nem a balsa, nem eles apareceram mais, e só o devoto de

Xavier, com o seu Rosário, dali a cinco dias se achou em uma praia desconhecida, a qual depois soube que era vizinha a Meliapor, donde partira, e onde tinha sua casa. Perguntado quem o trouxera ali e como passara aqueles cinco dias, respondeu que não sabia, porque em todo aquele tempo, ou arrebatado imaginava, ou dormindo sonhava que estava conversando com a sua família. De sorte que a sagrada relíquia não só o livrou da morte e do perigo, senão da imaginação e do temor, portento dobradamente estupendo, e digno o instrumento dele de Roma o pendurar no templo da Minerva, diante do altar da senhora e inventora do Rosário, como um dos mais famosos de seus troféus.

A Jeremias prometeu Deus de o livrar, não só dos perigos, senão também do temor deles: "Eu farei que tu não temas" (Jr 1,17). — E desta mesma graça foi efeito aquele sono tão profundo de S. Pedro, na mesma noite do dia em que havia de sair a ser publicamente justiçado, como pondera mais expressamente o Siríaco: "Nessa mesma noite se achava Pedro dormindo" (At 12,6). — O anjo acordou-o, para o livrar da prisão das cadeias e da morte, e Deus antecedentemente o meteu nas prisões do sono, para o livrar do cuidado e do temor dela. E se este dobrado favor foi concedido a S. Pedro pelas orações de toda a Igreja que rogava pela sua vida, grande excelência é de Xavier que ao Rosário por onde ele orava, como se viu no caso que acabamos de referir, se concedesse uma e outra graça. Mas passemos às cadeias. As de S. Pedro são uma das mais famosas relíquias de Roma, com templo e dia dedicado a elas. O modo de comunicar esta relíquia não era dar alguma parte ou fuzil das mesmas cadeias, senão alguma pequena limadura daquele sagrado ferro, santificado com o tato das mãos do mesmo Príncipe dos apóstolos: "Caíram as cadeias das suas mãos" (At 12,7). — Assim mandou uma destas limaduras S. Gregório Papa a Childeberto, rei de França. E Justiniano, que depois foi imperador, impetrou outra do Papa Hormisda[5]. E se este era o estilo dos Sumos Pontífices, tão louvável e decoroso para as mesmas relíquias em idade já tão adulta da Igreja, bem pudera Roma contentar-se com aquelas cadeias de Xavier, tantas vezes santificadas com o seu sangue, como a mesma Roma manda cantar nas suas lições: "De tal modo padeceu nos flagelos de ferro que muitas vezes perdeu copioso sangue"[6]. — Estas cadeias, com pontas agudas, serviam ao santo de cilício e disciplinas, e com elas, tomando sobre si os pecados de grandes e obstinados pecadores, disciplinando-se cruelmente diante deles, lavadas todas as costas em sangue, atônitos de tal espetáculo de caridade, os convertia. Tais, e não menores que estas conversões eram os milagres das cadeias de Xavier, sendo doutrina e sentença de todos os santos, em todo o rigor da Teologia, que maior milagre é converter um pecador que ressuscitar mortos, o que Cristo fez três vezes, e que criar mundos, o que Deus fez uma só vez.

Mas para Roma ter relíquias insignes e muito insignes de Xavier não era necessário ferro nem sangue, bastavam outras, que sem tocarem o corpo do santo, nem ele as tocar, obrariam, como obravam, estupendas maravilhas. Vamos a Nápoles. Diante do altar de S. Francisco Xavier, na Igreja da Companhia de Jesus, se veem pendurados vinte e nove estandartes, com o nome cada um dos vinte e nove bairros em que aquela real cidade se divide, e uma inscrição em todos, que diz: "Por haver defendido esta cidade da peste". — A peste foi tão cruel que se contavam os mortos por centenas de milhares. E qual foi a relíquia que obrou esta universal maravilha? Uma imagem de Xavier, que primeiro sarou a um cidadão, logo a quatro, depois a muitos, e, conhecendo a república que nela estava a saúde também contagiosa, elegendo o santo por seu protetor, na tarde do mesmo dia sarou mais de quatrocentas pessoas. E com a mesma pressa se foi apagando o incêndio com que toda a cidade ficou livre. Vamos à Calábria, e veremos por informações autênticas, tiradas com autoridade apostólica, que só na vila de Potamo, em ano e meio, além de infinitos outros milagres, ressuscitou S. Francisco Xavier vinte e nove mortos, e não por outra relíquia de seu corpo senão por uma simples imagem sua, tão costumada a obrar semelhantes ressurreições que os defuntos se não enterravam dois, três e quatro dias depois da morte, com esperança de que o santo os ressuscitasse, como alguns o conseguiram, ou antes de serem levados à sepultura, ou saltando dos esquifes vivos. Passemos finalmente à Índia onde o seu grande apóstolo tinha doutrinado na fé uma mulher de origem china, por nome Luzia Vilhançano, a qual, sendo de idade de cento e vinte anos e de conhecida virtude, com uma imagem do seu santo mestre sarava de repente todo o gênero de enfermidades, aplicando-a aos enfermos só com estas palavras: Em nome de Jesus Cristo, e do padre Francisco Xavier, Deus te restitua a saúde. Alguns destes milagres, com o nome da mesma mulher se referem na bula da canonização do santo. E afirmam com juramento as testemunhas oculares que no mesmo momento em que a santa imagem era aplicada, viam sarar subitamente mancos, aleijados, cegos, surdos, mudos, leprosos, tísicos, paralíticos, encancerados com as carnes comidas e podres. E que não havia mal tão envelhecido e incurável, nem moribundo tão prostrado e quase expirando, não tendo alguns mais que a pele sobre os ossos e, parecendo mais cadáveres que homens vivos, os quais, tocados daquela sombra de Xavier, se não levantassem de repente com o vigor, com as forças, com os sentidos, com a cor e com a corpulência dos membros restituídos. Sendo logo tão insignes e poderosas relíquias estas imagens de Xavier, tão ausentes e remotas de seu corpo e nunca tocadas nele, mandando Roma a Goa um de seus famosos pintores, que lhe retratasse uma vera efígie que fosse viva imagem de Xavier morto, com esta relíquia incruenta parece que tão enriquecida ficaria ela sem o seu braço como o santo inteiro com ele.

§ VII

Mas já é tempo que vejamos o sacrifício, e preparem-se os corações de novo ânimo e valor para um nunca visto espetáculo. O lugar que se elegeu, foi uma capela interior, para onde se trasladou o santo corpo, a título de maior decência. O tempo, o mais secreto da meia-noite, sem notícia dentro nem fora do que estava determinado "para que não suceda levantar-se algum motim no povo" (Mt 26,5) — porque, sabendo-se, toda Goa e toda a Índia se poria em armas, para defender o braço que tantas vezes a tinha defendido; os assistentes eram: o visitador, o provincial, o prepósito e três consultores da província; o executor, um irmão leigo, não parecendo decente que as mãos sagradas que oferecem a Deus o sacrifício incruento de seu Filho, se ensanguentassem no de Xavier. Postos assim de joelhos todos, levantou o executor o braço do santo, tão natural e flexível como se fosse de um corpo vivo que estivesse dormindo, e indo para o cortar, eis que subitamente tremeu a terra, a capela e todos os que nela estavam. Tornam segunda vez a intentar o golpe, e não só o pavimento, mas as paredes, com segundo tremor, pareceu que se queriam arruinar, desencaixando-se as pedras. Quem não desanimara com a repetição de tal prodígio! Insistindo, porém, terceira vez no mesmo intento, foi tanto maior o tremor e abalo, que o teto, e todo o edifício daquela grande casa, caía sobre os que estavam na capela, com que, todos atônitos, se saíram fora. Quem não dissera de cada um destes padres naquele caso, quando a execução não fora no verdadeiro corpo de Xavier, senão em alguma estátua sua: "Três vezes o artista tentou cinzelar no ouro tua queda, e três vezes deixou cair as mãos paternais"[7]. — Feita por eles nova consulta, quando parece que se havia de resolver nela que se reescrevesse a Roma, e se representassem os manifestos e prodigiosos indícios com que Deus mostrava que não era servido que o santo corpo se dividisse, mas perseverasse inteiro, para que a sua mesma inteireza fosse um perpétuo testemunho a todo o Oriente da verdade da fé que lhe pregara, o que se resolveu foi que tomassem ao mesmo santo por intercessor contra si, e lhe pedissem licença para a execução do que eram mandados. Entram outra vez todos na mesma capela e, postos de joelhos, falou assim um dos prelados: — Bem-aventurado santo, bem sabeis vós que vimos aqui, não tanto por nossa vontade, quanto por obediência de nosso padre Geral. E pois, em vida fostes tão obediente, dai-nos agora depois de morto licença para que possamos executar o que se nos ordena, mandando esta relíquia de vosso corpo, que a pede o Sumo Pontífice. — Disse e, em se ouvindo o nome do Sumo Pontífice, do padre Geral e esta palavra obediência, obedeceu o santo, obedeceu a terra, obedeceram as paredes, obedeceu tudo, e o braço se deixou cortar, manando da ferida tanto sangue que encheu um vaso de prata e banhou nele uma toalha, que para este efeito ia prevenida, a qual, depois de muitos anos, levou o conde de Linhares, vice-rei da Índia, para a presentar a el-rei Dom Filipe IV.

Enfim, que depois de sessenta e três anos, temos o corpo de S. Francisco Xavier, como se nele se cumprisse a profecia do sacerdote Heli: "Eis aqui são chegados os dias em que eu cortarei o teu braço" (1Rs 2,31). — Mas, posto que lhe falte o braço direito, eu espero e prometo que serão tantas as suas vitórias do esquerdo, que, se trocando os termos, do direito se podia dizer: "Cairão mil ao teu lado" (Sl 90,7) — do esquerdo se diga: "E dez mil à tua esquerda" (Ibid.). — Se tudo, porém, o que se obrou neste caso foi mais por instinto divino, como depois mostrarei, que por razão humana, muito temos para desejar saber qual seria o fim da divina providência em permitir no corpo incorrupto e inteiro de Xavier o que não lemos se fizesse em outro dos que Deus tem conservado até agora sem corrupção. Entendo e digo que os fins altíssimos desta tão particular providência foram dois: um da parte da Companhia, outro da parte de Xavier. Da parte da Companhia, para que em todas as circunstâncias deste caso lhe ficasse expresso um perfeitíssimo exemplar da exata obediência que professa. E da parte de Xavier, para que depois da morte lhe concedesse Deus o martírio que ardentissimamente desejou e procurou sempre, sem o poder alcançar em vida.

§ VIII

Quanto ao primeiro, concorreram neste caso três gêneros de superiores e súditos: O Sumo Pontífice, superior do Geral, e o Geral, súdito do Pontífice; o Geral, superior dos padres da Índia, e os padres da Índia, súditos do Geral; os padres da Índia, superiores, do modo que o podiam ser, do corpo de Xavier, e o corpo de Xavier, súdito dos mesmos padres. Discorramos agora por todos os gêneros destes superiores e súditos, e veremos na sua obediência todos os primores e ápices da perfeição desta virtude, na qual Santo Inácio foi o mais exato de quantos legisladores a ordenaram e de quantos escritores dela escreveram.

Primeiramente manda Santo Inácio nas suas Regras que "todos procurem observar e sinalar-se na obediência, de tal sorte que para obedecer não seja necessário preceito ou mandado expresso do superior, mas baste somente o sinal da sua vontade"[8]. — E tal foi a perfeição da obediência do padre Geral, que era Cláudio Aquaviva, ao Sumo Pontífice Paulo V, porque o Sumo Pontífice não lhe mandou ou pôs preceito, e só lhe significou a vontade que tinha de ter em Roma uma relíquia insigne do corpo de S. Francisco Xavier, ou de Francisco Xavier, que ainda não era santo e ele queria canonizar; e bastou este sinal da vontade do único superior que tem o Geral da Companhia, que é o Sumo Pontífice, para que Cláudio mandasse aos padres da Índia executar o que lá se fez. Confirma-se este alto grau de obediência com o que S. Paulo ensinou ou insinuou a seu discípulo Timóteo, quando lhe escreveu: "Porque a lei não foi posta para o justo" (1Tm 1,9) — porque obedecer por Leis e preceitos é obediência ordinária; mas a obediência excelente, qual é a do Instituto da Companhia: "Procurem observar e sinalar-se na obediência" — não tem necessidade, nem espera leis ou preceitos, e basta-lhe só o sinal da vontade do superior. Assim comenta este texto do apóstolo, aplicando-o à obediência de Samuel, o nosso doutíssimo português Mendonça, como discípulo da escola e espírito de Santo Inácio, exposição que se não acha nos doutores antigos, ainda que santos, os quais eu só costumo alegar quando é necessário. "O perfeito obediente" — diz ele — "como era Samuel, não tinha necessidade de uma ordem, porque apenas por um sinal e não por um mandato era levado a executar a vontade do superior".

O segundo documento de Santo Inácio é que seus filhos se devem haver nos casos da obediência como nas matérias da fé, fechando os olhos a quaisquer dificuldades e objeções que neles se lhes ofereçam, sem as examinar ou inquirir, bastando para crer o dito do superior que o manda. E assim como, com toda a vossa alma, vos aplicais a crer o que propõe a fé católica, assim procedais às cegas e sem mais inquirir, com a força da vontade desejosa de obedecer a tudo o que o superior mandar.[9] — E esta foi a perfeita obediência dos padres da Índia em obedecer e não replicar ao padre Geral. Terrível objeção era haver de meter o ferro naquele santo e milagroso corpo, e cortar e dividir a inteireza com que Deus tantos anos havia o conservava. E mais terrível, ainda depois dos tremores cada vez mais sensíveis e temerosos, uma e duas e três vezes repetidos e, contudo, obedeceram, fechando os olhos e cativando os entendimentos, como se fora a um decreto da fé. A confirmação neste gravíssimo ponto não é menos que do Príncipe dos apóstolos, S. Pedro, o qual, contando a famosa visão do que tinha visto e ouvido no Monte Tabor, acrescenta aos cristãos, a quem escreve, que ainda tem outro testemunho mais firme, que é o dos profetas, aos quais fazem bem seguir e crer com toda atenção: "E nós mesmos ouvimos esta voz, que vinha do céu, quando estávamos com ele no monte santo. E ainda temos mais firme a palavra dos profetas, à qual fazeis bem de atender" (2Pd 1,18s). — Pois, se o mesmo S. Pedro, e os outros dois apóstolos, tinham visto e ouvido todas as coisas tão maravilhosas que se ouviram no Monte Tabor, por que diz que tem outro testemunho mais firme que o seu, que é o dos profetas, "a que fazem bem de atender"? — Também aqui há de ser o comentador da escola e espírito de Santo Inácio, o Doutíssimo A Lápide, o qual, apertando mais o argumento na voz do padre, diz assim: "Embora a voz do padre objetivamente, isto é em si mesma, fosse veríssima e certíssima como os oráculos dos profetas: ouvido em todos os sentidos podem enganar; entretanto subjetivamente conforme São Pedro ouvia, não era tão certa e firme como as visões dos profetas. A visão dos profetas não pode enganar porque se faz por uma luz sobrenatural e divina". — De sorte que a razão da diferença é porque a visão dos apóstolos foi pelo conhecimento natural dos sentidos, em que pode haver engano. E a dos profetas é por lume sobrenatural e divino, em que não pode haver falência. Por isso, contra o que vemos, ouvimos e apalpamos, cremos o que diz a fé; e assim deve crer o verdadeiro obediente o que diz o superior, cuja voz é a de Deus, como ensina o mesmo Cristo: "O que a vós ouve, a mim ouve" (Lc 10,16).

Resta a terceira consideração da fina e perfeita obediência, que foi a do corpo morto de S. Francisco Xavier aos superiores da casa onde estava tão venerado. E neste tão extraordinário ponto parece que falou Santo Inácio, não só como legislador, senão como profeta. Diz que "os que vivem debaixo da obediência se devem deixar guiar e reger da divina providência por meio de seus superiores, como se fosse um corpo morto, que se deixa levar para qualquer parte para onde o levarem e que o tratem de qualquer modo que o quiserem tratar"[10]. — Pode haver coisa mais própria e mais natural, ou mais sobrenatural do nosso caso? O corpo morto de S. Francisco Xavier não: "como se fosse um corpo morto" — senão como cadáver que era, se deixou levar para onde quiseram, porque se deixou levar da Ásia à Europa e de Goa a Roma, para onde quis o Pontífice que fosse; e como cadáver que era, se deixou tratar como quiseram, porque o quiseram ferir, posto que sem crueldade, cruelmente, chegando a lhe espedaçar a sua inteireza e lhe cortar não menos que o braço direito. Em uma só coisa não mostrou Xavier que estava totalmente morto, que foi o copioso sangue que lhe correu das veias. Do lado do corpo morto de Cristo correu sangue, mas ao mesmo corpo estava unida outra natureza viva e imortal. E como se a obediência de Xavier fosse nele outra natureza, o corpo estava morto, mas a obediência viva. Santo Inácio quis que os obedientes vivos fossem como corpos mortos, e S. Francisco Xavier fez que o seu corpo morto fosse como obediente vivo. Obedecendo a Cristo, saiu vivo da sepultura Lázaro, que estava morto. Maior milagre seria se, morto como estava, saísse e obedecesse, porque esta obediência então não seria de todo Lázaro, senão de ametade dele: "A uma palavra do Senhor todo Lázaro apareceu vivo, ele que não estivera aí todo inteiro". — Lázaro — diz Santo Agostinho —

na sepultura não estava todo, senão só ametade, que é o corpo; mas à voz de Cristo saiu dela vivo e todo. De sorte que para Lázaro obedecer foi necessário que primeiro vivesse, e primeiro se lhe restituísse a parte que lhe faltava, que era a alma, e assim obedeceu vivo e todo: "Todo Lázaro apareceu vivo". — Porém, o corpo morto de Xavier, morto e sem vida, parte, e não todo, obedeceu com tal generosidade e fineza que, sendo naquele estado só ametade de si mesmo, consentiu que até dessa ametade lhe cortassem uma parte tão principal, como se dissera: Contanto que a obediência fique inteira, despedace-se embora o corpo, e cortem quanto quiserem. Tão heroica foi a cláusula com que nestes três atos de obedecer se acabou de aperfeiçoar a imagem, e como retratar e iluminar o verdadeiro e exato exemplar da obediência da Companhia.

§ IX

Quanto ao segundo fim da providência divina neste caso tão gloriosamente trágico, dissemos que foi querer Deus conceder a Xavier depois da morte o martírio que tanto desejara em vida. E para entendimento de quão contínuos e ardentes foram no grande apóstolo estes desejos, bastava considerar as muitas e manifestas ocasiões de lhe tirarem a vida pela fé que pregava, em que sempre e em toda a parte se meteu intrepidamente, condenando as falsas seitas dos brâmanes, dos bonzos, dos maometanos e todo o gênero de gentios, em presença dos mesmos sacerdotes e reis que as defendiam, abominando e chamando diabólica a divindade dos camis e fotoquês, e dos outros monstros que adoravam por deuses, quebrando-lhes os ídolos e derrubando-lhes os templos, e vivendo sempre de milagre, com o único e verdadeiro Deus na boca, e o estandarte da cruz publicamente nas mãos entre tantas nações, umas tão tenazes das suas superstições, outras tão presumidas da sua ciência, e todas tão bárbaras e feras. Isto, como digo, bastava para entender quão ardentes eram em Xavier os desejos do martírio. Mas o mesmo santo o declarou depois de morto, quando tirou das gargantas da morte ao padre Marcelo Mastrilli em Nápoles, na forma do voto que lhe ditou, e todos os presentes ouviram, prometendo de ir ao Japão e padecer martírios pela fé, acrescentou: — Como eu sempre desejei, e nunca pude conseguir. — Daqui se segue que o que S. Francisco Xavier padeceu no seu corpo morto, não foi involuntário, senão muito por sua vontade, como a lançada de Cristo morto na cruz pela previsão e aceitação antecedente dela.

Qual foi, pois, o gênero de martírio no corpo morto de Xavier? Digo que o mais perfeito. S. Bernardo, nos três mártires que a Igreja celebra nos três dias seguintes ao nascimento do redentor, distingue com engenhoso reparo três gêneros de martírio. Em Santo Estêvão, martírio com vontade e com sangue; em S. João, martírio sem sangue e com vontade; nos santos Inocentes, martírio sem vontade, mas com sangue. O martírio de Xavier não foi como o dos Inocentes, porque teve a antecedente vontade, que eles não puderam ter; nem foi como o de S. João, porque teve o sangue, que a ele lhe faltou. Foi logo como o de Santo Estêvão, em que o sangue aperfeiçoou a vontade e a vontade o sangue. E teve mais alguma perfeição? Sim. Porque no martírio de Santo Estêvão, em ódio da fé, foi envolto o martírio com ódio e com o pecado dos executores. E no martírio de Xavier, por obediência, não entreveio ódio nem pecado, senão amor e merecimento. Foi o martírio de Xavier como havia de ser o de Isac, se se conseguira. Isac, o mártir, e o mais amado; o pai o executor, ou piedoso tirano, e o que mais o amava. Assim foram todos os que concorreram para o martírio de Xavier. O Pontífice com amor, o Geral com amor, os padres da Índia, como Abraão, com amor, e Xavier, o padecente, como Isac, não só amado, senão por muito amado. Não houve mais puro, nem mais defecado martírio, entrando também neste número o do mesmo Cristo, posto que mártir da obediência: "Feito obediente até a morte" (Fl 2,8) — porque também o seu cálix não careceu das fezes do ódio e do pecado: "Certamente as suas fezes não se apuraram" (Sl 74,9). — Por isso o mesmo senhor tornou a repetir o mesmo sacrifício, e consagrar o mesmo sangue no Sacramento do Altar, onde lhe chama o profeta "Vinho sem fezes" (Is 25,6) — porque o ódio dos que no cálix da Paixão o derramaram foram as fezes, e estas defecou o amor puro com que no cálix do Sacramento se deixou, e no-lo deu a beber o amorosíssimo redentor.

Pode parecer, porém, que se não agradou Deus deste martírio do corpo de Xavier, não só pelos tremores prodigiosos que o precederam, mas porque depois dele foi coisa notável, e muito notada, que todos os seis padres, que concorreram à execução, morreram dentro em seis meses. E o irmão mais imediato, e principal executor, cegou, e, posto que vivesse muitos anos, acabou cego. Logo demonstrações foram estas, com que Deus não aprovou o martírio. Respondo que uma e outra coisa quis e ordenou Deus, ambas para maior glória de Xavier, e o provo, não com um, senão com infinitos exemplos. Que coisa mais ordinária e maravilhosa em quase todos os mártires que livrá-los Deus das unhas das feras, dos leões e dos tigres, e da fúria dos elementos do mar e do fogo? E, contudo, não os livrava dos fios da espada nas mãos dos homens. E por quê? A primeira razão, como autor da natureza, para não violar os foros do alvedrio, que só se acha nos homens, e não nas feras nem nos elementos. A segunda, como autor da graça, para com os milagres e reverências destes honrar os santos, e com a execução dos outros os não defraudar da coroa. Assim resolve solidamente esta tão controvertida questão o doutíssimo Teófilo, e o mesmo digo no nosso caso. Onde a obediência não foi culpa, não podiam as demonstrações de Deus, posto que rigorosas, ser castigo. Mas não deixou a providência divina de as fazer, e tão públicas e notórias, por dois fins: o primeiro, para maior honra e glória de Xavier, e exemplo do respeito e veneração com que quer sejam reverenciadas suas relíquias. O segundo, para satisfazer os desejos do martírio, com que o santo ardia em vida, e depois da morte o coroar com esta nova lauréola, ou o revestir com esta nova estola, como lemos que foi dada no céu aos mártires que pediam nova satisfação do seu sangue. Finalmente, para última e milagrosa confirmação de tudo o que tenho filosofado sobre a separação do braço de Xavier, note-se muito no anjo forte, figura do mesmo santo, que, tendo dois pés, que serviam de bases às duas colunas, não se fez nele menção mais que de um só braço: "E tinha na sua mão um livrinho aberto" (Ap 10,2).

§ X

Até aqui a parte da prodigiosa tragédia do corpo morto e braço cortado de

Xavier, que se representou na terra. Agora vejamos brevemente, pois o tempo não permite mais, a segunda, que teve por teatro o mar. Embarcado em Goa o santo braço, e segunda vez arrancado do santo corpo, apartamento em que o não posso considerar sem grandes saudades, e como dizendo mudamente: "Senti tanto como se me visse privado de uma parte do meu corpo"[11] — devendo ser a embarcação e a escolta de tão inestimável tesouro a maior e mais poderosa armada que nunca partiu da Índia, como aquele, porém, que só consigo ia mais bem defendido, permitiu o governo do céu — o que não sei como fez o da terra — que fosse embarcado em uma caravela. Já então não éramos tão senhores daqueles mares, como no tempo de Xavier. E a poucos dias de viagem viram, não os soldados, porque os não havia, senão os marinheiros, que os vinha seguindo na mesma esteira um corsário holandês. Bem pudera eu aqui enxerir como fui a causa de que as nossas caravelas se convertessem em tão poderosas e bem armadas naus, como são as de que hoje se compõem as nossas frotas. Foi o caso que, estando el-rei D. João o IV, de sempre gloriosa memória, em Alcântara, em uma véspera de S. João, ofereci a Sua Majestade um alvitre com que festejar aquela noite o seu santo, e o alvitre era que se fizessem trinta e nove fogueiras de outras tantas caravelas que tinha contado no rio de Lisboa, porque as caravelas, senhor, não servem à nossa marinhagem e aos que nelas se embarcam, mais que de escolas de fugir. Assim o fizeram os daquela caravela, e depois de acrescentarem pano sobre pano e alijarem ao mar quanto a podia fazer mais ligeira, reconheceram que o corsário a vinha entrando e já tão vizinho, que a tomaria sem remédio. Então se lembrou o padre Sebastião Gonçalves, reitor do noviciado de Goa, de acudir à sagrada relíquia que levava a seu cargo; e tanto que o poderoso braço obrador de tantas maravilhas apareceu no convés, a nau do pirata, com as velas cheias parou no mesmo momento, como se dera fundo. E como se todas as cordas se converteram em amarras e todos os pregos em âncoras, não deu mais um passo adiante.

Não reparo na fraqueza do vento e seus impulsos, com as velas cheias, e elas e o navio parado, porque costumados estavam todos os ventos, e o mesmo tufão, rei deles, ou assoprando, ou acalmando, a obedecer aos acenos daquele braço. O que pondero é que a cobiça raivosa do pirata ficasse ali atada e presa. Duas vezes fez S. Francisco Xavier parar o sol: uma vez pelas orações do padre Sebastião Vieira, navegando ao Japão, onde morreu queimado pela fé; outra invocado com lágrimas por outros navegantes em perigo extremo, por falta de luz, e em ambas repetindo os dois milagres do mesmo sol que se referem na História Sagrada. O primeiro, como em tempo de Ezequias, tornando o sol atrás, porque depois de metido no ocaso tornou a nascer e subir, perseverando sobre o horizonte quanto espaço foi necessário para o navio se pôr em salvo. O segundo, como em tempo de Josué, quando à sua voz obedeceu o sol (Js 10,12ss), porque esteve parado e imóvel, correndo já a se esconder no ocidente, enquanto o houveram mister os navegantes, para vencer os ventos e mares, mais poderosos inimigos que os amorreus. Agora pergunto: qual foi maior milagre: o da voz de Josué em deter e parar o sol, ou o do braço mudo de Xavier em deter e parar o pirata? Esta questão já está sentenciada e decidida, não menos que pelo grande doutor da Igreja, Santo Ambrósio, para cuja inteligência é necessário supor que quando Josué entrou na Terra de Promissão, antes de render a primeira cidade, que foi a de Jericó, lançou pregão que dos despojos da cidade ninguém tomasse coisa alguma, sob pena da vida, por ela estar consagrada a Deus, a cuja honra havia de ser queimada. Contudo, diz o texto sagrado que um soldado chamado Acan "furtou alguma parte dos despojos" (Js 7,1). — Este furto foi causa de que o exército de Josué padecesse uma rota na conquista da segunda cidade, chamada Hai. Isto posto, diz agora Santo Ambrósio: "Josué pôde parar o sol, mas não pôde parar a cobiça do ladrão. Parou o sol, mas não parou a cobiça. Assim que, parado o sol, aperfeiçoou o triunfo, e, não parada a cobiça, quase perdeu a vitória"[12]. — E como é maior milagre parar a cobiça do ladrão que parar o curso do sol, pois Josué pôde parar o curso do sol, e não pôde parar e deter o ladrão, muito maior milagre foi do braço de Xavier parar esta vez o ladrão a sua cobiça e o seu navio, que parar duas vezes o sol.

Navegando o imperador Caio em uma armada de galés, subitamente parou a capitânia, sem lhe valerem quatrocentos valentes remeiros e cinco ordens de remos para se mover. Buscada a causa, se achou que a detinha uma rêmora pegada ao leme, a qual, arrancada dele e metida dentro, diz Plínio que "o que mais se admirou no caso foi que fora do navio tivesse tanta força e virtude, e dentro dele nenhuma"[13]. — Comparemos agora o braço de Xavier, que foi a rêmora do corsário, com esta de Caio, que também vinha de corso. A rêmora viva, o braço de Xavier morto; a rêmora pegada ao leme, o braço de Xavier sem tocar coisa alguma; a rêmora prevalecendo ao impulso de tantos remos e remeiros, o braço de Xavier ao das velas e dos ventos; a rêmora tirada do mar perdeu todas as forças, porque a tiraram do seu elemento; o braço de Xavier com a mesma força em toda a parte, porque dominava todos os elementos; a rêmora, finalmente, dentro da galé onde estava, não podendo deter a mesma galé, e o braço de Xavier dentro no navio, onde estava, que era outro, fazendo parar o navio onde não estava.

Mas é muito digno de reparar que o mesmo braço de Xavier ia no mesmo navio antes de o avistar nem seguir o pirata; pois por que não fez este milagre, senão depois que apareceu no convés a caixa em que estava encerrado? Por isso mesmo. Apareceu a Arca do Testamento no Jordão, e no mesmo ponto a parte superior do rio parou, e a inferior fugiu para o mar. Pergunta-lhe agora Davi: "Que causa tiveste tu, Jordão, para parar, e tu, mar, para fugir!?" (Sl 113,5). — Já aqui temos um parado, ou fugindo, como no nosso caso; e se eu lhe fizer a mesma pergunta, a resposta também é a mesma: "Na presença do Senhor, perante o Deus de Jacó" (Sl 113,7). — Lá parou um, e fugiu outro, porque apareceu a Arca em que estava Deus. E cá um parou, e outro fugiu, porque apareceu a caixa em que estava o braço de Xavier.

Assim fugindo — que é a primeira vez em que o fugir foi valor, e a fugida triunfo — navegou felizmente o resto da viagem o venturoso lenho que levava o sagrado depósito, e, tomando porto, primeiro no Tejo e depois no Tibre, o recebeu e festejou Roma com a solenidade e aplausos que prometia tão desejada expectação. Desta maneira alcançaram os dois braços de Xavier, ainda neste mundo, aquela glória que não chegou a imaginar nem apetecer a soberbíssima ambição de Alexandre Magno. Disseram-lhe os embaixadores dos citas, como refere Cúrcio[14]: "Se os deuses, ó rei, te quisessem dar o corpo igual ao teu espírito, não caberias no mundo, porque com um braço alcançaria a tua mão o Oriente, e com outro o Ocidente". — E não é isto o que com imensa extensão abraçam hoje os dois braços de Xavier, um no Oriente, em Goa, cabeça da Cristandade da Ásia, e outro no Ocidente, em Roma, cabeça da Cristandade e do mundo? Assim é, e ainda não sabemos o que será. Só sei que uma pequena relíquia deste braço, levada à cidade de Malinas em Flandes, obra tantos e tão contínuos milagres que já não cabem nos livros. E se isto pode uma pequena parte daquele braço, ocasiões pode haver em que veja Roma e o mundo o que pode inteiro.

§ XI

Com estas esperanças tenho acabado a nossa novena, e as prometo muito firmes e certas de que S. Francisco Xavier não será ingrato aos que com tanta devoção, aparato, solenidade e despesas, o servem e veneram. E posto que seja com tão nobre e desinteressada liberalidade, é o santo tão primoroso, e tão pontual a sua correspondência, que não consentirá se perca nada com ele. Quando chegou o seu corpo defunto a Malaca, houve um devoto que, em lugar de alâmpada, acendeu um círio adiante da arca do sagrado depósito. Este círio, que quando muito podia durar vinte e quatro horas, durou sempre aceso dezoito dias e dezoito noites, e depois pesou mais do que dantes pesava. O que só noto é que os dias e as noites foram dezoito, que fazem duas novenas, para que fique entendido que o que se emprega nas novenas de Xavier, se é fogo, não queima, se é cera, não se derrete, e se é preço, não se diminui, antes se aumenta.

SERMÃO DÉCIMO

Da Sua Canonização

"Assim luza a vossa luz diante dos homens:
que eles vejam as vossas boas obras,
e glorifiquem a vosso Pai que está nos céus."
(Mt 5,16)

§ I

Se o sermão houvera de ser de quem é o dia, isto é, do Santíssimo Pontífice, e Sapientíssimo Doutor da Igreja S. Gregório, por antonomásia o Magno, o mesmo Evangelho, sem outra exposição, nos dava o tema forçado: "Esse será reputado grande no reino dos céus" (Mt 5,19). — Mas porque o intento e obrigação da festa e o assunto do sermão é a canonização de S. Francisco Xavier, ou S. Francisco Xavier canonizado, as palavras que propus: "Assim luza a vossa luz diante dos homens: que eles vejam as vossas boas obras, e glorifiquem a vosso Pai que está nos céus" — são tão próprias e naturais do mesmo argumento, que por todas suas cláusulas e circunstâncias nos estão mostrando os fundamentos humanos e divinos com que a Santa Mãe Igreja, como coluna da fé e da verdade, pode definir e revelar na terra o que só é presente ao céu, e declarar por bem-aventurado, e que está vendo a Deus o homem que canoniza, para que nós o veneremos como santo, como santo o ponhamos sobre os altares, como santo nos ajoelhemos diante de suas imagens e como santo esperemos de Deus, por sua intercessão e merecimentos, o que não presumimos dos nossos.

§ II

"Assim luza a vossa luz diante dos homens: que eles vejam as vossas boas obras, e glorifiquem a vosso Pai que está nos céus." — Três coisas propõem e pedem estas palavras, uma da parte do santo, outra da parte dos homens, e a terceira, e principalmente, da parte de Deus. Da parte do santo, "que a luz e as obras sejam suas"; da parte dos homens, que o seu testemunho seja presencial e de vista: "para que vejam"; da parte de Deus, "que tudo seja encaminhado e tenha por fim a glória do mesmo Deus".

Nesta última cláusula se contém o merecimento próprio e determinado, e que necessariamente se supõe para a verdadeira canonização. E qual é? Que glorifique Deus com a honra da canonização, depois da morte, aos que também honraram e glorificaram a Deus com as obras da vida. Para inteligência fundamental deste ponto em matéria tão grave, e para que não imagine alguma erudição menos douta que a Roma cristã seguiu o erro e vaidade da Roma gentílica, com que por autoridade do seu Senado decretava as honras divinas, e canonizava os Numas e os Augustos, é necessário saber qual foi a origem donde as chaves de S. Pedro tomaram a imitação de estabelecer na terra o que tanto depende do céu. Seja, pois, a primeira conclusão certa e infalível, que a Igreja e lei nova neste sagrado rito de canonizar imitou a lei e Igreja antiga, a qual canonizou muitos varões ilustres em santidade, assim da mesma lei escrita como da natural. Consta do capítulo quarenta e quatro do Eclesiástico, que começa: "Louvemos os varões ilustres, a cuja geração pertencemos" (Eclo 44,1s) — e assim o definiu o Papa Inocêncio[1] no primeiro capítulo "Sobre as Relíquias e a Veneração dos Santos", onde dá e declara a razão por estas palavras: "Quando diz: Louvemos os homens gloriosos, mostra que eles eram canonizados, pois do contrário não os mandaria à Igreja que os louvasse". — Quer dizer canonicamente que, em mandar a Sagrada Escritura à Igreja que louve aqueles varões, mostra que eram canonizados por santos, porque doutra sorte não os mandaria louvar nem lhes chamaria gloriosos.

Mas porque este nome "glorioso" se pode entender ou passivamente, da glória com que foram glorificados por Deus depois da morte, ou ativamente, da glória, com que eles glorificaram a Deus na vida, do mesmo texto se colhe manifestamente que se entende, não da primeira glória com que Deus foi glorificador deles, senão da segunda, com que o mesmo Deus foi glorificado por eles. Isto significa aquele aditamento: "Gloriosos na sua vida", e no tempo que viveram e floresceram neste mundo — e se confirma com evidência na combinação de um e outro tempo, porque o livro do Eclesiástico[2], que contém o catálogo daqueles canonizados, como consta de S. Jerônimo e de todas as cronologias, foi escrito em tempo de Ptolomeu e dos Setenta Intérpretes, coevos a Alexandre Magno, e os mesmos canonizados floresceram muitos séculos, e ainda mil anos antes, como Enoc, Noé, Abraão, Isac e Jacó, Moisés, e os demais que ali se nomeiam. Logo, foram canonizados por santos, não pela glória com que Deus os canonizou e glorificou depois da morte, senão pela glória com que eles serviram e glorificaram a Deus na vida: "Gloriosos na sua vida".

Daqui se inferem duas consequências muito dignas de ser notadas. A primeira, que no tempo da lei escrita, para serem canonizados os santos, não era necessário que fossem bem-aventurados e estivessem no céu, porque antes da morte de Cristo ninguém entrou no céu e, contudo, Enoc, Noé, e os demais, não estando nem podendo estar no céu, foram canonizados. A segunda, que no tempo da lei da graça é necessário que primeiro estejam no céu e sejam bem-aventurados, mas que não basta isso para merecerem a canonização, porque à glória da bem-aventurança, com que Deus os glorifica depois da morte, é necessário que preceda a glória das boas obras insignes, com que eles glorifiquem a Deus na vida. E da certeza desta doutrina se entenderá a verdadeira resposta de uma questão curiosa, mais dos canonistas que dos teólogos.

Perguntaram se um menino que morreu depois do batismo pode ser canonizado, ainda no caso em que o mesmo Sumo Pontífice o batizasse? Parece que sim, porque a inocência daquele menino não é capaz de pecado atual: o original já está extinto pelo batismo; do batismo e intenção não pode duvidar o mesmo Pontífice; logo, não pode deixar de crer que está no céu, e é bem-aventurado; logo, pode-o canonizar; contudo, resolvem não só os doutores, senão os mesmos Sagrados Cânones, que não pode ser canonizado porque, pela pressa venturosa com que o recém-batizado voou ao céu, não teve tempo para fazer obras, e muito menos insignes com que glorificasse a Deus, e Deus não dá a glória da canonização a quem lhe não deu a da vida, e só glorifica com este testemunho de santidade aos que o glorificaram com ela.

Finalmente, para fechar este discurso não menos que com as chaves de S. Pedro, nem em outra canonização, senão na mesma de S. Francisco Xavier, na missa em que a Santidade de Gregório Décimo Quinto[3] pronunciou solenemente o seu nome como de santo, começou assim a oração: "Deus, que glorificais aos que vos glorificam". — Oh! invocação divinamente inspirada em tal dia e em tal ato! Não diz Deus misericordioso, nem Deus onipotente, ou Deus doutro modo justo, senão Deus, que glorificais aos que vos glorificam. E neste breve oráculo da suprema autoridade declarou a Igreja que na canonização glorificava Deus a Xavier, e que a razão de o glorificar era porque Xavier o tinha glorificado com suas obras, que é a conclusão do Evangelho, e o fundamento expresso do nosso tema. "Que eles vejam as vossas boas obras, e glorifiquem a vosso Pai que está nos céus".

§ III

Suposto, pois, que glorificar Deus a S. Francisco Xavier com o colocar canonicamente no catálogo dos santos, foi em prêmio de o mesmo santo ter glorificado a Deus com as obras de sua vida, leiam-se agora todos os anais sagrados e eclesiásticos, e sem temeridade nem encarecimento se pode afirmar que singularmente foi devida por este título a glória da canonização a Xavier. E por quê? Porque ele sem controvérsia estendeu a glória do mesmo Deus e de sua Igreja pelo mundo, mais que nenhum outro, como a mesma Igreja confessa. E senão, apareça ou haja quem o nomeie. Viu Davi com os olhos proféticos a glória da futura Igreja de Cristo, que é a Católica, mais amada dele que todos os tabernáculos de Jacó: "Ama o Senhor as portas de Sião, sobre todos os tabernáculos de Jacó" (Sl 86,2) — e, falando com a mesma Igreja debaixo do nome de Sião, diz-lhe assim: "Mui gloriosas coisas se contam e cantam de vós, ó cidade de Deus!" (Sl 86,3). — E que coisas gloriosas são estas não o dizem os expositores, senão o mesmo Davi: "Lembrar-me-ei de Rahab e de Babilônia, que me conhecem; eis aqui os estrangeiros, e Tiro, e o povo dos etíopes: estes estiveram ali" (Sl 86,4). As coisas gloriosas que digo de vós, ó cidade de Deus, é que vejo dentro dos vossos muros a Jericó, significada em Raab, e a Babilônia, e a Tiro e Etiópia, e outros gentios. — Bem está, profeta santo, e vedes porventura entre esses gentios um homem de melhor cor que eles, mal vestido em uma roupeta preta, com os pés muitas vezes descalços e com um crucifixo na mão pregando? Não. Pois, adiantai mais a vista profética, e quando virdes este homem, que se chama Francisco Xavier, vereis também que já a cidade de Deus se habita sem muros porque não cabe nela a multidão das gentes: "Jerusalém será habitada sem muros, por causa da multidão de homens" (Zc 2,4). — Então, com excesso de glória sem número nem medida, por uma Jericó vos darei um Moçambique, um Melinde, um Socotorá, um Bassorá, um Ormuz, um Diu, um Damão, um Baçaim, um Chaul, um Meliapor, um Jafanapatão, um Macau. Por uma Babilônia, quê? Não vos darei Goa, nem Malaca, nem Sumatra, que é a Áurea Quersoneso, nem também Meaco, cabeça de sessenta e seis reinos no Japão, nem Agrá, metrópole de todo o império do Grão-Mogor, senão Tunquim, ou Panquim somente, maior cada uma delas que quatro Babilônias. Por Tiro, já não quero dar cidades, senão reinos: Cananor, Calecut, Cranganor, Cochim, Porcá, Travancor, Narcinga, Bengala, Pegu, Sião, Chamfá, Cochinchina. Finalmente, pela Etiópia, de quem já dei parte, sendo ela um canto da África, vos dou toda a Ásia. E que comparação têm aquelas glórias da Igreja, tão decantadas por Davi, com esta glória ou multidão de glórias com que um só Xavier glorificou imensamente a mesma Igreja, e nela a Deus?

Mas nesta mesma diferença há outra mais notável, que se não deve passar em silêncio. Naquelas glórias tão celebradas: "Coisas gloriosas se têm dito de ti" (Sl 86,3)! — o que nota Davi como coisa memorável é que Jericó e Babilônia tivessem conhecimento e ciência de Deus: "Lembrar-me-ei de Rahab e de Babilônia, que me conhecem". — E quanto a esta ciência de Deus se há de advertir que em todas as cidades, reinos e nações que nomeei, nos quais semeou Xavier mais ou menos imediatamente a mesma ciência, não foi com os mesmos efeitos. Foi bem assim como o trigo do semeador evangélico, que parte caiu em boa terra, parte entre espinhas, e parte sobre pedras duras. De maneira que daqueles gentios uns ficaram totalmente convertidos, outros somente convencidos, e os demais, posto que nem convertidos, nem convencidos, todos, porém, alumiados com o conhecimento do verdadeiro Deus, e com a ciência do nome que nunca tinham ouvido. Os totalmente convertidos, que se batizaram e fizeram cristãos, não só se contaram a milhares, senão a milhões. E houve dia em que Xavier batizava lugares e povos inteiros. Os convencidos somente foram muitos brâmanes e maometanos, que em disputas particulares conheceram e confessaram que a fé e religião cristã era a verdadeira, mas que por crédito do que até então tinham ensinado, e por não perderem os emolumentos de que viviam, não se atreviam à pública confissão e profissão dela. E os demais, posto que não convertidos nem convencidos, nem por isso escaparam de ficar ao menos alumiados e saberem, grandes e pequenos, que o pregador europeu chamado Xavier pregava outro Deus diferente dos seus, a que chamavam o verdadeiro, e muitos o criam e adoravam por tal. Com estes, pois, sucedeu ao santo um caso singular e sem semelhante na memória dos homens.

Como as seitas e deuses do Oriente eram tantos, camis, fotoquês, xacas, amidas, e muitos outros, para que o nome do verdadeiro Deus se não equivocasse com o dos falsos, ainda que Xavier pregasse em diferentes línguas, sempre o nomeava na língua portuguesa e lhe chamava Deus. Com a mesma cautela, e pela mesma razão, mandou o mesmo Deus pelo profeta Oseias que "ninguém lhe chamasse senhor com o nome de Baalim" (Os 2,16). — E por que, se Baali quer dizer senhor, e o nome de senhor é tão próprio de Deus? Porque os ídolos chamavam-se Baalim, e não queria Deus que o nome dos ídolos se equivocasse com o seu: "E eu tirarei da sua boca os nomes de Baal" (Os 2,17). — Tendo Xavier, com este divino exemplo, usado prudentissimamente da mesma cautela, sucedeu-lhe que, caminhando pelas estradas ainda do campo, assim como os meninos de Betel zombaram de Eliseu, chamando-lhe calvo: "Sobe, calvo; sobe, calvo" (4Rs 2,23) — assim os meninos, filhos dos idólatras, por zombarem dele, lhe chamavam por injúria Deus, Deus, Deus. De sorte que era tão conhecido o Deus que pregava Xavier, e o mesmo Xavier que o pregava, que até os meninos do campo e filhos dos rústicos o sabiam; e para que falemos também à rústica, apupavam o pregador com o nome do mesmo Deus que pregava. E que fazia Xavier, ouvindo este novo gênero de baldões? Eliseu amaldiçoou os outros meninos, e fez sair do mato dois ursos que mataram mais de quarenta deles. Porém, Xavier, que não era do espírito de Eliseu[4], compadecia-se por uma parte daquela cegueira e alegrava-se por outra, e dava o parabém às suas injúrias, pois eram ocasião de que Deus fosse nomeado. Sabendo S. Paulo que seus inimigos, para o caluniarem, à volta de falarem mal dele, falavam também em Cristo: Falem embora — dizia — que "contanto que Cristo seja nomeado, e o seu nome ouvido e conhecido, por qualquer modo ou ocasião que seja, eu me alegro e alegrarei sempre" (Fl 1,18). — Da mesma sorte se alegrava Xavier de ver conhecido e ouvir nomeado a Deus, posto que à volta das injúrias de ambos, podendo dizer com maior propriedade que nenhum outro: "As injúrias dos que vos desprezam e afrontam caíram sobre mim" (Sl 68,10). — Oh! homem, o mais venturoso de todos os homens, e mais honrado nas tuas afrontas que nos teus louvores, pois quando mais te querem afrontar te chamam Deus. Deus, Deus, Deus.

§ IV

Assim era Deus glorificado por Xavier, e nomeado onde pouco antes se lhe não sabia o nome, e conhecido dos que ainda não acabavam de o conhecer. Mas, passando destes embriões à multidão infinita dos já informados com a alma da fé, não deixemos de ouvir a Isaías quão pomposamente evangelizava à presente Igreja estas glórias de Deus e suas: "Levanta-te, acende luminárias, ó Jerusalém" (Is 60,1). Levanta-te, alegra-te, triunfa, veste-te de gala, e acende luminárias, ó Jerusalém, ó Igreja Católica! — E por que razão? Coisa certamente maravilhosa! O tema do profeta é o meu tema, o seu assunto o meu assunto, a sua prova a minha prova, e até o seu expositor o meu. O meu tema começa em luz:

"Assim luza a vossa luz" — e acaba em glória de Deus: "E glorifiquem a vosso Pai que está nos céus"; e o seu tema começa em luz: "Porque chegou a tua luz" (Is 60,1); e acaba em glória de Deus: "E a glória do Senhor nasceu sobre ti" (Ibid.). — O meu assunto é a glória que resultou a Deus da conversão da gentilidade e seus reis, por meio da mesma luz, e o seu assunto é a mesma glória de Deus, pela mesma causa e pelos mesmos efeitos: "A sua glória se verá em ti. E andarão as gentes na tua luz, e os reis no esplendor do teu nascimento" (Ibid. 2s). — A minha prova é o exemplo de Xavier no mesmo Oriente. E ser também o seu expositor o meu, se verá em seu lugar.

Começa, pois, Isaías pela adoração dos reis do Oriente: "Vimos no Oriente a sua estrela, e viemos a adorá-lo" (Mt 2,2) — que assim entende e canta a Igreja as palavras do mesmo Isaías, que logo se seguem. "Todos virão de Sabá, trazendo ouro e incenso" (Is 60,6) — com todo o aparato de camelos e dromedários do trem dos três reis Magos. Na qual jornada ou embaixada não posso deixar de admirar muito uma preferência notável. Esta adoração e ofertas dos Reis do Oriente foram as primícias da fé de toda a gentilidade, que depois se havia de converter, como celebram todos os santos padres sem exceção de um só. E por que razão as mesmas primícias não foram do Ocidente, senão do Oriente? Por que não saíram da Europa, ou da África, senão da Ásia? Por que as não mandou Roma, que já era cabeça do mundo, senão a Índia, naquele tempo mal conhecida? Porventura porque a Ásia era a parte do mundo que foi primeiro povoada, pois as outras não se povoaram senão depois da divisão da torre de Babel, daí a mil e setecentos anos? Porventura porque na mesma Ásia, como Membrot foi o primeiro rei, assim Nino foi o primeiro idólatra, e donde os homens começaram a adorar paus e pedras era bem que os primeiros tributos e as primeiras adorações se consagrassem ao Deus verdadeiro? Porventura porque esta preferência competia à Ásia pela grandeza, opulência e majestade de seus impérios, e primeiras monarquias? Por qualquer destas razões, ou por todas juntas, podia mui bem ser que merecesse esta preferência a Ásia. Mas o que eu pondero, e muito se deve admirar, é que assim como para levar estas ofertas e primícias ao verdadeiro Deus escolheu entre todas as partes do mundo a Ásia, assim para o cumprimento e complemento delas, depois de tantos séculos, escolhesse entre todos os homens a Xavier. As ofertas e as primícias foram treze dias depois do nascimento de Cristo, e no primeiro ano dele, e o cumprimento das mesmas primícias foi mil e quinhentos e quarenta anos depois. E que tantos séculos esperasse Deus pelo nascimento e missão de Xavier, para que o seu apostolado lhe desse esta glória! Grande glória de tal homem! Mas o que parece mais conforme à igualdade da providência divina é que a quis repartir entre o Oriente e o Ocidente, de tal maneira que do Oriente fossem as primícias, e do Ocidente, e da parte mais ocidental do mesmo Ocidente, que é Lisboa, viesse aquele que havia de cultivar toda a seara e recolher nos celeiros da Igreja toda a messe, de que as mesmas primícias foram somente três espigas. Assim o diz imediatamente o mesmo Isaías, depois da história ou profecia dos três reis, para que ele fosse o texto, como prometi, e ele o expositor. Atenção agora.

"Quem são estes" — diz Deus — "que voam como nuvens? Porque há muito tempo, ó Igreja minha, que as ilhas e terras ultramarinas me esperam a mim, e esperam as naus do mar no princípio, para que eu te traga muitos filhos teus de longe" (Is 60,8s). — Primeiramente, diz Deus que as ilhas e terras ultramarinas havia muito tempo que esperavam. Por isso o mesmo Isaías, noutro lugar, chama aos moradores delas "gente que está esperando, esperando" (Is 18,7) — com esta repetição, que significa esperanças mui compridas e dilatadas, quais foram as dos quinze séculos ou mil e quinhentos anos que se contaram desde a vinda dos Reis do Oriente ao presépio, até serem alumiadas com a luz do Evangelho as ilhas do imenso arquipélago e terras remotíssimas do mesmo Oriente. Diz mais que também esperavam "pelas naus do mar no princípio". — E quais são as naus do mar no princípio? É pasmo ler a variedade de exposições que dão a estas palavras os comentadores, assim antigos — de que me não admiro — mas também os modernos, sendo a coisa mais clara e evidente de quantas viu e sabe o mundo. Quais são as naus do mar no princípio, senão as naus dos portugueses, que foram as que deram princípio à navegação do Oceano e, por mares nunca dantes navegados, passaram ainda além da Taprobana, e que são manifestamente as ilhas do arquipélago índico, que esperavam: "As ilhas me esperam" — e, por meio das quais naus, trouxe Deus e fez filhos da Igreja as nações dos mais remotos longes do mundo: "Para que eu te traga muitos filhos teus de longe"? — O nosso grande hebraico Foreiro traz aqui uma versão tirada do texto hebreu: "As naus do mar com a sua capitânia", o que acrescenta uma particular circunstância da navegação de Xavier, porque ele se embarcou para a Índia na capitânia do ano de mil e quinhentos e quarenta e um, com o governador Martim Afonso de Sousa, nau insigne na sua viagem, por levar o santo a Moçambique, e insigne na sua perdição, por lha profetizar o mesmo santo, antes de chegar à Índia.

Finalmente, admirado o profeta, pergunta: Quem são estes, que nessas naus vão voando para o Oriente como nuvens: "Quem são estes que voam como nuvens?". — Usa do número plural, falando de Xavier, porque ele levava consigo dois companheiros, Paulo Camerino, italiano, e Francisco Mansias, português. E por que os compara às nuvens? Admiravelmente o mesmo santo deste dia, S. Gregório Papa: "Os pregadores apostólicos e santos são comparados às nuvens, porque as nuvens têm dois efeitos, a chuva e os trovões"[5]. A chuva é a doutrina do céu, com que regam e fertilizam a terra: "Com as palavras chovem" — e os trovões são os milagres, com que assombram o mundo: "Com os milagres relampejam". — Só lhe faltou a S. Gregório nomear a S. Francisco Xavier; mas o que não pôde fazer o Papa Gregório Primeiro por escrever mil anos antes, fez ultimamente o Papa Inocêncio Undécimo[6], nomeando a Xavier e atribuindo a conversão do Oriente, com que reduziu à fé de Cristo as gentes orientais, não a outra eficácia ou propriedade de meios, senão aos mesmos dois da pregação e milagres. Assim o disse e mandou rezar em toda a Igreja na nova missa, e singular entre todos os santos com que decretou fosse celebrado o nosso: "Deus, cuja vontade se dignou de trazer ao grêmio da Igreja as gentes das Índias, por meio da pregação e milagres de S. Francisco Xavier". — Onde se devem notar muito aquelas palavras "por meio da pregação e dos milagres". "Pela pregação e doutrina do céu", com que primeiro regou aquelas terras e batizou aquelas gentes: "Com as palavras chovem". E "pela multidão de prodigiosos e estupendos milagres", com que confirmou a fé que pregava, e assombrou como com trovões aquele novo mundo: "Com os milagres relampejam" — merecendo em tal dia, como hoje, a glória da canonização na terra, pelas obras tão gloriosas com que tinha glorificado ao Deus do céu: "Que eles vejam as vossas boas obras, e glorifiquem a vosso Pai que está nos céus".

§ V

Temos visto como Deus glorificou ao nosso santo com a glória da canonização, porque ele glorificou a Deus com a das suas obras. Mas, sendo elas tão gloriosas, tudo o que até agora dissemos não foi mais que o cantochão desta solfa, e não por motivo algum de fora, senão pelo mais interior do nosso tema, o qual nos obriga a subir a um ponto tanto mais alto quanto mais dificultoso: "Assim luza a vossa luz diante dos homens". Há uns santos que vivem só com Deus, outros que vivem com Deus e com os homens. Os que vivem só com Deus, como os anacoretas e ermitães do deserto, metidos nas suas covas, só porque tratam com Deus, que em secreto vê as suas penitências, e em secreto ouve as suas orações, nenhuma ocasião ou estorvo têm para não dar a Deus toda a glória, que a ele só é devida. Mas os que por instituto e profissão, como Xavier, vivem com Deus e com os homens, nos olhos dos mesmos homens, que veem as suas obras: "Para que vejam as vossas obras boas" — trazem sempre consigo uma fortíssima tentação de querer ou tomar para si a glória delas.

A inclinação mais natural, mais viva, e que mais fortes e profundas raízes tem lançado na natureza humana é o desejo ou apetite da glória. Aristóteles lhe chamou ao homem "animal glorioso". E Tácito, mais versado nas políticas do mundo que nas do espírito, disse que "este é o último vício de que se despem os sábios"[7]. — E já Platão tinha dito pela mesma frase, que era a última túnica de que se despiam as almas[8]. Posto que, em dizer que as almas se despiam, disse mais do que devera porque, sendo elas imortais e os cadáveres mortos, não só nos gentios, senão também nos cristãos, vão com eles amortalhadas à sepultura. Assim o pregou mais sabiamente que todos S. João Crisóstomo: "Como os últimos vícios se dissolvem juntamente com a morte, a soberba depois da morte esforça-se por mostrar no mesmo cadáver a sua natureza"[9]. — E se não, digam-no tantas testemunhas de mármore, em que o mesmo apetite de fazer imortal a glória, ou fabrica em vida ou manda fabricar depois da morte os soberbos sepulcros, e escrever ou gravar neles com letras de bronze os gloriosos epitáfios. Mas, passando dos que servem à vaidade aos que professam a virtude, quantos vimos, ainda com opinião de santos, que, depois de vencerem os outros vícios, se deixaram vencer miseravelmente da mesma glória de os ter vencido? Quantos pisaram animosamente o mundo, e depois de o meter debaixo dos pés, os derrubou e pisou a eles a mesma glória de o ter pisado? São como os que pisam a planta de Noé nos lagares e, bebendo depois o licor do que pisaram, perdem como o mesmo Noé o juízo.

Os mais sisudos dizem a Deus: "Não a nós, senhor, não a nós, senão ao vosso nome dai a glória" (Sl 113,1). — Com muita razão repetem outra vez o "não a nós", porque se não fiam do primeiro; e, enquanto a boca está dizendo não, pode ser que o coração e a consciência o esteja negando. Como nas obras gloriosas vai a glória de Deus junta com a nossa, que sucede? Ou que tiremos ao "não a nós" o "não", e roubemos a Deus a sua glória e a façamos nossa, dizendo ele: "Eu não darei a outrem a minha glória" (Is 42,8) — ou, quando menos, querendo que Deus e nós entremos à mesma glória, de meias. Isto é o que fazem os mais timoratos, partindo pelo meio aquele "Dá glória ao teu nome", isto é, deixando para Deus a glória, e tomando para nós o nome. Se pregamos, a glória para Deus, mas para nós o nome de grande pregador; se fazemos obras de misericórdia, a glória para Deus, mas para nós o nome de caritativo; se nos mortificamos e jejuamos, a glória para Deus, mas para nós o nome de abstinente; finalmente, se exercitamos quaisquer virtudes, ou todas, a glória para Deus, mas para nós o nome de virtuoso e santo. E como Deus também conhece a fraqueza de barro de que nos formou, para condescender de algum modo com este nosso apetite de glória, vede o meio que tomou no nosso mesmo texto: "Para que glorifiquem e seja glorificado o vosso Pai que está no céu". — E por que não disse: para que seja glorificado Deus, senão para que seja glorificado vosso Pai? Já S. Bernardo notou que quis Deus conciliar a sua glória com a nossa, quando nos mandou dizer por S. Paulo: "O que se gloria, glorie-se no Senhor" (1Cor 1,31). — E assim diz o senhor: Para que seja glorificado "vosso Pai" — para que como filhos herdeiros da sua glória nos contentemos com ela, como também nossa. Mas isto não bastou, nem basta, porque em matéria de glória, se há pai por filho, não há filho por pai. Absalão tirou a coroa da cabeça de seu pai para a pôr na sua, e Alexandre ouvia com raiva e lágrimas as vitórias de Filipe de Macedônia, porque não queria a glória delas para seu pai, senão para si.

Isto que fizeram com escândalo os maus filhos aos pais da terra, fazem pelo contrário com dobrado primor os bons servos ao Pai do céu, não debaixo do nome de Pai, para maior desinteresse, senão debaixo do nome de rei e senhor, para que a glória inteira, e sem diminuição, assim como ele só é Deus, seja ela somente sua. É o oráculo famoso do apóstolo S. Paulo, de quem o tomou a Igreja e repete todos os dias: "Ao Rei dos séculos imortal e invisível, a Deus só seja honra e glória" (1Tm 1,17). — E exortando o mesmo apóstolo a seu discípulo Timóteo a perfeita observância deste ato de religião e fidelidade, diz assim: "Este preceito, de dar toda a glória a Deus, como a teu rei, te encomendo muito, ó filho Timóteo, guardes como bom e honrado soldado, segundo as tuas precedentes profecias" (1Tm 1,18). — Estas profecias, que se chamam precedentes, porque precederam a conversão de Timóteo, dizem S. Crisóstomo, Teodoreto, Teofilato, e Ecumênio, foram duas revelações, uma que teve S. Paulo, outra o mesmo Timóteo, de que Deus o tinha escolhido para companheiro do apóstolo das gentes, como verdadeiramente o foi fidelíssimo e zelosíssimo nas peregrinações e trabalhos que ambos padeceram pela conversão da gentilidade. Da mesma maneira teve S. Francisco Xavier duas profecias precedentes, uma estudando em Paris, antes de entrar na Companhia, outra estando já nela, antes de partir nem ser eleito para a missão do Oriente. A primeira, quando Deus revelou a Soror Madalena de Jasso, religiosa de grande virtude em Gandia, que seu irmão D. Francisco havia de ser um grande apóstolo da Índia; a segunda, quando em sonhos representou ou presentou ao mesmo Xavier a batalha daquele índio agigantado, de cuja luta entre os braços e peso sobre os ombros, depois de acordado ficava tão quebrantado, como não podia deixar de ser, segundo a imensidade dos trabalhos futuros, que também lhe mostrou dormindo.

Mas por que encomendava tanto S. Paulo a Timóteo que, segundo as suas profecias, "militasse como bom soldado" — referindo toda a honra e glória da sua milícia, não a si, "senão só a Deus, e a Deus como rei"? — Porque os generosos e fiéis soldados e capitães, toda a glória das suas façanhas e vitórias a devem renunciar de sua parte, e não a querer para si, e para sua fama e honra, senão inteiramente para o rei, a quem servem. Isto é o que fez entre os hebreus Joab, no memorável cerco da insigne cidade de Rabat, que tinha rendido, reservando o nome da vitória para Davi: "Para que não se atribua ao meu nome a vitória" (2Rs 12,28). — E isto, entre os romanos, Germânico, no troféu que levantou sobre um monte de armas, depois das germânicas domadas e sujeitas ao império, dedicando o mesmo troféu, depois dos deuses, a Augusto, sem menção alguma do seu próprio nome, como notou Tácito: "Levantou sobre o monte de armas um troféu, dedicado a Augusto, nada dizendo de si mesmo"[10].

E que direi eu agora do nosso famoso capitão? Direi porventura que assim o fez? Não farei tamanha injúria a Xavier. A ação de Joab, se não foi lisonja, foi cortesia; a de Germânico pareceu modéstia, e pode ser demasiada presunção, como não deixou de morder o mesmo Tácito; mas ambos eles por este rodeio, sendo público, negociaram maior glória, por que de homem a homem a glória maior é de quem a dá. E que excesso de glória, como dar vitórias a Davi, e troféus e triunfos a Augusto? Não assim o grande Xavier, que da glória devida a seu senhor nem um átomo quis para si. Tomou do oráculo de S. Paulo o atributo de invisível: "Ao rei dos séculos imortal e invisível" — e, para proporcionar a glória ao rei invisível, quis-lha também dar invisivelmente. E de que modo? Fazendo com tal cautela todas as obras gloriosas que os olhos que as viam não vissem que eram gloriosas nem suas.

Quando o santo na Índia ressuscitou o primeiro morto, tocando-lhe na matéria o mais doméstico e familiar amigo, rindo-se ele muito e lançando a coisa a graça, o que respondeu foi: — O pobre homem estava vivo, e estes gentios, como ignorantes e boçais, cuidavam que morrera. É o que disse Cristo, quando ressuscitou a filha do arquissinagogo: "A menina não está morta, mas dorme" (Lc 8,52). — Quando era chamado de muitas partes para acudir a enfermos e endemoninhados, a que não podia satisfazer por sua pessoa, dava as contas ou a cruz que trazia sobre o peito aos meninos da doutrina, dizia-lhes que a rezassem, ou só o Credo, sobre os molestados, e bastava esta diligência dos mensageiros, em virtude das relíquias que levavam, para que os demônios fugissem, e os doentes recebessem saúde. Porém, quando Xavier dava conta a seu padre Santo Inácio do muito que Deus favorecia aquela nova cristandade, e referia esta e outras maravilhas, sempre calava a parte que nelas tinham as suas relíquias, e dava todo o merecimento à inocência dos meninos, como Cristo fazia à fé dos que ele sarava: "A tua fé te salvou" (Mc 10,52). — Quando escrevia — e escrevia frequentemente — a Roma, a Paris, a Portugal, a todos seus irmãos, os religiosos da Companhia, pedia com grandes e verdadeiras instâncias o ajudassem e favorecessem com suas orações, para que por seus pecados se não impedisse o fruto das almas; e quando recebia as respostas, em que lhe prometiam de o fazer, cortava das cartas as firmas e nomes de todos e os trazia consigo, como testemunho e escrituras autênticas de que, por merecimentos deles, e não seus, se obravam os milagres. Cristo dizia: "Em meu nome manusearão as serpentes, expulsarão os demônios, porão as mãos sobre os enfermos, e os sararão" (Mc 16,17s) — e Xavier, quando obrava todos estes prodígios, pela parte que lhe podia tocar, não era debaixo do seu nome, senão dos nomes alheios, com que se armava contra si, e os não dissimulava.

De sorte que, com estes disfarces e desvios, já negando artificiosamente, já escolhendo, já desfazendo, já atribuindo a outrem, sempre, e em tudo o que obrava — com maior escrúpulo que se as virtudes fossem pecados, e com maior medo que se os milagres fossem delitos — divertia, apartava e lançava de si o fidelíssimo servo quanto nele podia resplandecer de glória, para que toda e só fosse de seu senhor: "Honra e glória somente a Deus". — E porque a virtude de Xavier era mui alheia de todas aquelas afetações e cerimônias tristes, e de todos aqueles blocos e carrancas mascaradas, com que a santidade fingida se enfeita e se faz mais medonha que venerável, e o seu trato todo era humano, benévolo, alegre e aprazível, não fugindo dos homens, nem estranhando suas fraquezas — porque mal pode curar as chagas quem se afasta delas, nem são os que hão mister o médico os sãos, senão os enfermos. — E porque o modo mais divino de converter pecadores, a exemplo do mesmo Deus, é fazer-se semelhante a eles para os fazer semelhantes a si, esta mesma semelhança, que Xavier tinha com todos, lhes fazia crer que era como os demais, e que de um procedimento tão comum e ordinário não se podiam esperar efeitos tão prodigiosos e sobre todo o curso da natureza. Assim, que estas propriedades naturais da verdadeira virtude eram os mais evidentes disfarces com que rebatia de todas as suas obras a opinião de divinas, quando suas, ou de suas, quando divinas, para que os olhos dos homens, enganados com a mesma verdade, e encoberto o invisível debaixo do que viam, não a ele, senão a Deus referissem toda a glória: "Que eles vejam as vossas boas obras, e glorifiquem a vosso Pai que está nos céus".

§ VI

Invisíveis por este modo as ações de Xavier, posto que de dia e entre as gentes, eram muito parecidas às famosíssimas esmolas daquele, por isso tão celebrado herói, que ele só e de noite as levava: de noite, para que as não descobrisse a luz; e só, para que as não vissem os olhos. Mas isto mesmo por um e outro lado parece que se opõe e contradiz manifestamente assim ao nosso santo como ao nosso tema, no qual Cristo lhe encomenda luz e olhos: luz: "Assim luza a vossa luz diante dos homens" — e olhos: "e vejam as vossas obras boas". — Pois, se a luz há de alumiar os olhos dos homens, e os olhos hão de ver as boas obras, e a luz é sua: "vossa luz" — e as obras também suas: "vossas obras" — como pode ser que o louvor e a glória não fosse também sua, senão toda de Deus: "Que glorifiquem o vosso Pai"? — Não tenho por dificultoso livrar a Xavier deste honrado aperto, em que o louvor e a glória, de que foge, o tem metido e parece que tomado às mãos.

Ponhamo-nos primeiro de noite, depois de dia, em uma formosa galeria, ornada nas paredes de quadros de insignes pinturas, e no pavimento a espaços assistida igualmente de estátuas famosas, e mármores que pareçam vivos. De noite nenhuma coisa vemos, porque a mesma noite lhes roubou as cores: "A escuridão da noite descoloriu a terra"[11]. — De dia, em amanhecendo, pelo contrário, o sol entrando pelas janelas lhes restitui outra vez a cor perdida: "O brilho de uma estrela torna a dar cor às coisas". — Agora, pois, que já vemos o que não aparecia, que é o que louvamos? Porventura louva alguém a luz? Ninguém: todos louvam as pinturas e as estátuas, e nas pinturas o pincel de Apeles, ou nas estátuas o cinzel de Fídias; enfim, todos louvam as obras e os autores delas, mas ninguém louva a luz, sem a qual se não viam e com a qual agora se veem. Logo, bem podia luzir a luz de Xavier entre os homens: "Assim luza a vossa luz diante dos homens" — sem ele, ainda que mandado, querer ou esperar deles algum louvor.

Quanto às obras vistas pelos mesmos homens que eram suas, e ele o autor delas: "Que vejam vossas obras boas" — aqui parece que era sobre dificuldade implicância haver de divertir ou apartar de si, como fazia, o louvor e glória que queria fosse toda e só de Deus. Mas nas mesmas palavras "vossas obras boas" temos a soltura deste nó, que parece gordiano, porque ou o "vossas" desfaz o "boas", ou o "boa" desfaz o "vossas". Se as obras eram boas, diz Xavier, não eram minhas; e se eram minhas, não eram boas — porque o bem e bondade de todas as obras, ainda que nós sejamos o instrumento delas, não é nosso, senão de Deus, sumo bem e autor de todo o bem. — Logo, a Deus, e não a mim, pertence o louvor e glória das obras chamadas minhas: "Que eles vejam as vossas boas obras, e glorifiquem a vosso Pai que está nos céus".

Esta é a sutileza engenhosa com que a humildade de Xavier, não só não buscando ele a glória, mas buscando-o a glória a ele, nunca a mesma glória o pode achar. Mas, ainda que no seu ânimo nenhum embaraço fazia este encontro, nos olhos dos homens, que viam as obras, não podia ser assim. Ponhamos o exemplo nos dois maiores apóstolos. Quando S. Pedro e S. João sararam milagrosamente aquele aleijado de ambos os pés, que pedia esmola à porta do Templo, nele e na multidão dos que se acharam presentes foram muito diferentes os efeitos que o mesmo milagre causou visto. O pobre, que com a saúde recebera juntamente a fé, "saltando dava louvores a Deus" (At 3,8). "A Deus louvava, e não aos apóstolos", como notou aqui S. João Crisóstomo[12]. — Porém, a multidão de todos os presentes, posto que dentro do templo, não se voltaram para o altar a dar graças e louvores a Deus, mas, atônitos e pasmados, estavam todos com os olhos pregados nos apóstolos. O que vendo S. Pedro, e que a glória que se devia dar a Deus se dava a eles, começou a bradar desta maneira: "Homens israelitas, o que admirais nisso, ou por que olhais para nós?" (Ibid.). Homens israelitas, que tendes conhecimento de Deus, que é o que fazeis, e o que não fazeis vendo este milagre? Em lugar de pordes os olhos em Deus, cuja é a virtude e o poder, e ele o autor de todos os bens, olhais para nós? — Sim, que isto é o que costumam fazer os olhos humanos: quem os levante a Deus será um, e raro; todos os demais os põem nos homens, e os homens, vendo-se vistos e admirados, senão são tão fiéis como Pedro e João, que lhes doam estas admirações e louvores, e os não leve após si a lisonja e feitiço delas, nos mesmos olhos de que havia de resultar a glória de Deus, a confundem, abatem e trocam pela sua. Estes olhos do mundo cego e vão são a Cila e Caribes, onde tem certo o naufrágio a humildade do homem e a glória de Deus, que ambas se embarcam sempre juntas, e juntas, ou se perdem, ou se salvam, sendo a que se salva, rara, e as que se perdem, sem conto.

E por quê? Porque nas palavras "Assim luza a vossa luz diante dos homens", é raro um Xavier que atine com o canal daquele *sic*. De tal modo, diz Cristo, há de luzir a vossa luz, que os homens, vendo as vossas boas obras, vos não louvem a vós, senão a Deus. Sentença verdadeiramente maravilhosa! De maneira que a culpa de não honrarem a Deus os que veem as obras alheias boas não está neles, senão naqueles que as fazem, e a causa é por não luzir a sua luz do modo que deve. E de que modo há de luzir, que ninguém até agora o declarou? Eu confesso que não sei a prática desta matemática divina e sutilíssima, mas a teórica sim. E qual é? Que o luzir da luz não seja por raios diretos, senão oblíquos. Este é, e nisto consiste o fundo daquele *sic*.

Em uma parte diz Cristo que "não façamos as nossas boas obras diante dos homens, que sejamos vistos deles" (Mt 6,1) — e no nosso texto diz que as façamos de tal sorte diante dos mesmos homens que, vendo-as eles, seja glorificado Deus. Uma e outra coisa pode ser, conforme os raios da luz se encaminharem aos olhos dos que veem as obras, ou por linha reta, ou por linha oblíqua. Se vão por linha reta, sucede o que no espelho, em que os reflexos dos raios visuais tornam para onde saíram, e nos vemos a nós, ou nós somos os vistos, que é o que Cristo proíbe. Mas, se os raios da mesma luz vão aos olhos por linha oblíqua, em lugar de os reflexos tornarem para nós, voltam para trás. Na história dos Macabeus, estava o exército dos gregos em ordem antes da manhã, e "tanto que apareceu o sol no Oriente" — diz o texto — "que feriu os escudos dourados e que com os reflexos da luz resplandeceram os montes" (1Mc 6,39). — Quem é o sol do Oriente senão Xavier? E quais são os escudos doirados, senão os olhos dos homens? Assim feriam os olhos de todos as obras ilustres e gloriosas do grande apóstolo; porém, os reflexos da luz não tornavam para o sol donde saíram, porque não iam por linha reta, mas, reverberados por linha oblíqua, alumiavam e faziam resplandecer os montes; e se os montes, como lhes chamou Davi, são os céus: "Levantei os meus olhos aos montes, donde me virá o Socorro" (Sl 120,1) — ao habitador desses montes, e ao Pai que está nestes céus, iam parar inteiramente todos os reflexos da glória: "Que glorifica o vosso Pai que está nos céus".

§ VII

Este foi o ponto mais subido e mais alto do zelo, da fidelidade e da fineza de S. Francisco Xavier; esta, entre todas as suas obras, a maior obra; esta, entre todas as suas virtudes, a mais pura virtude; este, entre todos os seus milagres, o mais estupendo milagre; e este, finalmente, como no princípio assentamos, o sólido e fundamental merecimento por que era devida a glória da canonização depois da morte a quem tão fielmente dera a Deus a glória de todas as suas obras na vida. Mas ainda nos resta por vencer a maior dificuldade nesta matéria, que é o estreitíssimo e rigorosíssimo exame das mesmas obras, da mesma vida, e da certa e indubitável santidade que há de ser canonizada. O mais estreito e rigoroso tribunal que há no mundo é o da Sagrada Congregação dos Ritos em Roma, sobre as causas da canonização, não havendo virtude, profecia, milagre ou outra obra sobrenatural de que se não faça a mais esquisita e sutil anatomia, sendo raríssima a que dali sai ou se recebe sem ser legitimamente provada.

Primeiramente, se na causa da canonização de S. Francisco Xavier se houvera de tomar o seu depoimento, nem havia de ser canonizado, nem beatificado, nem ainda reputado por bom cristão, senão por um grandíssimo pecador. Isto era o que ele sentia e afirmava de si. Quando, por culpa do capitão de Malaca, se desfez a jornada da China, aonde Xavier tinha traçado entrar disfarçado entre a família do embaixador de Portugal, tendo-se este empenhado à sua custa na grandeza dos aparatos que pedia a majestade do rei que o mandava e a da corte aonde ia, dizia-lhe o santo com lágrimas: — Meu amigo e senhor, o que sinto nas nossas perdas é saber de certo que a causa e culpa delas são meus pecados. — Quando se resolveu a intentar a entrada do Japão, pediu a todos os religiosos, não por cerimônia, mas com muito verdadeiras instâncias, nascidas do íntimo do coração, lhe alcançassem graça de Deus, para primeiro emendar a vida, por que os seus grandes pecados não impedissem o fruto daquela empresa. E quando dava conta a Santo Inácio dos progressos das missões da Índia, acrescentava que seriam muito maiores, se os seus muitos pecados os não impedissem, e assim lhe pedia e protestava que mandasse outro que as tivesse a seu cargo. Sendo que o mesmo Santo Inácio estava deliberado a renunciar nele o ofício de Geral da Companhia e quando as ordens com que o chamava chegaram à Índia, o acharam morto. Que pecados eram logo estes, que tão profundamente reconhecia Xavier, que tão continuamente confessava e de que tanto se doía?

Nos processos das canonizações, depois de aprovadas pelos auditores da Sagrada Rota as causas que se oferecem, então sai o promotor da fé opondo-se contra as provanças e arguindo fortíssima e sutilissimamente sobre os pontos de todas. E, tendo a canonização de Xavier por si a fama e aplauso universal de todo o mundo, e os testemunhos oculares de suas virtudes e maravilhas em toda a parte, nem se achando outros argumentos contra ele que os tirados da sua própria boca e daqueles vários disfarces, com que eclipsava a glória do que fazia, destes formou ou pôde formar o promotor três objeções, em que parece o convencia de implicar nele a mesma santidade, e por isso não poder ser canonizada.

Mas porque às objeções e oposições do promotor da fé é lícito responder e impugná-las, eu o farei por parte de Xavier, com tão honrada defesa que só se pode arguir delas serem os ápices e pontos mais levantados e sublimes da perfeição evangélica e tais que o mesmo soberano legislador, Cristo, se não atreveu a pôr em preceito, mas a aconselhar somente. Primeira objeção: Se era tão santo, como o podia negar? Segunda: Se não era tão pecador, como o podia crer? Terceira: Se uma e outra coisa era tão manifestamente contra a verdade, como o podia afirmar licitamente o mestre da mesma verdade? Notável espírito foi o deste mais que homem, pois, quando eu subi a este lugar para fazer panegíricos de suas obras, sou obrigado a fazer apologias contra suas palavras!

Quanto à primeira — se era tão santo, como o podia negar? — respondo que, porque na mesma negação consiste o mais alto ou o mais profundo da santidade, que é a abnegação de si mesmo: "Quem me quiser seguir e imitar, negue-se a si mesmo" (Mt 16,24) — diz Cristo. — E que quer dizer: negue-se a si mesmo? Quer dizer que cada um, não só de palavra, senão por obra e com efeito, sinta de si e se diga a si mesmo: Eu não sou eu. Assim o declara S. João Crisóstomo, e assim o dizia S. Paulo: "Eu já não sou eu" (Gl 2,20). — E se eu me posso negar a mim, muito melhor posso negar quanto me pertence. Se posso negar a pessoa, muito melhor posso negar as ações. Menos é negar o que faço que o negar o que sou; e quem pode afirmar: eu não sou eu — mais facilmente pode dizer: eu não faço o que faço. Mais intrínseco é no homem o ser que o ser santo ou ser milagroso, e se eu posso negar as raízes da própria essência, quanto mais naturalmente os ramos, flores e frutos que dela nascem, e dizer: Não ressuscitei o morto nem sarei o enfermo?

Mais. Se pela abnegação de mim mesmo não sou o que sou, quem sou? Sou outro, diz Vítor Antioqueno: "Não sou o mesmo, mas um outro"[13]. — E se as ações são de outro, bem posso negar serem minhas; antes não posso deixar de o negar, pois, sendo de outro, seria roubar o alheio. Na parte passiva da abnegação se vê isto mais claramente. Dos mais fortes mártires disse elegantemente o grande Nazianzeno: "Que pelejavam e padeciam nos corpos próprios como se fossem alheios". — E esta alienação é a que principalmente Cristo pretende na abnegação de si mesmo: que nas perseguições, injúrias e afrontas se porte cada um tão insensivelmente como se fora outro o perseguido, e outro o injuriado e afrontado. Assim se portou Xavier nas enormes injúrias e afrontas públicas das ruas e praças de Malaca, com tanta serenidade de ânimo e de rosto como se o afrontado fora outro. E se ele não era ele, senão outro, para as afrontas: "Não sou o mesmo, mas um outro" — por que não seria também outro, e não ele, para os milagres e obras gloriosas? Logo, não só lícita, senão heroicamente as podia negar de suas.

E quanto aos grandes pecados, os dos santos são aqueles, não só veniais e mínimos, senão indeliberados e, por falta de plena advertência, quase inevitáveis à fragilidade humana. Como podia logo crer Xavier que eram os seus tão grandes e graves como ele os confessava? Porque assim lhos representava e assim os reconhecia a sua humildade. A virtude da humildade, não por velha — que a não conheceram os filósofos — sempre vê com óculos, e os de que usa são os que vulgarmente se chamam de larga vista, porque é muito curta a sua. E como estes óculos, aplicados aos olhos, por uma parte fazem as coisas pequenas grandes e por outra as grandes pequenas, isto mesmo sucede com as suas virtudes e com os seus pecados aos verdadeiramente humildes — que são o avesso dos imperfeitos — e por isso, as suas virtudes, sendo grandes, lhes parecem pequenas, e os seus pecados, sendo pequenos, lhes parecem grandes. Assim olhava S. Paulo para os seus e se chamava o primeiro e maior de todos os pecadores: "Salvar aos pecadores, dos quais o primeiro sou eu" (1Tm 1,15). — Onde nota S. Bernardo que não diz "eu fui", senão "eu sou", porque não só se referia aos pecados passados, quando perseguidor de Cristo, senão aos defeitos presentes, quando era o maior amante do mesmo Cristo e mais ardente zelador de sua glória.

Contudo, sendo os seus pecados e defeitos naquele tempo mínimos — como também os de Xavier — parece que não bastava a humildade de cada um, para crer que eram tão grandes, porque não há santo tão humilde que deva, nem humilde tão santo que creia de si o que não é, pois a humildade não é ilusão, senão ciência, como filha do conhecimento próprio. Este prolóquio é absolutamente recebido de todos os mestres espirituais e ascéticos; mas, com licença sua, eu o distingo. Nas coisas baixas e vis, a humildade é filha do conhecimento próprio; nas altas e, muito mais, nas altíssimas, é filha da ignorância de si mesmo. E por que a distinção por nova não pareça menos certa, vamos à Escritura: "Se tu não te conheces, ó belíssima entre as mulheres" (Ct 1,7). — Fala o esposo divino com uma alma, não só santa, mas santíssima — que isso significa aquele superlativo "belíssima" — e diz que ela se ignora a si mesma: "Se tu não te conheces". — Pois, se era tão formosa e tão agradável aos olhos de Deus, como é possível que ignorasse, não só o que tinha tão perto, senão dentro de si mesmo? Porque aquela virtude de que Deus mais se agrada — como agradou na alma mais santa e santíssima sobre todas — é a humildade: "Pôs os olhos na baixeza de sua escrava" (Lc 1,48) — e a humildade nas coisas altas e sublimes não é filha do conhecimento, senão da ignorância própria: "Se tu não te conheces". — Daqui se segue que, se o homem não pode crer o contrário do que sabe, nenhuma dificuldade tem em crer o contrário do que ignora. E porque os santos só conhecem em si o baixo e vil, e ignoram o alto e muito mais o altíssimo, por isso a ignorância das virtudes contrárias, que ignoram, os persuade facilmente a crer a grandeza dos pecados que conhecem. Quando fazeis a esmola — diz Cristo — "não saiba a vossa mão esquerda o que faz a direita" (Mt 6,3). — E se uma mão no mesmo homem pode ignorar o que faz a outra, que muito é que a esquerda do pecado ignore o que faz a direita da virtude? Parta-se o nosso santo pelo meio, de sorte que o Francisco fique de uma parte, e o Xavier da outra, e logo se verá como a ignorância das virtudes de Xavier podia facilitar e fundar a crença dos pecados de Francisco.

Só resta o argumento da verdade, porque poderá inferir alguém, com menos reverência: Se Xavier, como santo, negava o que era, e, como pecador, afirmava o que não era, logo faltava à verdade, por não dizer, em termos mais grosseiros e claros, que mentia? Respondo que tudo podia ser, e foi, sem exceder os limites da verdade, antes subindo aos últimos e mais altos a que pode chegar a perfeição da virtude. Mentir, como define Santo Agostinho, "é dizer ou ir quem fala contra o que entende"[14]. — De sorte que quem diz o que entende, tão fora está de mentir, que antes mentiria se fizesse o contrário. Exemplo: "Perguntado o Batista se era profeta, respondeu que não" (Jo 1,21). — Pois, se Cristo disse que o Batista, "não só era profeta, senão mais que profeta" (Lc 7,26) — como pode dizer o Batista que não é profeta? Porque Cristo dizia dele o que sabia dele; e o Batista dizia de si o que sentia e entendia de si.

Maior e estupendo caso. O salmo vinte e um, como consta de muitos testemunhos da Escritura, é de fé que fala literalmente de Cristo, e diz nele o mesmo Cristo: "Eu não sou homem, sou verme" (Sl 21,7). — É possível que tal dissesse o mesmo Cristo! Se Cristo é a suma verdade, como pode afirmar de si que é um bichinho, e negar de si que é homem, artigo de fé, por que todos daremos mil vidas? Porque assim como Cristo é a suma verdade, assim é também a suma humildade, e a verdade, junta com a humildade, pode afirmar ou negar sem implicância o que a verdade por si só não pode. E qual e a razão em todo o rigor da filosofia e teologia? A razão é porque a verdade por si só tem obrigação de se conformar com o seu objeto, assim como ele é; porém, junta com a humildade, basta que se conforme com a estimação que ela tem, ou se tem do mesmo objeto. Esta foi a razão de Cristo, que ele não calou: "Mas eu sou um verme, e não homem; o opróbrio dos homens e a abjeção da plebe" (Sl 21,7). — Porque aqueles homens indignos de tal homem, e aquela plebe má, ingrata e blasfema, faziam tão pouco caso e estimação de Cristo como se não fora homem, senão um bichinho vil da terra; por isso o mesmo senhor, conformando-se a sua verdade e a sua humildade com esta estimação vulgar, não duvidou de afirmar que era um bichinho e negar que era homem, como eles diziam: "Eu não sou homem, sou um verme". — E se à verdade e humildade de Cristo, para negar de si o que era e afirmar o que não era, bastou se conformasse com a estimação alheia, por que lhe não bastaria a Xavier conformar-se com a estimação própria? Por isso podia afirmar, e afirmava, que era grande pecador, e por isso podia negar e negava, que não havia nele coisa alguma de santo.

E como o grande zelador da honra de Deus tão profundamente aniquilava a glória de suas obras para nelas exaltar a glória de Deus: "Que glorifique o vosso Pai que está nos céus" — não podia faltar a providência e justiça do mesmo Deus, não só em o exaltar a ele com a glória da canonização, mas em declarar publicamente a todo o mundo, pela voz do Sumo Pontífice — que é a sua na terra — não ser outra a causa de assim o glorificar depois da morte, senão porque ele tanto o tinha glorificado na vida, pronunciando o supremo oráculo da Igreja e cantando a Deus neste dia, em prova e correspondência de uma e outra glória: "Ó Deus, que glorificas aos que te glorificam".

§ VIII

Assim foi canonizado S. Francisco Xavier, e, se teve alguma coisa de admirável ou milagrosa esta canonização, eu lhe não acho semelhança entre os milagres de Cristo, senão a do banquete no deserto, de cujos sobejos recolheram todos os apóstolos quanto cada um podia levar. O mesmo digo, e não posso dizer menos nem sei dizer mais, senão que foi canonizado S. Francisco Xavier com tanta superabundância de merecimentos que dos sobejos da sua canonização se puderam canonizar outros muitos santos.

Muitos santos nem um só milagre fizeram, e Xavier, não só foi milagroso, mas, como muitos autores lhe chamam, foi o milagre dos milagres. Muitos santos não sararam umas maleitas; e Xavier, além dos que se não sabem, ressuscitou sessenta e oito mortos. Muitos santos não disseram uma profecia; e Xavier assim via as coisas futuras ou ausentes, e falava nelas como se as tivera diante dos olhos. Muitos santos não converteram um homem à fé; e Xavier de todas as seitas converteu tantos, quantos elas em mil e quinhentos anos não puderam perverter. Muitos santos, contentes com a salvação da sua alma, não salvaram outra; e Xavier, de inocentes e adultos, seguindo os que menos dizem, salvou ou pôs em estado de salvação um milhão e duzentos mil. Muitos santos, guardando perpétuo silêncio, nem a sua língua falaram; e Xavier, pregando a inumeráveis nações bárbaras, a todas falava na sua própria língua. Muitos santos, servindo a Deus a seco, não tiveram ilustrações nem consolações do céu; e em Xavier foram tão contínuas e tão excessivas, que não lhe cabendo no peito, apartando de sobre ele as roupas, quase desmaiado dizia: — Basta, senhor, basta, basta! — Muitos santos se queixavam amorosamente a Deus dos trabalhos, entrando neste número o mesmo Jó; e Xavier, sendo tantos e tão extraordinários os seus, pedia a Deus, que lhos mostrava, mais, mais, mais. Muitos santos nunca saíram da pátria; e Xavier, tendo deixado a sua, e sendo tão estimado em toda a parte que se pudera contentar com ser cidadão do mundo, sempre o teve por desterro. Muitos santos nunca puseram o pé no mar nem o viram; e Xavier desde o último do Ocaso, até o primeiro do Oriente, debaixo de todos os climas, não só experimentou a fúria das suas tempestades, senão as dos seus naufrágios. Muitos santos fizeram grandes penitências por seus pecados; e Xavier, tomando sobre si os alheios, para pagar por eles, não só os chorava com lágrimas, mas lavava-os com copioso sangue das próprias veias. Muitos santos, porque viviam só com Deus e consigo, não padeceram perseguições dos homens; e Xavier, não só as padeceu cruéis, de todos os que não tinham fé nem religião, mas até dos mesmos cristãos foi cruelissimamente perseguido. Muitos santos nunca se ofereceram à morte, nem se puseram a perigo dela por amor dos próximos; e Xavier, com o peito aberto às setas e azagaias, ferido e quase morto, os defendeu muitas vezes. Finalmente, muitos santos — e todos — quanto oraram, quanto trabalharam, quanto padeceram foi por alcançar e segurar a glória e bem-aventurança do céu; e Xavier, depois de a estar gozando, deixou o mesmo céu, do modo que é possível, e anda neste mundo entre nós, para nos socorrer e ajudar a ser bem-aventurados.

Demos outra volta — e seja a última — à mesma canonização, e acharemos que, sendo S. Francisco Xavier canonizado com título de confessor, o pudera ser por todos os outros graus de dignidade e lauréolas, com que os mais santos se distinguem e reinam coroados na glória: como patriarca com os patriarcas, como profeta com os profetas, como apóstolo com os apóstolos, como mártir com os mártires, como doutor com os doutores, como virgem com as virgens. E, sendo que de um só homem sabemos que fosse canonizado por anjo, como foi o maior dos nascidos, quando dele disse o mesmo Cristo: "Eis que aí mando eu o meu anjo" (Ml 3,1) — em todas as hierarquias e em todos os coros dos anjos dão lugar a Xavier os que mais exatamente escreveram sua vida: como anjo, em guardar os homens; como arcanjo, em presidir às cidades; como principado, em procurar a conservação dos reinos; como potestade, em sujeitar os demônios; como virtude, em obrar os milagres; como dominação, em ter império sobre as criaturas; como trono, em descansar nele a Majestade divina; como querubim, na altíssima sabedoria, e como serafim, no ardentíssimo amor de Deus e dos homens, em que sempre viveu e morreu abrasado. Ele nos alcance a imitação de tal vida, para que por ela mereçamos na morte a participação da mesma graça, e o prêmio daquela glória só concedida aos que glorificam a Deus: "Deus, que glorificas aos que te glorificam".

SERMÃO UNDÉCIMO

Do Seu Dia

"Ide por todo o mundo,
pregai o Evangelho a toda a criatura."
(Mc 16,15)

§ I

Dois mundos em um mundo: o mundo que fez o Verbo incriado: "O mundo foi feito por ele" (Jo 1,10) — e o mundo que, depois de humanado, o não conheceu: "E o mundo não o conheceu" (Ibid.) — são os dois mapas universais que o senhor e restaurador de ambos deu aos seus apóstolos: o primeiro para termo de suas peregrinações: "Ide por todo o mundo", o segundo para ouvinte de suas pregações: "Pregai a toda criatura". Muito têm que caminhar os pés destes peregrinos, pois é "o mundo todo". E muito têm que doutrinar as línguas destes pregadores, pois são "as gentes também todas". Os pés e os passos louva Isaías: "Que formosos são sobre os montes os pés do que anuncia e prega a paz, do que anuncia o bem" (Is 52,7)! — E as línguas e as vozes admira Davi: "O seu som se estendeu por toda a terra, e as suas palavras até as extremidades do mundo" (Sl 18,5). — Mas Isaías só diz que viu os pés subir os montes: "Que formosos são sobre os montes os pés!". — E Davi, posto que fala nos fins da terra, não diz que chegaram a ela as vozes, "senão que para ela saíram". — Daqui nascem duas graves questões, fundadas nas palavras que propus: uma sobre o ir, outra sobre o pregar. A primeira: se andaram os pés dos apóstolos tanta terra, quanta Cristo lhes não mediu, "pois foi todo o mundo". — A segunda: se pregaram as suas línguas a tantas nações quantas o mesmo senhor lhes sinalou, "que foram sem exceção todas as criadas". — Os doutores antigos não têm aqui voto adequado, porque Cristo não falou só dos apóstolos em suas pessoas, senão também nas de seus sucessores, de que os antigos não tiveram nem podiam ter inteira notícia. Os modernos, não só fundados na história eclesiástica e profana, mas na evidente experiência, constantemente resolvem que até o século todo de mil e quatrocentos anos depois da Redenção, nem os pés dos apóstolos e varões apostólicos tinham pisado as últimas terras do mundo, nem as gentes habitadoras das mesmas terras tinham ouvido as vozes das suas línguas. Parece que o número dos séculos se ajustou com o dos apóstolos. Os apóstolos foram catorze, porque ao sagrado número dos doze da primeira eleição — substituído em lugar de Judas, S. Matias — acrescentou Cristo, depois de estar no céu, S. Paulo e S. Barnabé. E assim como os apóstolos foram catorze, assim foram também catorze os séculos em que o mundo, em tanta antiguidade não conhecido, nem com as pisadas de seus pés, nem com as vozes das suas línguas se podia santificar. Agora, divino assunto desta minha indigna oração, começaremos a ouvir o vosso heroico nome. Chegou, enfim, na era de mil e quinhentos o século décimo quinto, e com ele apareceu no mundo Francisco Xavier, décimo quinto apóstolo. Do reino de Cristo diz Davi, seu pai: "Que dominará de mar a mar, e do rio até os fins da terra" (Sl 71,8). — E que é de mar a mar? É do mar Atlântico, o último da Europa, até o mar Eôo, o último da Ásia. E que é do rio até os fins e termo da terra? É do rio Tejo, onde se embarcou Xavier, até o Japão, onde ele foi o primeiro pregador que pôs os pés, e o primeiro de cuja língua se ouviu o nome de Cristo. Assim o propuseram na causa da sua canonização ao Papa Gregório Décimo Quinto[1] os auditores da Sagrada Rota, por estas notáveis palavras: Pregou o Evangelho nas ilhas do Japão, aonde o nome de Cristo nunca antes fora ouvido, e então se cumpriu a primeira vez a profecia do salmo: "Para toda a terra saíram as suas vozes". — Até aqui aquele notável testemunho. E como entre todos os ministros da propagação da fé católica no ir foram tão singulares os pés, e no pregar tão singular a língua de S. Francisco Xavier, que nenhum outro se pode comparar com ele, parece que nos não fica que dizer na matéria do nosso tema, sendo ela tão ampla que contém dois mundos, o elementar que se anda, e o racional a que se prega. Ora, já que Xavier é incomparável nesta glória, e ninguém se pode comparar com ele, só resta compararmo-lo consigo mesmo, e uma parte sua com outra parte. Comparando, pois, os pés de Xavier com a sua língua, e a língua com os pés, a questão ou problema do meu discurso será este: Se foram mais admiráveis os pés de Xavier no que andaram: "Ide por todo o mundo" — ou a língua de Xavier no que pregou: "Pregai o Evangelho a toda a criatura".

§ II

O ir pelo mundo não é a mesma coisa para todos, diz Sêneca. "Se o homem for sábio, é peregrinação; se for néscio, é desterro"[2]. — É peregrinação, se for sábio, porque terá muito que aprender do que vir e experimentar, e será para ele a mesma peregrinação estudo. Pelo contrário, se for néscio, não tirará outro fruto das terras que andar, senão estar fora da pátria, e isto propriamente é desterro. Quanto à peregrinação, ela é um dos livros que o mesmo Espírito Santo inculcou para se aprender a verdadeira sabedoria: "Percorrerá a terra de nações estranhas" (Eclo 39,5) — porque a geografia do mundo melhor se aprende vista no mesmo mundo, que pintada no mapa. Assim o fizeram os dois maiores e mais famosos mestres de uma e outra filosofia, Platão e Aristóteles. E quando os maiores mestres vão aprender do mundo, manda Cristo a seus discípulos que o vão ensinar: "Ide por todo o mundo, pregai o Evangelho a toda a criatura".

Foram os primeiros apóstolos às partes do mundo que lhes couberam, e o nosso à sua. E como primeiro é o ir que o ensinar, antes que ouçamos as maravilhas da língua de Xavier no que pregou, vejamos os passos dos seus pés, e quão admiráveis foram no que caminharam. Mas como poderá ser isto sem cansar a memória nem enfastiar os ouvidos, repetindo agora por junto o que em outros discursos temos visto por partes? Já que a medida desta peregrinação, e o termo sem termo deste itinerário não é menor que o mundo todo: "Ide por todo o mundo" — façamos um petipé, não de centos, mas de milhares de léguas, e medindo com fiel compasso as distâncias de umas terras a outras, andadas e tornadas a andar muitas vezes, desfazendo assim o novelo daquele mundo novo em linhas matemáticas, por elas, como pelo fio de Ariadna, nos poderemos sair de tão intrincado labirinto e reduzir a número compreensível a suma, que verdadeiramente é imensa.

Os que mais estreitamente fazem esta conta, dizem que andou S. Francisco Xavier no Oriente trinta e três mil léguas. Mas porque estes medem só as distâncias de umas terras a outras por linha direita, sem as quebras ou demasias que nas subidas dos montes, nos rodeios das enseadas, e em outros passos dificultosos têm todos os caminhos, mais certa é a medida dos que adiantam este cômputo, quando menos a trinta e seis mil léguas. Isto diz a aritmética da terra, mas quem poderá compreender a do céu? No Apocalipse se faz menção de medida dos homens e medida dos anjos: "Medida de homem, isto é do anjo" (Ap 21,17). Os homens grosseiramente medem por léguas e por milhares; os anjos medem por passos e um por um. Nas vidas dos padres do ermo lemos de um santo velho que, cansando-se de ir buscar água à fonte por estar longe de sua choupana, determinou fazer outra mais vizinha e, indo para a mesma fonte com este pensamento, ouviu uma voz que o seguia dizendo: Um, dois, três, quatro — e, voltando, viu que era um anjo que lhe ia contando os passos, com que mudou tanto do intento que tivera, que passou a choupana para mais longe. Oh! longes dos caminhos de Xavier! Aquele anjo, como o do Apocalipse, media os passos a modo dos homens: "Medida de homem, isto é do anjo" — e assim os contava. Mas que glória imensa seria a do nosso peregrino quando, não os homens, nem só os anjos, senão o mesmo Deus lhe contava os passos, como de si dizia o santo Jó: "Em verdade tu contaste todos os meus passos" (Jó 14,16).

Antes que passe adiante, quero aqui tirar uma dúvida, e é concordar os passos do tempo, que tanto corre, com os dois pés de Xavier, que correram muito mais que ele. Como pode ser que em dez anos que o grande apóstolo viveu na Índia andasse e corresse tanto? A mais célebre peregrinação que temos na Sagrada Escritura é a de Moisés, desde o Egito à Terra de Promissão, e é certo que em quarenta anos não caminhou Moisés a centésima parte do que Xavier em tão poucos. Se este maravilhoso herói não vivera em nossos tempos, havíamos de cuidar e fazer uma de duas suposições: ou multiplicando-lhe os anos, crendo que houvesse vivido duzentos e trezentos, como os patriarcas que sucederam a Noé, ou multiplicando-lhe a mesma pessoa, imaginando que este Xavier não fosse um só homem, senão muitos Xavieres, assim como foram muitos os Hércules que correram o mundo alimpando-o dos monstros que o infestavam, e tudo se atribui a um só Hércules. Sendo, porém, sem dúvida que Xavier foi um só homem, como puderam uns pés humanos caminhar tanto em tão pouco tempo? De Mercúrio dizem os poetas gentios que tinha asas nos pés, mas isto é fábula. Dos de Xavier podemos afirmar que ele as tinha, não fabulosas, senão verdadeiras, e tão velozes, diz Isaías, como as da águia: "Tomarão asas como de águia" (Is 40,31). — E para quê? Não para voar, senão para correr e andar tanto como se voasse: "Correrão e não se fatigarão, andarão e não desfalecerão" (Ibid.).

Tornando pois, não ao número dos passos de Xavier, que só Deus podia contar, mas às léguas que contaram os homens, a todos os doze apóstolos disse Cristo, senhor nosso, que fossem a todo o mundo, mas a nenhum que fosse a todo, senão dividido por partes, como fizeram; e se eles não saíssem de Jerusalém, andou tanto o apóstolo do Oriente, que pudera suprir o caminho de todos doze, não em parte do mundo, senão em todo. Não é encarecimento, senão demonstração evidente, porque o diâmetro de todo o mundo, como do Oriente a Poente, ou do Setentrião ao Meio-dia, em que se atravessa todo de parte a parte, não tem mais de três mil léguas; e em trinta e seis mil, que foi o menos que Xavier andou, podia dar e repartir três mil a cada um dos apóstolos. Este é um modo de andar todo o mundo. O outro, e maior, é não atravessá-lo pelo diâmetro, mas rodeá-lo esfericamente por toda a circunferência. E este rodeio dando volta a todo o mundo, fazem, não uma, senão quatro vezes trinta e seis mil léguas. A primeira nau que deu volta a todo o mundo, mais digna de se colocar entre as estrelas que a fabulosa Argos, foi a do valoroso português que deu o nome ao estreito. Não ele, mas ela, chamada a Vitória, chegou às praias de Espanha, e ali se mostrava e via com admiração, e quase com reverência, aquele prodigioso lenho. E que diremos de um homem, cujos passos caminharam tanto que puderam dar volta quatro vezes a toda a redondeza do mundo?

§ III

Não há dúvida que muito admiráveis foram os pés de Xavier, mas muito mais admirável foi a sua língua porque, se os pés andando puderam dar volta ao mundo, a língua pregando fez que o mundo desse volta. Arquimedes, aquele prodigioso matemático, dizia que, "se pudesse firmar um pé fora do mundo, lhe faria dar uma volta". — E isto é o que fez Xavier. Pôs-se fora do mundo, porque o deixou; pôde-se firmar fora dele, porque se firmou em Deus: "O Senhor é a minha firmeza" (Sl 17,3). — E não com outro instrumento que o de sua língua, fez que o mundo desse volta. — "Se quereis que não haja maus nem maldades no mundo, dai-lhe uma volta" (Pr 12,7) diz o Espírito Santo. Isto quer dizer aquele "dai-lhe uma volta", como trasladam os melhores intérpretes: *in orbem gyra* [dai uma volta ao mundo]. — E para que vejamos como lhe fez dar esta volta Xavier, ouçamos primeiro o estado em que se achava aquele novo e grande mundo do Oriente, antes de lá entrar o seu apóstolo. Constava de cristãos e infiéis de diversas seitas. E, começando pelos chamados cristãos, referirei por suas próprias palavras o que escreviam e choravam naquele tempo as informações mais autênticas. A corrupção dos costumes se reduzia àqueles três vícios capitais, dos quais diz o evangelista S. João: "O mundo está posto no maligno" (1Jo 5,19): cobiça, ambição, torpeza. Quanto à cobiça, nos tratos e contratos, o de mais proveito era o mais lícito. As culpas provadas em juízo eram o pão — como diz Oseias — de que se sustentavam os juízes, pesando-se para a absolvição na mesma balança, de uma parte o delito, da outra o dinheiro. Quanto à ambição, era honra e nobreza a impunidade das leis humanas e divinas. E o matar homens, para ter que gastar com largueza, se reputava por valor, como o não guardar verdade nem palavra, por fidalguia. Quanto à torpeza, vivia o senhor com suas escravas, cinco e seis das portas a dentro, como se com elas legitimamente se recebera; nem isto se estranhava em Goa mais que em Marrocos, obrigando a outras a pagar tal tributo ou jornal cada dia, que não o podendo granjear com o trabalho, traziam vendida a honestidade. Para desafogar as consciências de tão profundo e escandaloso abismo, não havia cuidado nem lembrança. Muitos passavam anos sem acudir aos sacramentos, e fazê-lo fora da quaresma era a maior hipocrisia.

Assim achou Xavier a cristandade, ou o nome dela na Índia. E que poder, que indústria, que máquinas eram necessárias para fazer dar volta a esta Nínive, mais dificultosa de se converter que merecedora de ser subvertida? Mas já vejo vir navegando Jonas, não forçado e violento no ventre da baleia, mas obediente a Deus e revestido do Espírito de Cristo, parecendo-lhe vagarosas, não as barbatanas ou remos do monstro, senão as asas dos mesmos ventos, para sair em terra e dar felicíssimo princípio à sua heroica missão. Chega enfim, põe os pés em Goa Xavier, e agora verão eles nos do mesmo Jonas quanto mais poderosa é a sua língua. "A cidade de Nínive era tão grande", diz S. Jerônimo[3], declarando o texto, "que escassamente se podia rodear ou andar todo o circuito dela em três dias inteiros". — E acrescenta o mesmo santo que assim o fez Jonas, "lembrado do preceito de Deus, e do seu naufrágio, correndo com tanta pressa que em um dia fez o caminho de três". — Não podiam andar mais maravilhosos os pés no que caminharam. E foram eles os que converteram a Nínive? De nenhum modo. A língua foi a que converteu o rei: "Chegou esta nova ao rei de Nínive" (Jn 3,6). — E a língua a que persuadiu o povo a que cresse em Deus: "Creram os ninivitas em Deus" (Ibid. 5). — Ao nosso ponto agora: de maneira que os pés puderam dar volta a toda Nínive, mas a que fez que Nínive desse volta foi a língua. Para que entendam os pés, posto que de Xavier, que ainda que pudessem dar muitas voltas ao mundo, fazer que o mundo desse volta só o podia a sua língua.

Assim o fez nesta primeira parte e cabeça daquele mundo, e com tanta brevidade que, pregando só ametade dos quarenta dias da pregação de Jonas — porque chegou a Goa em seis de maio de mil e quinhentos e quarenta e dois, e no fim do mesmo mês partiu para a Costa da Pescaria — ficou aquela cidade tão outra do que era como se nela se trocassem os habitadores, ou nos habitadores as almas. A frequência das confissões era tão contínua, que não bastavam ao santo os dias e as noites para as ouvir; os três vícios, de que acima falamos, todos convertidos nas virtudes contrárias. A ambição e invejas, em concórdia e amizades; a cobiça, em restituições e grossas esmolas; a incontinência, em se alimparem as casas de tudo o que encontra a honestidade cristã. Enfim, outra volta como a de Nínive. A Nínive racional — que as cidades são os homens, e não as paredes — tinha duas faces: uma superior, outra inferior; uma que se via, outra que se não via; a superior, e que se via, era vivendo todos na infame seita de Epicuro, de que Sardanapalo, então rei de Nínive, era o sectário mais bruto; a inferior, e que se não via, era a lei da razão, que estava sepultada, esquecida e metida debaixo dos pés. Mas tanto que deu volta aquele grande e desordenado corpo, no mesmo ponto desapareceu o que se via, e ressurgiu o que se não via, e, deixando de ser o que era, começou o que devia ser. Dizem todos os nossos historiadores que quem pouco antes tivesse visto a Goa, e agora visse, não a conheceria. E é pelas mesmas palavras o que disse S. Crisóstomo de Nínive: "Na verdade se alguém então entrasse na cidade dos ninivitas, aquele que antes a conhecera não a conheceria mais. De tal modo rapidamente mudara de uma vida torpíssima para uma vida de piedade"[4].

§ IV

Passando à segunda e maior parte deste vastíssimo corpo, que são os gentios e idólatras, divididos em tantas seitas, quem nos declarará, e como, a grande volta que deram? Diz S. João que viu — como já tinha profetizado Isaías — um céu novo, uma terra nova e um mar novo: "E vi um céu novo e uma terra nova, porque o primeiro céu e a primeira terra se foram, e o mar já não é" (Ap 21,1). — E quando se viu esta grande mudança, sendo sempre o céu o mesmo, a terra a mesma, o mar o mesmo? Aguda e profundamente S. Jerônimo. Diz que se viu quando os apóstolos e seus sucessores converteram a idolatria de Roma e Grécia gentílicas, porque então deu volta o mundo e se tornou a pôr no estado em que Deus o criara. Deus criou este mundo em tal forma, e com tal ordem, que o homem servisse e adorasse a Deus, e todas as outras criaturas do céu, da terra e do mar servissem ao homem. Mas a idolatria — de que foi o primeiro mestre o demônio, quando disse: "Sereis como uns deuses" (Gn 3,5) — fingindo mais deuses que um — de tal modo perturbou esta ordem, que os homens deram a divindade de Deus às criaturas e, devendo elas servir aos homens, os homens as serviram e adoraram a elas. Assim o fez no céu, na terra e no mar. No céu tinha Deus posto estrelas, na terra plantas, no mar peixes, e de tudo isto fez a idolatria deuses e deusas. A Júpiter deus do céu, a Plutão deus da terra, a Netuno deus do mar. E para que não faltasse geração a estes deuses, posto que os idólatras lhes chamavam imortais, a Júpiter ajuntaram Juno, a Plutão Proserpina, a Netuno Tétis. E, assim como no céu, com segundo grau de divindade, ao sol fizeram Apolo, à lua Diana e aos outros planetas Saturno, Marte, Mercúrio, Vênus, e a multidão das outras estrelas, a que na Escritura se chama "Milícia do céu", assim na terra e no mar beatificaram outras deidades, de ambos os sexos, terrestres e marítimas.

A estes monstros levantavam templos, dedicavam altares, consagravam sacerdotes, ofereciam sacrifícios, e, o que mais admira, é que, sendo os gregos e romanos os homens mais sábios do mundo, e os judeus os mais alumiados, todos aqueles, e a maior parte destes, cressem tão cega e obstinadamente nestas quimeras do céu, do mar e da terra, que as adorassem como verdadeiros deuses e, aos que lhes não oferecessem incenso, castigassem como ateus e sacrílegos, abrasados em fogo, comidos das feras e martirizados com os mais esquisitos tormentos. Mas, chegado o tempo — como ensinou S. Paulo aos areopagitas — em que o verdadeiro Deus quis desfazer as trevas desta ignorância e tirar do mundo todos os deuses falsos por meio da pregação do Evangelho, derrubados os celestes do céu, afogados os marítimos no mar e sepultados os terrestres no inferno, então apareceram o céu, a terra, o mar, reduzidos à pureza e verdade de seu nascimento — envergonhando-se o sol e a lua, como diz Isaías, de terem sido adorados — e foi tão estupenda esta volta universal de todo o criado, que o mesmo céu, a mesma terra e o mesmo mar pareceram criados de novo: "Eis aqui estou eu, que crio uns céus novos e uma terra nova" (Is 65,17). — E diz o texto sagrado criados de novo, não só com autoridade, mas com energia e elegância divina, porque criar é produzir de nada, e como a idolatria é nada, e os ídolos nada, deste nada tornou Deus a reproduzir o céu, a terra e o mar, tirando-os de não ser ao ser, passando-os da mentira à verdade, e restituindo-os do que aparentemente eram ao que realmente tinham sido.

Porém, se compararmos a idolatria romana com a do Oriente, muito maior e mais admirável volta foi a que fez dar àquele novo mundo a pregação e língua de Xavier. Os romanos dedicaram um templo a todos os deuses, por isso redondo, em que tudo o que se admira não é sombra do que dedicou aos seus, ajudada do poder e da arte, a superstição dos orientais. A grandeza do Panteão de Roma não iguala os maiores templos da cristandade, e, sendo milhares os daquelas nações, os que vencem toda a admiração são os cavados e abertos em uma só pedra, com abóbadas, naves e torres, entre os quais se contam em um três mil celas da mesma pedra, única e continuada, para os que têm cuidado do culto e serviço dele. E admira-se muito em Roma que o portal do mesmo Panteão seja de um só mármore. Mais admiração merecem as dez ou doze colunas do mesmo pórtico, que não podem abraçar dois homens, com proporcionada altura, de uma só peça. Mas se delas se pode gloriar a potência de Agripa, que ali as trouxe e levantou, como ficaria muda toda a soberba romana se soubesse, como sabemos, que em um templo ou varela da Índia, chamado do Bugio — por ser dedicado a tão ridículo deus — só o claustro, que serve de recolher as reses que se hão de sacrificar, tem setecentas colunas lavradas de mármore também de uma só peça e igual grandeza? Da estupenda e monstruosa dos altares, baste dizer que em um só do Japão se contam quinhentos ídolos dourados, cada um com cem braços, como o Briareu.

Estas eram as muralhas, torres e castelos com que a idolatria Oriental estava armada e guarnecida neles de infinitos ministros, chamados sacerdotes brâmines, jogues, bonzos, todos rendosamente sustentados a soldo dos reis e dos povos, com os opulentos tesouros que os mares e terras por natureza, e os homens por artes lhes pagam em tributo. E, sendo maior este poder no invisível que no que se via — porque em cada ídolo, posto que de pedra ou metal, e ao parecer morto, morava e vivia um demônio — com que forças lhes podia fazer guerra Xavier, sendo tão desiguais as suas? Contra a fortaleza daqueles templos, em qualquer parte onde chegava levantava uma igrejinha fundada sobre quatro esteios cortados do mato e coberta com a ramada das árvores; contra a multidão, grandeza e riqueza dos ídolos e imagens, arvorava uma cruz seca; contra os inumeráveis exércitos dos sacrílegos sacerdotes, aparecia ele só, descalço, e tão pobremente vestido como quem se sustentava de esmola; e nesta desproporção e desigualdade de tão extrema do que se via, em soando e se ouvindo a voz e pregação de Xavier, como ao som das trombetas de Josué se arrasaram os muros de Jericó, assim caía a máquina dos templos, os ídolos se desfaziam em cinza, os demônios, que não podiam morrer, fugiam, emudeciam os camis, e totoquês, e os nomes de Xaca e Amida, ouvindo-se em toda a parte o do verdadeiro Deus, criador do céu e da terra, e sendo recebida, crida e adorada em cidades e reinos inteiros a divindade de Cristo. Tão poderosas e eficazes eram as vozes de Xavier, e tais os triunfos da sua língua!

§ V

Mas, se a triunfante língua de Xavier foi tão gloriosa na volta que fez dar ao mundo "pregando" — parece que se não podem gloriar menos os seus pés do modo singular e maravilhoso com que Deus os fortificou, para que pudessem dar tantas voltas ao mesmo mundo "andando". — No famoso Cântico de Ana, mãe de Samuel, que tem por fim a propagação universal do império de Cristo: "O Senhor dará o império ao seu rei, e sublimará a glória do seu Cristo" (1Rs 2,10) — diz imediatamente antes a mesma profetisa, que Deus para isso "há de conservar os pés dos seus santos" (1Rs 2,9). — O que literalmente não só se pode, mas deve entender dos pés de S. Francisco Xavier. Tendo ele já passado o cabo das vãs esperanças com que o mundo o detinha, o primeiro livro, por onde deu princípio ao novo estudo, foi o dos exercícios espirituais de Santo Inácio. Nestes exercícios se lembrou o novo cavaleiro de Cristo de outro, em que as suas grandes forças e destreza se avantajavam muito, e era a agilidade de correr e saltar, gentileza naquele tempo muito estimada na corte de Paris. Para mortificar, pois, e castigar esta vaidade, de que se prezava tanto, inventou o seu fervor uns cordéis, primeiro cheios de nós, com os quais fortissimamente se atou e apertou por baixo dos joelhos, e com que não dava passo sem grande moléstia e dor. Assim atado se pôs a caminho de Paris para Veneza, onde Santo Inácio o esperava com os outros seus companheiros, em cumprimento do voto que tinham feito de passar a Jerusalém. E a poucas jornadas, que todos faziam a pé e com o que tinham recolhido dos próprios estudos aos ombros, não podendo Xavier dar mais um passo adiante, declarada por força a causa que a humildade dissimulava e encobria, foi logo chamado cirurgião, o qual, com pasmo de tal gênero de penitência, vendo as grandes chagas e inchação dos joelhos, e quão profundamente se tinham penetrado e escondido nelas os cordéis, disse que se não podia intentar a cura sem cortar muito pela carne e sem manifesto perigo da vida, pelo muito concurso das veias e nervos naquela parte em conclusão, que, tendo chegado as feridas a tal estado, só Deus lhe podia dar o remédio a que ele se não atrevia. Com este lastimoso desengano se puseram em oração os nove companheiros — que foi a primeira novena de S. Francisco Xavier — e, perseverando toda a noite com as instâncias ao céu que a caridade e necessidade da viagem pedia, não tinha bem amanhecido — coisa maravilhosa! — quando os cordéis apareceram quebrados por todos os nós, a inchação igual, as chagas perfeitamente sãs, e o enfermo com as forças tão inteiras que, sem perder jornada, dando as devidas graças a Deus, continuaram todos seu caminho.

Quem se não lembrará neste passo das cadeias de S. Pedro? Preso S. Pedro, e atado a duas cadeias, quando se esperava só pela manhã para que ele saísse a morrer, diz o texto de S. Lucas que toda a Igreja fazia oração pela sua vida a Deus: "Entretanto, pela igreja se fazia sem cessar oração a Deus por ele" (At 12,5). — E da mesma maneira naquela noite também fazia oração a Deus pela vida de Xavier a Companhia toda, porque toda como então "Pequenino rebanho" — se continha naquele pequeno número. Lá Herodes era o ímpio tirano de Pedro; cá Xavier era o piedoso tirano de si mesmo. Lá foi tão eficaz a oração de toda a Igreja que em uma noite, por meio de um anjo, as cadeias de Pedro se quebraram e "lhe caíram das mãos" (At 12,7) — e cá foi tão eficaz a oração de toda a Companhia, que em outra noite os cordéis de Xavier se romperam e lhe caíram aos pés. Mas, se Pedro fazia tantos milagres, por que não foi ele o que se soltou das cadeias? E se Xavier havia de fazer tantos, por que não foi também o primeiro seu o da soltura de seus cordéis? Porque quis Deus autorizar mais a ambos com que não fossem eles os autores, senão que fosse a vida de Pedro milagre de toda a Igreja e a vida de Xavier milagre de toda a Companhia. De tantas causas juntas, e tais, não podiam resultar senão grandes efeitos. Da oração de toda a Igreja, um Pedro vivo, e soltas as suas mãos das cadeias, com que o prendeu Herodes; da oração de toda a Companhia, um Xavier vivo, e soltos os seus pés dos grilhões com que ele mesmo se prendeu. Se S. Pedro quebrara as suas cadeias, fora este um dos milagres de S. Pedro. Se Xavier rompera os seus cordéis, fora este um dos milagres de Xavier. Mas seja Pedro o milagre de toda a Igreja, e Xavier o milagre de toda a Companhia, para que quando a Igreja se quiser ostentar milagrosamente, mostre a Pedro, e quando à Companhia lhe importar provar que também ela faz milagres, mostre a Xavier.

Só houve em um e outro caso uma bem notável diferença, que foi obrar Deus o milagre de Pedro por um anjo, e o de Xavier por si mesmo. Se Deus então revelara aos anjos que aquele caminhante chagado, caído e tão preso que não podia dar passo, era o vaso de eleição destinado por sua providência para apóstolo de todo o Oriente, não há dúvida que os anjos da guarda daquela infinidade de almas, todos e cada um "à contenda" como diz Santo Hilário — se haviam de oferecer para o ir curar, tendo-se por mais ditoso o que tivesse a ventura de ser o seu Rafael. Mas que não cometendo Deus, nem concedendo a soltura dos cordéis de Xavier, como a das cadeias de S. Pedro a algum anjo, ele por si mesmo quisesse ser o autor do milagre e curar tão mimosa e amorosamente as chagas daqueles joelhos! Que motivo podia ser o que obrigasse a Majestade divina à condescendência de tão particular favor? O favor e o motivo, posto que tão soberano, por outro da estimação de Deus no mesmo gênero se pode entender facilmente. Curou Deus por si mesmo os joelhos de Xavier, como ele por si mesmo os castigara, porque Xavier era aquele prodigioso homem que lhes havia de fazer dobrar os joelhos a tantos milhares de gentes que os dobravam aos ídolos. Quando Elias brasonava de ser ele só o que seguia e defendia as partes de Deus, sendo todos os mais idólatras, apagou-lhe Deus as labaredas deste seu fogoso espírito, dando-lhe em rosto com sete mil que tinha na mesma terra, os quais não dobravam os joelhos a Baal. Elias dizia: "Eu fiquei só" (3Rs 19,10.14) — e Deus, com a mesma palavra: "Eu me reservarei para mim em Jerusalém (em Israel, na Vulgata) sete mil homens, que não dobraram os joelhos diante de Baal" (Ibid. 18). — E, se Deus tanto estimava ter sete mil homens que não dobrassem os joelhos aos ídolos na terra onde só era conhecido: "Conhecido é Deus na Judeia" (Sl 75,2) — que estimação faria dos joelhos de um homem, que em tantas terras e nações, aonde nunca chegara o conhecimento do verdadeiro Deus, lhe havia de fazer dobrar os joelhos, não a sete mil idólatras, nem a setenta mil, nem a setecentos mil, senão a tantos milhares que deles se podia inferir, como o mesmo Deus tinha prometido, que o fariam todos: "Todo o joelho se dobrará diante de mim" (Is 45,24)!

E porque os pés, que sem aqueles joelhos se não podiam mover, os tinha Xavier enfraquecido tão mortalmente, para castigar a vaidade, posto que venial, com que se prezava de correr e saltar, que faria Deus com a cura das suas mãos? Santificando com elas a mesma vaidade, e contrapondo elegantemente o prêmio ao castigo, fortificou de tal sorte os mesmos pés que corressem muito mais ligeiros do que dantes corriam, e dessem muito maiores saltos do que dantes neles se admiravam. Quando o Salvador do mundo, com os passos da sua humanidade, satisfazia às obrigações de tão piedoso nome, acudindo sem descansar a toda a parte onde o chamava a salvação das almas, uma que mereceu ver a velocidade dos mesmos passos diz que "vinha saltando de monte em monte, e passando os outeiros em claro" (Ct 2,8). S. Gregório Papa se convidou para contar e medir estes saltos, dizendo: "Quereis conhecer os saltos que ele deu?". — Mas nem ele, nem Santo Ambrósio e S. Bernardo os puderam fazer maiores que a terra de Israel, posto que nela houvesse o Monte Sião, o Tabor, o Olivete, o Calvário, e o chamado "Monte de Cristo" que o mesmo senhor santificou com o seu nome, por haver nele promulgado a sua lei. Mas como a missão do mesmo Salvador lhe não permitia pôr os pés fora das raias daquela terra: "Eu não fui enviado senão às ovelhas que pereceram da casa de Israel" (Mt 15,24) — e a de Xavier se estendia desde o Poente até o Oriente, a todos os fins da terra, agora direi eu com maior admiração — pois o mesmo Cristo assim o quis: "Quereis ver os saltos que deram os pés de Xavier pela salvação das almas?" — Vede e medi bem quanto vai "de monte a monte". — Que salto como de Lisboa a Moçambique! Que salto como de Moçambique a Goa! Que salto como de Goa a Meliapor! Que salto como de Meliapor a Cambaia! Que salto como de Cambaia a Malaca! Que salto como de Malaca a Amboíno! Que salto como de Amboíno ao Japão! Que salto como do Japão à China! E que salto como — muitas vezes sem guardar esta ordem — do primeiro termo do Oriente até o último, com distância de mais de duas mil léguas de monte a monte! Por isso o profeta Isaías não só admirava os pés, senão os pés sobre os montes:

"Que formosos são sobre os montes os pés do que anuncia e prega o bem" (Sl 52,7)!

§ VI

Estas últimas palavras: "do que anuncia e prega o bem" — nos obrigam já a passar do que correram e saltaram os pés ao que pregou a língua. E se o milagre que Deus fez nos pés de Xavier foi fecundo de tantas maravilhas, não foram menos nem menores os prodígios com que a língua, também milagrosamente dotada, assombrou os ouvidos do mundo. Naquele milagre obrou a sabedoria divina como médico, neste como mestre. S. Paulo faz menção de dois gêneros de línguas: línguas de homens e línguas de anjos: "Se eu falar as línguas dos homens e dos anjos" (1Cor 13,1). — E tanto foi a língua de Xavier neste segundo gênero angélica, como no primeiro mais que humana.

Em um instante infundiu o Espírito Santo na língua de Xavier a ciência das línguas de todos os homens e, para saber quantos milagres se encerraram neste primeiro milagre, era necessário saber quantas línguas falavam os homens naquele tempo. No tempo da torre de Babel, em que as línguas se multiplicaram e dividiram, foram as línguas originais setenta e duas. No tempo dos apóstolos, eram mais que as da Torre de Babel, e no tempo de Xavier mais que as do tempo dos apóstolos, porque em um e outro tempo, corrompendo-se as originais, de cada uma delas nasceram muitas outras, como vemos na latina. E quando a ciência de Xavier se não estendesse mais que às línguas de toda a Ásia, em que não há dúvida, bastavam só as do arquipélago Índico, em que são tantas as línguas como as ilhas, para as línguas serem inumeráveis, e tantos os milagres como as línguas. No capítulo décimo das suas visões, diz o profeta Daniel que viu um homem cujo corpo era formado de todo gênero de luzes, e a voz de suas palavras, não como de um só homem, senão como de uma multidão de gente: "E o som das suas palavras era como o ruído de uma multidão" (Dn 10,6). — E que homem mais parecido a este prodigioso homem que Xavier? Todo formado de luzes, como feito por Deus para alumiar o Oriente, e com a voz, não de um só homem, senão de muitos quantos eram aqueles, e quão diversos nas línguas, a quem por meio da sua havia de alumiar? Neste sentido é célebre um provérbio turquesco, que diz: Quantas línguas sabe um homem, tantos homens é. E Plínio[5], pelo contrário, no mesmo sentido disse que o estrangeiro, na terra onde não sabe a língua, não é homem: "A diversidade de língua faz com que um estrangeiro não substitua um homem". — Assim seria Xavier, se entrara no Oriente só com a língua natural espanhola; mas, como falava todas as línguas, era tanta a multidão de homens para eles quantas eram as nações diversas dos que o ouviam: "E o som das suas palavras era como o ruído de uma multidão".

Esta mesma é a primeira parte do dom de línguas, que o Espírito Santo infundiu nos apóstolos. Mas, posto que eles falassem todas, é muito notável a particular energia e primor com que o mesmo Espírito Santo as comunicou a Xavier. S. Paulo dizia que "dava graças a Deus de falar em todas as línguas daqueles com quem tratava" (1Cor 14,18). — Contudo, a Epístola aos hebreus, notam todos os expositores, que no estilo e na frase é muito mais elegante que as outras. E por quê? Porque ele, dizem os mesmos, era hebreu, e falava na sua língua natural. Agora ouçamos ao eminentíssimo Cardeal de Monte[6], o qual, relatando em consistório ao Papa Gregório Décimo Quinto o que constava dos atos ou processos da sua canonização, diz assim: "Embora não tivesse aprendido as diversas línguas dos povos, utilizava-as por causa do Evangelho, e assim falava elegante e correntemente como se fosse nelas educado. Não raramente aconteceu que quando ele pregava os ouvintes de diversas nações ouvissem cada um em sua própria língua". — De sorte que Xavier não só falava todas as línguas "correntemente" — que é o que a Igreja canta dos apóstolos: "Para que fossem fluentes nas palavras"[7] — senão também em estilo "elegante e polido", no qual se descobrem dois primores particulares deste dom do céu. A elegância em respeito de S. Paulo, que falava mais elegantemente a língua que lhe era natural; e Xavier com tanta elegância pregava nas estranhas, e aos estranhos nas suas, "como se nascera e fora criado entre eles". — Ao elegante, que consiste no estilo e frase, se ajunta o polido, que pertence ao som e acento da pronunciação, a que os latinos chamam dialeto, de que temos o exemplo em S. Pedro, o qual, sendo hebreu, pronunciava a língua hebreia de Jerusalém e da corte com tanta diferença que por ela conheceu a ancila que era de Galileia: "Porque até a tua linguagem te dá bem a conhecer" (Mt 26,73). — Assim se fala a mesma língua italiana em Nápoles e Veneza, mas com diferente consonância da romana. Isto baste quanto ao primeiro grau do dom de línguas, que é falar um homem a de todos, a que S. Paulo chama na "língua dos homens".

A outra, a que o mesmo apóstolo dá nome de língua de anjos, é muito mais maravilhosa, porque, falando um homem em uma só língua própria ou estranha, os que o ouvem, sendo de diferentes nações, ouve cada um a sua. Assim, ouvindo a S. Pedro os partos, medos e elamitas, diziam mais pasmados que admirados: "Como assim os temos ouvido nós falar cada um na nossa língua em que nascemos?" (At 2,8). — A maravilha consiste em que, sendo a língua na boca de quem a fala uma só, nos ouvidos dos que a ouvem sejam tantas, quantas e quão diversas forem as suas, com outros tantos milagres. E por que se chamam estas línguas, línguas de anjos? Porque os anjos falam por conceitos, que são imagens naturais das coisas, as quais imagens conhecem todos. Pelo contrário, as palavras pronunciadas, como também escritas, são imagens artificiais das mesmas coisas, e não as podem entender senão os que souberem a arte. A língua em que falava Xavier também era artificial, mas todos a entendiam, como se foram as suas palavras imagens naturais do que dizia, e por isso língua de anjo, suprindo Deus com tantos milagres, não só quantos eram os ouvintes, senão os ouvidos, o som da voz e a dearticulação das palavras, quais eram as da língua de cada um. Muitos teólogos, e entre eles o grande Nazianzeno, querem que esta mudança se fizesse no ar, e não nos ouvidos, porque no tal caso seriam os milagres dos ouvintes, e não do pregador. Mas o merecimento do milagre, como o do benefício, está em quem o faz, e não em quem o recebe. Se o santo sara o enfermo e ressuscita o morto, posto que o enfermo receba a saúde, e o morto a vida, o milagre não é do enfermo, nem do morto, senão do santo. Assim como o maná na boca do que o comia sabia ao que ele desejava, assim a voz de Xavier nos ouvidos do que a ouvia soava ao que ele entendia. E por isso, este modo de falar se chamava língua de anjos, diz Cartusiano[8], como o maná pão de anjos.

Mas tudo isto não basta para explicar as maravilhas da língua de Xavier. Propondo-lhe os letrados do Japão várias questões em matérias muito diversas, a todos satisfazia com uma só resposta. E se isto era não só falar com língua dos homens, como no primeiro caso, nem só com língua dos anjos, como no segundo, que diremos? Ocorria-me dizer que falava também com língua de Deus. Da língua ou falar de Deus diz Davi: "Eu ouvi duas coisas" (Sl 61,12). — E neste sentido se podia aplicar a Xavier o que diz S. Pedro: "Se algum fala, seja como palavras de Deus" (1Pd 4,11). — Porém, as palavras de Deus, quais são as da Sagrada Escritura, ainda que tenham mais que um sentido literal — o qual não é certo, senão depois de interpretado por — autor canônico — não bastam estes dois sentidos para que se responda com eles mais que a outras tantas questões; e Xavier, com as mesmas palavras, satisfazia não só a duas, ou quatro, ou dez questões, senão a muitas mais, e de indústria excitadas em matérias muito diversas. Que novo dom era logo e que novo milagre este da língua de Xavier?

O que só se pode entender é que eram as suas palavras, não como as palavras, senão como a palavra de Deus. Deus tem muitas palavras, e uma só palavra. As muitas palavras são aquelas com que fala pelos profetas e pelas Escrituras; a palavra uma e única é a eterna Palavra, ou o eterno Verbo, que "desde toda eternidade". Neste sentido entende Santo Agostinho[9] o "Deus falou uma vez" (Sl 61,12): "Em si mesmo" — diz ele — "Deus falou uma vez: Gera um Verbo, tem um Verbo, no qual estão escondidos todos os tesouros de sabedoria e ciência". — E como nesta palavra única de Deus estão encerrados todos os tesouros da divina e infinita sabedoria, assim como o autor do salmo ouviu dela ou nela duas coisas, assim todos podem ouvir quantas quiserem saber, e não com largos discursos, senão com uma simples inteligência, mais propriamente vendo que ouvindo, ao modo com que os bem-aventurados no céu: "Veem todas as coisas no Verbo". — Este, pois, ou semelhante a este, era o terceiro dom da língua de Xavier, ao qual o mesmo Verbo comunicava um raio ou sombra da sua mesma luz, pelo qual, alumiado ele, e por ele os que o ouviam, mais vendo que ouvindo as respostas das suas questões e perguntas, ficavam satisfeitos todos, por muitos que fossem. Assim o escreveu o mesmo santo, posto que não declarou o modo, sendo a língua de Xavier uma como chave dos tesouros da sabedoria e ciência divina, que os abria quando era necessário, para alumiar e tirar as dúvidas de todos aqueles a quem pregava.

§ VII

Vistos por modo tão admirável os milagres que Deus fez nos pés e língua de S. Francisco Xavier, vejamos agora alguma parte dos que os mesmos pés e a mesma língua fizeram. Um dos maiores trabalhos dos navegantes é acharem-se no mesmo elemento da água sem água para beber. Mas para acudir a esta necessidade eram muitos os modos que tinha o nosso santo, com que socorria os que o invocavam. Umas vezes fazia chover com tanta abundância, que recolhiam toda a água que haviam mister. Outras os levava a ilhas e costas não conhecidas, onde as fontes e os rios lhes faziam a aguada. Uma vez mandou que enchessem todas as vasilhas da água do mar e, lançando-lhes a bênção, como se a sua fosse "Bênçãos de doçuras" (Sl 20,4), de salgada se converteu em doce. Mas o milagre por todas suas circunstâncias famoso neste gênero foi que, navegando com calmas e ventos contrários, uma nau em que iam embarcadas quinhentas pessoas, todas quase expirando à sede, fazendo-se levar Xavier pelo costado em braços dos marinheiros até o mar, metendo nele um pé, o adoçou de maneira que não só naquele dia, mas em todos os que durou a viagem, se bebeu na nau sem ração. Que diria neste passo ou neste pasmo o profeta Jeremias? Encarecendo este profeta as amarguras em que se viu a cidade de Jerusalém destruída, e buscando comparação com que as declarar: "A quem te compararei?" (Lm 2,13). — não achou outra senão a do mar: "Grande é como o mar o teu desfalecimento" (Ibid.). — E, totalmente desconfiado de ter, ou poder ter remédio aquele mal, acrescentou: "Quem te remediará?" (Ibid.). — Se toda a terra, desfazendo-se em rios de água doce, e se todos os rios, tantos e tão caudalosos, entrando no mar, ele com a sua amargura os converte em si, e eles não podem fazer no mar a menor mudança, que médico haverá que possa curar esta amargura, e com que medicamento: "Quem te remediará"? — Ora, profeta santo, pois conheceis os futuros, não desconfieis. Virá tempo em que haja neste mundo um homem chamado Francisco Xavier que curará as amarguras do mar, e não com outro medicamento ou instrumento, senão com meter nele o pé. O Caldeu lê: "O teu copo como o mar". — Se naquele aperto se pusera em leilão no convés um púcaro de água, tudo quanto levava a nau não era bastante preço para o comprar. Antes, se poriam em armas todos os navegantes e se dariam batalha sobre quem o havia de levar. E todas estas vidas salvou duas vezes Xavier, só com molhar um pé no mar, e o fazer doce.

E que diremos da sua língua? Também a língua de Xavier faz doces muitas amarguras, e, porventura, maiores. Que amargura como a da morte? "Ó morte, quão amarga é a tua memória" (Eclo 41,1)! — Mas, assim como na boca do leão morto fabricaram as abelhas os favos, assim adoçava Xavier as amarguras da morte, de tal modo que, sendo o primeiro martírio inventado no Japão contra os que criam no Deus crucificado a cruz, os mesmos que pouco antes tinham sido idólatras a abraçavam com tais demonstrações de alegria que bem se via a doçura que naquele não duro, senão "doce lenho" — e naqueles não duros, senão "doces ferros" — tinha destilado a língua de Xavier: "Os teus lábios são como um favo que destila" (Ct 4,11). — Que amarguras como a das afrontas. Das com que injuriava Fenena a Ana, mãe de Samuel, diz a Escritura que lhe chegavam as amarguras à alma: "Como estivesse Ana com o espírito amargurado" (1Rs 1,10). — E, sendo que as afrontas no Japão se sentem tanto mais que a morte, que o remédio de se desafrontarem grandes e pequenos é matarem-se com suas próprias mãos, tão doces tinha feito a pregação de Xavier as afrontas, que com os ferretes nas faces, com as orelhas cortadas e com os pregões mais infames, saíam dos cárceres e tribunais dos tiranos, não menos contentes e triunfantes que os primitivos apóstolos, tendo as mesmas afrontas pela maior honra e dignidade: "Saíam os apóstolos gozosos de diante do conselho, por terem sido achados dignos de sofrer afrontas pelo nome de Jesus" (At 5,41). — Que maior amargura que a morte, não só cruel, mas natural dos filhos, cuja vida estimam os pais mais que a própria? Assim dizia Noemi depois de ter perdido os seus, que lhe trocassem o nome de formosa no de amarga: "Não me chameis Noemi — isto é, formosa — mas chamai-me Mara — isto é, amargosa — porque o Todo-Poderoso me encheu de extrema amargura. Eu saí daqui cheia, e o Senhor me faz voltar vazia" (Rt 1,20s). — E tão fora estavam de chorar esta tão natural amargura os pais do Japão, tão fortes como Matatias, e as mães, tão constantes como a mãe dos Macabeus, que eles e elas, como rindo-se do tirano Antíoco, os exortavam, ou ao breve tormento das fogueiras, ou ao dilatado das covas, que Nero e Diocleciano não souberam inventar. Que amargura, finalmente, como a das confiscações e perdas da riqueza, da nobreza, dos estados e das coroas, das quais dizia Jó nas suas: "Enche-me de amarguras" (Jó 9,18)? — porque a cada bem deste mundo, que Deus lhe tirava, lhe metia uma amargura no coração — e, sendo estas tão amargas ao mestre da paciência, na escola de Xavier eram tão doces que os ricos, os nobres, os príncipes, os reis, eles e seus sucessores, com tanta alegria no rosto como no coração, as desprezavam todas, ainda que fossem as próprias coroas, igualando na primeira infância da fé a da maioridade de Moisés, quando não quis ser filho da filha de Faraó, estimando por maior riqueza que os tesouros do Egito a pobreza e paciência de Cristo: "Pela fé é que Moisés, depois de grande, disse que não era filho da filha de Faraó, escolhendo antes ser afligido com o povo de Deus, e tendo por maiores riquezas o opróbrio de Cristo que os tesouros dos egípcios" (Hb 11,24ss).

Já daqui podem entender os pés de Xavier que, se eles são tão milagrosos que um só basta para adoçar as amarguras do mar, não é menos poderosa a língua de Xavier para fazer doces as da terra, que não são menos dificultosas de tragar nem menos amargas. Mas não é este o maior milagre com que ela quer acudir por si, ou eu por ela. O que digo, trocando a semelhança em contrariedade, é que se os pés de Xavier fazem as amarguras doces, a língua de Xavier pode fazer as doçuras amargas. Se isto é mais ou menos, outrem o julgue, que eu o que só quero provar é o milagre e o modo. Em uma das visões do seu Apocalipse, deu um anjo a S. João um livro, "dizendo-lhe que o comesse, e que na boca o acharia doce como o mel, mas que no estômago lhe amargaria" (Ap 10,9). — Fê-lo assim S. João, experimentando na boca a doçura do livro e no estômago a amargura. E sem perguntar que livro era aquele e que mistério continha, "o anjo lhe disse que importava que ele tornasse a pregar a muitos povos, a muitas gentes, a muitas línguas e a muitos reis" (Ibid.). — Pois, por que S. João há de pregar a tanta diversidade de ouvintes, por isso há de comer um livro, que primeiro é doce, e depois amargoso, e doce na boca e amargoso no estômago? Sim. Porque naquele livro se continha a matéria, o intento e o fim do que havia de pregar. A matéria eram doçuras e amarguras, e o intento e fim era que o mesmo que dantes fora doce se convertesse em amargo. Se o anjo falara com S. Francisco Xavier, nem lhe pudera dizer nem esperar dele outra coisa. Ao menos o auditório, que aqui se descreve, é o mesmo a que ele pregou: muitos povos, muitos reis, muitas gentes, e de diversas línguas. A língua distingue o doce do amargo, e a língua de Xavier, não só distinguia, mas extinguia as doçuras, para as converter em amarguras. O intento dos seus sermões era converter os apetites em arrependimentos, as delícias em contrições, os gostos em pesar, o mel em fel, e tudo o que tem ou teve de doce o pecado nas amarguras da penitência. Quantos soldados, depois de crucificarem a Cristo, e lhe jogarem as vestiduras, se recolhiam do mesmo Calvário batendo nos peitos! Quantos Zaqueus publicanos e onzeneiros, não só restituíam o alheio, mas repartiam o seu largamente aos pobres! Quantas Madalenas, depois de ser laços e escândalo das cidades, trocando o amor profano pelo divino, prostradas aos pés de Cristo, os regavam de lágrimas! Quantos Davis — para que não faltassem os reis — despida a púrpura, e cobertos de cilícios e cinza, emendavam a fealdade das culpas, que não puderam encobrir, com outras maiores! Assim convertia a língua de Xavier as falsas e enganosas doçuras do apetite nas verdadeiras amarguras e desenganos da penitência.

Mas por que "se gostava o doce na boca, e o amargo se sentia no estômago"? — Porque os mesmos manjares na boca se gostam, no estômago se digerem. Esta digestão muito miúda, muito distinta e muito particular de cada vício, com a brevidade do que deleita, e a eternidade da pena, com o céu perdido no que passou, e o inferno merecido no que não há de passar, estes eram os relâmpagos daquela luz, estes os trovões daquela voz, com que o tremor dos raios se convertiam em chuva: "Fez os relâmpagos para a chuva" (Sl 134,7). — Que chuva é esta, senão as lágrimas dos ouvintes, chuva verdadeiramente do céu? Pôs Deus o gosto em um sentido cego, e o amargo no sentido da vista, para que veja o pecador com os olhos abertos o que devorou com eles fechados, não sendo outra coisa o amargoso das lágrimas que o líquido digerido do indigesto dos gostos. Assim digeria os de quarenta anos passados nas delícias da corte, de que era senhor, Ezequias: "Repassarei diante de ti pela memória todos os meus anos, com amargura da minha alma" (Is 38,15) — cuidando agora, e tornando a cuidar o que então lhe não dera cuidado, e sendo agora amargura sobre amargura para a alma o que então era gosto sobre gosto para os sentidos. Mas por que se não veja esta eficácia da língua de Xavier só na doçura enganosa dos pecadores, que doçura mais inocente e mais lícita que a da pátria, ainda nos penedos da Ítaca ou nos frios da Gética[10] sempre doce?

"Não sei com que doçuras a terra natal
atrai a todos,
impedindo que dela se esqueçam."[11]

E, contudo, olhem os pés de Xavier para esse mesmo mar, que fizeram doce, e verão quantos discípulos do mesmo espírito, esquecidos da doçura das mais deleitosas pátrias do mundo, a trocam, não pelas amarguras de qualquer mar, senão pelas imensas dos mais distantes, dos mais inclementes, dos mais perigosos, dos mais indômitos, isto é, dos mais amargosos de todos. Milagre imortal cada ano da língua de Xavier ou dos ecos sempre vivos da sua voz.

§ VIII

Mas, tornando aos seus pés, que direi deles, quando vejo que não para descansar, senão para mais andar se ajudam de outros pés? E da mesma língua, que cuidarei, quando não para emudecer ou respeitar, senão para mais pregar se socorre de outras línguas? S. Paulo, quando Saulo, enganado do seu falso zelo — mas grande — não se contentando de pelejar pela fé, que defendia só com duas mãos, teve traça para o fazer com as mãos de todos, como diz Santo Agostinho. E por que seriam menos diligentes na propagação da verdadeira os pés de Xavier, contentando-se com serem só dois, e ainda menos a língua, com ser só uma?

Quando era chamado no mesmo tempo a enfermos, e endemoninhados, a partos perigosos e a outras aflições e trabalhos, que nele tinham o remédio certo, e não podia ir o santo por sua própria pessoa, valia-se dos pés dos seus meninos da doutrina, e, levando algum sinal de que eram enviados por ele, obravam as mesmas maravilhas que o mesmo Xavier costumava. Depois que teve muitos companheiros da mesma profissão, também caminhava com os seus pés, indo aonde não podia ir e assistindo onde não podia estar. Na Costa da Pescaria, quando tinha um só companheiro, vendo que os povos eram trinta, e que, não podendo assistir mais que em dois, ficavam vinte e oito sem assistência, inventou a residência dos que na língua malabar se chamam canacapoles, que vale o mesmo que procuradores da Igreja, os quais, sendo de boa vida, e bem instruídos nos ministérios da fé, os ensinavam todos os dias, batizavam em caso de necessidade, ajudavam a bem morrer e supriam quanto sem o caráter do sacerdócio pode fazer um cristão. E para que estes ofícios tão importantes se perpetuassem, se valeu Xavier — quem tal imaginara! — dos reais pés da mesma rainha de Portugal. Para os chapins[12] da mesma rainha, como diz a frase da corte portuguesa, se pagavam dos tributos daquela costa quatro mil fanões, que montam da nossa moeda quatrocentos cruzados, e estes alcançou o santo para salário dos canacapoles, concluindo, na carta com que os pediu: — E as almas que por este meio se salvam, são, senhora, os chapins com que Vossa Alteza entrará seguramente no céu. — Não creio que pode haver caso em que mais literalmente se entenda aquela sentença dos Cânticos: "Que airosos são os teus passos, ó filha do príncipe, no calçado que trazes" (Ct 7,1)! — Era a rainha D. Catarina, em toda a propriedade filha do príncipe, como filha de Filipe, primeiro conde de Flandres, pai de Carlos Quinto e seu; e louvar-lhe o Espírito Santo o airoso dos passos pelo "calçado" — mais parece que se deve aos chapins que aos passos.

Em todos estes pés, de que os de Xavier se valeram, também tinha a sua parte a língua, porque não eram pés de figuras mudas. As outras línguas, para que não tinham uso todas as suas, sendo tantas, foram primeiramente acenos, pelos quais se entendeu e deu a entender aos bárbaros de Socotorá, com tanta satisfação que assim catequizou e batizou muitos deles. Outra língua, tanto mais eloquente quanto mais copiosa, foi a sua pena: "A minha língua é pena de escrivão" (Sl 44,2) — não só porque todas as nações a que Xavier pregou a fé, como se não falara, mas escrevera, lhes ficou tão impressa, que nunca a deixaram nem porque escreveu cento e quinze epístolas admiráveis, que andam impressas pelo mundo, e durarão até o fim dele, senão porque, copiados por sua mão e vertidos em todas as línguas os mistérios e artigos da fé católica, nos navios os fixava ao pé do mastro grande, e nas cidades nos lugares mais públicos, sendo, naquela breve escritura, tantas as bíblias e versões que ensinavam a fé e nome do verdadeiro Deus quantas as folhas desencadernadas que no mar e na terra se liam. Nem se devem passar em silêncio os troféus de nossa Redenção, que nos escolhos das praias e no mais alto dos montes arvorava com tantos pregões do crucificado, quantas eram as cruzes, servindo também de língua à de Xavier até os paus e as pedras. Mas o que mais me edifica e faz devoção é que, tendo o santo aquele dom, ou dons de línguas tão sublimes, contudo as aprendia e estudava palavra por palavra, para que a seu exemplo o fizessem muitos outros, por cujas línguas também falasse. Finalmente, a língua mais universal com que a de Xavier mudamente se desafogava era a que, encobrindo as demais, e escrevendo das ilhas do Moro aos outros religiosos da Companhia, declarou com esta cláusula: — Aqui estou batizando somente os inocentes, que morrem, e não catequizando os adultos, porque lhes não sei a língua; procuro, contudo, fazer-lhes as obras de caridade que posso, que é língua que todos entendem.

§ IX

Esta é a relação — mais larga do que eu quisera — e mais breve do que devera ser — do muito que obraram os pés e língua de S. Francisco Xavier: "eles indo por todo o mundo" — e ela pregando a todas as criaturas: "Pregai o Evangelho a toda a criatura". — E porque entre tantas e tão gloriosas ações não deixou de haver uma omissão, seja ela o remate de tudo.

Partindo de Roma em companhia do embaixador de Portugal, que por ordem de el-rei pedira ao Sumo Pontífice e a Santo Inácio alguns missionários do seu instituto, assim edificou e admirou no caminho [a] ele, e a todos os da sua família, não só com exemplo das virtudes, mas com milagres e profecias, que então lhe começaram a dar o nome de padre santo — canonização fora de Roma, que ela não pode dar em vida. — Levava o embaixador a estrada por junto a Pamplona, em Navarra, onde ainda vivia, já viúva, D. Maria Aspilcoeta e Xavier, sua mãe, e pedindo-lhe com grandes instâncias a quisesse visitar e despedir-se com sua bênção, pois se não haviam de ver mais nesta vida, de nenhum modo o pode alcançar. E esta foi a omissão dos pés e da língua: dos pés, em não querer ir, e da língua, em não querer falar a sua mãe. Eu, por parte desta piedosa demanda, também alegara a Xavier o exemplo do mesmo Cristo, o qual, tendo-se mostrado sempre tão alheio do afeto de carne e sangue, ainda com sua mesma mãe, contudo, no último apartamento, se despediu dela com tão singular demonstração de amor de filho. Porém, Xavier, entendendo com altíssima reverência que o que é devido à mãe de Deus para nenhuma outra mãe faz exemplo, julgou que nesta parte não devia seguir o de Cristo. E o mesmo Cristo fez tanto caso e estimação deste mais que natural desapego, que, entendo eu — deixai-me assim dizer — o quis gratificar e pagar, dizendo assim consigo: Xavier, caminhando a me servir, andou tão fino que se não quis despedir de sua mãe, como eu me despedi da minha? Pois a fineza que eu não fiz por minha mãe, hei de fazer por ele.

Para que tenhais mão na censura do pensamento, ouvi a prova. Perdeu a Virgem Santíssima a seu benditíssimo Filho na viagem ou romaria de Jerusalém; buscou com grande dor três dias, até que o achou no Templo, e a razão que o senhor deu de ficar e o acharem ali foi estar em serviço de seu Pai: "Não sabeis que importa ocupar-me das coisas que são do serviço de meu Pai" (Lc 2,49)? — De maneira — e é o que pondero — que, perdendo a Virgem Maria a Cristo, a mãe buscou o Filho, e não o Filho a Mãe. E isto é o que ele fez ou não fez então. Passemos agora do templo ao mar, e de Jerusalém à Índia. Navegando Xavier aqueles mares, foi tão terrível a tempestade, que todos se davam já por perdidos, e, valendo-se o santo de um Cristo de metal que trazia sobre o peito, lançou aquela âncora ao mar, presa por uma amarra tão delgada como o pedia o peso da âncora. Obedeceram os ventos e os mares ao império do que já os tinha repreendido no Tiberíades, e, depois que cessou a tempestade, indo Xavier a recolher a sua âncora, achou que, quebrada a amarra, ela se tinha ido ao fundo. Oh! que nova tormenta e tormento! Que faria o amoroso servo sem o senhor do seu peito e do seu coração? Tomou porto o navio, não sabemos depois de quantos dias, e, caminhando Xavier pela praia com a dor que merecia a sua perda, eis que vê sair do mar um caranguejo, o qual com o crucifixo preso e levantado nas tenazes, o meteu nas mãos do santo. Deixo os extremos de devoção e amor com que prostrado de joelhos e abraçado com o seu senhor se deteve extático e fora de si Xavier por espaço de meia hora, como testemunhou quem o acompanhava, porque me chama o meu ponto. De sorte que a Virgem Maria perdeu a Cristo, e Xavier perdeu a Cristo; mas Cristo, quando o perde sua mãe, não busca a sua mãe, e quando o perde Xavier, busca a Xavier. Logo, é certo e provado que fez Cristo uma fineza por Xavier que não fez por sua mãe. E para maior propriedade e correspondência do caso, fez esta fineza um crucifixo, isto é, Cristo crucificado, porque era em prêmio, parte do desapego e parte da reverência com que Xavier não quis imitar o exemplo com que Cristo, também crucificado, se despediu tão amorosamente de sua mãe. Oh! Deus, nunca mais admirável nem mais amante! Oh! homem, o mais mimoso, o mais favorecido e o mais honrado de Deus!

Aquele caranguejo era verdadeiro, e não o fabuloso, que os astrólogos com o mesmo nome puseram no trópico chamado de Cancro. Chama-se trópico de Cancro, porque, chegando ali o sol, torna para trás e não pode passar dali. E o mesmo digo eu do divino sol, Cristo. Quando Cristo, perdido de sua mãe, não vai buscar a sua mãe, e perdido de Xavier, vai buscar a Xavier, então é que as finezas do sol divino chegaram ao trópico, porque até ali podiam chegar, mas não passar dali: ponham-se duas colunas, uma no céu, outra na terra, que digam: *Non plus ultra* [Não mais além].

No céu há um Cancro, na terra outro cancro, e no mar outro. E todos três se uniram em honrar a Xavier. O cancro do céu, que faz o trópico austral, e é o limite do curso do sol, está em vinte e três graus da Linha para o sul; o cabo da Boa Esperança está em trinta e cinco e, sendo que o maior conquistador da antiguidade não chegou da Europa à Linha equinocial, Xavier, não só passou o Cabo da Boa Esperança duzentas léguas além do curso do sol, mas dali voltou até às ilhas do Japão, que foi o trópico de suas peregrinações, maior carreira ou zodíaco que o do sol duas mil léguas. O cancro da terra é aquele apostema peçonhento, feio e asqueroso, o mais cruel roedor da carne humana. E sucedeu que, afrontando de palavra a Xavier um homem descomedido, lhe respondeu o santo: — Deus vos guarde a boca. — Mas, não ouvindo Deus a oração, e verificando a profecia, subitamente lhe saltou e apareceu um cancro na mesma boca blasfema, o qual, roendo-lha toda, medonha e asquerosamente lhe queimou e cauterizou a língua. O cancro do mar, finalmente, é o que fez o milagre tão novo e inaudito com que, em suma, todos os três cancros, do céu, da terra e do mar, se uniram e conjuraram em honrar a Xavier. O do céu, encarecendo suas peregrinações, o da terra, vingando suas injúrias, e o do mar, aliviando e premiando suas saudades.

§ X

Chegado o nosso discurso ao trópico, e não podendo passar adiante, acabe para memória dos ouvintes com dois brevíssimos documentos. Nota a história que, reparando algum crítico nos muitos caminhos e viagens que Xavier fazia a tão diferentes e remotas partes, dissera que, se ele caminhara menos, tivera convertido mais. Ao que respondeu com profundíssima prudência o santo, como prelado dos seus companheiros: que ia primeiro ver e conhecer todas aquelas terras para saber aonde mandava e a quem. Oh! reis e príncipes do mundo, que mandais a tantas partes, e tão remotas dele, os vossos ministros, como podeis não errar as eleições das pessoas e dos lugares, se não sabeis a quem mandais, nem aonde! E que direi dos que por profissão e instituto, ou por outras obrigações que ainda podem ser maiores, depois de terem ouvido da boca de Cristo: "Ide por todo o mundo, pregai o Evangelho a toda a criatura" — por não deixar a pátria, nem as cortes, e por não ter valor, como Jonas, para trocar os aplausos vãos de Jerusalém pela pregação tão importante de Nínive, nem as pegadas dos pés de Xavier lhes excitem os passos, nem os ecos das suas vozes o silêncio da língua, mas como estátuas mudas, imóveis, e sem alma, nem se doam ao longe de ver perder tantas, nem ao perto, e dentro em si, temam a condenação da sua?

SERMÃO DUODÉCIMO

Da Sua Proteção

"Este é para mim um vaso escolhido para levar
o meu nome diante das gentes e dos reis."
(At 9,15)

§ I

A maior coisa que disse de si o apóstolo S. Paulo é que ele supria e enchia em seu próprio corpo o que faltou à Paixão de Cristo: "Cumpro na minha carne o que resta a padecer a Jesus Cristo" (Cl 1,24). — E a maior que eu posso dizer de S. Francisco Xavier é que ele supriu e encheu em si, e por si mesmo, o que faltou ao apostolado de S. Paulo. S. Paulo supriu e encheu o que faltou à Paixão de Cristo, porque Cristo Redentor nosso, posto que padeceu tão excessivos tormentos em sua Paixão, desejou padecer muito mais por amor de nós; e o mais que o senhor desejou padecer, e não padeceu, isto é o que S. Paulo supriu, e a que deu complemento, padecendo-o em seu próprio corpo. Do mesmo modo S. Francisco Xavier supriu e encheu o que faltou ao apostolado de S. Paulo, porque S. Paulo, posto que pregando e convertendo, sujeitou ao jugo suave de Cristo inumeráveis gentes; contudo, em uma parte muito principal, não encheu a vastíssima empresa para que foi destinado apóstolo: e esta parte, a que ele não deu complemento com a sua pregação, supriu e encheu S. Francisco Xavier com a sua.

Vamos ao nosso texto: "Este é para mim um vaso escolhido para levar o meu nome diante das gentes e dos reis": são palavras do mesmo Cristo, quando desceu do céu em pessoa a converter a Saulo, e, animando a Ananias, que o não temesse, porque o mesmo Saulo, mudado em Paulo, era o vaso de eleição que ele tinha escolhido para levar o conhecimento e fé do seu nome pelo mundo, e o pregar às gentes e aos reis. De maneira que nestas duas palavras: "às gentes e aos reis" — se contém dividido em duas partes o fim e empresa grandíssima da missão e apostolado de S. Paulo. Quanto à primeira parte da pregação e conversão das gentes, não temos necessidade de outro roteiro de suas navegações por mar e peregrinações por terra que o estupendo itinerário descrito exatamente pelo evangelista S. Lucas, desde o capítulo onze dos Atos dos Apóstolos até o capítulo vinte e oito.

De Damasco — que foi o teatro da sua conversão — passou a Tarso, de Tarso a Antioquia, de Antioquia a Selêucia, de Selêucia a Chipre, a Salamina, a Pafos; de Pafos, a Perge de Panfília, de Panfília a Antioquia de Pisídia; desta segunda Antioquia a Icônio, Licaônia, Listra e Derbe; de Derbe, passando por Frígia e Galácia, a Mísia, a Tróade, a Macedônia; de Macedônia a Samotrácia, a Nápoles, a Filipos, à Lídia; de Lídia a Anfípolis, a Polônia, a Tessalônica; de Tessalônica a Bereia, de Bereia a Atenas, de Atenas a Corinto; de Corinto à Síria e a Éfeso; de Éfeso a Cesareia, de Cesareia por várias partes da Ásia e da Grécia, a Mileto; de Mileto ao Cós, a Rodes, a Pátara; de Pátara a Fenícia, a Tiro, a Ptolemaida, a Creta, a Malta; e, finalmente, a Roma, aonde, depois de repetir e visitar muitas vezes estas mesmas cidades, nações e províncias, chegou o vaso de eleição tão cheio — não digo de perigos, naufrágios, perseguições, cadeias, açoites — mas de infinitas conversões de almas, que, transbordando em leite, em lugar de sangue, deu pela confissão do mesmo nome a vida, como se mais vivera da doutrina e fé que pregava que do próprio sangue que a sustentava nas veias.

Todas as penas dos santos se fazem línguas à vista deste formoso mapa. Mas nenhuma ponderação é bastante a declarar, quanto mais a encarecer o muito que o espírito e zelo sem medida de Paulo trabalhou, obrou e conseguiu na pregação e conversão das nações gentílicas, por onde mereceu o nome ou antonomásia de Apóstolo e Doutor das Gentes. Porém, no que pertence à segunda parte da sua missão: "Diante das gentes e dos reis" (At 9,15) — não por falta do apóstolo e pregador, senão dos reis, a quem havia de pregar, faltou ao vaso de eleição a matéria, isto é, as coroas, com cuja fé e conversão se enchesse, porque em toda a história de S. Paulo só se nomeiam três cabeças coroadas: el-rei Aretas, el-rei Agripa, e o imperador Nero. E quanto a el-rei Aretas, nem S. Paulo o buscou para o converter, antes fugiu de um seu ministro que o queria prender: "O que era governador da província por el-rei Aretas fazia que estivessem guardas naquela cidade, para me prender; mas numa alcofa me desceram por uma janela, e assim escapei das suas mãos" (2Cor 11,32s). — Quanto a Nero, não foi lá nem quis ir S. Paulo com intento de pregação como apóstolo, mas como réu por apelação: "Para César tens apelado? A César irás" (At 25,12). E nem então viu ou falou a Nero, nem daí a oito anos, quando juntamente com S. Pedro o mandou matar por outra causa. Finalmente, quanto a el-rei Agripa, acaso estava este rei com o presidente Festo, quando S. Paulo se havia de defender das acusações dos judeus, e, por ocasião do modo com que contou que Cristo o tinha chamado, disse Agripa "que faltara pouco para o persuadir a ser cristão" (At 26,28).

Em suma, que no apostolado de S. Paulo, posto que sobejaram ao vaso de eleição as gentes, faltaram os reis; mas a glória de suprir esta falta e encher este vazio, é certo, pela experiência de todos os séculos da Igreja, que Deus a tinha guardado, não para outro algum apóstolo, senão para o futuro de todo o Oriente, o grande Xavier. Dele diz a mesma Igreja: "Que levou a fé e nome de Cristo ao Japão e a seis outras regiões de gentios"[1] — aonde o nome do mesmo Cristo nunca fora ouvido, que é propriamente "para que leve o meu nome" — porque, se já lá fora conhecido, não seria ele o que o levou. E como aquelas regiões e nações, conforme o uso do Oriente, todas têm os seus reis particulares, a todos estes pregou Xavier, bastando para serem muitos só os do império do Japão, em que se contam sessenta e seis reis debaixo do supremo cuboçama. Nomeadamente pregou Xavier a el-rei de Firando, a el-rei de Bungo, a el-rei de Maluco, e a el-rei de Ternate, a el-rei de Tidoré. E também nomeadamente — que de outros muitos não se sabe o nome — batizou por suas próprias mãos a el-rei de Nuliagra, a el-rei de Olate, a al-rei de Maluco, a el-rei de Ternate, a el-rei Maçacar; e neste número se deve também contar o famoso Rei de Bungo, o qual, posto que o não batizou Xavier, dizendo ele que primeiro queria examinar até o fundo todas as outras seitas, quando finalmente se houve de batizar, não quis outro nome senão o de Francisco, por ser o padre Francisco o primeiro que lhe pregou e ensinou a fé de Cristo. E a estes batismos reais seria injúria não ajuntar o da rainha Neaquile, que o mesmo santo converteu e batizou com nome de Isabel, filha de rei, mulher de rei e mãe de três reis, porque foi filha de el-rei Almancor, mulher de el-rei Bolcife e mãe de el-rei Boaat, de el-rei Daialo e de el-rei Tabarija, que depois se batizou e morreu cristão em Goa.

Digamos, pois, à boca muito cheia, que em S. Francisco Xavier se encheu o vaso de eleição no segundo e mais ilustre fim para que foi eleito, que era a propagação do nome de Cristo na fé, não só das gentes, senão dos reis: "Diante das gentes e dos reis". — E não foi nem é meu intento nesta demonstração preferir ou igualar, nem ainda comparar a S. Francisco Xavier com S. Paulo. Mas somente para me alegrar com a metrópole de todo este estado, e lhe dar o parabém de Sua Majestade a ter dedicado e posto debaixo de tão alto e poderoso patrocínio e, principalmente, para representar a todos os reis e príncipes cristãos quão fiel e quão segura proteção é, e quão aprovada pelo céu a de S. Francisco Xavier, não só para os reinos e monarquias, senão para as mesmas pessoas reais, primeiro na infância, e depois na maioridade, pois tão especialmente encomendou Deus ao seu cuidado e zelo a doutrina e direção dos reis. Este será o argumento desta última exortação, e também, pois havemos de falar com as coroas, a coroa de tudo o que temos dito: *Ave Maria*.

§ II

Ainda S. Francisco Xavier tem que suprir e encher. E tanto mais gloriosamente quanto mais fora de toda a opinião. Muito acaso chegou às minhas mãos um livro intitulado Cartilha Política e Cristã, oferecida à infância de um dos maiores monarcas da cristandade para que, juntamente com os dias, fosse crescendo nas virtudes e ditames reais. E, assim como a matéria não pode ser mais grave, nem o estilo mais desafetado e próprio, nem os exemplos e autoridades, que se alegam, mais ajustadas, assim a capacidade do campo, para tudo isto se estender naturalmente e sem violência, não podia ser maior, assentando tudo o que se diz, debaixo da propriedade de cartilha, sobre cada uma das letras do abecedário vulgar, que vem a ser um como globo ou mapa universal, que contém dentro em si quanto compreendeu a natureza, descobriu o tempo e retratou a história no céu e na terra. Assim aponta o A as armas, e o cuidado e vigilância delas o B a bondade e sinceridade do rei; o C o conselho; o D o dar e liberalidade; o E o exemplo; o F a fama e, pelo mesmo modo, as outras letras o abreviado tesouro, e como índice do que cada uma, ou dentro em si encerra, ou fora como princípio demonstra. Contudo, chegando à letra X, o mesmo autor a deixa totalmente sem comento, contente com a autoridade de Quintiliano, que quase a exclui do número das letras, tendo maior razão e melhores autores com que excluir do mesmo predicamento o H. Mas valeu-lhe a esta aspiração o escrever-se com ela a honra, a que tanto devem aspirar os reis em si e nos vassalos, como aquele nobilíssimo ídolo, que sempre foi no mundo o principal incentivo de todas as ações heroicas,

Que direi logo do X assim desamparado? Digo que no X se devia e deve pôr Xavier, porque debaixo deste famosíssimo nome, e sua proteção, estão recopiladas, e com maior eficácia, todas as virtudes que no resto de todo o abecedário se apontam para formar um perfeito rei cristão, e o começar a ser desde sua infância, que é o assunto do abecedário referido, e a primeira parte do nosso. Admirável e singular foi o zelo de S. Francisco Xavier em cultivar a idade da infância nos meninos, e introduzir nela a primeira forma de homens. A este fim, como outras vezes dissemos, chamando-os pelas ruas com uma campainha, os tirava das casas dos pais, e muitos dos braços das mesmas amas; a este fim, por maiores que fossem as ocupações, não faltava por si mesmo à repetição de tão humilde exercício duas vezes no dia; a este fim instituía escolas e mestres em toda a parte, onde, tirados dos peitos das mães, fossem criados com o leite da verdadeira doutrina. Este foi o seu primeiro cuidado tanto que pôs os pés na Índia. Mas se Deus, meu santo, vos mandou à Ásia a desenganar e convencer os idólatras, como vos ocupais com a inocência daquela idade que não conhece os ídolos? Se vos mandou à Ásia, onde nasceram as primeiras coroas do mundo, principalmente para converter e ensinar os reis e os grandes, como vos empregais todo com os pequeninos? Não há dúvida que a mesma providência que o mandou onde havia de ir lhe ensinou o que havia de ensinar. Por onde começa a natureza há de começar a graça, a qual não é segura na idade varonil se não trouxe as disposições desde a infância. Naquela idade tenra e branda se imprime fácil e solidamente o que na robusta e dura mais fortemente se resiste do que se recebe. Grande caso é que Adão, saindo formado das mãos de Deus, recebesse tão mal um só preceito, e não bastasse a graça em que fora criado para a observar. Mas como Deus o tinha criado na idade de varão, não foi muito que o barro seco e duro rejeitasse o que na infância, diz S. Basílio, se recebe e imprime como em cera. Por isso o segundo Adão, não por necessidade, nem por este perigo, mas para nosso exemplo, não quis aparecer no mundo homem, senão menino.

Dele, que não podia crescer, afirma o evangelista que crescia na idade e juntamente na sabedoria e graça, diante de Deus e dos homens; e só poderá crescer assim quem começar assim. Jó, tendo nascido rei, dizia que desde a sua infância crescera com ele a piedade: "Desde a infância cresceu comigo a misericórdia" (Jó 31,18). — E S. Gregório, considerando na infância deste grande pequenino o modo tão antecipado de crescer, distingue nos que Deus escolheu para si duas idades: "uma a do tempo, outra a da virtude; uma com que os mesmos crescem no corpo por fora, e outra com que na alma e na virtude crescem por dentro". — E que lástima seria se um homem — e muito mais se fosse príncipe — passasse da infância à puerícia, e da puerícia à adolescência, e da adolescência às outras idades, e, contando muitos anos de vida, ainda nas virtudes e ornamentos do estado para que nasceu, não saísse do berço! Debalde se endireita o tronco depois de torcido, e mal se pode abrandar depois de duro. Os sábios antigos, nas frautas rústicas dos pastores costumavam declarar docemente o mais polido e fino dos seus pensamentos. Os Menalcas eram os Sênecas, os Títiros e Milibeus, os Plutarcos e Demócritos. E como os pastores da Arcádia eram estimados por mais discretos, deles se diz que no tronco brando e liso das plantas, quando novas e tenras, escreviam e entalhavam sutilmente os nomes ou motes dos seus afetos, para que, crescendo as árvores, fossem crescendo ao mesmo passo as letras, e com elas se fizessem e lessem sempre maiores os afetos do seu amor: "Como essas podem crescer, assim os amores"[2].

§ III

Oh! Xavier! Oh! príncipes cristãos! Que ditosos e abençoadas seriam as vossas faixas, se com as primeiras auroras de luz deste mundo, depois dos dotes sobrenaturais que se infundem na alma com o soberano caráter da cruz, se escrevesse também na lisa e pura inocência da vossa infância a formosa aspa daquele X! Juntamente com os dias, iria também crescendo nela a devoção e amor de Xavier, e com as letras deste nome, tão empenhado e empregado sempre na cultura e rudimentos daquela idade tenra, se iria imprimindo nesses pequenos corpozinhos, e grandes almas, todo o abecedário político das virtudes cristãs e reais. El-rei Davi, no Salmo cento e dezoito, compôs um famoso abecedário da política do céu, que toda consiste na observância da lei divina. E dando Santo Ambrósio a razão de ser esta obra repartida e ordenada pelas letras A, B, C, diz que foi inspirada àquele grande rei e profeta pela divina sabedoria, para que assim como os meninos começam a aprender pelas letras do A, B, C — as quais se chamam elementos, porque delas se compõe tudo — assim todos nos adiantemos e apressemos ao estudo dos documentos divinos que nelas se contém, tanto sem perder tempo, que desde a verdura da infância e primeira idade, vamos sempre crescendo por todas até a madureza da última: "Entendamos que pelas letras dos hebreus esse salmo foi escrito, para que nós, ainda pequenos formados desde a infância nos elementos das letras nos quais a primeira idade se habituou, cresçamos até a maturidade da virtude"[3].

Agora se entenderá com quanta prudência e espírito do céu, destinado Xavier para a conversão das gentes idólatras do

Oriente, e muito particularmente dos reis delas, o seu primeiro cuidado e indústria foi não mover logo as armas contra os grandes, mas ganhar e fazer do seu partido os pequeninos, tendo por certo que, pela verdade da doutrina facilmente bebida com o leite na infância dos filhos, podia penetrar e abrandar a dureza dos pais e derrubar a idolatria. Assim o entendeu com tanto encarecimento S. Jerônimo, que, escrevendo a Leta, senhora ilustríssima entre as romanas — a qual, sendo filha de pai gentio, ela o converteu e fez cristão — chegou a dizer que, "se o mesmo Júpiter tivesse tal parentesco, poderia crer em Cristo"[4]. — E que diria o mesmo Doutor Máximo, se visse ou lesse o que os meninos da criação e doutrina de Xavier faziam e podiam? Saindo bem instruídos da escola, iam ser mestres a suas casas do que tinham decorado e aprendido, ensinando-o aos pais e mães, e a toda a vizinhança, e, como espias domésticas, que sabiam onde estavam os ídolos talvez escondidos, então se cumpria neles o que estava escrito por Isaías: "E brincará a criança de peito sobre a toca da serpente, e o desmamado porá mão na cova do basilisco" (Is 11,8). Que os meninos em sua infância, pouco depois de apartados do peito, lançariam as mãozinhas intrepidamente aos áspides e basiliscos, e os tirariam de suas covas. — E assim o entendem literal e nomeadamente dos meninos de S. Francisco Xavier na Índia os expositores que depois dele comentaram a Isaías: "Assim Francisco Xavier na Índia enviava as crianças, que ensinavam a fé de Cristo aos pais e vizinhos e assim eram demolidos os seu ídolos"[5]. — Estes áspides e basiliscos eram os ídolos muitas vezes das mesmas figuras, e de outros bichos mais asquerosos e feios, os quais os meninos, sem medo, desencovavam donde os pais os tinham escondido, e em sua presença os quebravam, pisavam, cuspiam e afrontavam de nomes injuriosos, o que vendo os mesmos pais, junto com o que tinham ouvido do verdadeiro Deus, se convertiam e faziam cristãos. Podendo-se dizer com toda a verdade que os pais neste gênero de nova e mais alta geração eram filhos de seus próprios filhos. E onde os filhos geravam os pais, como dizia S. Paulo: "Eu sou o que vos gerei pelo Evangelho" (1Cor 4,15) — bem ordenada e naturalmente procedia Xavier em começar pelos pequenos para converter os grandes.

Busquem-me agora em todo o abecedário da cartilha outra política mais fina, mais bem entendida, mais certa e mais efetiva. E se S. Jerônimo não duvidou dizer que, onde os filhos convertem os pais, se faria cristão o mesmo Júpiter, o mesmo Júpiter, na gentilidade, rei dos reis e dos ídolos, que indústria mais eficaz e mais forte para converter os reis idólatras, e os obrigar a pôr as coroas aos pés do Criador, que verem os seus mesmos ídolos pisados dos pés das crianças? Escreva-se logo rubricado com letras de ouro o nome de Xavier no X, com maior razão e justiça que a mesma justiça no J e a razão no R. E vós, ó reis e monarcas da cristandade, imitai a Filipe, rei de Macedônia, que quando lhe nasceu Alexandre, não festejou tanto seu nascimento por se ver com sucessor e herdeiro, do que sobre o que recebera de seu pai tinha conquistado, mas por ser em tempo que vivia Aristóteles, debaixo de cuja disciplina e criação podia vir a ser tão grande como verdadeiramente foi. E dai infinitas graças a Deus por vos dar os filhos quando desde sua infância os podeis oferecer ao patrocínio, direção e magistério de S. Francisco Xavier. Estando certos que não faltará ao agradecimento e desempenho desta devoção o seu zelo e cuidado sempre imortal daquela primeira idade, tão importante a toda a república cristã, e mais nos que em maiores anos, não digo hão de ter o cetro nas mãos, mas sustentar o leme dela.

§ IV

Disse zelo e cuidado imortal, porque antes parece que terão inveja os presentes aos passados, e que tiveram a ventura de alcançar o santo no tempo em que vivia. Mas bem podem estar livres deste pensar, porque a morte, ainda que lhe tirou a vida, não lhe sepultou com ela o zelo tão particular de doutrinar os meninos, e ter especial cuidado de os favorecer, encaminhar, assistir e não apartar de si. No Malabar, muitos anos depois de morto, apareceu Xavier em dois lugares distantes a um sacerdote e a uma boa mulher, caminhando acompanhado de meninos, como quando fazia doutrina; e, perguntado para onde ia, respondeu que a dar saúde à filha de uma família muito conhecida, cujos pais, depois de lha encomendarem, a tinham chorado por morta. E passadas as horas que eram necessárias para chegar àquela casa, como despertando de um leve sono, se levantou a quase morta inteiramente sã. Onde se deve notar, mais que o milagre da saúde, o acompanhamento do santo com os seus meninos, provado com duas testemunhas de vista, para que ninguém duvide que o mesmo cuidado que tinha deles o seu zelo na vida, tem depois da morte.

Em Mindanau adoeceu mortalmente um índio, fiscal dos outros, mas tão pouco zeloso da vida cristã e honesta deles como da sua. Exortado a que se confessasse, cria mais ao demônio, que lhe aconselhava que o não fizesse, porque, confessando-se, havia de morrer. Nesta suposição, era tão dificultosa empresa persuadi-lo a que se quisesse confessar como a que desejasse a morte, e Xavier, que lhe desejava a salvação, a quem encarregaria e de quem fiaria esta vitória? Caso admirável! Não a encarregou a nenhum religioso ou homem de madura idade, senão a um dos seus meninos, o qual, com espírito varonil, lhe deu tão eficazes razões que, ouvidas elas, e perguntado o índio se queria morrer, respondeu que sim e de muito boa vontade. — Pois agora, concluiu o menino, te aparecerá S. Francisco Xavier, e te dará não só a saúde da alma, senão a do corpo. E assim foi. Tornando a mostrar Deus quanto se serve dos meninos criados na doutrina de Xavier, e quão capazes os faz de empresas muito maiores que a sua idade.

Mas o maior exemplo de todos, ou a maravilha mais rara e sem exemplo nesta matéria, foi na cidade de Aquila, ou distrito dela, o de um menino de dois anos e meio, chamado Maurício, ao qual tinha o santo sarado da peste e livre de muitos outros perigos, e se empenhou em o favorecer com tal extremo, que lhe falava por uma imagem sua, e despachava por ele sensível e vocalmente as petições que lhe faziam. O modo era admirável, porque o menino, pondo-se diante da mesma imagem — que era em hábito de peregrino — falava ao santo como se estivera e o vira presente, e depois, aplicando o ouvido à imagem, esperava a resposta, e, recebida em voz clara e inteligível, a dava como oráculo aos que o consultavam, cumprindo-se sempre o que profetizava ou prometia, com alusão muitas vezes ou expressões de segredos, que os pretendentes não tinham revelado. Era naquele tempo e naquele lugar — que se chama Potamo — a imagem de Xavier um segundo Propiciatório, e o menino o intérprete que, declarando, como voz segunda, o que ouvia, anunciava os despachos, pela maior parte milagrosos e favoráveis aos que se encomendavam ao santo.

Assim que, destes três testemunhos póstumos e tão vivos, se confirma, como eu dizia, ser imortal o cuidado e magistério de Xavier com os seus meninos, e que o X inicial de tão sagrado nome está mais adornado e estabelecido com sólidos e elegantes comentos das obras e palavras dos mesmos inocentes, aprendidas na sua escola, que todas as outras letras do abecedário político, ilustradas com o estudo e sentenças dos Aristóteles, Tácitos e Políbios, filhas todas da agudeza e discurso humano, não só incerto e duvidoso, mas nas experiências tão falso como nos acidentes das ocasiões diverso. E agora me lembra que no princípio deste discurso chamei ditosas e abençoadas as infâncias que nas primeiras usuras da luz desta vida pusessem os seus menores anos debaixo das aspas cruzadas daquele X, e dele esperassem a bênção dos seus aumentos. Assim o disse, e seja o fim do mesmo discurso a prova. Tendo cheio Jacó o número dos dias, que ele chamava pequenos, apresentou-lhe José os seus dois filhos Manassés e Efraim, para que o avô lançasse a bênção aos netos do filho que mais amava, e pôs à mão direita o mais velho, que era Manassés, e à esquerda Efraim, que era o de menor idade. Porém, Jacó, que nos olhos do corpo era quase cego, e nos da alma tão grande profeta como santo, trocando as mãos, estendeu a direita sobre Efraim, e a esquerda sobre Manassés: "Estendento a mão direita, a pôs sobre a cabeça de Efrain, irmão mais novo, e a esquerda sobre a cabeça de Manasses, cruzando as mãos" (Gn 48,14). — E, replicando José por parte da idade de ambos, como se a troca dos braços fosse por engano dos olhos, respondeu Jacó: "Bem sei, filho meu, bem sei" (Ibid. 19) — como se dissera: Bem sei a idade de ambos, mas também sei a bênção que hei de dar a cada um, e deu a primeira, melhor e muito avantajada, a Efraim, "declarando que ele, sendo o menor, seria maior que o outro". — O original hebreu, em lugar de "cruzando as mãos", diz com frase notável: "Que fez entender as suas mãos" — sinal que houve ali mais inteligência que a de Efraim e Manassés, que o mesmo Jacó declarou. E que segunda e nova inteligência foi ou seria esta, que as mãos e braços de Jacó assim trocados significaram? S. João Damasceno, Tertuliano e Ruperto dizem que significavam a cruz por meio da qual são abençoados e benditos todos os que creem no crucificado. Contudo, venerando esta acomodação como pia, não posso deixar de reconhecer nela o que tem de violenta e imprópria, porque a cruz de Cristo compõe-se de duas linhas retas: uma perpendicular de alto a baixo, e outra transversal ou atravessada de um lado para o outro. E se Jacó quisera representar esta, havia de estender os braços como Cristo os teve na cruz, e pôr, ou fazer pôr os netos, um à mão direita, outro à esquerda. Assim o entendem os expositores mais literais, os quais explicam o modo com que Jacó atravessou os braços pelo verbo "cruzar em forma de 'X'", e advérbio "em forma de 'X'". E que significa propriamente este verbo e este advérbio? Os autores da língua latina, com Cícero, e também os da grega, com Columela[6], o dizem, declarando que a significação de qualquer destes vocábulos é "pôr as coisas de tal modo atravessadas que representem a figura da letra X". — Bem pudera Jacó pôr primeiro a mão direita sobre Efraim, e depois a esquerda sobre Manassés, mas trocou-as juntamente, de modo que formassem um X, para que os que soubessem que a troca daquelas mãos tinha outra inteligência, entendessem que os de menor idade, qual era Efraim, os quais no abecedário cristão se pusessem debaixo da letra X de Xavier, esses seriam os seus abençoados. Desde Jacó até Xavier passaram mais de três mil e duzentos anos; e se em todo este tempo nas histórias sagradas e eclesiásticas se achar outro X a que esta alegoria convenha com maior propriedade, ou tanta, eu me retrato.

§ V

Supondo, pois, dos fundamentos sólidos e que não dependem da cortesia dos ouvintes, o que fica dito no discurso passado, quanto à primeira parte da infância e menoridade, sujeita ou consagrada à direção de S. Francisco Xavier, debaixo das benignas influências daquele X, como estrela de quatro raios, ninguém haverá que a contradiga. Mas quando os reis, na maioridade — que é a segunda parte — houverem de seguir a mesma estrela, muito receio que do mesmo abecedário político se tirem as objeções e da mesma cartilha se lhe formem os capítulos, e ainda da mesma letra. Pitágoras, em uma só letra, achou e ensinava dois caminhos: um que guiava à bem-aventurança, e outro à perdição. E na mesma letra de S. Francisco Xavier, que se compõe de duas aspas encontradas, poderá dizer outro tanto a política secular, e não fundada em diferente princípio, senão no mesmo de ser religioso e santo. Dirá que, assim como para a inocência da menoridade é o meio mais próprio e natural, assim para a idade provecta dos reis e malícia do mundo, que eles governam, não só parece o menos eficaz, senão ainda o mais contrário. Arsênio foi mestre do imperador Arcádio, e Cassiodoro de el-rei Teodorico, ambos, porém, antes de serem, o primeiro, anacoreta, e o segundo, monge. E se S. Raimundo de Penha Forte, sendo religioso, acompanhou a el-rei D. Jaime a Malhorca, desenganado do pouco que valiam com ele seus bons conselhos, negando-lhe embarcação, a fez do seu próprio manto e navegou sobre ele a Catalunha, obedecendo o mar e os ventos a quem não pode sujeitar um rei cristão dominado de seus apetites.

As virtudes religiosas são mui diversas das reais, e o que é em um religioso a maior virtude seria em um rei o maior vício. Vê-se claro na obediência que, sendo no religioso o fundamento e essência da sua profissão, no rei, como diz o rei profeta, seria o maior de todos os delitos deixar-se dominar e obedecer a algum, quando deve mandar a todos: "Se eles se não senhorearem de mim, então serei eu imaculado, e serei purificado do delito máximo" (Sl 18,14). — Do religioso pode-se esperar que faça bom um homem; mas, fazendo um homem bom, pode fazer um rei mau, porque a bondade que faz bom a um é particular, e a do rei há de ser universal para todos. Os mestres são os espelhos daqueles a quem ensinam, e como serão nestes espelhos os reflexos reais, mostrando à púrpura o saial, à opa a cógula, e o capelo à coroa? A forma que se há de introduzir faz semelhante a si a matéria. E como seria Afonso Henriques, tão grande rei, se não fosse Egas Moniz, em tudo o mais leigo, tão grande aio? Que espíritos soberanos e reais pode influir um professor de tão diferente estado, ainda que seja de grande espírito? Ensinará o rei a orar, e quando saia grande rezador, para encaminhar o seu reino será cego. Davi, que fez o Saltério, dizia que nas suas matinas meditava em Deus: "Pela manhã meditarei em ti" (Sl 62,7). — Mas os pontos da meditação, nas mesmas matinas, eram arrancar da terra todos os maus: "Pela manhã entregava à morte todos os pecadores da terra" (Sl 100,8). — Incliná-lo-á, como virtuoso, a que prefira os virtuosos, e, com isto, sem querer, o deterá nos enganos santos da hipocrisia, agradando-lhe mais um hipócrita mal vestido que um capitão bem armado. O cavalo troiano foi recebido em procissão dentro dos muros, como voto dos gregos à deusa Palas, e, debaixo desta espécie de religião, levava dentro o incêndio com que ardeu Troia. Como árbitro da consciência, fá-lo-á muito escrupuloso, mas por isso irresoluto, "perdendo em consultas o tempo que se havia de empregar nas execuções"[7], como bem estranhou Tácito no imperador Valente. — E isto acontece aonde falta a resolução que, buscando-se o impossível de meios que não tenham inconveniente, tudo se teme, e nenhuma causa se faz. Deixo os danos, não no hábito religioso, senão dos hábitos que se podem pegar ao rei, tão alheios da obrigação como da majestade. Pelo desejo da paz a desatenção das armas e da guerra, pelo escrúpulo da vanglória o esquecimento da fama, pelo amor e nome da piedade o perdão ou tolerância dos delitos, enfim, pelo pensamento único do céu, perder a terra, e ser como o matemático de Sêneca, que, não vendo onde punha os pés, porque levava os olhos nas estrelas, caiu na cova. Tais estátuas são, dizem os políticos — e estátuas somente — as que se podem fabricar e sair das oficinas claustrais, e no cabo de muita lima ou fundição, quando a república há mister um grande rei, achar-se-á quando muito com um beato.

§ VI

Mas, deixada a questão ou apologia dos regulares nesta parte, quando todo o abecedário político — que muitas vezes é dos que não sabem o A, B, C — se verificará contra eles, S. Francisco Xavier é a exceção desta regra. Há uns religiosos que são religiosos, e nada mais, como os Paulos, Hilariões e Macários; há outros que são religiosos, e mais outras muitas coisas, e grandes, como os Agostinhos, Gregórios, doutores da Igreja, bispos e papas. E pode haver outros que não só sejam religiosos, e muitas e grandes coisas, senão religiosos e todas. Destas qualidades reconheço dois, um por fé, outro por experiência. Por fé S. Paulo, que dizia: "Eu sou todas as coisas para todos" (1Cor 9,22). — E por experiência Xavier, que o podia dizer com a mesma e porventura maior universalidade. Por nascimento, era do sangue real de Navarra; por profissão, religioso da Companhia; por gênio, universal em todos os talentos e artes. Com o soldado tratava da guerra, com o marinheiro da navegação, com o mercador dos comércios, com o lavrador da agricultura, com o matemático das estrelas, com o político das razões de estado, com o cortesão da corte, e até com o taful das cartas e dados; mas sempre e em tudo santo, como o maná que cai do céu, e contém em si todos os sabores. As advertências e cautelas que a cartilha dá ao rei são uma em cada letra; e o grande coração e cabeça de Xavier era tão capaz que nela se achariam quantas de todo o abecedário se podem compor. Assim conta Salmeirão de um monge, que a oração que rezava era o A, B, C, dizendo a Deus que com aquelas letras escrevesse e mandasse tudo quanto fosse sua divina vontade, que para tudo estava pronto. O mesmo oferecimento faço eu a todos os príncipes e reis cristãos, na pessoa, no conselho, no patrocínio e nos talentos de S. Francisco Xavier, posto que religioso.

Assim o entendeu o grande rei D. João, o Terceiro, pelo muito que nele reconheceu de grande homem — quando pelo muito que tinha de grande religioso nos granjeou o título de apóstolos — pedindo-lhe e encomendando-lhe encarecidamente quisesse visitar todas as praças, cidades e fortalezas que Portugal tinha na Índia, emendando e reformando tudo o que cumprisse ao serviço de Deus e seu. E para que isto se veja por suas próprias razões e palavras, referirei o seu voto em um conselho de Estado e guerra, diante do governador Martim Afonso de Souza, em Cambaia. Tinha um rei ou tirano de Jafanapatão martirizado muitos vassalos só por se fazerem cristãos, contando-se só em uma cidade seiscentos. Tratava-se cristã e politicamente se com nome de castigo se lhe devia fazer guerra, e, ouvido o parecer vário dos capitães, falou Xavier desta maneira:

A quem devemos, senhor, a Índia, senão à pregação da fé; e para que a queremos senão para ela? Onde e para que se pode melhor aventurar uma armada, que pela defensa da cristandade, por cuja dilatação se fazem todas as de Sua Alteza? Quanto mais que a ventura aqui não está em romper com o tirano de Jafanapatão, pois sempre foi de menos prejuízo o inimigo descoberto que o falso amigo. O risco seria tomarem ele e os mais ânimos e forças do nosso sofrimento em um caso que tem por si o zelo da lei, o serviço de el-rei, a obrigação da honra e a reputação do Estado. Que podemos esperar de Deus nas outras empresas mais nossas, se nas suas o desamparamos? Ninguém sabe melhor que Vossa Senhoria o que el-rei, nosso senhor, fizera, se aqui fora. Escuso requerê-lo da sua parte, porque sei que tenho das dos cristãos de Ceilão e Manar a Vossa Senhoria. Quem se fiará em todo o Oriente da amizade, do nome, da fé dos portugueses, se vir que faltamos tão fracamente àqueles, que não só nos deram a sua humana, mas tomaram a nossa verdadeiramente divina? Necessário nos será daqui por diante pregar o martírio junto com o batismo, pois vós, senhores, não tratais de amparar aos que se fizerem cristãos, porque não periguem, não se atrevendo a ser mártires. Mas quem não sabe de quanto momento são à gente portuguesa, na paz e na guerra, os próprios naturais da Índia, se têm conosco verdadeira amizade, que nem o foi, nem o será nunca aonde a lei e religião não for a mesma. E assim se entende que um dos respeitos que o bárbaro teve para matar tão cruelmente os cristãos foi porque, depois de o serem, já os havia mais por vassalos de el-rei de Portugal que seus. Foram-no e são-no para morrerem, e não o serão para os defendermos?

Até aqui a oração de Xavier, tão forte, e tão viva, que nas de Lívio e Salústio não lemos outras que o sejam mais. A resolução foi que se fizesse a guerra, e que, vencido o rei, se entregasse vivo ao padre Francisco, o qual não lhe pretendia o castigo com o seu sangue, senão a sua fé com o batismo. Mas porque neste conselho, pela parte que tocava aos novos cristãos, parece que falou Xavier também como religioso, passemos brevemente a outro, que só pertencia aos portugueses e à reputação do Estado, e vejamos se pode ter nos seus algum rei, nem conselheiro de guerra mais prudente e resoluto, nem capitão mais animoso e valente. Quando o rei de Pedir, com a poderosa armada dos aquéns apareceu sobre Malaca, e com uma carta tão afrontosa como arrogante mandou desafiar aos portugueses, que não se achavam mais que com quatro fustas varadas em terra, o capitão da fortaleza, fazendo graça do desafio, perguntou ao padre Francisco Xavier o que lhe aconselhava, esperando, diz a história, que tanto mais se afastasse das armas quanto menos as professava. Mas a resposta foi que, com inimigos e bárbaros, mais se perdia na reputação se lhe não saíssem do que se aventurava em um encontro, ainda que o perdessem. Que ao menos, quando a armada levantasse ferro, a mandasse seguir e picar na retaguarda, tomando-lhe os navios de menos voga, para que não fossem tão folgados do desafio. E como o capitão, mais sentenciosamente que mal sofrido, respondesse: — Há casos em que é forçado fazer da impossibilidade prudência, como em outros se faz da necessidade virtude. — Tem Vossa Mercê muita razão — acudiu Xavier — mas a mim se me representava que o que dizia era aqui o voto da virtude, da necessidade e da prudência. E quanto à impossibilidade, eu que menos posso que todos, confiando na infinita bondade do senhor, cujo poder é o querer, por glória sua e honra de seu servo, el-rei de Portugal, Nosso Senhor, tomo sobre mim dar as fustas prestes a tempo, por podres que estejam. — Dizem que os votos se hão de tomar pelo peso, e não pelo número. E aqui mostrou o X de Xavier, que assim como o número de dez, que com ele se significa, é o mais perfeito, assim pesou mais que todos os votos de Malaca. E as poucas fustas que Xavier fez aprestar, posto que não levassem o mesmo X pintado nas bandeiras, como os soldados o levavam impresso nos corações, e na batalha o tiveram sempre na boca, foi a sua vitória naval uma das mais prodigiosas que nunca viu o mundo.

E como para a proteção e defensa dos reinos e estados, o que os reis devem esperar de S. Francisco Xavier não depende só da boca, senão das mãos, não só de palavras, senão de obras, pudera eu aqui trazer à memória a vitória já referida do exército dos badagás, que Xavier alcançou só e desarmado por sua pessoa, e de novo pudera referir outra contra os morotos, que se tinham rebelado contra a Igreja, os quais também sujeitou pessoalmente, acompanhado de muitos poucos cristãos animados por ele. Só contarei uma das Filipinas contra os mouros, por duas razões que depois apontarei. Defendia no reino de Buaiém uma companhia de soldados espanhóis uma pequena fortaleza, cujos muros ou trincheiras eram de madeira, e os tetos das casas cobertos de palha, e os mouros que a vieram sitiar, não só muitos em número, mas fornecidos de artilharia, bombas e todos os petrechos de guerra, e guiados por um rebelde doméstico, que, fugido da mesma fortaleza, se passara a eles. Sucedeu pois que passados os primeiros combates, em que mataram o alferes e feriram mortalmente o capitão, houve de suprir o posto de ambos o ajudante. Este e os mais, reconhecendo o perigo na desigualdade das forças, resolveram encomendar a defensa a uma imagem de S. Francisco Xavier. Puseram-lhe na mão a bandeira, pediram-lhe as ordens, que o ajudante distribuía em seu nome, e nada se obrava sem o mudo consentimento do novo capitão, o qual, tanto que tomou o governo das armas, como se mandara tocar caixa aos milagres, começaram a aparecer na campanha uns após outros, e a guerra a mudar de semblante. A bandeira, por mais que assoprassem diversos ventos, sempre esteve direita contra o inimigo. As balas de tal sorte se divertiam do ponto a que eram atiradas, que em nenhum soldado tocaram. As setas de fogo que choviam sobre os telhados, ali se consumiam sem prender em uma palha. Tendo fabricado dois castelos, para que levados da corrente abrasassem a fortaleza, um ardeu antes de chegar, e o outro voltou atrás contra a mesma corrente. E, posto que com a artilharia tivessem derrubado duas cortinas e um baluarte, tal foi o terror dos mouros que se não atreveram ao assalto e, finalmente desenganados e raivosos, mais fugindo que retirando-se, puseram fogo aos seus alojamentos, que serviram de luminárias a tão gloriosa vitória.

Agora darei as duas razões por que contei mais largamente esta, contentando-me só com apontar as outras. A primeira, por ter sucedido no ano de mil e seiscentos e cinquenta, quase cem anos depois da morte de S. Francisco Xavier, que é o que podia pôr dúvida ou escrúpulo às assistências do seu patrocínio. A segunda, por serem as outras vitórias obradas pelo santo nas Índias Orientais, e esta nas Ocidentais; as outras nos domínios de Portugal, e esta, como outras muitas maravilhas, nos de Castela. Motivo era este não só bastante, mas igual, para que a Cartilha Castelhana não excluísse do seu abecedário o X do nome de Xavier, principalmente sendo este grande herói, como navarro, súdito de uma das suas coroas. É verdade, como vimos nos dois votos do mesmo santo, que sempre a el-rei de Portugal chamava el-rei nosso senhor, porque militava debaixo da bandeira das suas quinas, as quais trazia pintadas no mesmo X. Não é novidade ou observação minha, senão de Cícero e Quintiliano, os quais alegam e declaram as fontes da língua latina por estas palavras: "A metade da letra X é a letra V; os antigos, aliás, costumavam escrever com estes sinais X e V os números denário e quinário". — E como a letra X, por todas as partes, ou se forma ou é formada da letra V, e nela do número quinário, bem se segue que Xavier no seu X traz pintadas as nossas quinas.

§ VII

E para que o mundo veja que os castelos e leões espanhóis não são menos obrigados que as quinas de Portugal a S. Francisco Xavier, e por isso muito merecedor ele de ter lugar no abecedário da sua cartilha como devoção e virtude muito importante aos reis, quero reduzir este ponto ao mais universal e sensível, em que o mesmo santo parece se mostrou parcial de Portugal, apartando-o e dividindo-o no seu dia, que foi o de mil seiscentos e quarenta, da sujeição e união de Castela. Tenho por tão evidente a demonstração que, se ele estivera neste auditório, a não havia de negar.

Criados nas ribeiras ocidentais do mar Oceano, nadavam no meio dele dois grandes práticos deste exercício, os quais, chegando-se um ao outro, por razões que tinham de amizade e parentesco, se abraçaram; senão quando, assim abraçados ambos, naturalmente se iam a pique. Digam-me agora até os cegos, que remédio tinham estes nadadores para se não afogarem, senão soltar outra vez os braços e dividirem-se? Pois este foi o maior milagre de S. Francisco Xavier naquele seu dia, e tão seu de Portugal como seu de Castela. Nadavam ambos estes dois impérios de Espanha felicissimamente, um para o Oriente, outro para o Ocidente, pacíficos, opulentos, vitoriosos, senhores de dois mundos novos, e recebendo os riquíssimos tributos de ambos com grandes invejas do velho. Isto enquanto separados e divididos, posto que tão unidos no sangue. Mas tanto que se abraçaram e uniram, que sucedeu? "Desde esse dia começou a desmoronar-se a esperança dos gregos"[8]. — Dali começaram as perdas e ruínas de ambos, e, se não se dividissem, ao que acudiu S. Francisco Xavier naquele dia, ainda seriam maiores. Eram aqueles dois impérios os que, divididos, sustentavam e defendiam a grandeza de Espanha e, unidos, não puderam nem podiam. Por que derrubou Sansão o templo dos filisteus? Porque as suas abóbadas estavam rematadas em duas colunas tão juntas que as pode ele abraçar ambas, e, com a força dos cabelos mal crescidos, lançar por terra quanto sustentavam.

Diga-o o que melhor entendeu as razões de estado e da guerra, el-rei Davi. Dá graças a Deus de o ensinar a pelejar e, comparando as outras suas batalhas à luta, diz que, para não cair e estar firme, o plantará o mesmo Deus no terreiro com os pés muito apartados um do outro: "Alargaste os meus passos debaixo de mim, e não se enfraqueceram os meus pés" (Sl 17,37). — As bases daquelas colunas, em que se sustenta o corpo do lutador, são os pés, e, se os pés estiverem juntos e unidos, facilmente com qualquer impulso vem o peso do corpo à terra. O que importa é estarem divididos e bem apartados um do outro: "Alargaste os meus passos" — porque só assim estarão firmes e fortes: "E não se enfraqueceram os meus pés" — E assim como juntos os pés não podem dar passo, assim divididos podem obrar o que continua Davi, seguindo a seus inimigos até os vencer, derrubar e meter debaixo dos mesmos pés: "Perseguirei os meus inimigos, e apanhá-los-ei; e eles não poderão ter-se em pé, e cairão debaixo de meus pés" (Ibid. 38s). — Augusto pôs limites ao império romano. "Inquietado pelo medo ou pela inveja" — diz Tácito[9]. E ambas as coisas foram: a primeira, porque crescer a grandeza que se não pode sustentar é enfraquecer; a segunda, por que outros, ou não tivessem, ou não fizessem maior império que o seu, como fizeram Cláudio e Trajano. Mas o grande Constantino, depois de tantas experiências, fundando segunda Roma em Constantinopla, com capitólio, senadores e todos os outros ornamentos da majestade, entendeu que, para sustentar um império tão grande como o romano, não bastava uma só Roma, senão duas Romas, nem uma só cabeça, senão duas cabeças, como depois apareceram divididas nas águias imperiais. E por que não seriam igualmente úteis e necessárias à grandeza de Espanha também duas, posto que uma de leão, outra de serpente? A prudência forte e a fortaleza prudente a fariam invencível, e ambas perpétuas na sua mesma divisão.

Peregrinando Lot com Abraão, tomaram assento na terra de Canaã, onde ambos se fizeram grandemente poderosos nas riquezas daquele tempo. E porque entre os pastores de um e outro começava a haver discórdias, posto que Lot e quanto possuía estava sempre unido e sujeito a Abraão, entendeu ele que, para lograrem o que já tinham e crescerem pacificamente, convinha e era necessário que se dividissem, e assim se fez. Abraão era tio, como el-rei Filipe II, Lot era sobrinho, como el-rei D. Sebastião, e se aquele prudentíssimo rei imitara este exemplo, e se contentara e tivera por melhor o tio que as herdades do sobrinho estivessem divididas das suas, não só não ficariam elas diminuídas na grandeza, mas muito mais seguras na divisão, e mais acrescentadas no prêmio. É caso notável, e muito digno de se notar, o como Deus logo e de contado premiou em Abraão o prudente, generoso e justo desinteresse com que quis que ele e Lot estivessem divididos: "E o Senhor disse a Abraão, depois que Lot se separou dele: Levanta os teus olhos e olha, desde o lugar em que agora estás, para o setentrião e para o meio-dia, para o Oriente e para o Ocidente. Toda a terra que vês, eu a darei para sempre a ti e à tua posteridade" (Gn 13,14s). — Parece que, depois de se dividir Lot da união e sujeição de Abraão: "Depois que Lot se separou dele" — ficaria diminuída a grandeza do tio; mas foi tanto pelo contrário que por aquela pequena parte de terra em que pastavam as ovelhas lhe deu Deus a de todas as quatro partes do mundo, sem outra medida ou limite que a dos próprios olhos: "Levanta os teus olhos e olha". — Assim o fez Deus, e assim entendia o mesmo Abraão que havia de ser quando fez a divisão: "Sabia o patriarca que conseguiria as partes maiores se cedesse as menores" — diz S. João Crisóstomo[10].

Nem S. Francisco Xavier pretendeu, desejou e deu princípio naquele seu dia a outros menores efeitos, senão a esta mesma felicidade, com igual amor a ambas as partes. E se ambas se deixaram governar e contentaram com o que tinha feito um tão interior intérprete da divina providência, considerem os políticos, com todas as virtudes ou advertências do seu abecedário juntas em conselho, de quantas invasões e diversões se pudera livrar Espanha, e de quantas dores mui sensíveis dentro e fora de casa, se as armadas que guardavam cem léguas de costa, e os presídios e exércitos que de uma e outra fronteira defendiam em roda perto de duzentas, e tanto sangue católico e espanhol derramado lastimosamente em vinte e sete anos de guerra, a fizessem contra os inimigos da fé ou de ambas as coroas. Mas o passado não tem remédio, e só pode servir de espelho para o futuro.

§ VIII

De todo este discurso tão sincero, como o ânimo com que se escreve, devem colher todos os príncipes cristãos quanto lhes importa a devoção e patrocínio de um santo, que não só está no céu como os demais, mas anda entre nós neste mundo peregrino em todas as partes dele. Primeiramente devem encomendar a S. Francisco Xavier, desde o berço, a infância de seus filhos, para que se criem e cresçam debaixo da sua direção e doutrina, o que ele, como tão cuidadoso e vigilante pedagogo daquela idade, fará com tanto maior zelo quanto neles é mais necessária ao governo de seus estados. Igualmente, e não em segundo lugar, devem pôr debaixo da proteção do mesmo santo, não só os mesmos estados, reinos e monarquias, senão as próprias pessoas, encomendando-lhe todas suas ações e resoluções com firmíssima confiança, que tudo o que obrarem ou resolverem, pelas inspirações do seu conselho, será o mais acertado, o mais grato e o mais favorecido de Deus.

De Aquitofel diz a Escritura Sagrada que eram tão certos e tão acertados os seus conselhos como se consultassem a Deus os que o consultavam a ele: "Os conselhos de Aquitofel naquele tempo eram considerados como um oráculo de Deus" (2Rs 16,23). — E eu me atrevo a dizer que os conselhos de Xavier são tais, não como se os homens consultassem a Deus, mas como se Deus consultasse a Xavier. E para que ninguém tenha este dito por demasiado encarecimento, ouça um caso público, e que cada dia é mais provado e manifesto, com que acabo. Quando Xavier, com tão grande ou imensa resolução intentou a conversão não menos que do vastíssimo império da China, todos os práticos das severíssimas leis com que não admitiam entrar lá estrangeiro algum lhe persuadiam que, no dia em que fosse conhecido o seu disfarce, enquanto o não condenavam à morte, o meteriam carregado de ferros em uma estreitíssima prisão. E que responderia Xavier? Discorria desta maneira: — Primeiro que tudo hei de pregar aos mesmos presos e ministros de justiça a fé do verdadeiro Deus, com que segurarei o morrer por ela. Logo comunicarei aos presos muitas coisas admiráveis e novas, principalmente das ciências matemáticas, a que eles não guardarão segredo e, divulgadas, como gente tão curiosa, será o cárcere a minha primeira escola. E assim como a chuva, caindo no cume do telhado, de telha em telha está brevemente na rua, assim as minhas novidades, subindo da rua e gente vulgar, passarão aos nobres, dos nobres aos grandes, e dos grandes chegarão facilmente ao imperador, que me poderá chamar à sua presença. E do modo com que as palavras de Jonas, quando chegaram ao rei, posto que tão mau como Sardanapalo, o converteram primeiro a ele, e por ele a toda Nínive, por que não poderá suceder o mesmo na China? — Este foi o discurso daquele Xavier a quem Deus não quis conceder que entrasse na China. Mas quê? Se lhe negou a entrada, tomou-lhe o conselho. Prega-se hoje na China pública e livremente a fé e lei de Cristo, com templos, altares, sacrifícios de seu Santíssimo Corpo, sacerdotes, religiosos e bispos. Alcançou-se primeiro esta licença dos imperadores chinas, e depois dos imperadores tártaros. E por que meios? Não do Evangelho descoberto, mas escondido debaixo das ciências matemáticas, com que lá penetram os sucessores de Xavier, religiosos da Companhia, famosos astrônomos e astrólogos, e, vencendo as suas demonstrações com evidência às dos que lá professavam as mesmas artes, estes são os que têm as mais francas e familiares entradas nos encantados palácios do supremo senhor, aonde ele, por grande favor, de dentro das cortinas do seu trono mostra um dedo. Assim que estes foram os meios naturais, e não divinos, com que Deus, aprovando o discurso de Xavier, e como seguindo o seu conselho, pelo céu da lua, pelo céu do sol e pelo céu das estrelas levou as almas dos chinas ao empíreo.

NOTAS

APRESENTAÇÃO [p. 11-16]

1. Macaonte, em *Ilíada*, livro IV: filho imortal de Esculápio, médico que examina Menelau, filho de Atreu, ferido por uma seta.
2. Claudius Claudianus (séc. IV-V), em *Panegyricus de Consulatu Stilichonis*, 3.

PROPOSTA [p. 19-22]

1. Ovídio (43 a.C.-18 d.C.), em *Metamorfoses*, livro XI, verso 595.
2. Virgílio (70 a.C.-19 a.C.), em *Geórgicas*, livro III, verso 530. No original latino, lê-se "salubres" em lugar de "quietos".

PREFAÇÃO AOS TRÊS SONHOS [p. 23-25]

1. Aristóteles (384 a.C.-322 a.C.), em *Stagiritae Operum*, Tomus Secundus, Problematum Sectio XXX, Lugduni, Apud Antonium Vincentium. Cf. *De Somniis*.
2. Santo Agostinho (354-430), ML 44 em *Contra Julianum*, Liber V, cap. 10, n. 42.

SONHO PRIMEIRO [p. 27-44]

1. Sêneca (4 a.C.-65 d.C.), em *Epistularum Moralium Ad Lucilium*, Epistula CXXII.
2. Ortélio (1527-1598), Abramo Ortelio: nome italiano exato do geógrafo e cartógrafo flamengo Abraham Oertel, nascido na Antuérpia. Sua obra *Mapa particular e comum* abrange o Velho e o Novo Testamento. Existe uma carta gravada da Ilha Terceira que foi publicada por Ortélio em 1582.
3. São Gregório I Magno (540-604), papa. ML 76 em *Quadraginta Homiliarum in Evangelia Libri duo*, Liber I, Hom. IV. Habita ad populum in basilica sancti Stephani martyris, de apostolis. n. 1.
4. São João Crisóstomo (347-407), MG 47-63, citado por Joseph Somnians, Authore Joanne ab Heumen, *De Somnio Seditiosorum*, Concio XXII.
5. São Bernardo de Claraval (1091-1153), ML 183 em *Sermones in Cantica Canticorum*, Sermo XI, 7, col. 827 C.
6. São Gregório I Magno (540-604), papa. ML 76 em *Moralium Libri sive Expositio in Librum B. Iob*, Liber XVIII, cap. XXXV, 56, col. 581.
7. Ovídio (43 a.C.-18 d.C.), em *Metamorfoses*, liv. XIII, 16-20.
8. Quintus Curtius Rufus († 53 d.C.), em *A história de Alexandre, o Grande*, suplementos ao livro I.
9. Santo Tomás de Aquino (1225-1274), *Corpus Thomisticum* Ignoti Auctoris, Postilla in libros Geneseos, capite XII ad caput XXXVI, cap. XXXII.
10. Santo Ambrósio (339-397), ML 16 em *De Officiis Ministrorum Libri tres*, Liber I, cap. XXXV, col. 47, 177.
11. Luís Vaz de Camões (1524-1580), em *Os Lusíadas*, Canto I, verso 11.

SONHO SEGUNDO [p. 45-66]

1. Aristóteles (384 a.C.-322 a.C.), em *De Somno et Vigilia apud Conimbricenses* [referência do autor].
2. Gadamascar: entre os diversos nomes da então maior ilha do mundo — Madeigasiar, Magadascar, Madugasiar, Madagascar e muitos outros, não consta em nenhum dicionário ou enciclopédia essa forma usada por Vieira.
3. A expressão *Non plus ultra*, inscrita nas Colunas de Hércules, indicava o ponto final além do qual não se podia ir. Literalmente, quer dizer: "Não (vá), mais além".
4. Sêneca (4 a.C.-65 d.C.), em *Suasoriarum*, Liber I, Suasor [referência do autor]. Atribuído a Sêneca, escrito depois de *Controversiae*, conhecido também como *Declamationes*.
5. São João Gualberto (c. 995-1073), religioso italiano, fundador da Congregação dos Valombrosanos [referência do autor]. A frase é atribuída também a Drogo Hostiense citado por Santo Alfonso.
6. Teodoreto de Cirro (séc. IV-séc. V), bispo. MG 83. Teólogo e exegeta. Participou do Concílio de Éfeso e do Concílio de Calcedônia.
7. Aristóteles (384 a.C.-322 a.C.), na *Física*, livro III, c. 6: 207, a, 21-27.
8. São Bernardo de Claraval(1091-1153), ML 183 em Sermones XVII, In Quadragésima Habiti, *Sermo VII In Psalmum XC*, Qui habitat, n. 1, 200 D.
9. São Gregório I Magno (540-604), papa. ML 76 em *Moralium Libri sive Expositio in Librum B. Iob*, 31, 32.
10. Aristóteles (384 a.C.-322 a.C.), em *Rhetorica* II, 4 (1380 b 35); Santo Tomás de Aquino (1225-1274), cf. *Suma teológica*, I-II, 26-28, Edições Loyola, São Paulo, 2002, p. 335-359, vol. III.

SONHO TERCEIRO [p. 67-89]

1. São Bernardo de Claraval (1091-1153), ML 183 em *Sermones De Diversis I-XL*, Sermo XXXII, De Tríplice Judicio, 4, col. 0626 B.
2. Santo Inácio de Loyola (1491-1556), em *Constituições da Companhia de Jesus*, Sexta Parte, cap. I, 1 [547], São Paulo, Edições Loyola, 1997, p. 173.
3. Thomas Tallis (1450-1599), em *Cântico* "Te lucis ante terminum".
4. São Cipriano (200-258), em *Tratado do zelo* [referência do autor].
5. No original o texto diz santo. Outras versões escrevem "tanto".
6. São Cipriano (200-258), ML 4 em *Epistolae*, Ad Caecilium de sacramento Dominici Calicis.
7. São Basílio Magno (319-379), MG 29-32 em *Homiliae in Psalmum XLV*.
8. Em São Cipriano (200-258), ML 4 em *De mortalitate*, cap. 17, encontra-se uma referência. Vieira refere São Jerônimo (347-420) como o autor, falando de São João.
9. Santo Ambrósio (339-397), em *De Virginibus ad Marcellinam Sororem suam Libri tres*, Liber I, cap. 3, n. 10.
10. Afonso Salmeirão (1515-1585), teólogo e exegeta, um dos fundadores da Companhia de Jesus.
11. Cardeal Caetano, Tomás de Vio (1469-1534). Cf. *In Evangelia Matthaei, Marci, Lucae, Joannis* (Veneza, 1530).
12. Sêneca (4 a.C.-65 d.C.), em *Epistolae Morales ad Lucilium*, Epistola XCV.
13. Tomás de Kempis (1380-1471), monge e escritor místico alemão. Sua obra mais conhecida é *A Imitação de Cristo*, em *Tractatus de Interiori Domo*, cap. 19.
14. Drogo Hostiensis (séc. XI/XII), bispo de Óstia e cardeal, beneditino. ML 166 em *De Sacramento Dominicae Passionis Sermo*. Escreveu um *Tratado sobre o Ofício Divino* [referência do autor].

CONCLUSÃO AOS SONHOS DE XAVIER DORMINDO [p. 91-92]

1. Plutarco (45-120), em *Ethica*, seu *Moralia Opuscula*, cap. Imperatorum Apophthegmata.

PREFAÇÃO AOS DESVELOS DE XAVIER ACORDADO [p. 95-97]

1. Em *Imago primi saeculi Societatis Iesu a Provincia Flandro-Belgica euisdem Societatis repreasentata*, Liber VIII, p. 717 [Antwerp: Ex officina Plantiniana Balthasaris Moreti, 1640]. ("Apenas o fogo não basta" é um eco da expressão "*unus not sufficit orbis*" = "apenas um mundo não basta" — Juvenal, *Sátiras* 10:168.) O padre Manuel de Nóbrega (1517–1570) usou dessa expressão imprimindo-a numa das velas do navio que partia para o Brasil.
2. Ovídio (43 a.C.-18 d.C.), em *Tristia*, Liber I, cap. VIII, verso 3.

SERMÃO PRIMEIRO — ANJO [p. 99-113]

1. Texto da leitura litúrgica da Festa de Santo Inácio.
2. Ário (256-336), sacerdote de Alexandria. Quis adatar a fé da Igreja ao Helenismo ambiente; Pelágio (370-432), monge francês e defensor da vontade humana, reduz o papel da graça a uma mera ajuda. Eutiques (378-455), defensor do monofisismo. Nestório (380-451), monge sírio; o Concílio de Éfeso o condena. Albigenses — grupos de crentes que se apartaram do cristianismo oficial do seu tempo. Tinham como base a cidade de Albi, ao sul da França.
3. Cf. nota 1.
4. Hugo de São Vítor († 1141), cardeal. Cf. *Migne*, Patrologiae Cursus Completus, Series Secunda, Tomus CXCIV, Gerhohi Praepositi Reicherspergensis, Commentaria in Psalmum CIX, v. 6.
5. Claudiano (370-404), poeta romano, em *Epithalamium Dictum Honorio Augusto Et Mariae*, Epithalamium, verso 61.
6. Plínio, o Velho (23-79), em *História natural*, livro 2, cap. 9.
7. Os nomes referidos são todos de jesuítas reconhecidos pelo saber.
8. Virgílio (70 a.C.-19 a.C.), em *Geórgicas*, livro I, verso 246.
9. André Cesariense (séc. VI), bispo de Cesareia da Capadócia. Escreveu um comentário do Apocalipse. Giovanni Stefano Menochio (1575-1655), jesuíta italiano, professor de Sagrada Escritura. Autor de *Brevis explicatio sensus litteralis totius Scripturæ*. Francisco Ribera (1537-1591), jesuíta, autor de um comentário sobre o Apocalipse.
10. Santo Ambrósio (339-397), ML 16 em *De Virginibus ad Marcellinam Sororem suam Libri três*, Liber I, post initium.
11. Horácio (65 a.C.-8 a.C.), em *Ars Poetica*, 25-26.
12. São Jerônimo (347-420), ML 26 em *Libri quattuor Commentariorum in Evangelium Matthaei*, 28,19, col. 218 BC.

SERMÃO SEGUNDO — NADA [p. 115-128]

1. Orígenes (185-253), MG 12 em *Homilia* I [referência do autor].
2. São João Crisóstomo (347-407), MG 51 em *Homiliae XXV in Loca Novi Testamenti*.
3. Virgílio (70 a.C.-19 a.C.), em *Eneida*, lib. III, verso 44. Cf. Odorico Mendes, *Eneida brasileira*, Campinas, Editora Unicamp, 2008, p. 104, que traduz assim: "Foge o país cruel, a avara praia".
4. Plínio, o Velho (23-79), em *História natural*, livro 25, cap. 2 [referência do autor].
5. Mitridates IV Eupator (132 a.C.-63 a.C.), Rei do Ponto. Vencido por Pompeu em 66 a.C. e temendo os seus inimigos, procurou imunizar-se contra os venenos.
6. Oração das ladainhas de São Francisco Xavier e de outros santos.
7. Sêneca (4 a.C.-65 d.C.), *Epistularum Moralium Ad Lucilium*, Epistula CXX.
8. Sêneca (4 a.C.-65 d.C.), *Epistularum Moralium Ad Lucilium*, Epistula LXXXVIII, no fim.
9. Sêneca (4 a.C.-65 d.C.), *Epistularum Moralium Ad Lucilium*, Epistula CXI.
10. São Próspero de Aquitânea (390-455/463), ML 45 em *Sententiae Ex Augustino Delibatae*, livro IV, Disp. 44, Q. 2, art. 3.

SERMÃO TERCEIRO — CONFIANÇA [p. 129-142]

1. Potamius (séc. IV), bispo de Lisboa. ML 8 em *Tractatus Duo*, Tractatus II. De Martyrio Isaiae Prophetae. Em Maxima Bibliotheca Veterum Patrum por Marguerin de La Bigne encontra-se esta referência de São Zeno de Verona († 375), em Sermo VI *De Martyrio Isaiae Prophetae*.
2. Fernão Mendes Pinto (1509-1583), autor de *Peregrinação*.

SERMÃO QUARTO — PRETENDENTES [p. 143-154]

1. Sêneca (4 a.C.-65 d.C.), *Epistularum Moralium Ad Lucilium*, Epistula XL [referência do autor].
2. Ovídio (43 a.C.-18 d.C.), em *Tristia*, Epistolae ex Ponto, Liber I.7.9-12.
3. Tertuliano (160-230), ML 2 em *De Praescriptionibus Adversus Haereticos*, cap. 36 [referência do autor].
4. Padre Simão Rodrigues (1510-1579), português. Um dos fundadores da Companhia de Jesus.
5. Plutarco (45-120), em *Dialogus de Amicitia Fidelis* [referência do autor].
6. Marco Túlio Cícero (106 a.C.-43 a.C.), em *Laelius de Amicitia*, cap. 6, col. 20.
7. Sêneca (4 a.C.-65 d.C.), em *De vita beata*, cap. 1.
8. Ovídio (43 a.C.-18 d.C.), em *Metamorfoses*, Liber I, 138. A tradução de Bocage diz o seguinte: "Cavam-lhe o que sumiu na estígia sombra / Cavam riquezas, incentiva a males" (São Paulo, Hedra, 2007. p. 51).
9. Ovídio (43 a.C.-18 d.C.), ibidem.
10. Santo Agostinho (354-430), ML 35 em *Joannis Evangelium Tractatus centum viginti et quattuor*, tractatus 73, cap. 3.
11. Santo Agostinho (354-430), em *Epistola a Macedônio*, 6, 20. Cf. Obras Completas de San Agustín, XI a, Cartas 124-187, Madrid, BAC, 1987, p. 425. Cf. Santo Tomás de Aquino (1225-1274), *Suma teológica*, Parte II-II, Questão 62, art. 2, São Paulo, Edições Loyola, 2005, p. 109, vol. 6.
12. Duque de Alba — título nobiliárquico hereditário que Henrique IV de Castela (1425-1474) outorgou a García Álvarez de Toledo (1424-1488), 1º Duque de Alba.

SERMÃO QUINTO — JOGO [p. 155-166]

1. Alexandre ab Alexandro (1461-1523), em *Genialium dierum libri sex*, Liber 3 [referência do autor].
2. Cícero (106 a.C.-43 a.C.), em *De Divinatione Liber Alter*, XLI, 85.
3. Alexandre ab Alexandro (1461-1523), em *Genialium dierum libri sex*, Liber 3 [referência do autor].
4. Ovídio (43 a.C.-18 d.C.), em *Epistolae ex Ponto*, IV, 3, 49.
5. Cornélio A Lápide (1567-1637), exegeta, sua obra compreende *Comentários sobre os Livros da Bíblia*.
6. Luís Vaz de Camões (1524-1580), em *Os Lusíadas*, Canto III: estrofe 22 e Canto VIII: estrofes 2 a 4. Marcus Terentius Varro (116 a.C.-27 a.C.), escritor romano.
7. Plutarco (45-120), filósofo e prosador grego do período greco-romano, em *Liber De Animi Tranquillitate* [referência do autor].

SERMÃO SEXTO — ASSEGURADOR [p. 167-176]

1. Ovídio (43 a.C.-18 d.C.), em *Ars Amatoria*, 1.755 [Cf. Erasmo (1466-1536), em *Adagia*, 4.4.20].
2. Ovídio (43 a.C.-18 d.C.), em *Tristia*, Liber I, cap. 2, verso 76 [referência do autor].
3. Plínio, o Velho (23-79), em *Historia naturalis*, Liber 19 in Proemio [referência do autor].
4. Virgílio (70 a.C.-19 a.C.), em *Eneida*, lib. I, verso. 73. Cf. Odorico Mendes, *Eneida Brasileira*, Editora Unicamp, Campinas, 2008, p. 26, que traduz assim: "Ílio e os domados / Penates para Itália transportando".
5. Santo Agostinho (354-430), ML 36 em *Enarrationes in Psalmos*, in Psalmum 64 [referência do autor].

6. Santo Tomás de Aquino (1225-1274), em *Suma teológica*, II Seção da II Parte, q. 88, art. 4. Cf. vol. VI, Edições Loyola, São Paulo, 2004. p. 379.
7. Ibidem, art. 3 in corpore.
8. Sêneca (4 a.C.-65 d.C.), em *Liber de Beneficiis*, cap. 25 [referência do autor].
9. Santo Agostinho (354-430), ML 33 em *Ad Armentarium et huius uxorem Paulinam*, Epistola 45 [referência do autor] ou Epistolae CXXVII.
10. São João Crisóstomo (347-407), MG 57-58 em *Secunda Matthaei Homilia* [referência do autor].
11. Cornélio A Lápide (1567-1637), exegeta, sua obra compreende *Comentários sobre os Livros da Bíblia* [referência do autor].
12. É um curto epitáfio que geralmente aparece em lápides, muitas vezes abreviado "RIP". Ela tornou-se comum sobre os túmulos dos católicos no século XVIII.

SERMÃO SÉTIMO — DOIDICES [p. 177-189]

1. São Jerônimo (347-420), ML 28 em *Praefatio Hieronymi in Librum Isaiae*, c. 771-774. Cf. Apologia contra Rufino e Epistola ad Paulam.
2. São Gregório I Magno (540-604), papa. ML 76 em XL *Homiliarum in Evangelia Libri duo*, Liber II, Homilia 32.
3. Ovídio (43 a.C.-18 d.C.), em *Metamorfoses* II, 328.
4. Virgílio (70 a.C.-19 a.C.), em *Eneida*, livro II, vers. 62. Odorico Mendes, *Eneida Brasileira*, Campinas, Editora Unicamp, 2008, p. 67, traduz: "De ânimo firme em dar aos seus Dardânia / Ou na empresa acabar [morrer]".
5. Virgílio (70 a.C.-19 a.C.), em *Eneida*, livro II, vers. 237. Odorico Mendes, *Eneida Brasileira*, Campinas, Editora Unicamp, 2008, p. 72, traduz: "Prenhe de armas, sobe / a máquina fatal".
6. Cf. Santo Tomás de Aquino (1225-1274), em *Catena aurea in quattuor Evangelia Expositio in Lucam a capite XIX ad caput XXI*, cap. 19, lectio 1.
7. Horácio (65 a.C.-8 a.C.), em *Epistolae* II, 2, 139.
8. Sêneca (4 a.C.-65 d.C.), em *De Tranquilitate Animi XVII*, X.
9. A versão seguida por Vieira, como ele mesmo faz notar à margem deste sermão, segue a interpretação de S. Basílio, S. Bernardo, S. Pedro Damião, Rabano, Ruperto, Lira e Hugo.
10. Platão (428 a.C.-347 a.C.), em *Fedro* [referência do autor].
11. Teofilato († 1118), arcebispo de Ochrida na Bulgária. MG 123-126 em comentários aos diversos livros da Sagrada Escritura [referência do autor].
12. Guilherme de Saint-Thierry (1085-1148), abade cisterciense. ML 184 em *Tractatus De Natura Et Dignitate Amoris*, cap. III, 6 col. 0384 A [Vieira atribui a São Bernardo, ML 182,3,4,5].
13. Cf. nota 12.
14. Luc. Vanding, em *Historia Generalis S. Francisci* [referência do autor].
15. Frei Jacopone [Jacopo Benedetti] (1230/1236-1306), procurador de justiça, após a morte da esposa fez-se franciscano. Suas obras mais conhecidas são o poema "Stabat Mater" e os contos de Jacopone.
16. São Jerônimo (347-420), ML 22 em *Epistolário II*, 108,19, Epitáfio de Santa Paula [Dedicado a Eustóquia em 404], p. 244, Madrid, BAC, 1993.
17. São Bernardo de Claraval (1091-1153), ML 183 em *Sermones in Cantica Canticorum*, Sermo XLIX, 2 [Vieira diz Sermo 32].

SERMÃO OITAVO — FINEZAS [p. 191-205]

1. Santo Tomás de Aquino (1225-1274), em *Officium de festo Corporis Christi ad mandatum Urbani Pae IV dictum festum instituentis*. *Lauda Sion* é a sequência antes do Evangelho na liturgia da celebração de *Corpus Christi*.

2. São Pedro Crisólogo (406-450), bispo de Ravena. ML 52 em *Sermones*, Sermo 108 [referência do autor].
3. Tertuliano (160-230), ML 1 em *Liber De Poenitentia*, cap. 8 [referência do autor].
4. Hinos das celebrações litúrgicas da Igreja Antiga: Hino Rex sempiterne coelitum, para o Tempo Pascal em Dominica in Albis ou Dominica secunda post Pascha [referência do autor].
5. Santo Agostinho (354-430), ML 36 em *Enarrationes in Psalmos*, in Psalmum LXI, 9.
6. João de Lucena (1549-1600), jesuíta português, em *Vida do Padre Francisco Xavier I*, cap. 12.
7. Santo Agostinho (354-430), ML 36 em *Enarrationes in Psalmos*, in Psalmum LXII, 6.
8. Drogo Hostiense (séc. XI/XII), bispo e cardeal. ML 166 em *De Sacramento Dominicae Passionis Sermo*.
9. Hugo de São Vítor († 1141), ML 176 passim.
10. Santo Ambrósio (339-397), ML 15 em *Expositio Evangelii secundum Lucam*, libris X comprehensa. Liber II.
11. A expressão se encontra em Domenico Alberto Azuni (1749-1827), em *The Maritime Law Of Europe*, vol. 1, cap. 4. Consta que em 1075, na Basílica de São João de Latrão, o papa Gregório VII (1020-1085) confirmou o Código do Mar a pedido de Pisa. A referência está numa Vida de Gelasio II († 1119).
12. São Martinho de Tours (316-397), inicialmente eremita, depois militar, faleceu como bispo de Tours. A frase é atribuída a São Martinho e consta no Ofício Litúrgico da sua festa.
13. Marcelo Mastrilli (1603-1637), jesuíta italiano, missionário martirizado no Japão durante o Tokugawa Shogunate.

SERMÃO NONO — BRAÇO [p. 207-225]

1. São Cirilo de Jerusalém (315-386), MG 33 em *Catechesis ad illuminandos* 2.
2. Santo Agostinho (354-430), ML 36 em *Enarrationes in Psalmos*, in Psalmum XV.
3. Juvenal (séc. I-séc. II), em *Sátiras*, livro X, verso 168. Vieira diz que o texto fala de Aquiles. O texto de Juvenal se refere a Alexandre.
4. São Gregório I Magno (540-604), papa, em *Registri Epistolarum Libri XIV*, Liber III, Epistola 30 [referência do autor].
5. Papa Hormisda († 523), casado antes da ordenação, seu filho Silvério lhe sucedeu como papa. Durante seu pontificado, São Bento iniciou a ordem religiosa.
6. Cf. *Breviário Romano*, na festa de São Francisco Xavier, 604 [referência do autor].
7. Paráfrase dos versos de Virgílio (*Eneida*, lib. VI, v. 32): Diz a *Eneida*: "Duas vezes o artista tentou". Cf. Odorico Mendes, *Eneida brasileira*, Campinas, Editora Unicamp, 2008, p. 230.
8. Santo Inácio de Loyola (1491-1556), em *Summarium Regularum* 33 [referência do autor].
9. Santo Inácio de Loyola (1491-1556), em *Carta sobre a obediência*, cap. 28. Cf. Armando Cardoso.
10. Santo Inácio de Loyola (1491-1556), em *Constituições da Companhia de Jesus*, Sexta Parte, cap. 1 [547], São Paulo, Edições Loyola, 1997, p. 174.
11. Ovídio (43 a.C.-18 d.C.), em *Tristia*, Liber I, Elegia III, verso 73.
12. Santo Ambrósio (339-397), em *De Officiis Ministrorum Libri III*, Liber II, cap. 26 [referência do autor].
13. Plínio, o Velho (23-79), em *Historia naturalis*, Liber XXXI, cap. I [referência do autor].
14. Cúrcio Rufo (séc. I), em *Historiae Alexandri Magni*, Liber VII, cap. 8.

SERMÃO DÉCIMO — DA SUA CANONIZAÇÃO [p. 227-244]

1. Papa Inocêncio III (1160-1216), ML 214-217. Cf. IV Concílio de Latrão (12º Ecumênico), de 11 a 30/11/1215, cap. 62, sobre as relíquias dos Santos [Gregório IX (1148-1241), em Decretales, 1. III, tite. 45]. Cf. Concílio Tridentino, Decretum de invocatione, veneratione et reliquiis Sanctorum et sacris imaginibus, de 3/12/1553. Denz. 984-988 (1821-1824).

2. Livro do Eclesiástico ou Sirácida é a obra de "Jesus, filho de Sirac", em hebraico Ben Sira. No capítulo 44, faz o Elogio dos Antepassados.
3. São Gregório XV (1554-1623), primeiro papa de formação jesuíta, fundou a Sagrada Congregação para a propagação da fé.
4. Elias, no original. Este escolheu Eliseu para sucedê-lo (1Rs 19,19).
5. São Gregório I Magno (540-604), papa. Citado aí por Cornélio A Lápide (1567-1637) [referência do autor].
6. Inocêncio XI (1611-1689), beato, papa. Esteve em constante conflito com o rei Luís XIV da França, por causa das antigas liberdades da Igreja francesa (galicana).
7. Cornélio Tácito (55-120), em *Livro das Histórias*, 4 [referência do autor].
8. Platão (427 a.C.-348 a.C.), citado por Justus Lipsius (1547-1606), filólogo flamengo e humanista [referência do autor].
9. São João Crisóstomo (347-407), MG 47-62 em *Sermo de Vanagloria* [referência do autor].
10. Cornélio Tácito (55-120), em *Annales II*, cap. 22 [referência do autor].
11. Virgílio (70 a.C.-19 a.C.), em *Eneida*, livro VI, verso 273. Cf. Odorico Mendes, *Eneida brasileira*, Campinas, Editora Unicamp, 2008, p. 238, que traduz: "E às coisas baça treva as cores tira".
12. São João Crisóstomo (347-407), MG 47-62 em *In principium Actorum*.
13. Vítor Antioqueno (séc. V), presbítero de Antioquia. Compilador de escritos exegéticos.
14. Santo Agostinho (354-450), ML 40 em *Liber De Mendacio*, passim. A frase é atribuída a Pedro Lombardo, o Mestre das Sentenças, no Livro Terceiro das Disputações, distinção 35.

SERMÃO UNDÉCIMO — DO SEU DIA [p. 245-264]

1. São Gregório XV (1554-1623). Cf. nota 3 do Sermão Décimo.
2. Pseudo-Sêneca em *De remedis fortuitorum* (seu De miseriis hominis), VIII, 2 [referência do autor].
3. São Jerônimo (347-420), ML 25 em *Commentariorum In Jonam Prophetam Liber Unus*.
4. São João Crisóstomo (347-407), MG 47-63 em *Liber De orando Deo* [referência do autor].
5. Plínio, o Velho (23-79), em *Historia naturalis*, Liber VII, cap. II.
6. Cardeal de Monte, Giovanni Maria de Ciocchi (1487-1555), futuro papa Júlio III.
7. Hino pentecostal "*Beata nobis Gaudia*" atribuído a Santo Hilário (c. 315-367).
8. Ludolfo Cartusiano ou de Saxônia (1300-1377), em *De vita Christi* (1495) (Cf. edição fac-similar do vol. I, traduzida e comentada por Augusto Magne, SJ, publicada pela Casa de Rui Barbosa, Rio de Janeiro, Brasil, 1955).
9. Santo Agostinho (354-430), ML 36 em *Enarrationes in Psalmos*, Psalmus 61,12.
10. Ítaca é uma das ilhas gregas, situada no mar Jônico. Gética — pátria dos godos às margens do mar Báltico.
11. Ovídio (43 a.C.-18 d.C.), em *Epistolae ex Ponto* 1.3.35.
12. "Chapins" — da rainha ou da princesa, tributo que se pagava em Portugal para a compra de sapatos especiais. Fanão — antiga moeda indiana de ouro. Canacápole — escrivão, contador; gerente, administrador, no sul da Índia. Os missionários chamavam assim os catequistas e procuradores dos cristãos.

SERMÃO DUODÉCIMO — DA SUA PROTEÇÃO [p. 265-280]

1. Liturgia da Festa de São Francisco Xavier.
2. Virgílio (70 a.C.-19 a.C.), em *Écloga X*, 54.
3. Santo Ambrósio (339-397), ML 15 em *Exposito in Psalmum CXVIII*.
4. São Jerônimo (347-420), ML 22 em *Epistolae Secundum Ordinem Temporum ad Amussim Digestae et in Quattuor Classes Distributae*. Quarta Classis ab Ineunte Anno 401, Usque ad 420, Epistola CVII: ad Laetam.

5. Cf. Cornélio A Lápide (1567-1637) [referência do autor].
6. Cícero (106 a.C.-43 a.C.). O maior dos oradores romanos. Columela (séc. I), nascido na Bética como Sêneca, é conhecido por sua obra sobre agricultura.
7. Cornélio Tácito (55-120), em *Liber Historiarum*, 3,40.
8. Virgílio (70 a.C.-19 a.C.), em *Eneida*, livro II, versículo 170. Odorico Mendes traduz: "Os Dânaos da esperança decaídos, / afrouxam de energia", p. 70.
9. Cf. nota 7.
10. São João Crisóstomo (347-407), MG 57 em *Homiliae in Genesim*.

OITAVA PARTE

Em Lisboa, Na Oficina de Miguel Deslandes

Impressor de Sua Majestade.
À custa de Antônio Leite Pereira, Mercador de Livros.

MDCLXXXXIV

Com todas as licenças necessárias e privilégio real.

CENSURAS

Censura do muito R. P. M., Fr. Tomé da Conceição, Religioso de Nossa Senhora do Carmo, Qualificador do Santo Ofício.

Ilustríssimo e Reverendíssimo Senhor.

Li este livro, que, com título de Xavier dormindo e Xavier acordado, contém quinze Sermões do segundo Apóstolo do Oriente, S. Francisco Xavier, composto pelo Padre Antônio Vieira, da Sagrada e Religiosíssima Companhia de Jesus, Pregador de Sua Majestade, cujo nome é a mais qualificada censura destes sermões, parto todos de seu admirável talento e zeloso espírito, com que, ou pregando, ou escrevendo, entre as delicadezas de seu singular discurso, soube conseguir a felicidade de granjear os aplausos de todos; nestes quinze sermões têm os devotos de S. Francisco Xavier uma larga mas plausível descrição de todas suas mais heroicas virtudes, discursadas em seu louvor e encaminhadas à sua devoção e aproveitamento espiritual dos leitores, estilo que este grande pregador usou sempre nos púlpitos, seguindo sempre o conselho de seu patriarca, Santo Inácio, cuja doutrina, recomendada mais particularmente a seus filhos, foi que tudo o que obrarem seja dirigido à maior glória de Deus e bem mostra o autor que observa tão santo conselho, pois, tendo granjeado a Deus e aos santos tanta glória nos púlpitos, publicamente diz, na primeira página deste undécimo tomo, que não se tem por escritor, posto que escreva, nem por douto, posto que tenha estudado e visto muito, querendo com a humildade de tão modesta confissão diminuir o preço de seus escritos e compreensão de seus estudos; e assim, lisonjeando por esta vez a sua modéstia, só digo que a licença que se pede para estes sermões saírem à luz por meio da imprensa, se deve aos sermões e a seu autor. Lisboa, no Convento do Carmo, em 20 de fevereiro de 1694.

Fr. Tomé da Conceição

Censura do padre doutor Fr. Jerônimo de Santiago, Qualificador do Santo Ofício, e D. Abade de S. Bento da Saúde.

Ilustríssimo Senhor.

Por mandado de V. Ilustríssima, li este livro, que com o título de Xavier dormindo e Xavier acordado compôs o Padre Antônio Vieira, da Companhia de Jesus, Pregador de Sua Majestade, e se a censura passara a ser panegírico, eu me não soubera determinar a qual era mais devedor este doutíssimo padre, se à fecundidade de seu admirável talento, se à fortuna de ser filho de tão esclarecida família. Porque, se nesta esclarecida e dilatada família, são tantos os sujeitos insignes quantos são os filhos, porque todos seus filhos são insignes, como da dos Décios disse Cassiodoro: "Nescit inde nasci aliquid mediocre, tot probati quot geniti, et quod difficile provenit electa frequentia" — a fecundidade de seu talento é tão admirável, tão sublime e tão universal, que sendo tantos os filhos da Companhia que ilustram as ciências em todos os séculos, como se vê do número sem-número de seus escritos, neste nos dá a entender herdou o Padre Antônio Vieira felizmente os talentos de todos: "Ultimamente, nestes dias, nos falou pelo Filho, ao qual constituiu herdeiro de tudo" (Hb 1,2). — Em quinze sermões propõem seu zeloso espírito e seu subtilíssimo engenho o segundo apóstolo do Oriente, S. Francisco Xavier, dormindo e acordado, e com tão sólida doutrina, e com tão agudos conceitos, e com tão seleto e sentencioso estilo, discursa este insigne orador os sonhos e cuidados do glorioso apóstolo, que bem mostra saber nas matérias da prédica mais dormindo que todos os mais acordados, pelo que se lhe devem maiores aplausos que censuras. Este é o meu parecer. São Bento da Saúde, em 23 de abril de 1694.

O Doutor Fr. Jerônimo de Santiago

Censura do Ilustríssimo e R. D. Fr. Timóteo do Sacramento, Bispo de S. Tomé, Religioso de S. Paulo, Primeiro Eremita.

Senhor.

Escrevendo S. Paulino as proezas do grande Teodósio, a censura do Doutor Máximo, S. Jerônimo, foi repetir em um poema o que a outro intento disse Sêneca: "Feliz quem é louvado por tal orador". — O livro das proezas de Teodósio, sendo grande, é maior pela opinião do escritor. O das excelências de Xavier dormindo e Xavier acordado, que V. Majestade me manda censurar, é tão qualificado em todo o orbe, que os séculos presentes confessam não haver segundo, e os futuros o admirarão sem primeiro. E assim do escritor tão relevante, ainda que por tal se não confesse, digo o que o Doutor Máximo de S. Paulino, quando escreveu as proezas de Teodósio: "Felix qui a tali Oratore laudatur". O livro intitulado Xavier dormindo e Xavier acordado, sendo grande pelas excelências do Apóstolo do Oriente, o faz maior a reputação do autor que o escreve. É o autor o muito Reverendo Padre Mestre Antônio Vieira, da Companhia de Jesus, e, constando o livro de quinze sermões, não sei qual seja melhor caminho para uma alma gozar a Deus: se o da escada de Jacó, tendo quinze degraus, ou se o deste livro, contendo quinze sermões; o certo é que, sendo a escada de Jacó um plano caminho para o céu, pela escada — exceto os anjos — ainda o mesmo Jacó não deu um passo, ou estivesse acordado ou dormindo. E que pelo deste livro deram muitos, ainda gravíssimos pecadores, que buscaram a Xavier dormindo ou acordado. Pelo que me parece o livro utilíssimo para o bem das almas e para a dilatação das coroas. Isto é o que sinto. V. Majestade mandará o que for servido. Convento dos Paulistas, em 8 de junho de 1694.

Fr. Timóteo do Sacramento, Bispo de S. Tomé

LICENÇAS

DA ORDEM

Eu, o Padre Alexandre de Gusmão, da Companhia de Jesus, Provincial da Província do Brasil, por comissão especial que tenho de nosso muito Reverendo Padre Tirso Gonçalves, Prepósito Geral da mesma Companhia, dou licença para que se possa imprimir um livro intitulado Xavier dormindo e Xavier acordado, composto pelo Padre Antônio Vieira, da mesma Companhia, Pregador de Sua Majestade, o qual foi visto, examinado e aprovado por religiosos doutos dela, por nós deputados para isso. E em testemunho da verdade dei esta, subscrita com meu sinal, e selada com o selo de meu ofício. Dada na Bahia aos 30 de julho de 1693.

ALEXANDRE DE GUSMÃO

DO SANTO OFÍCIO

Vistas as informações, pode-se imprimir o livro dos Sermões do Padre Antônio Vieira, da Companhia de Jesus, de que esta petição trata, e, depois de impresso, tornará para se conferir e dar licença que corra, e sem ela não correrá. Lisboa, 23 de abril de 1694.

PIMENTA. NORONHA. CASTRO. FOYOS. AZEVEDO

DO ORDINÁRIO

Pode-se imprimir o livro dos Sermões, de que esta petição faz menção, e depois tornará para se conferir e se dar licença para correr, e sem ela não correrá. Lisboa, 26 de abril de 1694.

SERRÃO

DO PAÇO

Que se possa imprimir, vistas as licenças do Santo Ofício e Ordinário, e depois de impresso tornará à mesa para se taxar e conferir, e sem isso não correrá. Lisboa, 9 de junho de 1694.

MELLO. P. LAMPREA. MARCHÃO. AZEVEDO. RIBEIRO

Concorda com seu original. Lisboa, no Convento do Carmo, 26 de novembro de 1694.

Frei Tomé da Conceição

Visto estar conforme com seu original, pode correr. Lisboa, 26 de novembro de 1694.

Pimenta. Noronha. Castro. Foyos. Azevedo

Pode correr. Lisboa, 29 de novembro de 1694.

Serrão

Taxam este livro em mil e duzentos réis em papel. Lisboa, 30 de novembro de 1694.

Mello P. Lamprea. Azevedo. Ribeiro. Cerqueira

Este livro foi composto nas famílias tipográficas
Liberty e *Minion*
e impresso em papel *Bíblia 40g/m²*

Edições Loyola

editoração impressão acabamento

rua 1822 nº 341
04216-000 são paulo sp
T 55 11 3385 8500
F 55 11 2063 4275
www.loyola.com.br